Britta Schulze-Thulin

Halle und Saale-Unstrut-Triasland

Von Bernburg bis Zeitz

50 ausgewählte Touren

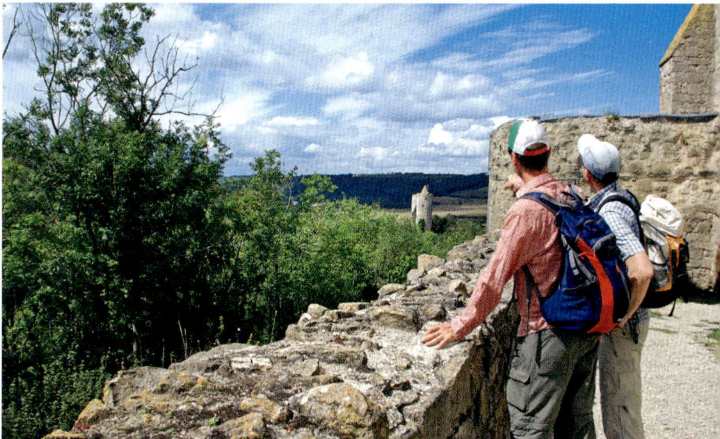

ROTHER BERGVERLAG

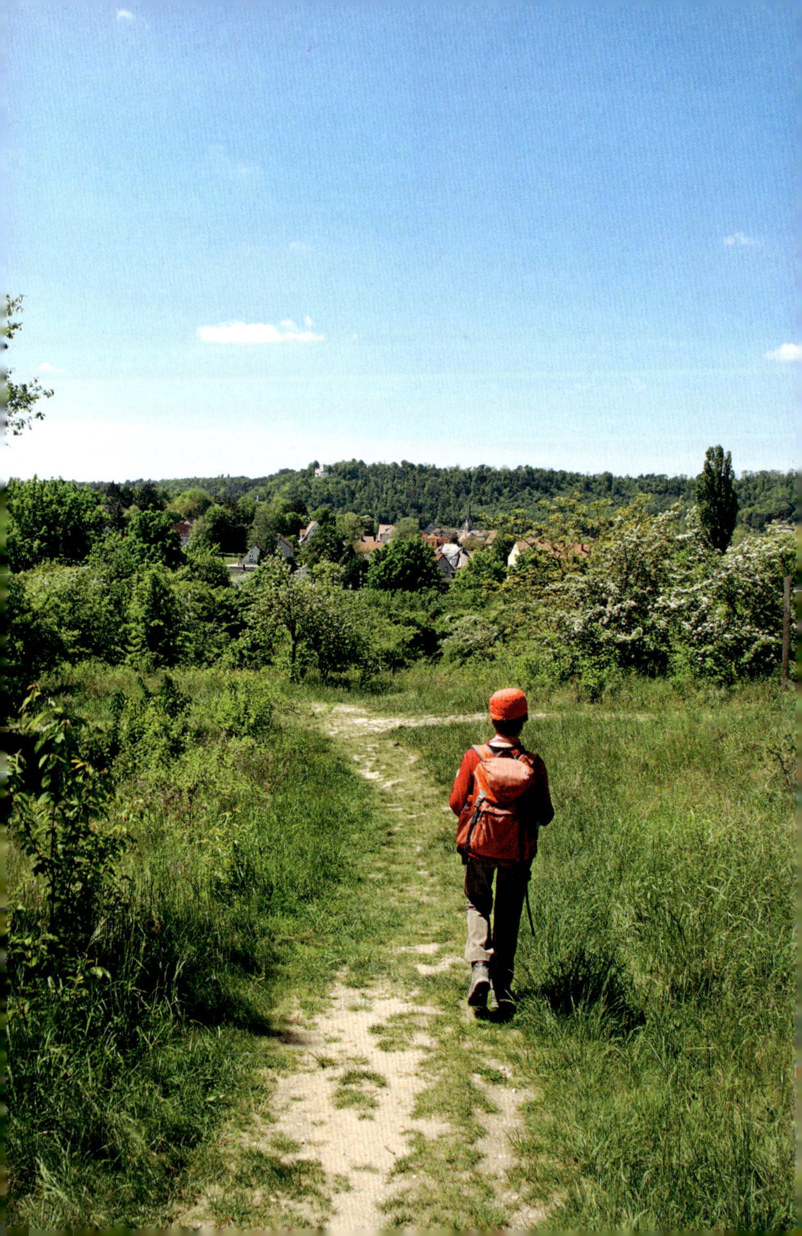

VORWORT

Halle und das Saale-Unstrut-Triasland liegen im Herzen Mitteldeutschlands. Im Übergang von Tiefland im Norden und Mittelgebirge im Süden wechseln weite Ebenen mit sanften Hügeln, Wiesen und Parks mit herrlichen Misch- und Laubwäldern, unterbrochen von kleinen Städtchen und hübschen Dörfern. Die unterschiedlichen Naturräume stehen in reizvollem Kontrast zueinander und bedingen eine attraktive Verschiedenartigkeit der Landschaften.
Dieser Wanderführer vereint zwei wunderbare Wandergebiete, die sich in einem Punkt deutlich unterscheiden. Während das Saale-Unstrut-Triasland als Ausflugsregion weit bekannt ist, hat die Umgebung von Halle eher Geheimtippcharakter. Dabei bieten beide eine vielfältige und einmalige Natur- und Kulturlandschaft, für die es sich lohnt, die Wanderstiefel zu schnüren.
In der reizvollen Umgebung von Halle findet man neben den beliebten Ausflugszielen wie dem Petersberg und dem Saaletal auch weniger bekannte Kleinode – die Auswahl ist groß. Seien Sie gespannt! Sie werden überrascht sein, welche schönen Wege Sie in Halles Umgebung noch nicht kennen.
Naturerlebnisse und besondere Sehenswürdigkeiten locken im wunderschönen Saale-Unstrut-Tal und im Umland. Die Landschaft ist als Naturpark Saale-Unstrut-Triasland ausgewiesen. Die einzigartige Erholungslandschaft steht für Wandern zwischen Wein, Wald und Kultur. Einer der vielen Magnete ist das UNESCO-Welterbe Naumburger Dom.
Beide geschichtsträchtigen Regionen mit ihren einmaligen Landschaften punkten mit einer Vielzahl unterschiedlicher Naturschönheiten und kultureller Denkmäler auf kleinem Raum. Verbunden werden sie u. a. durch die Himmelsscheibe von Nebra (UNESCO-Welterbe), die bei Wangen im Unstruttal gefunden wurde und in Halle (Saale) ausgestellt ist. Interessante Sehenswürdigkeiten finden sich allerorten.
Dieser Wanderführer begleitet Sie gezielt in die schönsten und interessantesten Ecken, die dennoch nicht überlaufen sind. Die vorgeschlagenen Touren sind fast alle Rundwanderungen, die sich sowohl mit dem Auto als auch mit öffentlichen Verkehrsmitteln erreichen lassen.

Viel Freude beim Entdecken der schönsten Wanderungen um Halle und im Saale-Unstrut-Triasland!

Halle, im Frühjahr 2023 — Britta Schulze-Thulin

Herrliche Natur am Galgenberg kurz vor Bad Kösen (Tour 38).

INHALTSVERZEICHNIS

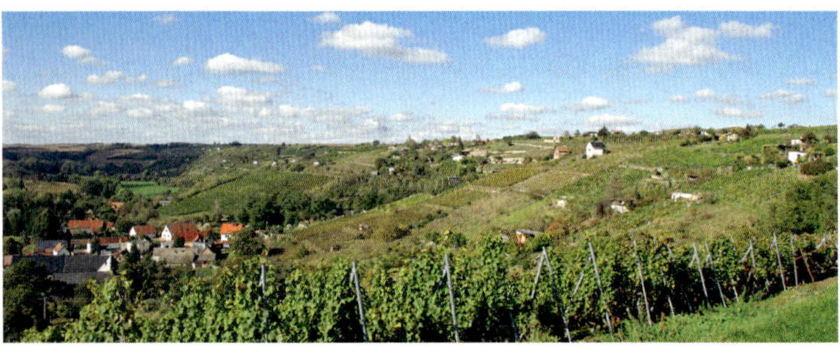

Bild links: Blick über das Weinbaugebiet rund um Höhnstedt (Tour 5).

Bild Seite 7: Burg Saaleck von der Rudelsburg aus gesehen (Tour 38).

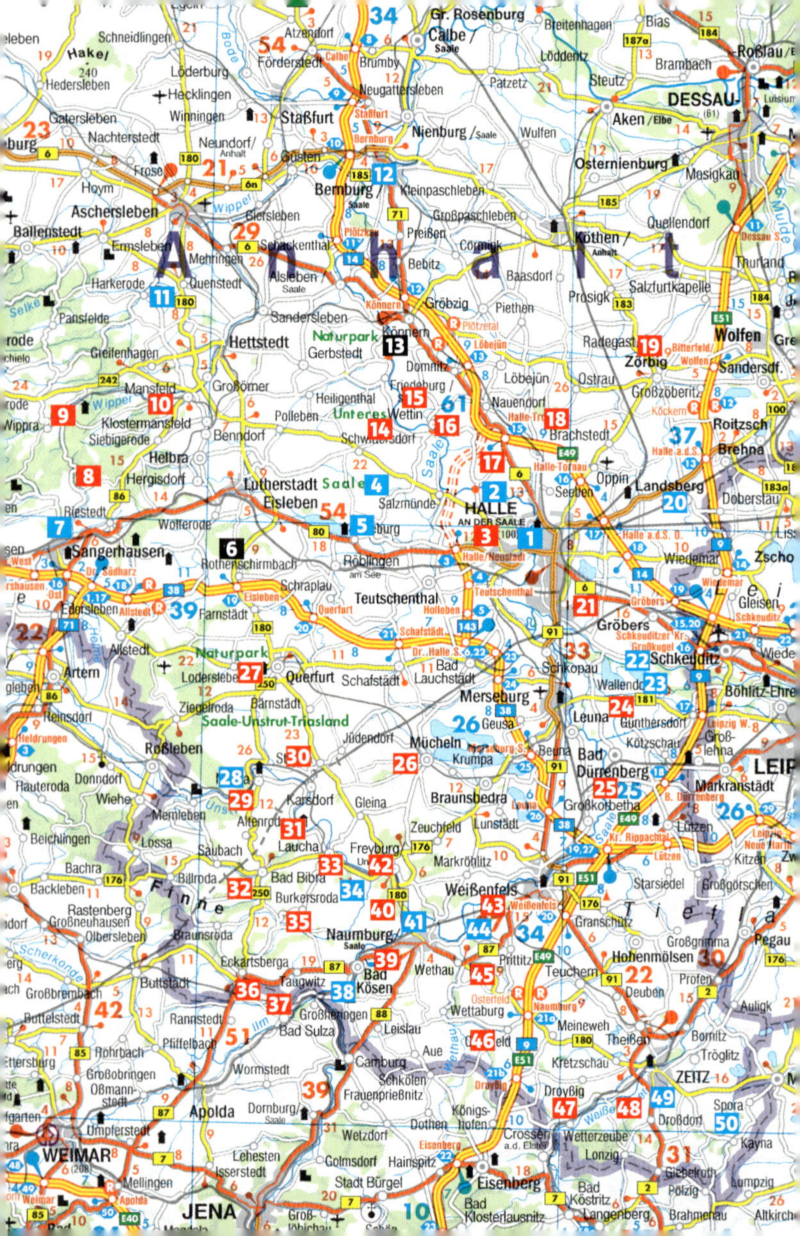
Schneidlingen
Hakel
Hedersleben
Hecklingen
Gatersleben
Nachterstedt
Löderburg
Winningen
Atzendorf
Förderstedt
Calbe
Brumby
Neugattersleben
Staßfurt
Gr. Rosenburg
Calbe / Saale
Breitenhagen
Lödderitz
Patzetz
Bias
Brambach
Roßlau
Steutz
DESSAU
Aken / Elbe
Wulfen
Nienburg / Saale
Güsten
Neundorf / Anhalt
Frose
Hoym
Aschersleben
Ballenstedt
Ermsleben
Bernburg / Saale
Kleinpaschleben
Großpaschleben
Osternienburg
Mosigkau
Quellendorf
Köthen / Anhalt
Giersleben
Schackenthal
Mehringen
Preißen
Cörmigk
Anhalt
Harkerode
Quenstedt
Alsleben / Saale
Bebitz
Baasdorf
Thurland
Salzfurtkapelle
Prosigk
Gröbzig
Piethen
Könnern
Plötzetal
Pansfelde
Sandersleben
Hettstedt
Naturpark
Gerbstedt
Radegast
Zörbig
Wolfen
Sandersdf.
Löbejün
Greifenhagen
Großörner
Mansfeld
Heiligenthal
Domnitz
Friedeburg
Ostrau
Großzöberitz
Wippra
Klostermansfeld
Siebigerode
Polleben
Benndorf
Unteres
Wettin
Nauendorf
Brachstedt
Roitzsch
Brehna
Helbra
Hergisdorf
Schwittersdorf
Oppin
Landsberg
Doberstau
Lutherstadt Eisleben
Saale
Salzmünde
HALLE AN DER SAALE
Seeben
Riestedt
Wolferode
Sangerhausen
Rothenschirmbach
Röblingen am See
Wiedemar
Zscho
Schraplau
Teutschenthal
Edersleben
Allstedt
Farnstädt
Holleben
Gröbers
Gleisen
Artern
Lodersleben
Querfurt
Schafstädt
Bad Lauchstädt
Schkopau
Schkeuditz
Wallendorf
Böhlitz-Ehre
Reinsdorf
Ziegelroda
Barnstädt
Merseburg
Geusa
Leuna
Günthersdorf
Saale-Unstrut-Triasland
Roßleben
Jüdendorf
Mücheln
Krumpa
Beuna
Bad Dürrenberg
Kötzschau
Markranstädt
LEIP
Donndorf
Hauteroda
Wiehe
Memleben
Karsdorf
Gleina
Braunsbedra
Großkorbetha
Lützen
Beichlingen
Lossa
Altenroda
Laucha
Zeuchfeld
Lunstädt
Saubach
Freyburg / Unstrut
Markröhlitz
Bachra
Billroda
Bad Bibra
Backleben
Burkersroda
Weißenfels
Starsiedel
Großgörschen
Finne
Rastenberg
Großneuhausen
Olbersleben
Braunsroda
Naumburg / Saale
Granschütz
Großgrimma
Pegau
Eckartsberga
Taugwitz
Wethau
Prittitz
Hohenmölsen
Teuchern
Profen
Buttstädt
Bad Kösen
Deuben
Großbrembach
Rannstedt
Großheringen
Leislau
Wettaburg
Auligk
Buttelstedt
Pfiffelbach
Bad Sulza
Meineweh
Theißen
Bornitz
Tröglitz
Rohrbach
Aue
Kretzschau
ZEITZ
Ettersburg
Großobringen
Oßmannstedt
Wormstedt
Camburg
Schkölen
Frauenprießnitz
Droyßig
Apolda
Dornburg / Saale
Königshofen
Wetterzeube
Droßdorf
Spora
Umpferstedt
Wetzdorf
Dothen
Crossen a.d. Elster
Lonzig
Kayna
WEIMAR
Lehesten
Golmsdorf
Hainspitz
Eisenberg
Gieboldehausen
Pölzig
Lumpzig
Mellingen
Isserstedt
Stadt Bürgel
Bad Köstritz
Bad Klosterlausnitz
Langenberg
Brahmenau
Altkirch
JENA
Tiefland

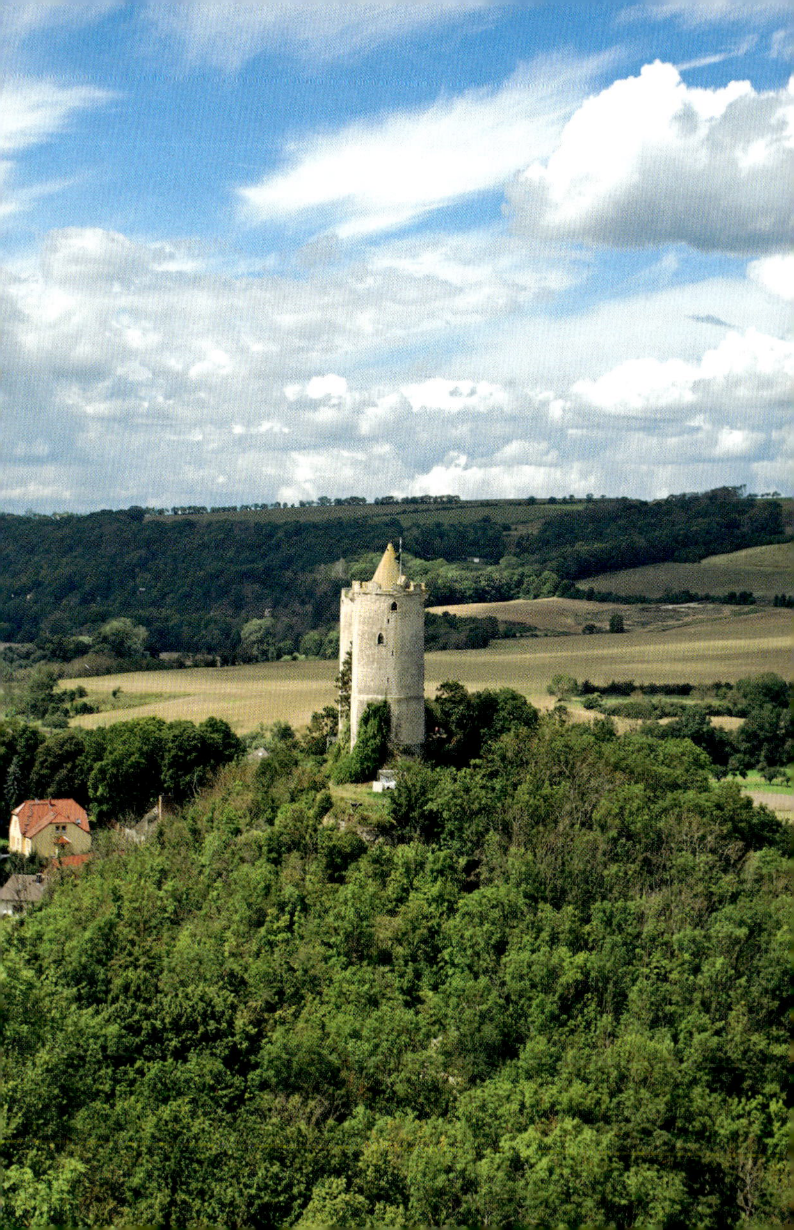

TOP-TOUREN

Von Höhnstedt zum Süßen See
An Weinbergen vorbei zu einem großen See mit Schloss und zu herrlichen Panoramaaussichten (Tour 5, 3.20 h).

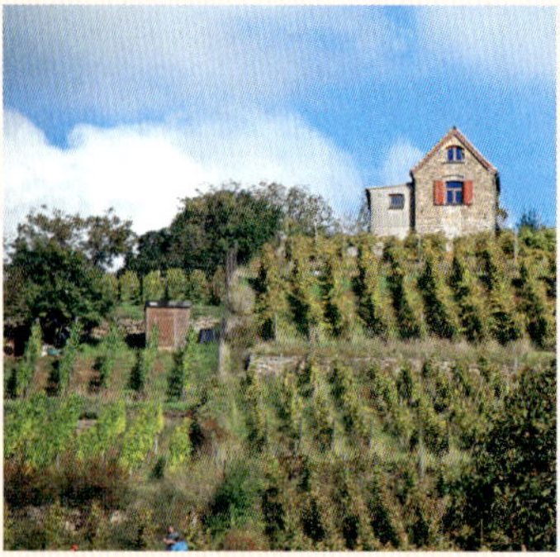

Von Sangerhausen zu »Hoher Linde« und Wildrosenpfad
Auf romantischen Wegen zu einer eindrucksvollen Halde und auf einem Rosenpfad (Tour 7, 3.00 h).

Rund um Pölsfeld zur Grillenburg
Durch das Biosphärenreservat Karstlandschaft Südharz auf einem Qualitätswanderweg zur Gedankenbank mit spektakulärer Aussicht und zu einer Burgruine (Tour 8, 4.00 h).

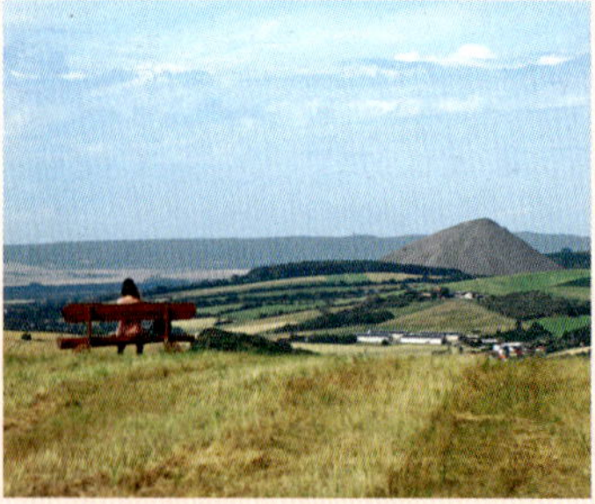

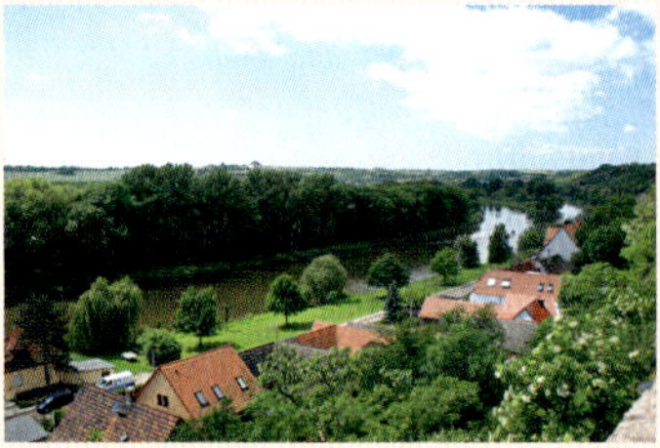

Wettin und Dobis
Von einer imposanten Burg durch das romantische Saaletal in den schmucken Ort Dobis mit Weißer Wand. Mehrere schöne Aussichtspunkte wie der Bismarckturm gestatten weite Blicke in die reizvolle Landschaft (Tour 15, 3.45 h).

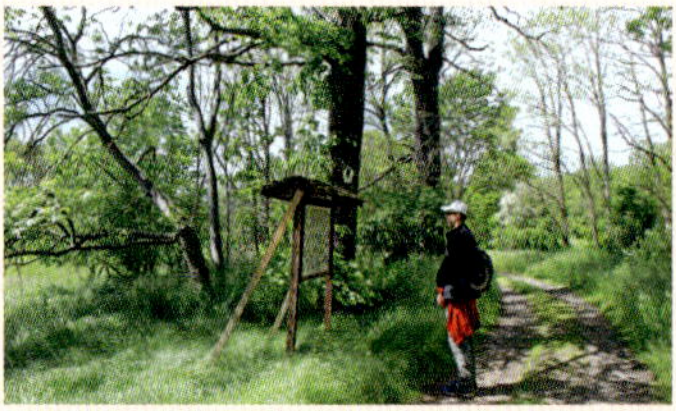

Von Kötzschau nach Merseburg
Auf romantischen Flusspfaden durch Naturidylle pur zu Schloss und Dom (Tour 24, 6.00 h).

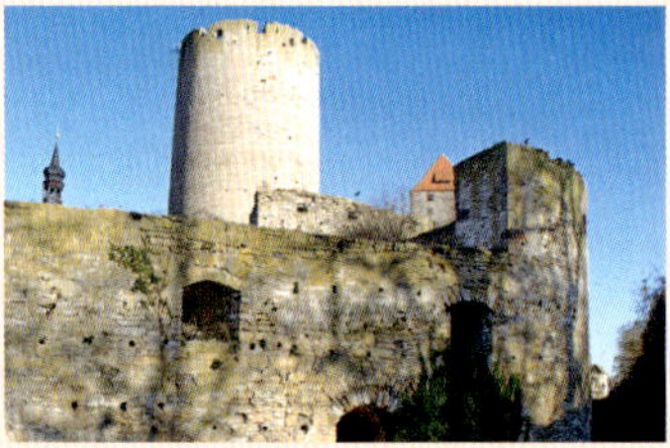

Von Querfurt zum Hermannseck
Lange idyllische Täler geleiten zu Quellen, einem Wildpark und zu einer imposanten Burg (Tour 27, 6.00 h).

Rund um Tröbsdorf
Von Dorfidylle zu Felsen und in das angenehme Bibertal und Blindetal. Aufstieg in die Höhe mit reizvollen Blicken auf das majestätische Schloss Burgscheidungen (Tour 31, 3.45 h).

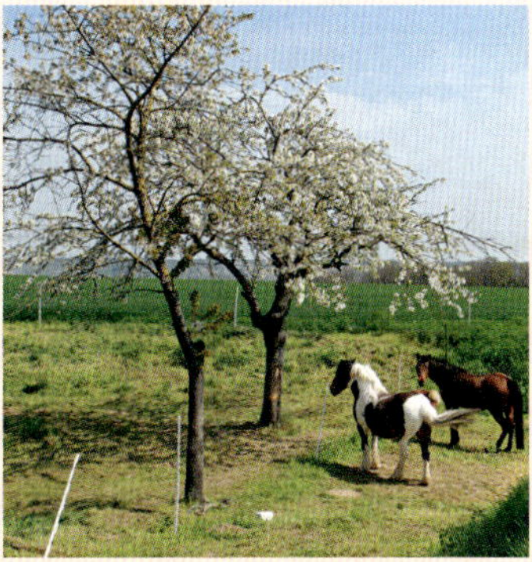

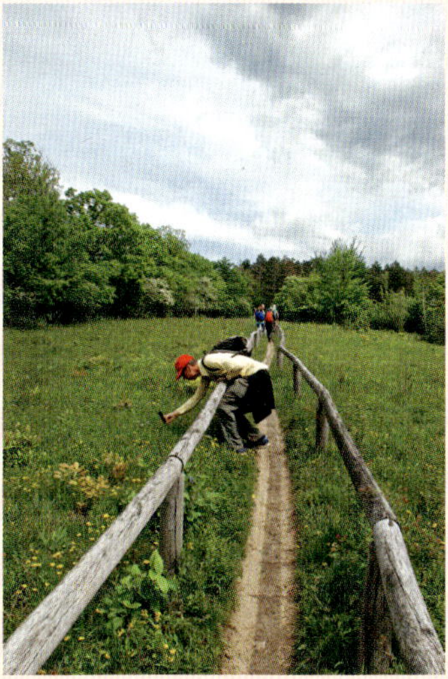

Von der Rudelsburg nach Bad Kösen
Hoch thronen die Burgen Saaleck und Rudelsburg über dem Saaletal. Durch Wälder und Felder wandern wir sanft hinab zum Kurort Bad Kösen mit sehenswerten Anlagen der Soleförderung, dem Romanischen Haus und hübschem Kurpark (Tour 38, 3.15 h).

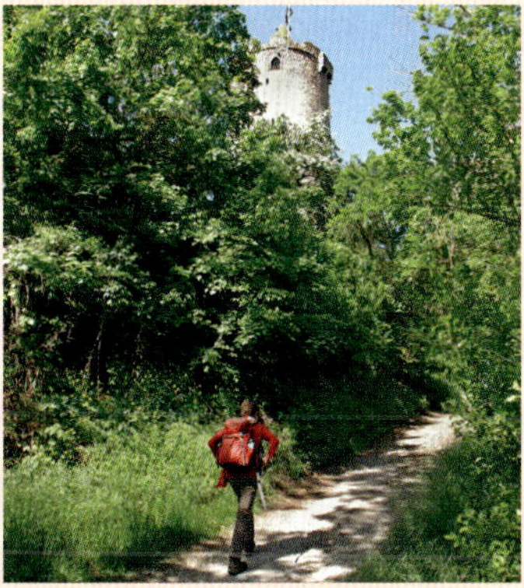

Zu den Toten Tälern und auf den Rödel
Orchideen und Wildpferde in einer spektakulären Landschaft (Tour 40, 3.45 h).

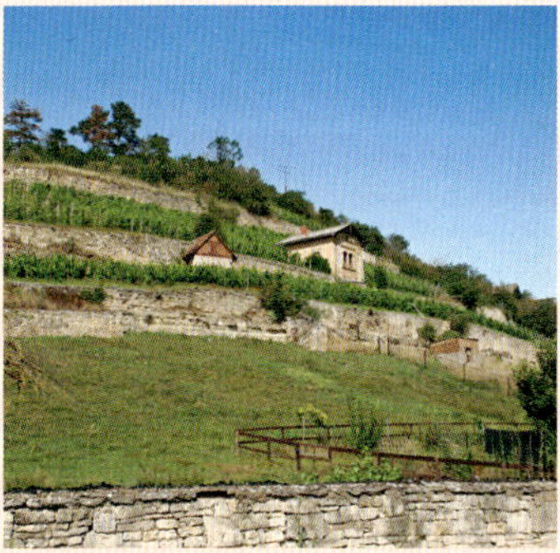

Rund um Freyburg
Schloss, Weinberge und ein Kloster bei der schönsten Stadt des Unstruttals (Tour 42, 3.45 h).

WICHTIGE HINWEISE FÜR UNTERWEGS

Anforderungen

Die Umgebung von Halle und das Saale-Unstrut-Triasland stellen in der Regel an den Wanderer keine Anforderungen, die nicht zu bewältigen wären. Dennoch sollte man seine Fähigkeiten nicht überschätzen und vorher mit den Ansprüchen der zur Auswahl stehenden Touren in Einklang bringen. Die Hinweise in diesem Wanderführer sollen Ihnen dabei helfen.

Die Wege, denen die Wandervorschläge folgen, sind unterschiedlich beschaffen: Von Feld- und Forstwegen, Wald- und Wiesenpfaden oder in Ausnahmefällen auch kleinen Straßen ist alles dabei. Meist wurden deutliche und gut begehbare Wege ausgewählt, weglose Abschnitte sind die Ausnahme. In der Regel reichen hier eine normale Kondition und etwas Wandererfahrung. Spezielle Anforderungen werden im Steckbrief der einzelnen Touren genannt.

Die Höhenunterschiede sind bei den meisten Touren gering. Auch wenn im Wandergebiet keine anspruchsvollen Berge zu besteigen sind oder auf Felsen zu klettern ist, so stellen Touren bei Halle und im Saale-Unstrut-Triasland den Wanderer vor andere Herausforderungen.

Ein Netz von alten und neuen Wanderwegen durchzieht das Wandergebiet. Doch ist die Ausschilderung der Wanderwege vor Ort selten ausreichend (siehe S. 13 »Markierung, Wegweiser, Hinweisschilder«), die meisten der markierten Wanderpfade sind nicht immer die schönsten und zudem oft als Streckentouren ausgelegt. Fast alle Wanderungen in diesem Buch sind Rundwanderungen; so sind in deren Verlauf Wegmarkierungen in der

Auch im Saaletal finden wir Erhebungen, hier ein Aussichtspunkt in der Franzigmark bei Halle (Tour 17).

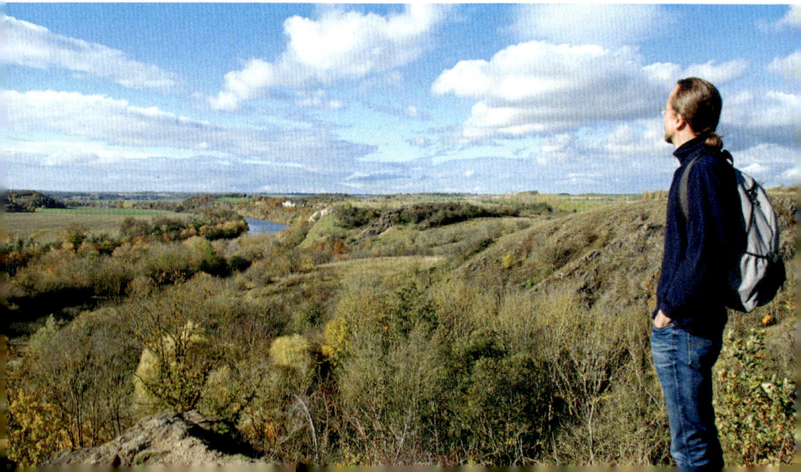

Regel nur in mehr oder weniger großen Abschnitten zu finden. Hier sind Orientierungssinn und genaues Lesen der jeweiligen Beschreibung gefragt.

Viele Touren führen durch Naturschutzgebiete oder in seltenen Fällen auch durch stillgelegte Bergbaugebiete, wo Sie strikt auf den Wegen bleiben müssen. Lassen Sie sich davon nicht irritieren und folgen Sie einfach den Routen in diesem Wanderführer. Die Karten im Buch und die GPS-Tracks zu jeder Tour helfen Ihnen, immer den richtigen Weg zu gehen. Zur Erleichterung der Auswahl sind die Wanderungen in drei Schwierigkeitsgrade eingeteilt. Die Tournummern sind entsprechend farbig hinterlegt:

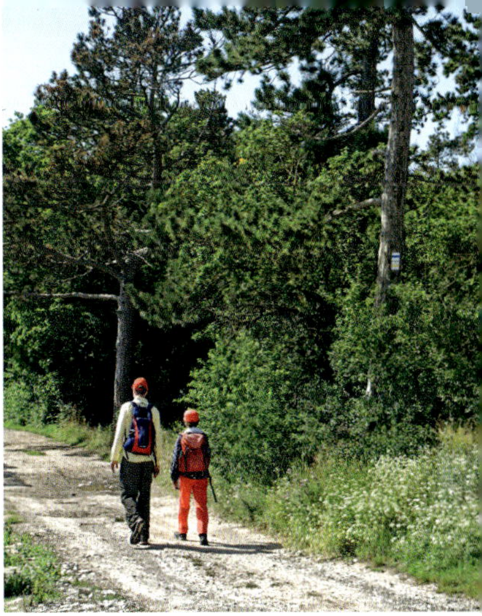

Der Höhenweg bei Freyburg ist leicht zu gehen und gut markiert (Tour 42).

SCHWIERIGKEITSKATEGORIEN

■ = Leicht

Eher kurze und wenig anstrengende Wanderungen auf überwiegend guten, z. T. markierten Wegen, jedoch auch auf Pfaden mit einzelnen schmalen, steinigen, wurzelbesetzten oder feuchten Stellen. Flüsse und Bäche sind problemlos zu überqueren, weglose Abschnitte leicht zu finden. In der Regel geringe Höhenunterschiede. Wenig dem Wetter ausgesetzt. Geringe Anforderungen an die Orientierung und Kondition.

■ = Mittel

Mittellange Wanderungen mit einzelnen Auf- und Abstiegen, auf bisweilen schmalen oder undeutlichen Wegen und Pfaden, oft unmarkiert, ggf. auch feuchte und wurzelig-steinige Stellen. Können dem Wetter ausgesetzt sein. Geringe bis mittlere Anforderungen an die Orientierung und Kondition. Festes Schuhwerk ist hier sinnvoll.

■ = Schwierig

Längere und anstrengendere Touren auf eher unmarkierten Wegen, ggf. auf schmalen und schwierigen Pfaden, vereinzelt mit mehreren Auf- und Abstiegen, die eine gute Kondition, guten Orientierungssinn und bisweilen auch Trittsicherheit erfordern. Auch können sie stärker dem Wetter ausgesetzt sein.

Zu berücksichtigen ist, dass dieser Einstufung nur diejenigen Merkmale zugrunde liegen, die den Weg in einer durchschnittlichen Situation kennzeichnen. Ungünstige Bedingungen, wie z. B. das Wetter, können dazu führen, dass sich der Schwierigkeitsgrad erhöht. Weniger erfahrene Wanderer sollten zuerst die leichten Touren wählen. Achten Sie unterwegs auf genügend Pausen.

Tourenauswahl

Jede der 50 Touren hat ihren Reiz, aber nicht für jeden in gleichem Maße. Als Entscheidungshilfe dienen eine Einführung und ein Steckbrief, der die wesentlichen Elemente und Besonderheiten der jeweiligen Wanderung beschreibt sowie die Anforderungen definiert:

Gehzeit: Die Zeitangaben beziehen sich auf die reine Gehzeit ohne Berücksichtigung von Pausen zur Einkehr oder Besichtigung, für Fotostopps etc. Da Kondition, Geländesituation und Wetter erheblich auf die Gehgeschwindigkeit Einfluss nehmen können, sind die Gehzeiten nur als grober Anhaltspunkt zu verstehen.

Höhenunterschied: Bei den Höhenmetern im Auf- und Abstieg ist nicht die Höhendifferenz zwischen Ausgangs- und Zielpunkt aufgeführt, sondern es werden die tatsächlich zu bewältigenden Höhenmeter einschließlich Gegenanstiegen angegeben.

Tourenlänge: Sie finden diese Angabe im Höhenprofil, das zu jeder Tour erstellt wurde, sowie in der Kopfzeile.

Anforderungen: Hier spielen Ansprüche an die Kondition, die Tourenlänge, Wegequalität und Orientierungssinn eine Rolle, seltener auch anstrengende Auf- und Abstiege. Erhöhte Anforderungen bestehen dann, wenn Wege unmarkiert und nur schwach sichtbar sind.

SYMBOLE

Symbole im Tourenkopf

- mit ÖPNV erreichbar
- Einkehrmöglichkeit unterwegs
- für Kinder geeignet

Symbole im Höhenprofil

- Ort mit Einkehrmöglichkeit
- Einkehrmöglichkeit
- Schutzhütte, Unterstand
- Bushaltestelle
- Bahnhof, Tram-/S-Bahn-Haltestelle
- Parkplatz
- Schiffs-/Fähranleger
- Aussichtspunkt
- Kirche, Kapelle, Kloster
- Burg, Schloss, Ruine
- archäologische Stätte
- Denkmal, Monument
- Aussichtsturm
- Wassermühle
- Windmühle
- Rastplatz
- Brücke, Steg
- Quelle, Brunnen

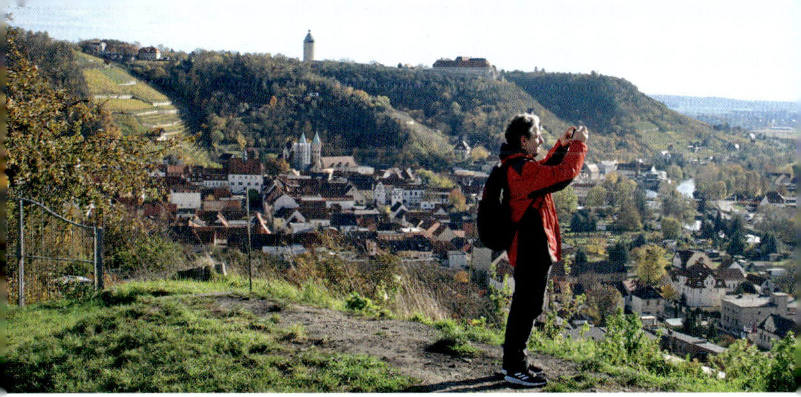

Die Wanderung bei Freyburg ist zu jeder Jahreszeit schön. Hier ein pittoresker Blick ins Tal mit Weinbergen und Schloss Neuenburg (Tour 42).

Wetter: Rund um Halle und im Saale-Unstrut-Triasland kann das ganze Jahr gewandert werden. Schnee kann in den Wintermonaten den Schwierigkeitsgrad erhöhen, Wind und Regen die Tour erschweren. Wander- und Schutzhütten sind eher selten zu finden.

Markierung, Wegweiser, Hinweisschilder

Sachsen-Anhalt strebt wie Thüringen und Sachsen im Wesentlichen die Wanderzeichenfarben nach folgendem System an.

- Blau: für Fernwanderwege: z. B. der Feengrotten-Kyffhäuser-Weg (blauer Balken), im Wandergebiet von Rödlingen südlich der Rudelsburg bis Wendelstein.
- Rot: für Gebietswanderwege: z. B. der Finne-Wanderweg (rotes Dreieck), im Wandergebiet von Weißenfels bis Marienthal bei Eckartsberga.
- Gelb und grün: für örtliche Wanderwege und Rundwege, z. B. Laweketal-Rundweg (grüner Balken, allerdings sehr in die Jahre gekommen). Ansonsten wurden beide Farben mehrheitlich für die neue Ausschilderung im Saale-Unstrut-Triasland genommen.
- Grüner Diagonalbalken: örtliche Themenwanderwege von Kommunen oder Verbänden, z. B. Naturlehrpfade.
- Gelbes und grünes Kreuz: Verbindungswege, besonders im Saale-Unstrut-Triasland.
- Schwarz: kommt im Wandergebiet selten ebenfalls für örtliche Wanderwege vor.

Im Saale-Unstrut-Triasland wurden in den letzten Jahren viele Wege nach obigem System neu ausgeschildert (außer im südöstlichen Teil), wenn auch nicht alle Wanderzeichen aufgefrischt wurden oder bisweilen auch neuere unvollständig sind. Auch in der Umgebung von Halle, besonders im Mansfelder Land, ist eine Erneuerung in den nächsten Jahren geplant.

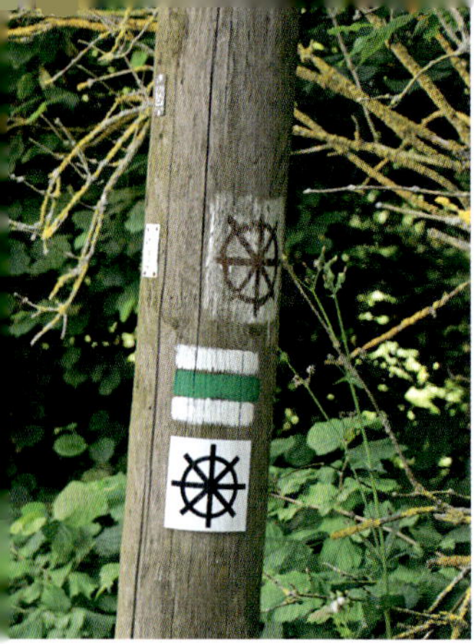
Grün steht für örtliche Wanderwege (Tour 45).

Denn aktuell ist die Ausschilderung bzw. Markierung von Wanderwegen rund um Halle in einem eher schlechten Zustand. Wanderzeichen fehlen in mehr oder weniger hohem Maße – manchmal ist die ursprüngliche Streckenführung kaum noch nachvollziehbar. Positive Ausnahmen bilden hier einige thematische Wege und Lehrpfade, wie z. B. die Fernwanderwege Lutherweg und Jakobsweg (s. u.), die beiden Naturlehrpfade in der Dölauer Heide in Halle (Tour 3), der Naturlehrpfad »Porphyrlandschaft Wettin/Gimritz« (Tour 16), der Naturlehrpfad »Rüsternweg« bei Merseburg (Tour 24) und der Weinlehrpfad bei Freyburg (Tour 42).
Entspanntes Wandern nur nach Wanderzeichen ist daher im gesamten Wandergebiet in der Regel eher schwierig. Verlassen Sie sich nicht auf die Markierungen und nehmen Sie Wanderzeichen lieber als zusätzliche Orientierungshilfe. Entnehmen Sie die Information zur Ausschilderung jeweils dem Tourensteckbrief. Die Markierung unterliegt generell natürlich immer wieder Veränderungen.
Im Folgenden sind die wichtigsten markierten Wanderwege rund um Halle und im Saale-Unstrut-Triasland mit Verlauf im Wandergebiet aufgeführt. Diese ausgeschilderten Wanderwege werden auf den in diesem Buch beschriebenen Routen gestreift.

Überregionale Fernwanderwege und längere Streckenwanderwege

- Weißes Andreaskreuz auf schwarzem Grund: Europäischer Fernwanderweg E11, im Wandergebiet von Pfriemsdorf über Halle bis Wippra.
- Gelbe Jakobsmuschel auf blauem Grund: zwei Jakobswege (Ökumenischer Pilgerweg): Via Regia, im Wandergebiet von Horburg-Maßlau bis Eckartsberga und St. Jakobus Pilgerweg Sachsen-Anhalt (von Jerichow kommend, im Wandergebiet von Hettstedt bis Eckartsberga, trifft in Freyburg auf die Via Regia).
- Grünes L auf weißem Grund: Lutherweg Sachsen-Anhalt.
- Weißes K auf rotem Balken: Karstwanderweg, im Wandergebiet von Grillenberg bis zum Pufferberg.
- Rotes Dreieck: Finne-Wanderweg, im Wandergebiet von Weißenfels bis Marienthal.
- Blauer Balken: Feengrotten-Kyffhäuser-Weg, im Wandergebiet von Wendelstein bis Rödigen.

Der Karstwanderweg ist vom Deutschen Wanderverband als »Qualitätswanderweg Wanderbares Deutschland« zertifiziert. Einige Touren west-

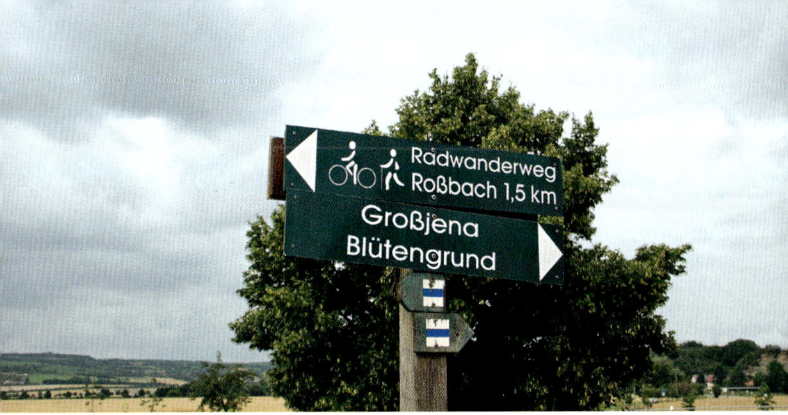

Ausschilderung des Feengrotten-Kyffhäuser-Weges mit dem blauen Balken (Tour 41).

lich von Halle liegen an Stempelstellen der Harzer Wandernadel, wie der Aussichtsturm Moltkewarte (Tour 7), die Grillenburg (Tour 8) und die Naturerlebnisstation Am Brandberg Mansfeld (Tour 10, Harzer Wandernadel »Luther im Harz«).

Wandern mit Kindern

Die meisten der in diesem Wanderführer vorgestellten Touren sind auch mit Kindern gut machbar. Sie als Eltern müssen einschätzen, was Sie Ihren Sprösslingen zutrauen können. Kinder wollen auf Wanderungen etwas erleben, und so sind Touren, wo viel zu sehen und zu erzählen ist, besonders geeignet. Das können u. a. Burgen, spannende Lehrpfade oder kleine Attraktionen in Wald und Feld sein. Für Familienwanderungen ist generell deutlich mehr Zeit einzuplanen als die im Buch angegebene Gehzeit, je nach Alter der Kinder.

Ausrüstung

Am wichtigsten ist auch bei leichteren und kürzeren Wanderungen geeignetes Schuhwerk. Hier reichen in der Regel bequeme, eingelaufene Schuhe mit Profilsohle. Für die längeren Wanderungen sind knöchelhohe Bergstiefel bzw. Trekkingstiefel zu empfehlen, aber nicht zwingend notwendig. Ein gut sitzender Tagesrucksack sollte Platz für Sonnencreme, eine Regenjacke, Proviant inkl. Getränk und Erste-Hilfe-Set bieten, ggf. auch für Kompass, Regenhose, Schirm und Regenhülle für den Rucksack. Immer ist auch eine Kopfbedeckung empfehlenswert, je nach Saison auch Schal und Handschuhe. Ein aufgeladenes Mobiltelefon sollte für einen eventuellen Notfall mit dabei sein (Notruf Tel. 112). Ausreichend Verpflegung für unterwegs ist wichtig, da es auf vielen Touren nur wenige oder gar keine Einkehrmöglichkeiten gibt.

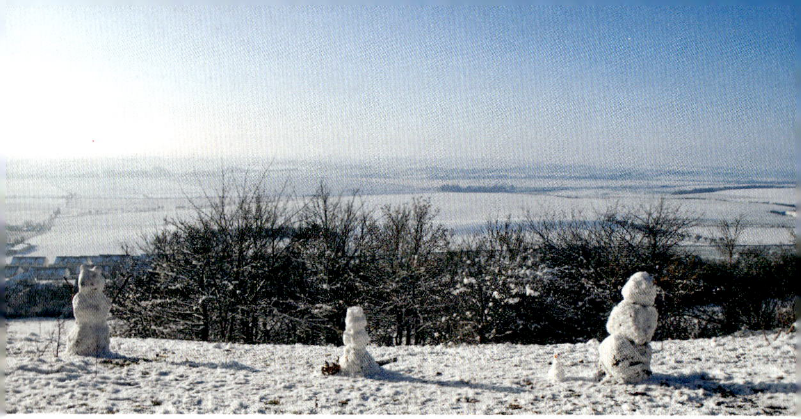

Wandern ist auch im Winter möglich. Hier auf der Finne bei Eckartsberga (Tour 36).

Wetter

Das Wandern ist in der Umgebung von Halle und im Saale-Unstrut-Triasland in der Regel ganzjährig möglich. Im Winter hängt die Begehbarkeit von der Schneelage ab. Auch wenn unser Wandergebiet im Regenschatten des Harzes und im Kernbereich des Mitteldeutschen Trockengebietes liegt, sollte man auf Regen vorbereitet sein. Günstig ist es, die Wettervorhersage vorher zu prüfen. In der Umgebung von Halle und im Saale-Unstrut-Triasland gibt es nur ab und zu Schutzhütten oder Schutzpilze zum Unterstellen. Das Wandergebiet ist nicht durchgehend bewaldet. So ist der Wanderer auf vielen Touren mehr oder weniger der Sonne ausgesetzt. Tragen Sie daher einen Hut oder eine Kappe, cremen Sie sich vorher ein und führen Sie genügend Trinkwasser mit sich.

GPS-TRACKS UND KOORDINATEN DER AUSGANGSPUNKTE

Auf **gps.rother.de** stehen zu diesem Wanderführer GPS-Tracks und die Koordinaten der Ausgangspunkte zum kostenlosen Download bereit. Dieser QR-Code führt direkt zum Download.
1. Auflage, Passwort: **462501tda**
Die GPS-Tracks können in die **Rother App** importiert werden. In der App kann man unterwegs stets sehen, wo man gerade ist und wo es langgeht. **Anleitungen dazu: rother.de/gps**
Trotz sorgfältiger Prüfung können wir Fehler und zwischenzeitliche Veränderungen nicht ausschließen. Verlassen Sie sich für die Orientierung niemals einzig und allein auf die GPS-Daten, sondern beurteilen Sie die Verhältnisse vor Ort.

Karte, Kompass, GPS

In der Regel genügen zur Orientierung die hier im Buch abgedruckten Karten. Für das Wandergebiet existieren keine wirklich guten Faltkarten. Die im Handel erhältlichen sind in der Regel zu ungenau und nicht immer auf dem neuesten Stand. Für die Touren 1–3 ist ein Stadtplan von Halle nützlich. Da die Wege bisweilen undeutlich sein können, kann bei den mittelschweren und schwierigen Touren die Mitnahme eines Kompasses oder GPS-Gerätes nützlich sein, mit dessen Gebrauch man sich vorher vertraut machen sollte.

Anreise

Mit Bus und Bahn kann man über Halle sehr gut anreisen. Das Saale-Unstrut-Triasland ist auch von den Städten Leipzig, Jena und Gera gut zu erreichen. Man sollte sich allerdings im Vorfeld gut informieren. Wer von Sachsen-Anhalt oder Thüringen aus mit der Bahn anreist, fährt mit dem jeweiligen »Länder-Ticket« sehr günstig ins Wandergebiet, da dies für alle drei Bundesländer gilt, von Sachsen-Anhalt oder Sachsen aus auch mit einer »24-Stunden-Karte« des Mitteldeutschen Verkehrsverbunds (MDV), der einen Großteil des Wandergebietes abdeckt. Extrem günstig wird es mit mehreren Mitfahrern.
Mit dem Auto sind die Touren gut über die Autobahnen A 9, A 14 und A 38 sowie auf den jeweiligen Landstraßen zu erreichen.

Unterwegs im Wandergebiet mit ÖPNV und Auto

Die Umgebungen von Halle, Naumburg und Zeitz sind gut mit öffentlichen Verkehrsmitteln erschlossen. Hier zweigen Bahnlinien, S-Bahnen und z. T. auch Straßenbahnen in alle Richtungen ab, die die besten Chancen auf eine große Auswahl an Fahrzeiten bieten, ergänzt durch ein Netz von Regionalbussen.

Die Wipperliese ist eine historische Bahn, die bis nach Wippra fährt (Tour 9).

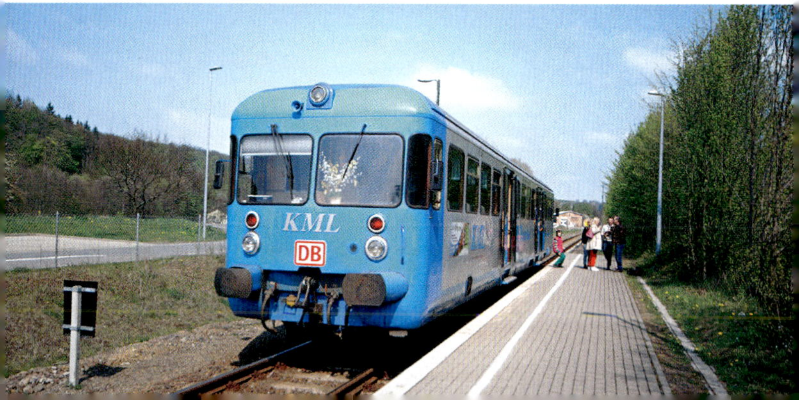

Die meisten Wanderungen sind auf diese Weise ab Halle, Naumburg und Zeitz gut als Tages- oder Halbtagesausflug erreichbar. Busse fahren seltener. Daher ist es wichtig, sich vorher genau über die Abfahrtszeiten zu informieren. Ticketinformationen, Linienpläne, Tarifzonen und Abfahrtszeiten findet man unter:

- bahn.de (Deutsche Bahn)
- mdv.de (Mitteldeutscher Verkehrsverbund)
- insa.de (Informationssystem Nahverkehr Sachsen-Anhalt)
- havag.com (Hallesche Verkehrs-AG)

Von aktuellen Sparangeboten abgesehen, bietet die Deutsche Bahn neben dem »Sachsen-Anhalt-Ticket« auch das »Hopperticket«. Dieses bildet für Einzelpersonen die preiswerteste Variante von Halle Hbf. aus für die Touren 6, 12, 13, 20, 24–26, 39–41, 43 und 44, von Naumburg Hbf. aus die Touren 24–26, 28–30, 33, 34, 37 und von Zeitz die Touren 24, 25, 39–41, 43 und 44. Beim Mitteldeutschen Verkehrsverbund gibt es neben der »24-Stunden-Karte« auch das »MDV-Hopperticket« für 4 bis 6 Zonen mit der App MOOVME aufs Handy.

Wer besonders den Erhalt von Rufbussen unterstützen will, hat am Wochenende bei den Touren 14, 31, 32, 46, 48 und 50 Gelegenheit dazu. Viele davon verkehren Mo–Fr als normale Busse. Eisenbahnromantik bietet eine Fahrt mit der historischen Wipperliese von Friesdorf Ost nach Wippra (Tour 9). Die Touren beginnen alle an Bahnhöfen und Haltestellen. Für diejenigen, die lieber mit dem Auto fahren (s. o.), sind Parkmöglichkeiten stets mit angegeben (meist in Nähe des Bahnhofs oder der Haltestelle). Die Parkplätze sind in der Regel gebührenfrei und daher im Tourensteckbrief nicht extra vermerkt. In Ausnahmefällen kann der Ausgangs- und Endpunkt für Autofahrer anders sein, dies ist dann im Tourensteckbrief und der Route beschrieben.

Achtung, bei der Unstrutbahn lässt sich oft das Ticket nur in der Bahn kaufen und kommt schon abgestempelt aus dem Automaten. Wenn man also z. B. zu zweit unterwegs ist und eine 4-Fahrtenkarte für seinen Tagesausflug zieht, ist Fahrt 1 abgestempelt, Fahrt 2 stempelt der Schaffner ab. Man muss dazu sagen, dass die 4er-Karte für die zweite Person genutzt wird. Also kaufen Sie die Karte nur dann im Zug, wenn Sie sie gleich verwenden.

Einkehr

In unserer Wanderregion ist es bei allen Touren wichtig, unbedingt ausreichend Proviant und Getränke mitzunehmen, da unterwegs manchmal nur wenige bis keine Einkehrmöglichkeiten bestehen. Gaststätten sind auch am Wochenende nicht durchgehend geöffnet, sodass man sich im Vorfeld über Öffnungszeiten und Ruhetage kundig machen sollte. An der Wanderroute bzw. in der Nähe gelegene Gastronomie ist im Touren-Steckbrief aufgeführt. Für Gruppen ab acht Personen empfiehlt sich eine Tischreservierung.

Der Umwelt zuliebe …

Auch beim Wandern hinterlassen wir einen ökologischen Fußabdruck, aber im Einklang mit der Natur unterwegs zu sein, ist gar nicht so schwer!

VORBEREITUNG UND ANFAHRT

- Sich vorab informieren, worauf in Bezug auf Natur und Umwelt in der jeweiligen Wanderregion besonders zu achten ist.
- Soweit möglich mit Bahn und Bus anreisen, Wander- und Rufbusse nutzen.
- Ist eine Anfahrt mit dem Auto nötig, Fahrgemeinschaften bilden.
- Bei weiten Anfahrten Mehrtagestouren planen oder von einem Quartier vor Ort aus mehrere Touren absolvieren.
- Flugreisen möglichst reduzieren und durch Beiträge zu Klimaschutzprojekten kompensieren.

KLEIDUNG UND AUSRÜSTUNG

- Beim Kauf von Outdoor-Kleidung auf umweltfreundliche und faire Herstellung achten und Kleidungsstücke möglichst viele Jahre nutzen.
- Ausrüstung kann man eventuell auch gebraucht kaufen oder ausleihen.
- Reparieren statt neu kaufen.

VERPFLEGUNG

- Beim Einkauf Bio-Ware, regionale und saisonale Erzeugnisse bevorzugen.
- Hütten und Gasthäuser auswählen, die regionale Produkte verwenden.
- Auf Einwegflaschen und Plastikverpackungen verzichten, stattdessen wiederverwendbare Trinkflaschen und Brotzeitboxen benutzen.

ÜBERNACHTUNG

- Bei lokalen Anbietern buchen, damit Menschen vor Ort profitieren.
- Auf Hütten und in anderen Unterkünften Strom und Wasser sparen.

UNTERWEGS

- Wege benutzen und Abkürzer vermeiden.
- Sperrungen von Wegen und Schutzgebieten respektieren.
- Keine Blumen pflücken und keine Pflanzen entnehmen.
- Waldbrandgefahr beachten.
- Müll wieder mit nach Hause nehmen und dort entsorgen.
- Toilettengänge in freier Natur möglichst vermeiden.
- Lärm vermeiden.
- Hunde an die Leine nehmen.

ROTHER
BERGVERLAG

ZUR REGION

Landschaft und Gliederung

Unser Wandergebiet im Süden Sachsen-Anhalts reicht von Bernburg über Halle und Naumburg hinunter bis Zeitz. Es hat Anteil an zwei Großlandschaften Mitteleuropas, dem Norddeutschen Tiefland und der Mittelgebirgsschwelle im Süden und liegt eingebettet zwischen dem Harz im Westen, dem Thüringer Becken im Süden und der Leipziger Tieflandsbucht im Norden und Osten. Letztere greift weit nach Süden, sodass die Touren um Zeitz in diesem Führer wieder in ihr anzusiedeln sind, während weiter westlich gelegene Übergangsgebiete für die hiesigen Verhältnisse auch schon gebirgig anmuten können, z. B. bei Osterfeld (Tour 46). Ein kleineres Vorgebirge ist die Finne (Tour 36). Das eigentliche Mittelgebirge im Wandergebiet, der Harz, wird dabei nur von den westlichsten Touren erfasst und geht ins östliche Harzvorland über. Eine markante Erhebung ist mit 250 m der Petersberg (Tour 18). Sind es auch keine hohen Berge, so gibt es doch mehr oder weniger hohe Erhebungen im gesamten Wandergebiet. Sie lockern die Landschaft auf. In den Fluss- und Bachtälern sind immer wieder auch Auwälder zu finden, auch Auenwälder genannt. Generell finden wir eher wenig Wald vor. Die fruchtbaren Böden förderten früh den Ackerbau. Die wegen ihrer Burgen vielbesungene Saale liegt in der Mitte unseres Wandergebietes und prägt es von Bernburg bis Bad Sulza. Daher bildet eine Wanderung im Saaletal in Halle den Auftakt dieses Wanderführers (Tour 1). Nördlich von Halle liegt der Naturpark Unteres Saaletal mit steilhängigen Durchbruchstälern, Prophyrkuppen und Auen (Touren 12–17), westlich davon die Hochflächen des Mansfelder Landes (Touren 9–11) und die Halle-Hettstedter Gebirgsbrücke (Tour 13), Ausläufer des Nordöstlichen Harzvorlandes. Auch westlich und südlich von Halle begegnen wir der Saale und ihren Nebenflüssen – besonders der Fuhne (Tour 19), der (nördlichen)

An der Aussicht Saale-Durchbruchstal bei Rothenburg. Die Saale hat sich hier in die Halle-Hettstedter Gebirgskette eingetieft (Tour 13).

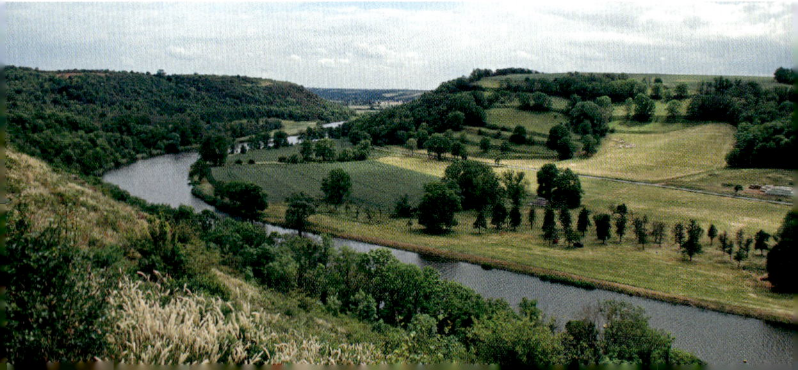

Weißen Elster (Touren 21–22, der Luppe (Tour 23) und der Saale selbst (Touren 1, 24–25). Namensgebend war der Fluss für das Saale-Unstrut-Triasland, wo beide Flüsse für viele Wanderungen das Landschaftsbild bestimmen. Auf den südlicheren Touren dagegen geht es rund um das Tal der (südlichen) Weißen Elster (Touren 47–48). Weitere bedeutende Fließgewässer sind die Hassel, die Wethau und der Lissbach.
Im Wandergebiet liegen der Naturpark Unteres Saaletal, der Naturpark Harz/Sachsen-Anhalt (Mansfelder Land) und der Naturpark Saale-Unstrut-Triasland, dessen Name 2013 auf Geo-Naturpark Saale-Unstrut-Triasland erweitert wurde, um seinen besonderen geologischen Gegebenheiten nachzukommen.

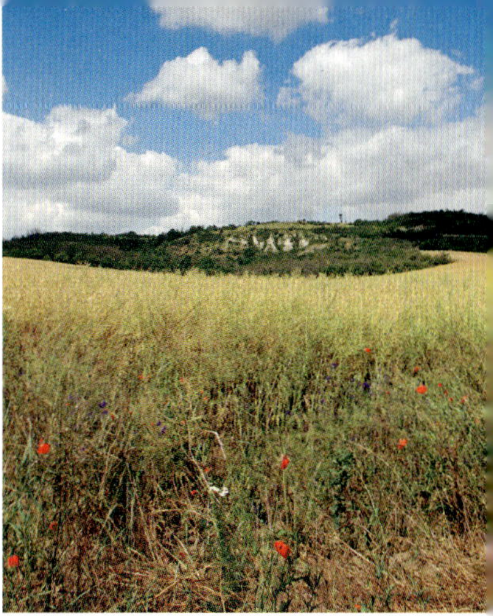

Muschelkalkinsel nahe Reinsdorf. Im Unstruttal bietet Kalkboden gute Bedingungen für den Weinbau, bei Karsdorf wird er auch als Rohstoff gewonnen (Tour 30).

Geologie

Im Süden Sachsen-Anhalts sind vielfältige geologische Spuren zu finden. Dazu trugen besonders zwei Faktoren bei: die Variszische Gebirgsbildung im Paläozoikum (Erdaltzeit), die später u. a. zu der sogenannten Halleschen Störung bzw. Halleschen Marktplatzverwerfung im Norden des Wandergebietes führte und die Verschiebung der Kontinente während der erdgeschichtlichen Trias-Periode im Mesozoikum (Erdmittelzeit) im Süden, die dem Saale-Unstrut-Triasland ihren Namen gab.
Vor ca. 310 Mio. Jahren stießen auf unserer Erde ein Nord- und ein Südkontinent zusammen. Hochgebirge entstanden (Variszische Gebirgsbildung) und wurden anschließend wieder durch Brüche zergliedert und abgetragen. Die Folge waren Sedimentbecken, u. a. das Saale-Becken, das sich genau in der »Kontaktzone« befand, indem es von Südwestthüringen nach Nordosten über das westliche Saale-Unstrut-Triasland bis in den halleschen Raum verlief. Die ältesten geologischen Denkmäler sind Zeugen dieser Zeit und ihrerseits nur dank späterer innerer Bewegungen entstandenen Verwerfungen (Störungen) zugänglich. Die Gesteinslagerung zerbrach an der Bewegungshälfte in zwei Schollen, die gegeneinander verschoben worden sind. Die älteren Schichten wurden durch Abtragung freigelegt, es kam zu einem Soleauftrieb, Solquellen traten aus und wurden bereits in der Bronzezeit genutzt. Diese Verwerfung (Hallesche Störung bzw. Hallesche Marktplatzverwerfung) verläuft vom Süden von Halle über den Marktplatz

nach Nietleben und Brachwitz bis nach Rothenburg und trennt so Halle und seine Umgebung in zwei geologische Einheiten. Südwestlich dieser Linie sind Zechstein und Buntsandstein, im Nordwesten dagegen Porphyr und Rotliegendes zu finden. Ihre Felsen bilden herausragende Kuppen, z. B. der Giebichenstein in Halle (Tour 1), der Petersberg (Tour 18) oder die Porphyrkuppen bei Landsberg (Tour 20).
Die Flusstäler von Saale und Unstrut haben sich tief in Muschelkalk und Sandstein gegraben. So durchschneidet die Saale nördlich von Naumburg eine Buntsandsteinplatte. Im gesamten Saale-Unstrut-Triasland lässt sich Erdgeschichte anhand der vertikalen Abfolge ihrer Gesteine erkennen. Unten finden wir Rotliegendes, ggf. gefolgt von Kupferschiefer, Zechstein, Buntsandstein, Muschelkalk und Keuper. Die letzteren drei lagerten sich während der Triasperiode ab. Die Zusammensetzung der Tafelstockwerke ist dabei regional unterschiedlich. Interessanten Felsstandorten und alten Felssteinbrüchen begegnet man im Saale-Unstrut-Trias-Land allerorten. Dem Wanderer werden u. a. besonders auffallen: die Muschelkalkfelswände unterhalb der Rudelsburg (Tour 38), die Buntsandsteinwände »Steinernes Bilderbuch« im Blütengrund (Tour 41), die Zscheiplitzer Steilhänge aus Muschelkalk (Tour 42, gut zu sehen von Tour 34 aus) oder die roten Buntsandsteinfelsen Schönburgs (Tour 44).

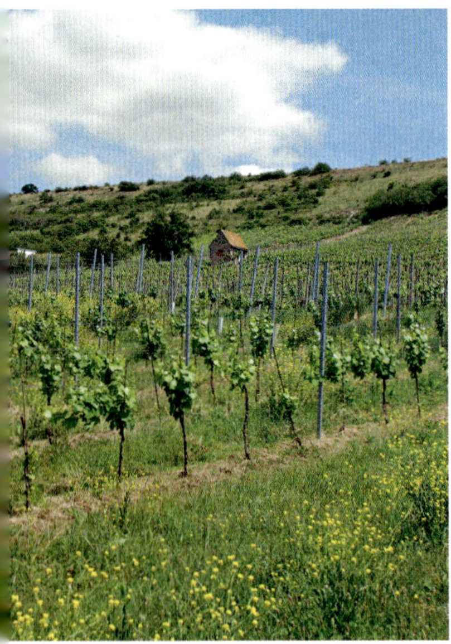

Der Wein

Neben dem Rotkäppchen-Sekt, der deutschlandweit begehrten Spezialität Freyburgs, nimmt der urkundlich erstmals 998 bezeugte Weinanbau einen hohen Stellenwert in der Gegend ein. 1934 wurde die Winzervereinigung Freyburg gegründet. Die Saale-Unstrut-Region ist das nördlichste deutsche Qualitätsweinbaugebiet.
Im Wandergebiet zwischen Höhnstedt am Süßen See (Tour 5) und Bad Sulza (Tour 37) gedeihen edle, überwiegend trockene Weine in vielen verschiedenen Rebsorten auf über 60 Weingütern. Steile Terrassenhänge sammeln die ausdauernd scheinende Sonne ein und gleichen so die relativ nördliche Lage aus. Sie machen die Region zu einem der

Weinberg Karsdorfer Hohe Gräte (Tour 30).

reizvollsten Weinanbaugebiete. Der Wanderer wird auf vielen Touren den Blick auf die pittoresken Weinberghäuser genießen und den Rebensaft bei einigen Weingütern und Besenwirtschaften auch verkosten. Besonders im Herbst locken zahlreiche Winzerfeste. Im Wandergebiet liegt die 1993 eröffnete »Weinstraße an Saale und Unstrut«.

Flora und Fauna

Wer sich für Flora und Fauna interessiert, wird das Wandergebiet als echte Fundgrube erleben. Hier ist auf engem Raum große Abwechslung zu finden. Der unterschiedliche geologische Untergrund sowie die zahlreichen Erhebungen führen zu vielen kleinklimatischen Varianten, die wiederum eine spezifisch angepasste Fauna und Flora bedingen. Im Folgenden seien hier nur die wichtigsten z. T. seltenen Pflanzen- und Tierarten genannt, denen wir unterwegs öfters begegnen.

Der Windschatten des Harzes führt zu einer geringen Niederschlagsmenge. So gedeihen hier zahlreiche wärme- und trockenheitsliebende Pflanzen und Tiere, von denen heute viele unter Artenschutz stehen. Das trockenwarme Klima bedingt das Auftreten von Trocken- und Halbtrockenrasen, Felsfluren, Magerrasen und Heiden, die oft auf kleinem Raum abwechseln. Die Weinberge, die Streuobstwiesen und die kleinen Wälder sind mit den zahlreichen Trockenrasenflächen besonders auf felsigem Untergrund wichtige Standorte bedrohter Arten. Die sonnigen Trockenrasen auf Kalk und Sandstein sind ideal für wärmeliebende Pflanzengesellschaften. Dem Wanderer werden im Mai und Juni gleich die wilden Orchideen ins Auge fallen. Gebietstypisch sind besonders verschiedene Arten von

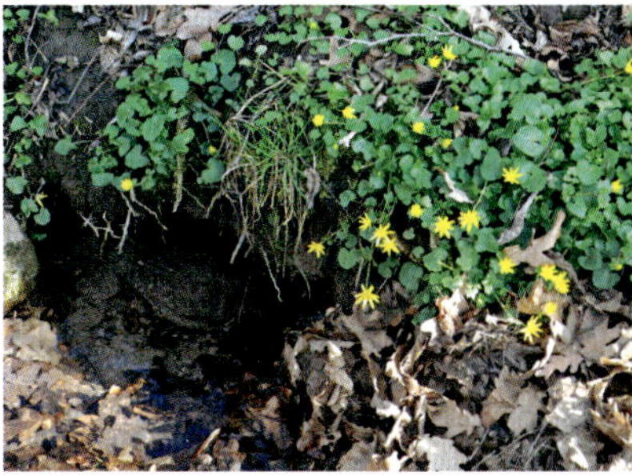

Scharbockskraut am Märchenborn, ein idealer Standort für das Schatten und feuchten Boden liebende Heilkraut.

Helm-Knabenkraut, eine der vielen Orchideenarten der Region.

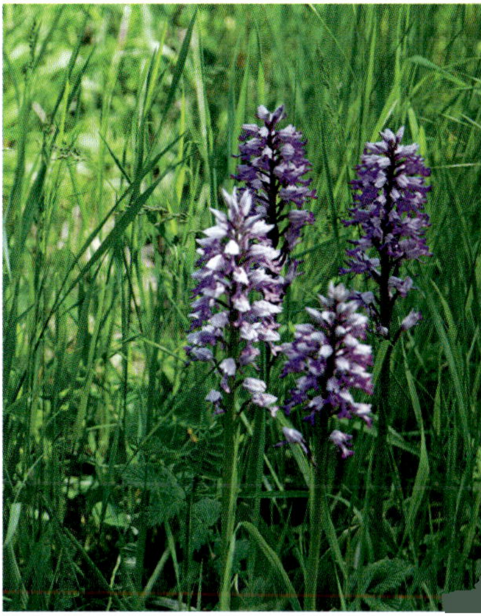

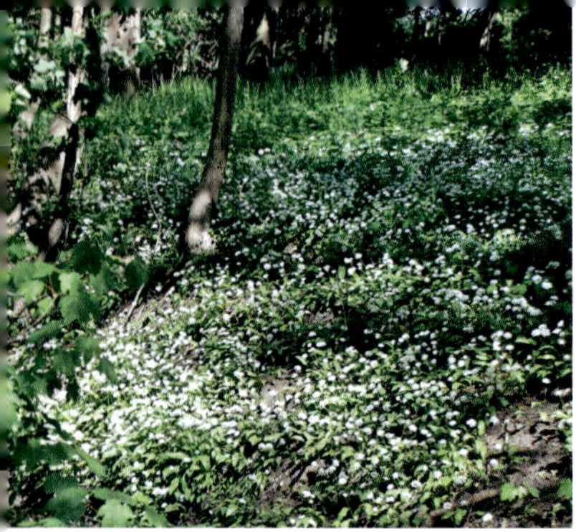

Blühender Bärlauch im Dieskauer Park (Tour 21).

Knabenkraut und Ragwurz. Diese blühen in einzigartiger Fülle in den Toten Tälern (Tour 40), aber auch an den sonnigen Südhängen des Unstruttals. Auch kommen hier andere seltene Pflanzen wie Fransenenzian, Kartäusernelke und Diptam vor.
In den Weinbergen gedeihen besonders im Süden für den mitteleuropäischen Raum einzigartige Borstenhirse-Bingelkraut-Gesellschaften. Selten ist auch der Pyrenäen-Storchschnabel. Auf den Mauern wachsen Mauerpfeffer und Mauerraute sowie verschiedene Gräser wie Wimpern-Perlgras, Rispen-Flockenblume und Platthalm-Rispengras. Dem ursprünglichen (Trauben)eichen-Hainbuchenmischwald kommen das Bergholz bei Petersberg (Tour 18), der Ziegelrodaer Forst (Touren 27 und 28), das Steinbachtal (Tour 32) und die Toten Täler (Tour 40) nahe. Auf Porphyrkuppen rund um Halle findet man z. B. Heidekraut, Felsen-Fingerkraut, Felsen-Goldstern und Gemeines Katzenpfötchen. Winterlinge blühen im zeitigen Frühjahr u. a. auf der Rabeninsel (Tour 1), im Götschetal (Tour 17), am Friedrichshang unterhalb des Keßlerturmes in Bernburg (Tour 12) und im Park in Zöschen (Tour 23). Die Märzenbecherteppiche im Leinewehtal (Tour 46) bieten eine gute Alternative zu den überlaufeneren Gegenden.
Die klein strukturierte Landschaft mit ihren vielen Fluss- und Bachtälern bietet zahlreichen Vogelarten gute Lebensbedingungen. Häufig sind Rotmilan, Buntspecht und in Gewässernähe auch der Graureiher zu sehen. Dort zeigen sich mit etwas Glück auch seltenere Vogelarten wie Kranich, Eisvogel, Kiebitz, Haubentaucher, Zwergtaucher, Kormoran und Fischadler. Ansonsten sind im Wandergebiet bisweilen auch Schwarzmilan, Bussard, Turmfalke, Habicht sowie Schwarz- und Grünspecht zu erspähen. Wiesen und Weiden bieten dem Weißstorch einen geeigneten Lebensraum, besonders im Saale-Elster-Tal (Touren 21–24). Vor allem in den Weinbergen sind zahlreiche Schmetterlingsarten, Käfer, Heuschrecken, an sonnigen Tagen auch Eidechsen zu sehen. In Wald und Feld begegnen dem Wanderer Rehe, bisweilen auch Wildschweine, Igel, Hasen und Füchse.
An dieser Stelle sei auch der Tierpark mit alten Haustierrassen und anderen Tieren am Petersberg erwähnt (Tour 18, tierpark-petersberg.de).

Wildgehege bei Popperode (Tour 9).

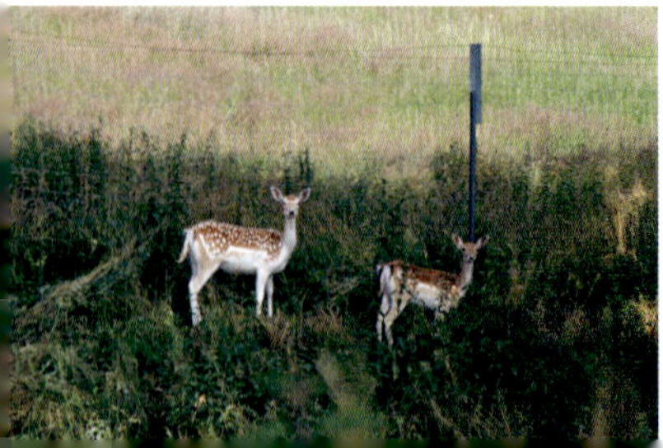

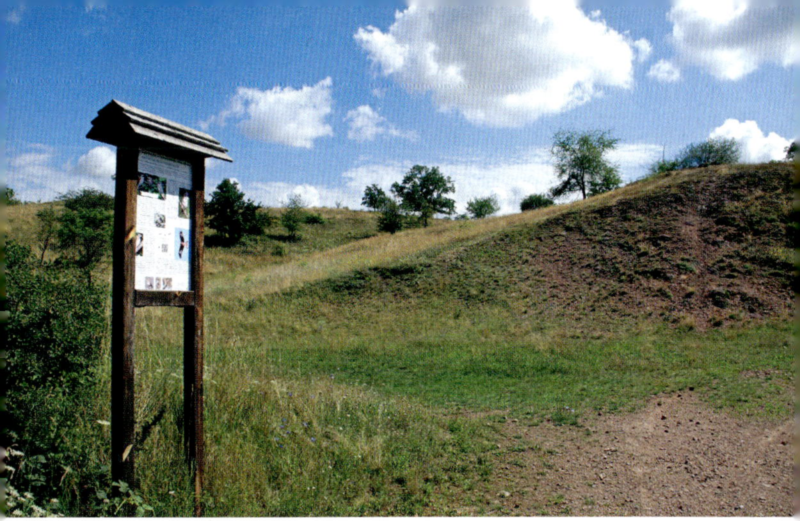

Der Beginn des Naturlehrpfades bei Mücheln. Die erste Tafel behandelt die »Vögel der halboffenen Porphyrlandschaft« (Tour 16).

Naturschutz

Im Wandergebiet liegt eine Vielzahl an Schutzgebieten, von denen sich viele auf den Touren in diesem Buch erwandern lassen. Zum einen der Naturpark Unteres Saaletal, der Naturpark Harz/Sachsen-Anhalt (Mansfelder Land), der im Westen und Norden an den Naturpark Harz/Sachsen-Anhalt grenzt, und der Naturpark Saale-Unstrut-Triasland, das Biosphärenreservat Karstlandschaft Südharz, des Weiteren unzählige Landschafts- (LSGs) und Vogelschutzgebiete (SPA), Naturschutzgebiete (NSGs), Gebiete der Fauna-Flora-Habitat-Richtlinie (FFH) und Naturdenkmäler (ND). Oft informieren vor Ort Tafeln genauer über die Besonderheiten der Natur und das Vorkommen seltener Tiere und Pflanzen.

Wer sich über Naturschutz im Wandergebiet näher kundig machen will, kann sich an die folgenden Adressen wenden. Geboten werden neben vielen Informationen auch thematisch geführte Wanderungen, Vorträge und Treffen. Unter den folgenden Adressen finden Sie auch Ortsgruppen für die verschiedenen Regionen im Wandergebiet.

- NABU (Naturschutzbund Deutschland): sachsen-anhalt.nabu.de
- BUND (Bund für Umwelt und Naturschutz Deutschland): bund-sachsen-anhalt.com, besonders das Umweltzentrum Franzigmark bei Halle: bund-halle.com/franzigmark
- AHA (Arbeitskreis Hallesche Auenwälder zu Halle/Saale e. V.), web-conzept-mn.de, mit der Umweltbibliothek Merseburg »Jürgen Bernt-Bärtl«
- Geo-Naturpark Saale-Unstrut-Triasland, leg.naturpark-saale-unstrut.de

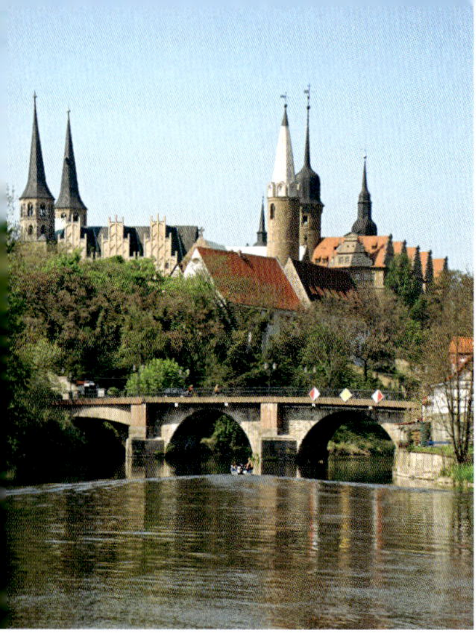

Schloss Merseburg liegt malerisch an der Saale (Tour 24).

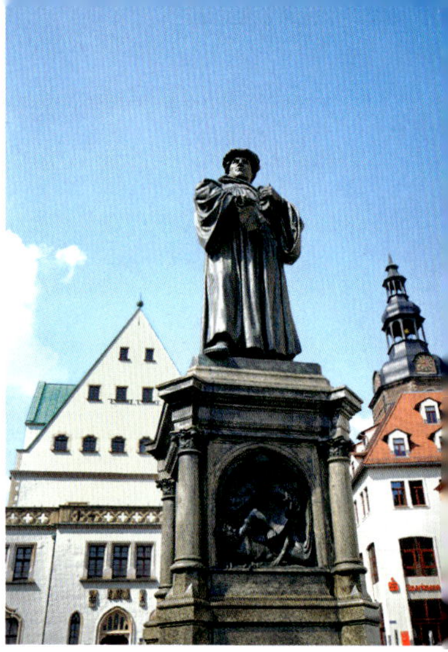

Ein Besuch der Lutherstadt Eisleben bietet sich besonders nach den Touren 4–11 an.

Erholung

Wer einen Wanderurlaub mit Wellness und ggf. auch einer Kur verbinden möchte, ist in Bad Dürrenberg (Tour 25), Bad Kösen (Tour 38) und Bad Sulza (Tour 37) gut aufgehoben. Bad Bibra (Tour 32) ist Kneipp-Ort mit mehreren Anlagen. Gelegenheit zum Wassertreten in Kneippbecken finden Sie auch in Kloschwitz (Tour 14), Krosigk (Tour 18) und Mücheln an der Geiselquelle (Tour 26).

Wenn man mal nicht wandert

Die Städte Halle, Naumburg und Zeitz und ihre Umgebungen bieten eine Fülle an Sehenswürdigkeiten, über die man sich in den jeweiligen Touristeninformationen beraten lassen kann:

- Tourist-Information Halle, Marktschlösschen, Marktplatz 13, 06108 Halle (Saale), Tel. +49 345 1229984, verliebtinhalle.de
- Tourist-Information Naumburg, Markt 6, 06618 Naumburg (Saale), Tel. +49 3445 273-125, naumburg.de (So Ruhetag)
- Tourist-Information Zeitz, Gewandhaus, Altmarkt 16, 06712 Zeitz, Tel. +49 3441 83-291, zeitz.de (So Ruhetag)

Für diejenigen, die gezielt die Umgebungen der drei Städte näher kennenlernen möchten, bieten sich folgende Attraktionen an, für die auf der Wanderung oft keine Zeit bleibt und die sich teilweise besonders für Regentage eignen.

LOHNENDE ZIELE IN DER WANDERREGION

Dom und Schloss Merseburg
Eindrucksvolles Architekturensemble hoch über der Saale. Im 1021 geweihten Dom St. Johannes ist eine schöne Hallenkrypta (12. Jh.) zu finden. Für die althochdeutschen Merseburger Zaubersprüche im Dom, mit Bezug auf die vorchristliche germanische Mythologie, ist Eintrag ins UNESCO-Weltdokumentenerbe beantragt. Der Schlossgarten gehört zu den Gartenträumen Sachsen-Anhalt. Dom tgl. geöffnet, Kulturhistorisches Museum tgl. geöffnet, Schlossgarten frei zugänglich; merseburg.de

Burg Querfurt
Eine der größten mittelalterlichen Burganlagen Deutschlands, erstmals im 9. Jh. erwähnt. Aus romanischer Zeit stammen Burgkapelle, Marterturm und der Turm Dicker Heinrich. Bisweilen wird sie für Filmarbeiten genutzt. Gehört zur Straße der Romanik. 1498 wurde die »Schäfferei vorm Schlosse« anbei erstmals urkundlich erwähnt, heute Bauernmuseum. Burg Mo Ruhetag, Bauernmuseum Alte Burgschäferei April–Okt., Mo Ruhetag (2023 Renovierungsarbeiten in der gesamten Anlage); burg-querfurt.de

Naumburger Dom St. Peter und Paul
Die ehemalige Kathedrale des Bistums Naumburg zählt zu den bedeutendsten Bauwerken der Spätromanik in Deutschland (weite Teile aus dem 13. Jh.). Besonders sehenswert sind die beiden Lettner (der Ostlettner um 1225) und die zwölf gotische Stifterfiguren von ca. 1250 (u. a. Uta und Ekkehardt II.), die durch ihre lebensnahe Darstellung zu den bedeutendsten Bildhauerwerken des Mittelalters zählen. Dom tgl. geöffnet, auch öffentliche Führungen (ca. alle 2 Std.); naumburger-dom.de

Arche Nebra in Wangen
Das erlebnisorientierte Besucherzentrum nahe des Fundortes der Himmelsscheibe zeigt in einer Ausstellung die Zeit vor 3600 Jahren. Sie werden staunen, wie hochentwickelt die Kulturen der Bronzezeit waren. Die Himmelsscheibe wird hier in Szene gesetzt, ohne selbst ausgestellt zu sein (Original im Landesmuseum in Halle). Vieles ist kindertauglich präsentiert. Besucherzentrum Mai–Sept. tgl. geöffnet, Okt.–April Mo Ruhetag (2023 z. T. wegen Umbau geschlossen); himmelsscheibe-erleben.de

Dom, Schloss und Schlosspark Zeitz
Nach der Bistumsgründung 968 entstand der Dom. In der frühbarocken Schlossanlage anbei ist eine lohnenswerte Kinderwagenausstellung zu sehen. Im Schlosspark, ehemals Landesgartenschau und heute zu den Gartenträumen Sachsen-Anhalt gehörig, sind barocke Orangerie, Lustgärten, ein Japanischer Garten, der englische Landschaftspark Rossner Park und Erlebniswelten für Kinder zu sehen. Museum Schloss Moritzburg Mo Ruhetag; Dom Mo geschlossen, Schlosspark April–Okt tgl. geöffnet; zeitz.de

Luthers Geburts- und Sterbehaus in Eisleben
Martin Luther wurde 1483 in Eisleben geboren und verstarb dort 1546. In seinem Geburtshaus und seinem Sterbehaus laden interessante Ausstellungen ein, die beide zum UNESCO-Welterbe gehören. Auf dem Markt steht ein 5,6 m hohes Lutherdenkmal von Rudolf Siemering (1835–1905). In der Marktkirche St. Andreas hielt er seine letzten Predigten. Geburtshaus und Sterbehaus April–Okt. tgl., Nov.–März Mo Ruhetag; luther staedte-eisleben-mansfeld.de

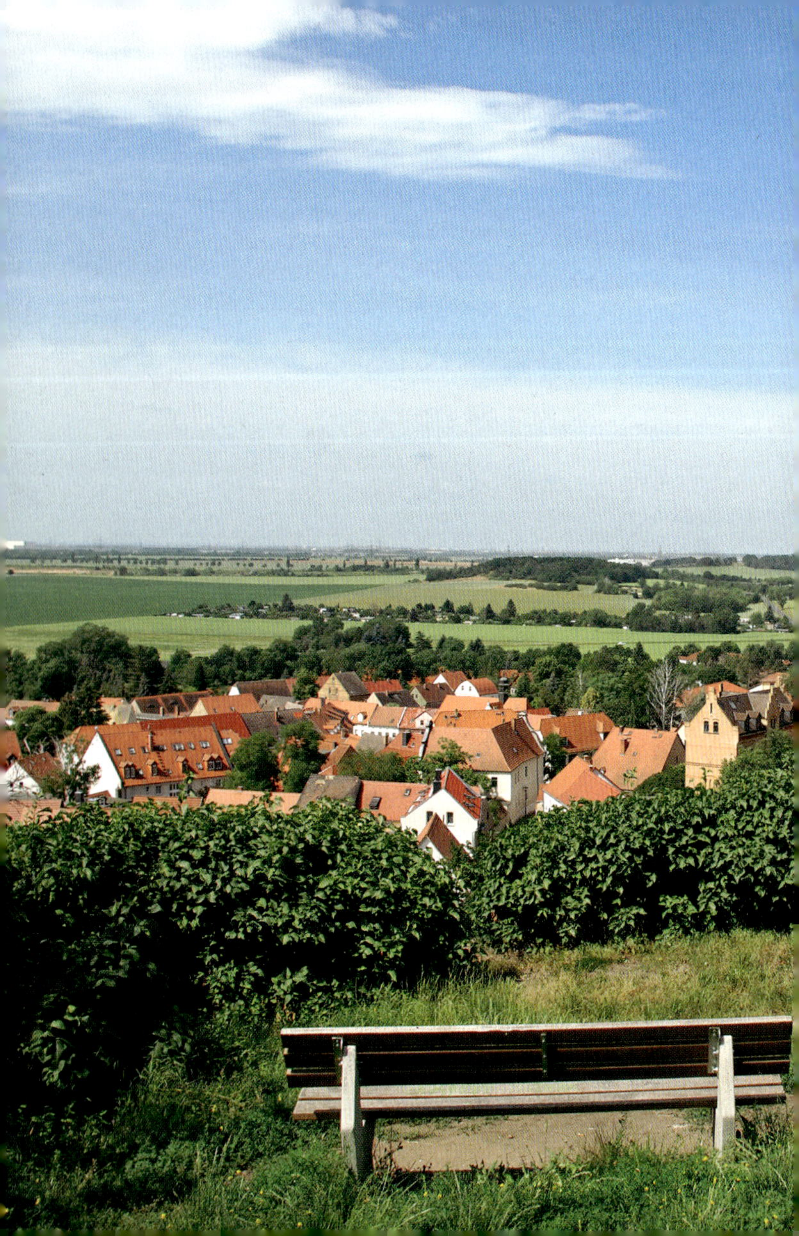

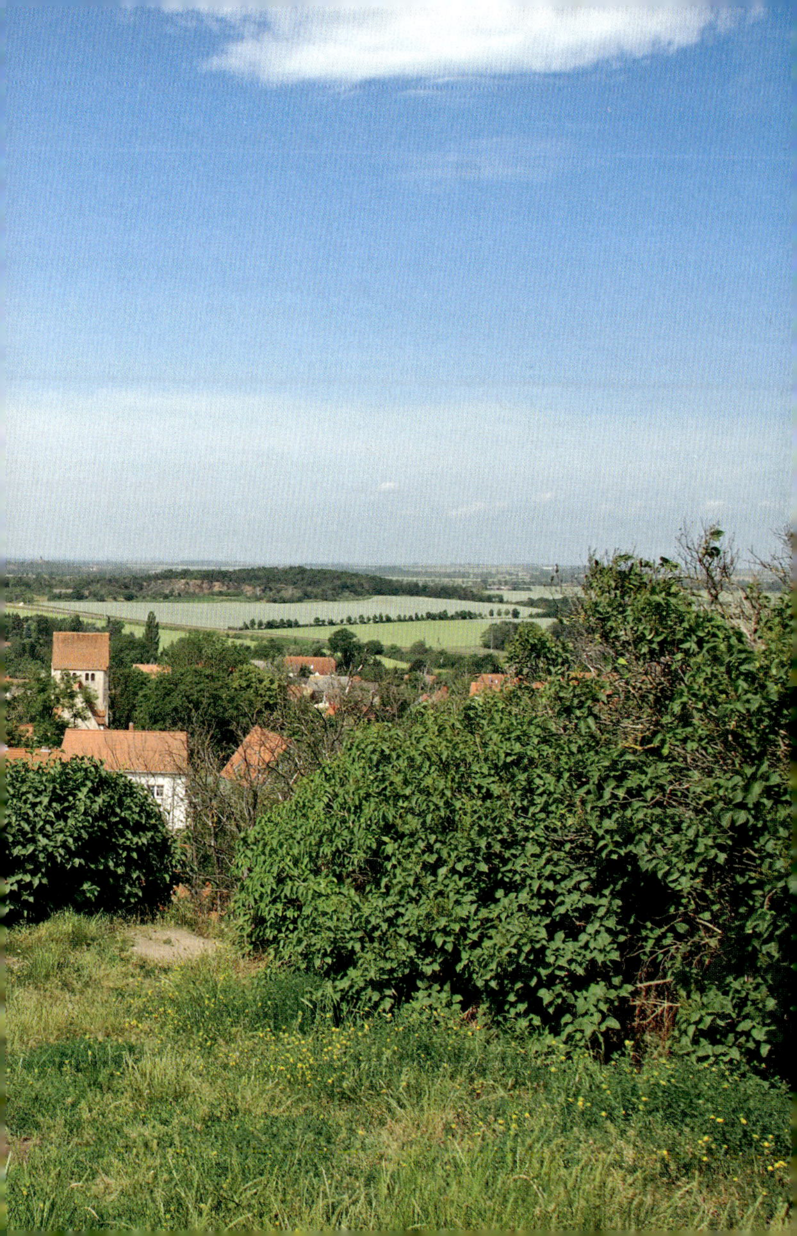

Halles Stadtgebiet und Mansfelder Land

Wandern kann man in Halle in alle Richtungen. Die Saale – mitten durch das zentrale Stadtgebiet windet sich von Süden nach Norden über 27 km der Halle so prägende Fluss. Flusslandschaft und Aue liegen mitten im urbanen Raum und bieten abwechslungsreiche Möglichkeiten für Wanderungen und Spaziergänge. Bereits im 19. Jh. wurden an der Saale zahlreiche Erholungsparks angelegt. Der Fluss bedeutet für Halle weit mehr als nur einen Namenszusatz. Während die Saale im Süden mit Weißer Elster und Luppe eine weite Aue ausbildet, fließt sie im Norden der Stadt durch ein enges Durchbruchstal, vorbei an schroffen Felsen, gleichzeitig der Beginn des Naturparks Unteres Saaletal (Tour 1).
Im Westen bildet der Stadtwald Dölauer Heide eine ausgedehnte Waldfläche, die schon lange eine große Bedeutung für die Naherholung der Städter hat (Tour 3). Ihre Erhebungen weisen mit den Porphyrhügeln der Brand- und Lunzberge im Nordwesten der Stadt auf Ausläufer des Mittelgebirgsvorlands (Tour 2). Dagegen ist im Osten Halles eher flaches Land zu finden – hier beginnt die Leipziger Tieflandsbucht. Das Reidetal bildet hier nach Osten z. T. eine natürliche Grenze zum östlichen Saalekreis.
Halle liegt gleichzeitig in der größeren Landschaftseinheit Östliches Harzvorland, wie auch das weiter westlich gelegene Mansfelder Land. Von Halle aus Richtung Westen kommen wir zuerst zum Mansfelder Seekreis, wo Äcker und zahlreiche kegelförmige Halden, auf die Vergangenheit im Bergbau deutend, die Landschaft prägen. Doch bieten sich dort gute Wandermöglichkeiten in der unerwarteten Schönheit versteckter, tief eingeschnittener Täler inmitten einsamer, vom Ackerbau geprägten Hochflächen (Tour 4). Bei Höhnstedt und am Süßen See, einem der »blauen Augen Mansfelds«, beginnt der Weinbau (Tour 5).

Schloss Seeburg am Süßen See ist ein beliebtes Ausflugsziel (Tour 5).

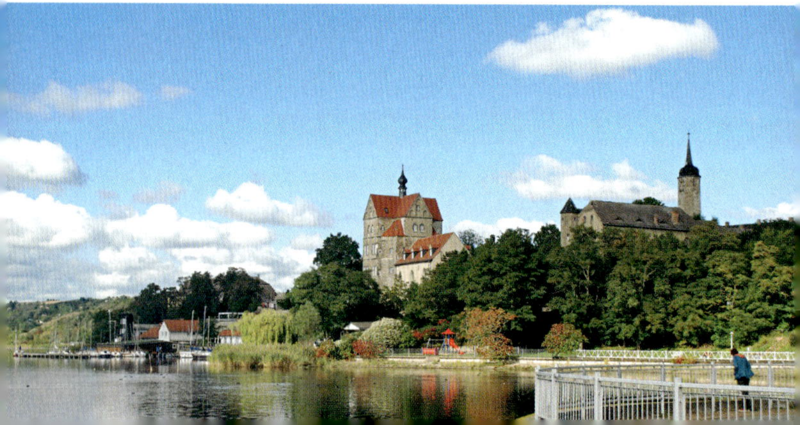

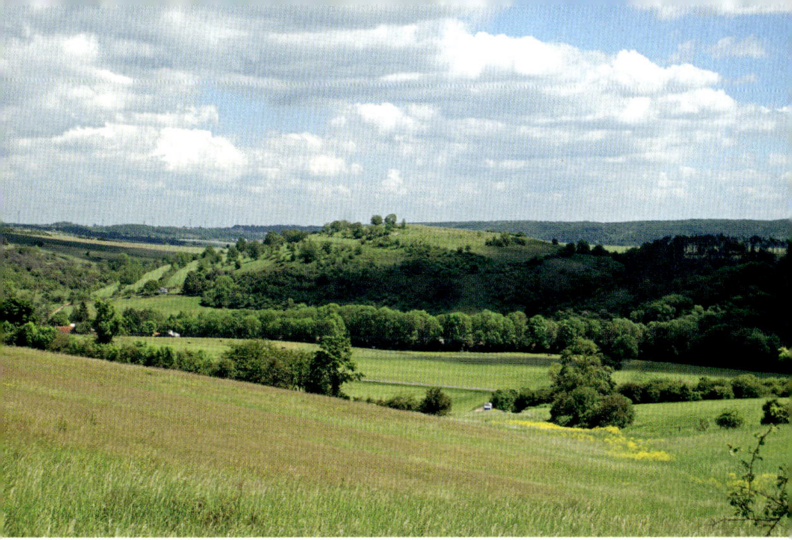

Hügelig ist die Landschaft nördlich von Sangerhausen (Tour 7).

Weiter nach Westen erstrecken sich ausgedehnte Waldgebiete und wiesenreiche Täler (Touren 6–9) – hier fängt der Harz an, besonders schön das Tal der Wipper (Touren 9–10). Auch sind im nördlichen Mansfelder Bergland (Mansfelder Gebirgskreis) größere wellige Freiflächen zu finden, die weite Blicke gestatten (Touren 10–11). Der große Reformator Martin Luther stammt übrigens aus dem Mansfeldischen. In Lutherstadt Eisleben wurde er 1483 geboren und verstarb 1546, seine Kindheit verlebte er in Mansfeld Lutherstadt (Tour 10). Die Touren 9–11 führen in den Unterharz hinein und liegen auch im Naturpark Harz/Sachsen-Anhalt (Mansfelder Land).

Überall zwischen Halle und Harz lockern sanfte Erhebungen die Landschaft auf. Die Kombination von Fluss- und Seenlandschaft, Hügelland und Mittelgebirge hat ihren besonderen Reiz. Die abwechslungsreichen Landschaftsformen ermöglichen vielseitige Wanderungen.

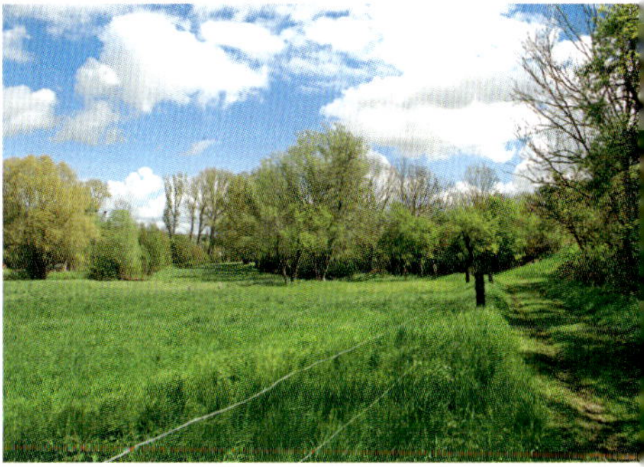

Die Bachaue des Laweketals ist durch Gehölze und Grünland abwechslungsreich gegliedert (Tour 4).

↗ 65 m | ↘ 80 m | 10.5 km

1 Im Saaletal in Halle

2.30 h

Auen, Parks und Felsen

Wer hätte gedacht, dass eine Stadtwanderung so schön sein kann! Im Westen Halles zeigt sich die Saale von ihrer reizvollsten Seite. Der Fluss teilt sich im Stadtbereich Halles in mehrere Arme. Wir durchwandern die dadurch entstandenen grünen Inseln vom Süden nach Norden, von der Rabeninsel über Peißnitz und Ziegelwiese zum Forstwerder. Malerische Auen wechseln mit markanten Felsen, romantische Parkanlagen mit tollen Aussichtspunkten. Zwischen Burg Giebichenstein und Forstwerder hat die Saale ein enges Durchbruchstal durch den Halleschen Porphyrkomplex geschaffen.
Diese Tour beginnt und endet mit den Naturschutzgebieten Rabeninsel und Forstwerder. Zwischendurch sind kulturelle Höhepunkte die bereits 961 erwähnte Burg Giebichenstein und die steinerne Eichendorff-Bank. Sowohl der Gimritzer Park auf der Peißnitz als auch der Amtsgarten nahe der Burg punkten mit wertvollem alten Baumbestand. Der Amtsgarten wurde ursprünglich in der Barockzeit angelegt und gehört mit seinen unterschiedlich gestalteten Terrassengärten zu den Gartenträumen Sachsen-Anhalts.

Ausgangspunkt: Straßenbahnhaltestelle Diesterwegstraße an der Rabeninselbrücke. Vom Marktplatz in Halle mit der Straßenbahn Linie 1 Richtung Südstadt. Parkmöglichkeiten in der Diesterwegstraße oder im Böllberger Weg.
Endpunkt: Straßenbahnhaltestelle Pfarrstraße in Trotha. Zum Marktplatz mit der Straßenbahn Linie 3 Richtung Beesen oder Linie 8 Richtung Elsa-Brandström-Straße. Autofahrer, die am Ausgangspunkt geparkt haben, steigen am Markt um.
Anforderungen: Breite, bequeme, größtenteils befestigte Wege, nur im Bereich der Pferderennbahn etwas holprig und eng, sodass hintereinander gegangen werden muss. Steil und je nach Jahreszeit teilweise rutschig bei dem Klausbergen (Tendenz zu »rot«), ggf. ist Trittsicherheit verlangt. Alternativ kann man bequemer unten an der Saale gehen.
Einkehr: Diverse Imbisse und Biergärten zwischen Peißnitzinsel und Giebichensteinbrücke; am Tourenende in Trotha gibt es den Vietgarden (tgl. geöffnet).
Hinweise: 1) In den Naturschutzgebieten Rabeninsel und Forstwerder ist unbedingt auf den Wegen zu bleiben. 2) Die Saalepromenade zwischen den Klausbergen und dem Forstwerder wird bis Ende 2023 saniert.
Varianten: 1) Die Tour lässt sich gut in zwei Hälften teilen, z. B. an der Elisabethbrücke (s. Tourenbeschreibung). 2) Wer auf die Oberburg Giebichenstein möchte, biegt nach der Brücke hinter den Felsen rechts ein und folgt den Stufen hinauf (April–Okt., Mo Ruhetag).

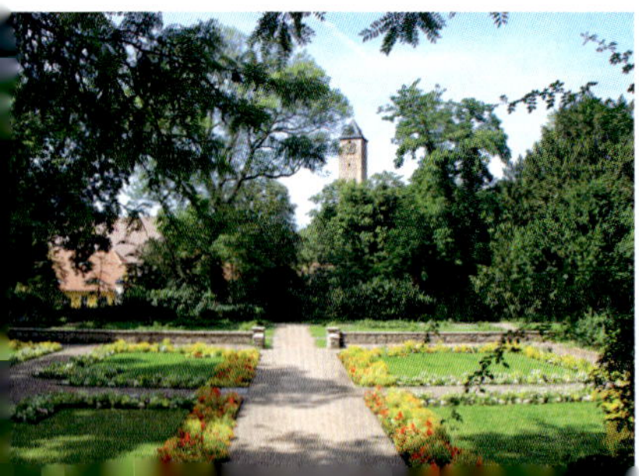

Im barocken Amtsgarten.

Von der Straßenbahnhaltestelle wenden wir uns zur **Rabeninselbrücke** ❶, die überquert wird. Rechts geht es die Stufen hinunter und unten scharf rechts. Wir gehen nun im Uhrzeigersinn um die Rabeninsel auf dem sogenannten Schlenkerweg herum, ab und zu begleitet von Tafeln des Naturlehrpfades. Bald gelangen wir zum Wehr. Rechts geht es weiter, nun die Wilde Saale linker Hand. An einem Abzweig mit Bank wandern wir geradeaus weiter. Nach einiger Zeit gelangen wir zu einer Kreuzung, wo wir links den Fluss überqueren. Von der Brücke aus ist rechts in der Ferne die Turmspitze der ehemaligen Papiermühle im Böllberger Weg zu sehen. Wir gehen immer weiter geradeaus, bald wieder die Saale rechter Hand, auch nach einer Fernwärmeleitung (Rohrbrücke). An einer Kreuzung (rechts ist eine Brücke) verlassen wir den Hauptweg und halten uns erneut geradeaus, so auch gleich am Abzweig. Kurz danach biegen wir in einer leichten Linkskurve schräg rechts in den kleineren Weg ein.
Bald liegt linker Hand die **Pferderennbahn** ❷, rechter Hand die Saale. Der urige Pfad schlängelt sich. Zweimal geht es an einer Gabelung rechts. Schließlich kommen wir an einer Fernwärmeleitung vorbei, überqueren den Roßgraben und unterqueren kurz darauf die Hochstraße der Magistrale, mit kunstvollem Graffiti. Ab hier wird der Weg wieder breiter. Wir unterschreiten eine zweite Brücke, die Elisabethbrücke mit

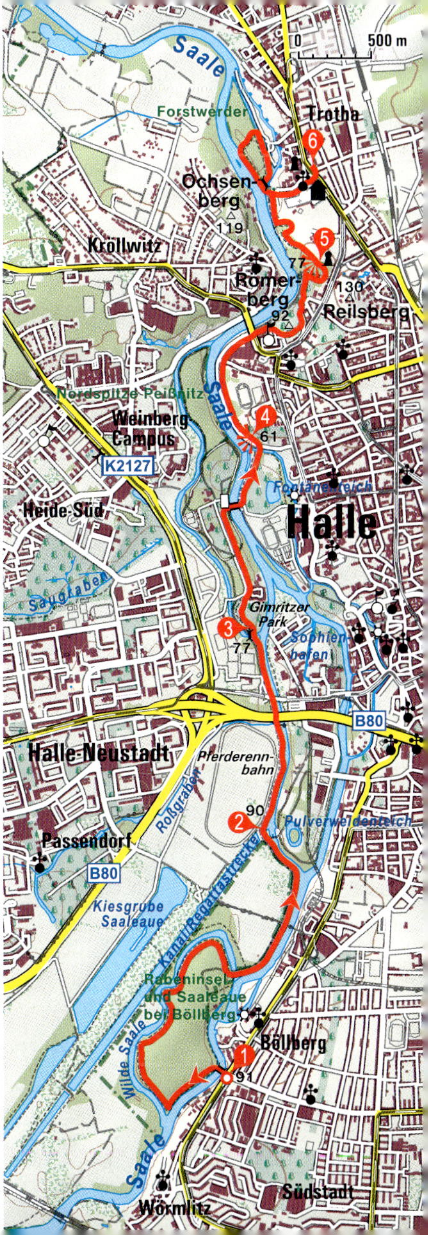

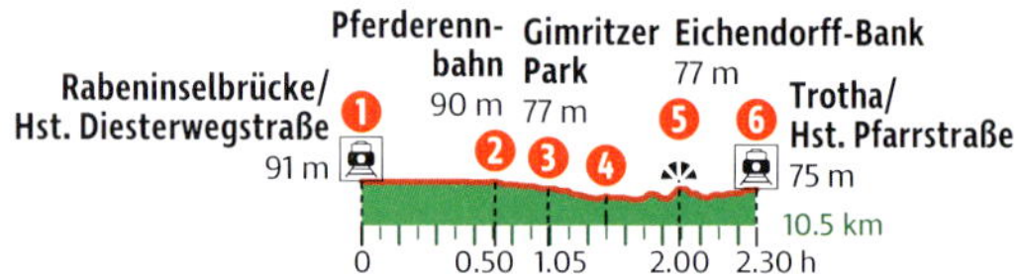

Straßenbahn. Anschließend halten wir uns geradeaus und folgen dem nun geteerten Weg. An den Tennisplätzen gehen wir schräg rechts (wer hier die Tour beenden will, geht scharf links und oben links zur Straßenbahnhaltestelle Saline, von der man die Tour auch beginnen kann).

Ab hier können auch viele Radfahrer unterwegs sein. Wir kommen gleich durch eine Kastanienallee. An einer Gabelung halten wir uns links und bleiben auf dem Hauptweg. Dann geht es über die Schafbrücke zur Peißnitzinsel. Gleich schräg rechts wird der geteerte Weg verlassen und wir erreichen den **Gimritzer Park** 3. An der T-Kreuzung halten wir uns vor einer Wiese mit großer Blutbuche links. An einer Kreuzung geht es geradeaus. Nach einer leichten Rechtskurve biegen wir an der Spitze des Parks links ein, auf Stufen zu, die wir auch hinaufgehen. Oben halten wir uns schräg rechts, am Gut Gimritz vorbei. Dann gehen wir geradeaus, den Spielplatz rechter Hand.

Ca. 100 m vor dem **Peißnitzhaus** biegen wir rechts ein, schreiten Stufen hinauf und überqueren die Saalebrücke. Danach gehen wir links (rechtwinklig) die Stufen hinunter und halten uns vor der Saale rechts. Nach der Überquerung der Ochsenbrücke biegen wir links ein. Das Riveufer ist erreicht. Links sind Imbisse, rechts wird bald der **Heinrich-Heine-Felsen** 4 passiert.

Blick von der Peißnitzbrücke über die Saale auf Bootshaus und Lehmannsfelsen.

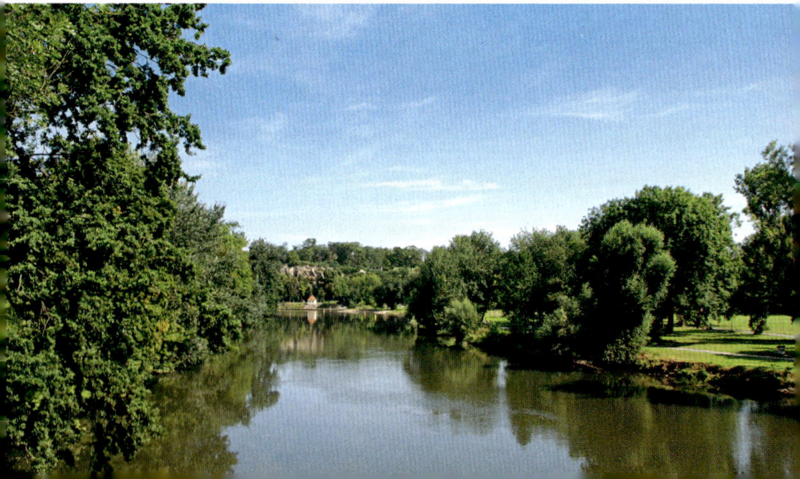

Bald kommen wir auch an den Einkehrmöglichkeiten Marie Hedwig und Felsenpavillon vorbei. Auf der anderen Saaleseite erblicken wir die Nordspitze der Peißnitzinsel, danach gleich rechter Hand die Christliche Akademie. Kurz danach geht es an einer Gabelung links in den Fußweg. Wir laufen weiter am Ufer entlang und bei den Tierskulpturen »Pferd und Kuh« von Gerhard Marcks unter der Giebichensteinbrücke hindurch. Ab hier geht es auf Umwegen weiter, um ein bestmögliches Wandererlebnis zu haben und viel zu sehen. Wer möglichst schnell und ohne starke Steigungen ans Ziel möchte, läuft immer geradeaus weiter. Auch der Weg an der Saale entlang hat seinen Reiz.

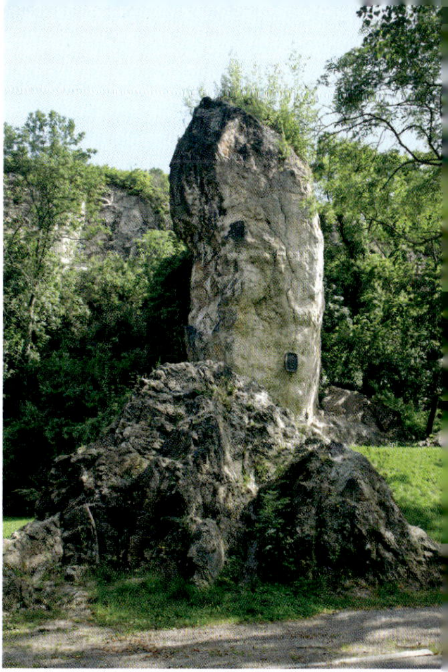

Am Heinrich-Heine-Felsen mit Gedenktafel.

Alle anderen wenden sich hinter den Felsen der Burg Giebichenstein nach rechts und biegen nach der Skulptur »Eva« (von Marianne Traub) kurz rechts ein, dann gleich links die Stufen mit Geländer hoch. Der **Amtsgarten** ist erreicht. Hier halten wir uns kurz rechts, und gleich wieder links. Zweimal schreiten wir Stufen hinauf, begleitet von Blumen je nach Jahreszeit. Ein Blick zurück lohnt sich. Am Ende der Pergola geht es schräg links, gleich an der Gabelung rechts, vorbei an der Skulptur »Pferd« (von Anna Martha Napp, daneben ein Mini-Spielplatz) linker Hand. Nun führen Stufen hinunter und wir biegen gleich links ein. An der Kreuzung halten wir uns scharf rechts, der Weg hat ein Geländer. Unten geht es dann rechts und gleich links, durch den Spielplatz. An der T-Kreuzung wird die Saale wieder sichtbar; hier halten wir uns rechts und gleich am Eichendorff-Denkmal wieder links. Erneut rechts wird wieder der Hauptweg an der Saale erreicht. Hier stoßen die Abkürzenden, die ab der Burg Giebichenstein an der Saale geblieben sind, von links dazu.

Wer nun einen steilen Anstieg vermeiden will, bleibt die nächste Zeit geradeaus unten an der Saale. Alle anderen biegen vor den Stufen der Klausberge rechts ein. Weiter oben geht es an der Kreuzung geradeaus. Nun wird es steil. Bald folgen weitere Stufen. Oben an T-Kreuzung ist links einzubiegen, dann ist gleich die **Eichendorff-Bank** ❺ erreicht. Wir gehen weiter geradeaus, auch an einem Abzweig. Unser Weg mündet in einen

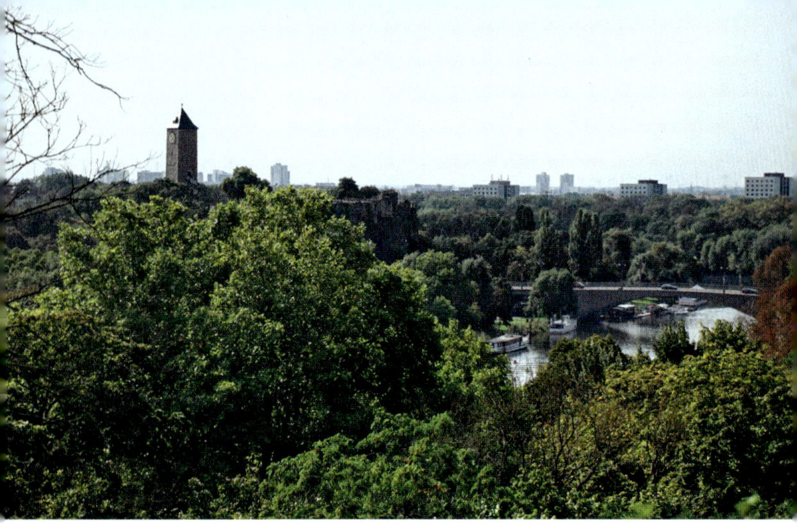

Aussicht auf das Saaletal von der Eichendorff-Bank. Joseph von Eichendorff verfassste 1805/06 als Student in Halle sein berühmtes Gedicht »Bei Halle« (Da steht eine Burg überm Tale und schaut in den Strom hinein ...).

anderen. Wir wandern immer geradeaus weiter. Nun heißt es aufpassen, denn an einer Kreuzung halten wir uns schräg links, dann gleich wieder schräg rechts und genießen den Pfad am Rande des Plateaus, der ins Freie tritt. Hier bietet sich ein schöner Blick auf Kröllwitz. Am Ende der Wiese halten wir uns geradeaus, so immer auf dem Hauptweg weiter am Hang entlang, bis wir vor dem Zaun des Nordbades links einbiegen und Stufen hinuntergehen. Unten halten wir uns vor der Saale rechts. Hier stoßen die Abkürzenden, die an der Saale geblieben sind und die Klausberge ausgelassen haben, von links zu.

Bald ist die Bogenbrücke (der sogenannte Katzenbuckel) erreicht, wo wir ohne Abstecher davor an der Gabelung rechts gehen könnten, dann immer geradeaus zur Kirche (s. u.). Über die Brücke bietet sich aber ein weiterer Abstecher an, zum **Forstwerder**. Auf der anderen Seite nutzen wir gleich den ersten Pfad rechts. Bald wird das Wanderzeichen grüne Raute sichtbar. Wo von scharf links ein Weg zustößt, gehen wir noch kurz geradeaus, um auf den Graben der Schleuse Trotha zu schauen. Wir wenden uns zurück und halten uns an der Gabelung rechts. Wir folgen dem Wanderzeichen, bis wir die Brücke überschreiten, und erreichen uns danach links haltend **Trotha**. Rechter Hand wird bald die im Kern romanische Kirche St. Briccius (12. Jh.) sichtbar. Am Denkmalplatz, benannt nach dem Kriegerdenkmal von 1866 und 1870/71 linker Hand, geht es noch kurz geradeaus und dann links zur **Straßenbahnhaltestelle Pfarrstraße 6**.

↗ 110 m | ↘ 110 m | 11.7 km

3.00 h

Von den Brandbergen zu den Lunzbergen

2

Offene Landschaft, Porphyrfelsen und Wald

Der Nordwesten Halles ist von zahlreichen Porphyrkuppen geprägt. Besonders markant sind die Naturschutzgebiete Brandberge und Lunzberge, wo zahlreiche seltene Pflanzen gedeihen. Erstere haben ihren Namen von früheren Hexenverbrennungen. Später dienten sie als Truppenübungsplatz, wo sich die Natur prächtig entwickeln konnte. Auch thront Lettin, seit 1950 Stadtteil von Halle, auf einem Porphyrfelsen.
Von den Hügeln der Brandberge, die weite Blicke gestatten, wandern wir zuerst durch eine wilde und landschaftlich vielseitige Talebene, später kurz an der Saale entlang. Hinter Lettin erreichen wir die romantischen Porphyrkuppen der Lunzberge, die auch Blicke auf die steilen Felshänge der »Brachwitzer Alpen« auf der anderen Saaleseite erlauben. Im zweiten Teil geht es über offenes Ackerland, vorbei am Menhir Steinerne Jungfrau, ein zu prähistorischer Zeit aufgestellter Hünenstein, mit 5,5 Metern Höhe der größte Mitteldeutschlands. Wir durchqueren Dölau und anschließend schönen Wald am Nordrand der Dölauer Heide.

Von den Lunzbergen sind die Brachwitzer Alpen und der Petersberg gut zu erkennen.

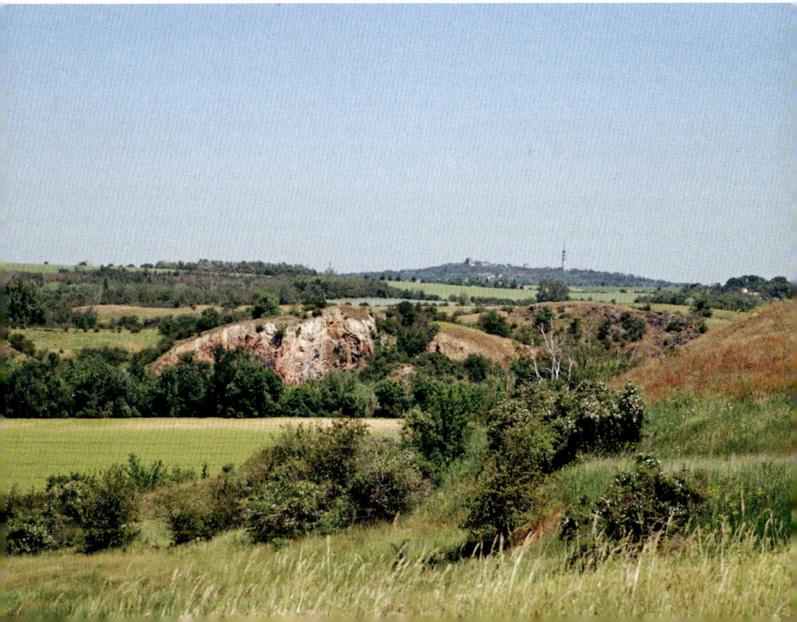

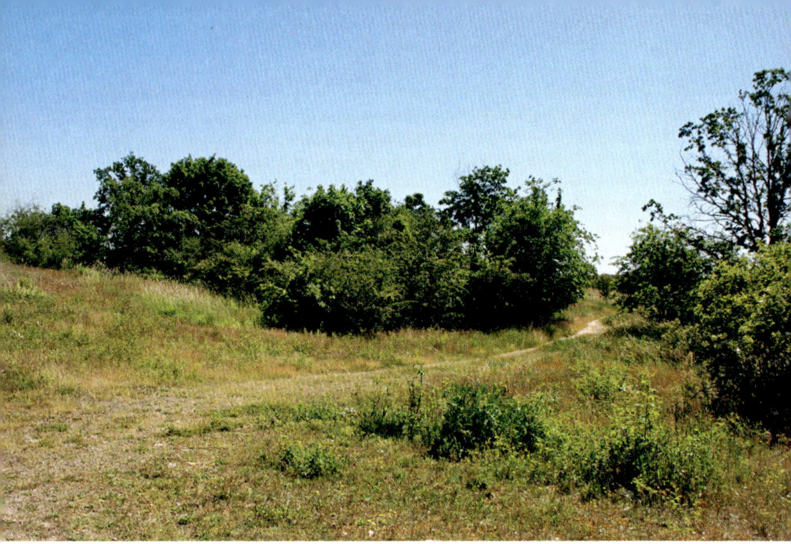

In den Brandbergen sind u. a. Halbtrockenrasen und Zwergstrauchheiden vertreten.

Ausgangspunkt: Straßenbahnendhaltestelle Kröllwitz. Von Halle Hbf. mit den Linien 4, 5 oder 7 (die beiden Letztgenannten fahren auch über Halle, Marktplatz), alle in Richtung Kröllwitz. Parkplatz Dölauer Heide Ost (Navi: Brandbergweg, Ecke Dölauer Straße).
Anforderungen: Keine Ausschilderung. Kurze steile Auf- und Abstiege, z. T. auf kleinen Pfaden. Befestigte Wege in Lettin und Dölau. Orientierungssinn nötig in den Brandbergen und Lunzbergen. Wenig Bänke und wenig Schatten, außer in der Dölauer Heide. Auf den Lunzbergen kann es windig sein.
Einkehr: Geilis Kneipe (Mo/Di Ruhetag, Sa nach Vereinbarung, Tel. +49 345 5504507) in Lettin; Heideblick (Mo/Di Ruhetag) in Dölau.
Hinweis: In den Naturschutzgebieten Brandberge und Lunzberge ist unbedingt auf den Wegen zu bleiben.

Von der **Endhaltestelle Kröllwitz** ❶ wenden wir uns an der Hauptstraße links zur Ampel, überqueren die Straße und biegen vor dem Parkplatz rechts ein, bis von links ein Weg zustößt. Autofahrer gehen den Parkplatz leicht hinunter und biegen bei der Übersichtstafel rechts ab. Alle überqueren ohne Ampel vorsichtig die Straße und betreten an einem Pfeiler geradeaus das **Naturschutzgebiet Brandberge**.
Kurz danach halten wir uns in den ersten Weg schräg rechts, den Hügel hinauf und oben weiter geradeaus. Linker Hand bietet sich ein schöner Blick in den Saalekreis. Weiter vorn geht es wieder leicht abwärts. In Sichtweite einer Straße ist links einzubiegen, weiterhin leicht bergab. Danach halten wir uns an einer Kreuzung und gleich darauf an einem Abzweig geradeaus (in den schmaleren Weg). Nun wandern wir für ca. 1 km immer gerade-

aus auf dem Hauptpfad, an mehreren Abzweigen vorbei. Vor einem Hügel schwenkt der Pfad schließlich nach schräg rechts, schlängelt sich und führt in Richtung einer Rohrleitung. Wir gehen unter den Rohren hindurch, überqueren dann einen Feldweg und gehen geradeaus weiter. Linker Hand begleiten uns die Rohre bis zur Straße, wo wir rechts einbiegen. Vor der Kläranlage nutzen wir links den breiten Weg (Saale-Radwanderweg), bald vorbei an der Hunde-Sportstätte. Weiter vorne überqueren wir links die Holzbrücke über den Hechtgraben, dann halten wir uns gleich rechts. Hier wird der Saale-Radwanderweg wieder verlassen. Vor der Saale schwenkt der Weg nach links und wird zum Pfad. Nach einer Kuhle laufen wir geradeaus, aber am folgenden Abzweig, am Hektometerzeichen 6 der Saale, biegen wir links ein. An zwei Abzweigen halten wir uns schräg rechts und folgen dem Hauptpfad.

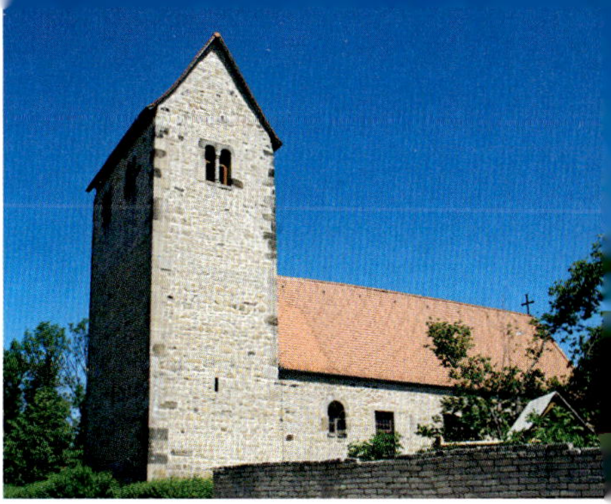

St. Wenzel hat romanischen Charakter.

In **Lettin** 2 geht es schräg links die kleine Asphaltstraße hinauf. An der Kreuzung (schräg links ist Geilis Kneipe) gehen wir links an der Rundbank vorbei. Dann halten wir uns schräg rechts und nutzen die kleine Straße

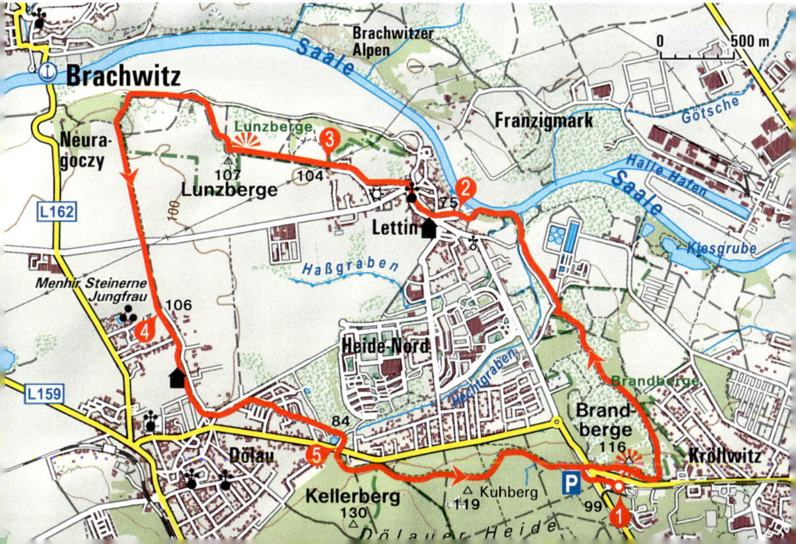

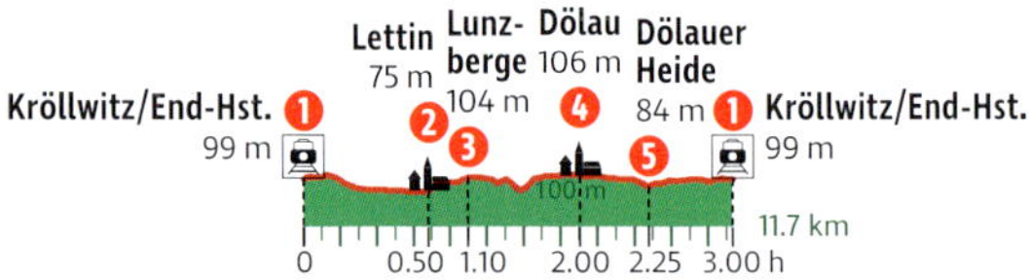

Am Ausblick (Spielstraße). Wir laufen an der folgenden Kreuzung die Kirchstraße geradeaus und folgen ihr bis zur romanischen Kirche St. Wenzel. An der Durchgangsstraße, der Schiepziger Straße, biegen wir schräg links in den Schwedenweg ein (Sackgasse). Wir gehen weiter geradeaus, bald den »Roitschweg« schräg rechts.

Nach den letzten Häusern erreichen wir geradeaus das **Naturschutzgebiet Lunzberge** **3**. Rechter Hand sind wieder Petersberg und Felsen des Saaletals zu sehen, die sogenannten Brachwitzer Alpen. Vor einem felsigen Hügel schwenkt unser Weg nach rechts. Gleich gehen wir an der Gabelung links hinauf und fast oben an der Gabelung rechts, auf die Felsen jenseits der Saale zu. An der Kreuzung gehen wir geradeaus hinunter. Der Weg schwenkt nach links. Wir gelangen ins Tal und wandern an einer Kreuzung geradeaus weiter, parallel des Saale-Radwegs rechter Hand. Vor dem bewaldeten Hügel geht es links hinauf, kurz wird es steil. Oben laufen wir geradeaus weiter, das Naturschutzgebiet wird verlassen.

Klatschmohn an den Lunzbergen, die Brachwitzer Alpen im Hintergrund.

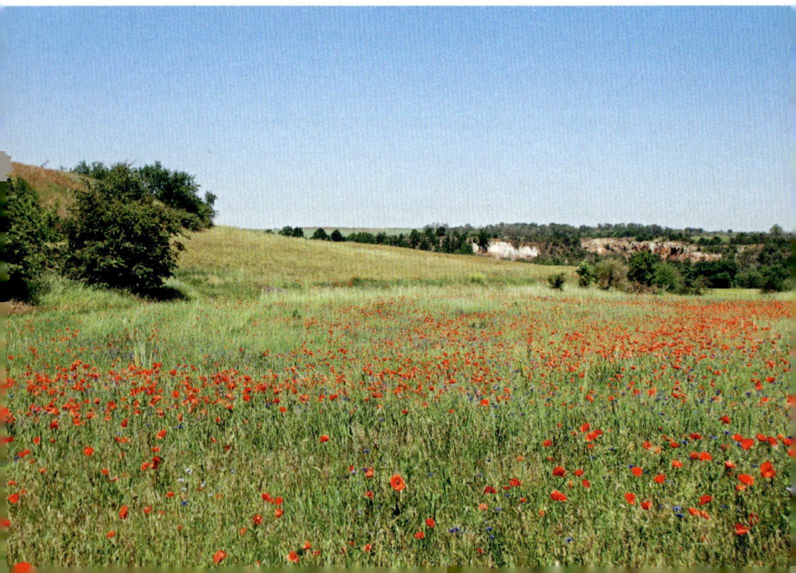

Wir wandern immer geradeaus, auch über die Straße. Linker Hand ist das ehemalige Porzellanwerk Lettin (1858–1990) zu sehen. Kurz vor den ersten Häusern von **Dölau** 4 lohnt sich rechts ein Blick zum Menhir Steinerne Jungfrau (von hier aus nicht zugänglich). Im Ort gehen wir zunächst geradeaus weiter, vorbei an der Gaststätte Heideblick, biegen aber nach knapp 1 km in die ungeteerte Zechenhausstraße links ein (Sackgasse). Anschließend geht es links in die Pflasterstraße und gegenüber der Straße An den Schachthalden schräg rechts in den Fußweg. An einem Abzweig halten wir uns geradeaus, bald an einem Findling vorbei. Geradeaus geht es über die Straße, an einem kleinen Spielplatz mit Bank vorbei, an der folgenden Straße kurz rechts und gleich wieder links (vor den Häusern Nr. 35–49). Wir überqueren erneut geradeaus eine Straße und halten uns auch an der Kreuzung geradeaus, bald mit einem schilfbestandenen Teich rechter Hand.

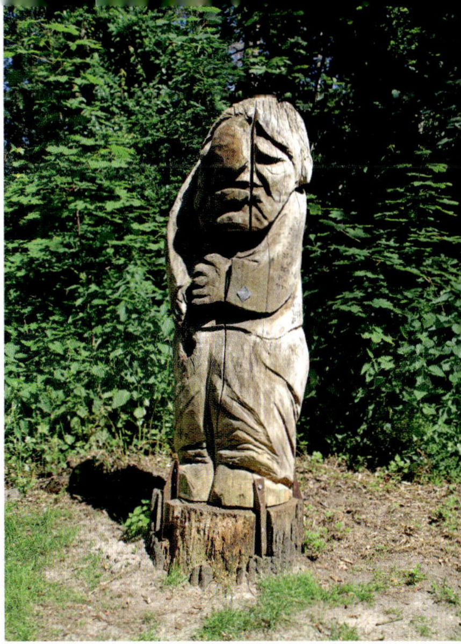

Der Sage nach wurde der dicke Bauer »olle Knolle« zur Strafe für seine Trinkerei vom Waldgeist in einen Baum verwandelt.

Am Teichende gehen wir rechts, überqueren die Straße und betreten schräg links den Pfad in die **Dölauer Heide** 5. An der T-Kreuzung geht es links, dann weiter geradeaus (beide Wege an einer Gabelung führen später wieder zusammen), parallel zur Straße. Kurz nach der Bushaltestelle linker Hand (Knoll's Hütte) biegen wir in den breiten Weg schräg rechts hinauf ein, vorbei an einem Parkplatz. Wir nutzen schräg links den zweiten Abzweig, unmarkiert und ca. 20 m nach der Holzskulptur »Olle Knolle«. Dann wandern wir immer geradeaus, auch an der Kreuzung (rechter Hand ist die Holzskulptur »Der Baumgeist«), so auch bald darauf an der nächsten.
An der Gabelung halten wir uns links (in Richtung Halle-Kröllwitz), dann gleich geradeaus. An der folgenden Kreuzung wandern wir geradeaus weiter. Unser Weg mündet schließlich in einen breiteren, weiter geht es geradeaus. Auch an einer Kreuzung laufen wir geradeaus und an der Gabelung links. Dann geht es schräg rechts zum Parkplatz. Nutzer öffentlicher Verkehrsmittel gehen links daran vorbei, überqueren links die Fußgängerampel und schreiten geradeaus zurück zur **Straßenbahnendhaltestelle Kröllwitz** 1.

↗ 170 m | ↘ 170 m | 13.9 km

3 Die Dölauer Heide

4.00 h

Viele kleine Attraktionen in Halles größtem Stadtwald

Im Nordwesten des Stadtgebietes liegt die Dölauer Heide, die zu den beliebtesten Naherholungsgebieten der Hallenser gehört. Etwas höher als Halle gelegen, sorgt die ausgedehnte Waldfläche im Sommer für einen angenehm erfrischenden Aufenthalt. Unterbrochen ist die »Heide«, wie sie auch liebevoll genannt wird, von allerlei Erhebungen. Auf dem seine Umgebung um 20 bis 30 Meter überragenden Plateaurücken, vom Langen Berg zum Schwarzen Berg, sind zahlreiche prähistorische Steinkistengräber zu finden. Hier liegt auch die Bischofswiese, gleichzeitig Naturschutzgebiet, wo sich einst die größte jungsteinzeitliche befestigte Siedlung Mitteldeutschlands befand. Halles größtes Waldgebiet (ca. 740 Hektar) ist vollständig als Landschaftsschutzgebiet ausgewiesen. Im ersten Teil folgen wir überwiegend dem sich schlängelnden Naturlehrpfad, der uns die vielseitige Natur des Stadtwaldes näherbringt. Im zweiten Teil wandern wir zum Heidesee, bald darauf in die Höhe und auf idyllischen Wegen, vorbei an archäologischen Sehenswürdigkeiten, zum Aussichtsturm auf dem Kolkturmberg. Der Harzclubsteig geleitet uns zurück zum Ausgangspunkt.

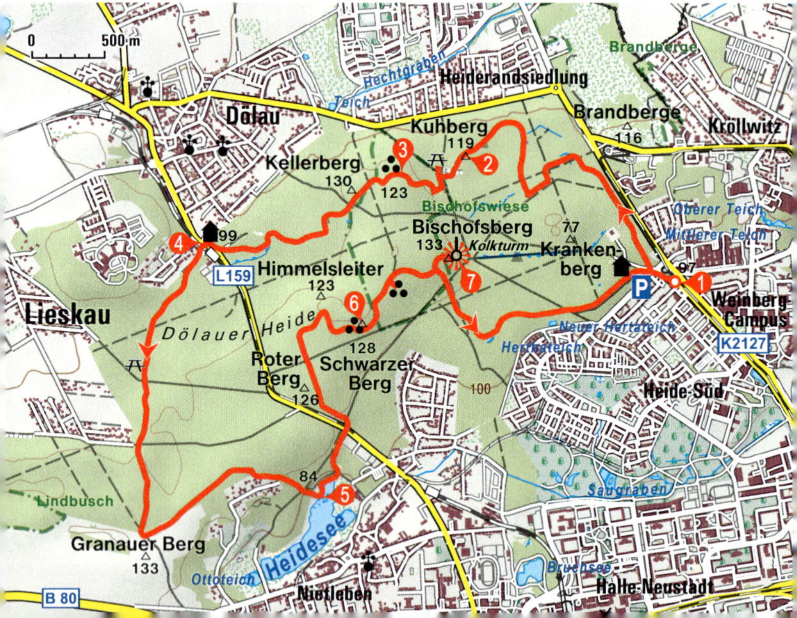

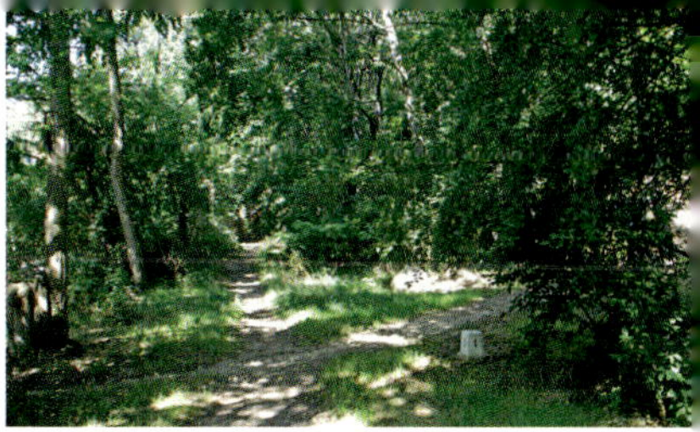

Hier beginnt der Naturlehrpfad I.

Ausgangspunkt: Straßenbahnhaltestelle am Hubertusplatz. Von Halle Hbf. mit den Linien 4 oder 5 oder von Halle, Marktplatz mit der Linie 5, alle in Richtung Kröllwitz, bis Haltestelle Heide-Universitätsklinikum. Wanderparkplatz am Waldkater (gebührenpflichtig, Navi: Am Heiderand 3, Halle (Saale). Autofahrer wenden sich Richtung Wald und biegen nach dem Behindertenparkplatz schräg rechts ein, überqueren den geteerten Weg und gehen geradeaus den Hügel hinauf. Dieser Weg mündet bei Stein 4 in den Naturlehrpfad, wo sich beide Varianten treffen.
Anforderungen: Orientierungssinn, da die Dölauer Heide viele Wege aufweist. Im ersten Teil überwiegend ausgeschildert (der mit rotem Strich bezeichnete Naturlehrpfad ist jedoch an manchen Stellen ohne Ausschilderung), im zweiten Teil nur anfangs Wanderzeichen. Kurze steile Auf- und Abstiege, eher kleine Wege. Auf einigen Pfaden besonders an steilen Stellen abschüssig, daher ist Trittsicherheit gefordert.

Einkehr: Müller's Heidekiosk (tgl. geöffnet) am Heidebahnhof; Gaststätte Waldkater (Mo Ruhetag, freitags nur Reservierungen) nahe Hubertusplatz.
Hinweis: Die Steine am Naturlehrpfad sind mit Nummern versehen. Die Erläuterungen lassen sich vor Ort mit dem Smartphone über den QR-Code lesen oder vorher als PDF auf der Homepage der Stadt Halle aus dem Internet herunterladen (halle.de – Suchbegriff »Dölauer Heide«). Blanko-Steine ohne Zahl weisen nur die Richtung. Verwechslungsgefahr besteht mit den Steinen vom Rundwanderweg »Heideprinzessin«.

Von der Straßenbahnhaltestelle am **Hubertusplatz** ❶ wenden wir uns in Richtung Wald, halten uns dann links und schreiten rechts am Unterstand vorbei. Danach geht es schräg rechts und über die Straße (Am Heiderand). Die **Dölauer Heide** wird betreten. Wir nutzen den rechten Parallelweg zum geteerten Hauptweg und achten auf weiße würfelförmige Steine am Boden, Kennzeichen des Naturlehrpfades. An Stein 1 biegen wir rechts ein. An den Bäumen ist neben dem Wanderzeichen roter Strich für Naturlehrpfad auch die rote Krone vom Rundweg »Heideprinzessin« zu sehen. Bei Stein 4 stoßen die Autofahrer von links zu.
Wir folgen immer dem Naturlehrpfad und halten uns an einer Gabelung bei Stein 9 rechts. Nach Stein 16 geht es bald schräg rechts. Kurz darauf biegen wir mit den Wanderzeichen an der Kreuzung links ein. Wir halten uns an der folgenden Kreuzung links. Vorläufig ist dem mit dem Wanderzeichen rote Krone versehenen Rundweg »Heideprinzessin« zu folgen, der rote Strich vom Naturlehrpfad wird hier kurzzeitig verlassen. An der nächsten Kreuzung geht es rechts. Rechter Hand liegt der Heidefriedhof. Auch an der folgenden Kreuzung biegen wir rechts ein. Kurz darauf liegt die Schwedenschanze linker Hand, gekennzeichnet durch eine blaue Informationstafel. An der Kreuzung halten wir uns geradeaus und verlassen alle Wanderzeichen. Der Weg verläuft nun leicht geschwungen. An der Kreu-

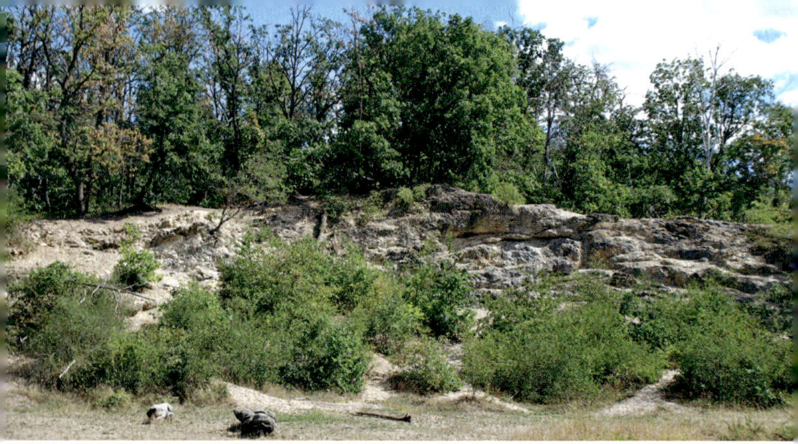

Im ehemaligen Steinbruch wurde früher Hallescher Quarzporphyr abgebaut.

zung wandern wir geradeaus und am Abzweig schräg links, nun wieder mit dem roten Strich des Naturlehrpfades. An der Gabelung halten wir uns links und an der Kreuzung geradeaus. Nun wird es steil. Schließlich führt unser Weg an der höchsten Stelle des **Kuhbergs** 2 links steil hinunter, weiter dem Naturlehrpfad folgend. Unten geht es an einer platzartigen Erweiterung geradeaus, dann an der Gabelung rechts. An der T-Kreuzung biegen wir rechts ein für einen Abstecher zum ehemaligen Steinbruch.
Wir kehren zurück auf den breiten Weg, dann geht es bei den beiden Wanderzeichen roter Strich rechts. Am Abzweig halten wir uns rechts (parallel zu einem anderen Weg linker Hand) und an der Kreuzung geradeaus. Das **Naturschutzgebiet Bischofswiese** wird betreten. Wir wandern nun leicht aufwärts, später steiler. Oben auf dem **Langen Berg** 3 wird an Stein 36 ein Steinkistengrab erreicht. Wir folgen dem Naturlehrpfad geradeaus weiter, aber verlassen ihn vorläufig unten an der Kreuzung, wo wir links einbiegen. An der folgenden Kreuzung geht es geradeaus. Rechter Hand führt bald ein Abstecher zum Keller der Heideförsterei. Auch an der nächsten Kreuzung geht es geradeaus, an der folgenden (Tafel Kellerberg rechter Hand) kurz rechts und gleich wieder links. An der Gabelung halten wir uns rechts und nehmen an der Kreuzung geradeaus den Naturlehrpfad wieder

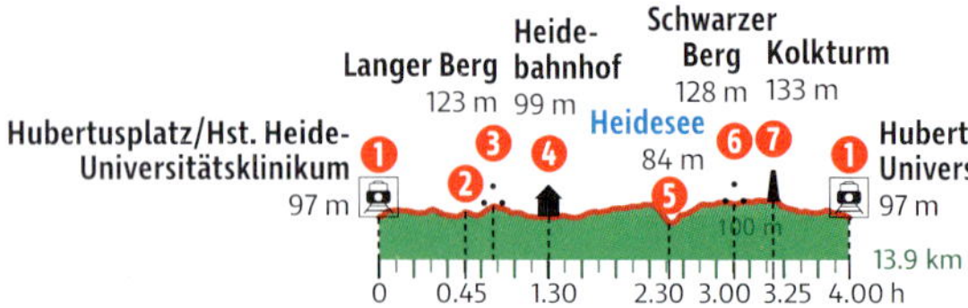

auf. Dann biegen wir mit diesem links ein und an T-Kreuzung rechts. An der folgenden Kreuzung wandern wir geradeaus weiter (wieder auf dem Naturlehrpfad). Anschließend ist rechts einzubiegen. An der Kreuzung halten wir uns scharf links und an der Gabelung rechts. Nun wandern wir immer geradeaus.
Unser Weg auf dem Naturlehrpfad I endet an der Straße am **Heidebahnhof** 4. Wir biegen rechts ein und nutzen den Zebrastreifen. Dann halten wir uns kurz rechts, gleich links und überschreiten bei der Schranke die ehemaligen Gleise der Halle-Hettstedter Eisenbahn. Nun geht es erst schräg links, dann schräg rechts und in den linken der beiden Wege, den breiteren. Wir folgen nun für einige Zeit dem Naturlehrpfad II. Der rote Strich schwingt leicht nach links – keinesfalls biegen wir in den Lutherweg ein. Dann halten wir uns an der Gabelung rechts. Nun geht es für ca. 850 m immer geradeaus, vorbei an einem Rastplatz (Pilz), und auch an der Kreuzung geradeaus, vorbei an der Tafel »Bergmannsteig«. Am nächsten Weg verlassen wir den Naturlehrpfad, indem wir kurz scharf rechts und gleich wieder scharf links einbiegen. Dann wandern wir immer geradeaus weiter, auch an einem weiteren breiten Weg, wo mehrere Tafeln stehen, u.a. zum Braunkohlepfad. Wir befinden uns nun für kurze Zeit wieder auf dem Naturlehrpfad, der schon an der Kreuzung geradeaus verlassen wird. An der Gabelung halten wir uns rechts. Unser Weg führt uns zum Waldrand mit einer Bank. Rechts stehen Informationstafeln.
Hier biegen wir scharf links ein. Unser Weg führt zunächst am Waldrand entlang, dann in den Wald. Wir wandern immer geradeaus, bis an einer Kreuzung mit Wegweisern rechts einzubiegen ist, auf einen Zaun zu, vor dem wir uns nun links halten. Wir folgen dem Weg stets weiter geradeaus. An einer großen Kreuzung, wo der Weg befestigt wird und an der gleich folgenden Kreuzung gehen wir weiter geradeaus zum Ufer des **Heidesees** 5 mit Blick auf die Nietlebener Kirche – und bei wenig Laub auch auf den Ort. Wir wenden uns zurück und nutzen schräg rechts den Pfad, um wieder zum Hauptweg zu gelangen, in den wir rechts einbiegen. Wir wandern zunächst geradeaus.
Am Ende des Sees geht es ein Stück bergauf, dann biegen wir links ein. Geradeaus überqueren wir die Straße und die ehemaligen Bahngleise. Gleich halten wir uns an der Kreuzung links und am zweiten Abzweig schräg rechts den Berg hinauf. Kurz wird es steil. Wir überqueren den geteerten Weg und laufen am Abzweig geradeaus, kurz abwärts. An der Kreuzung geht es rechts hoch, an der

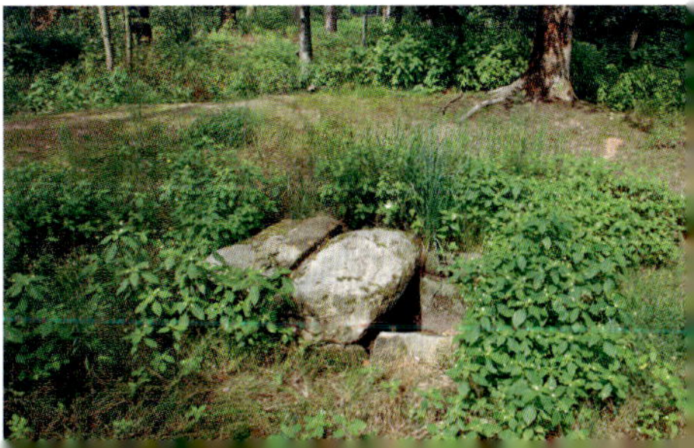

Der jungsteinzeitliche Grabhügel 17.

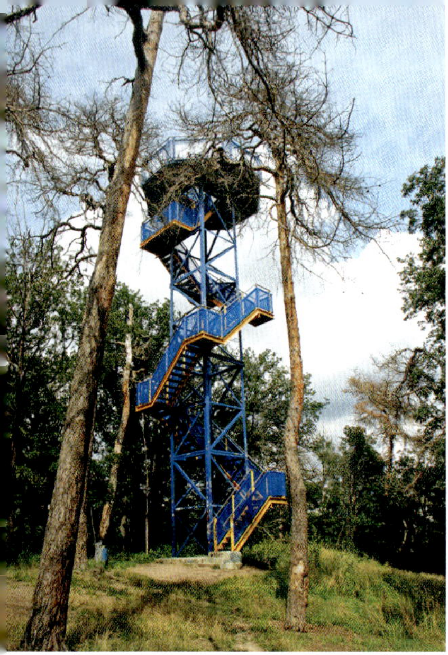

Der Aufstieg auf den Kolkturm lohnt sich.

folgenden geradeaus, aber an der nächsten rechts und in den ersten Weg links. An einer Bank mit der Holzfigur »Der Hüne« biegen wir rechts ein. Gleich wird der Grabhügel 28 auf dem **Schwarzen Berg** 6 erreicht. Dort biegen wir links in den Pfad ein und gehen an Grabhügel 27 links vorbei. Später an der T-Kreuzung halten wir uns links und an der folgenden rechts. An der nächsten Kreuzung wählen wir den Weg schräg links. Nun heißt es aufpassen. In einer leichten Linkskurve führt ein Abstecher scharf rechts zum Grabhügel 17. Wir kehren zurück zu unserem Weg, halten uns schräg rechts und gleich an der Gabelung rechts.

An der Kreuzung heißt es erneut aufpassen. Wir laufen vor bis zur Tafel »Bischofswiese« mit kleiner Bank und biegen schräg rechts in den Pfad ein, der anfangs parallel zur Wolfsschlucht, einem Hohlweg, verläuft. Immer geht es geradeaus und dann kurz leicht bergab. An einer Kreuzung geradeaus führt ein Abstecher auf den **Bischofsberg** mit **Kolkturm** 7, von dem sich eine großartige Sicht über Halle bietet. Auch ist hier ein eher unscheinbares Steinkistengrab zu sehen. Wir gehen wieder zurück und dann an der Kreuzung links hinunter (ohne Abstecher geht es an der Kreuzung rechts).

Den geteerten Weg überqueren wir geradeaus, ohne Wanderzeichen. An der Kreuzung direkt danach gehen wir noch geradeaus weiter, so auch an einer weiteren Kreuzung, dann aber biegen wir in den ersten Weg links ein. Bei der Kreuzung wird der heute ausgetrocknete Alte Herthateich erreicht, wo wir links einbiegen. Wir folgen dem Weg immer geradeaus, auch an einer Kreuzung. Am breiten Weg (Harzclubsteig) biegen wir schräg links ein, vorbei an den Steinen 33–36 vom Rundweg »Heideprinzessin«. An der großen Kreuzung folgen wir geradeaus dem Lutherweg, dann wandern wir immer geradeaus weiter. Nach ca. 250 m ist rechter Hand an Stein 39 die Genschereiche zu sehen. Weiterhin immer geradeaus wird ein geteerter Weg erreicht (links liegt die Gaststätte Waldkater). Autofahrer biegen kurz davor schräg rechts zum Parkplatz ein. Nutzer öffentlicher Verkehrsmittel biegen rechts in den geteerten Weg ein und gehen am **Hubertusplatz** 1 kurz geradeaus, dann schräg links zurück zur Straßenbahn.

3.30 h

Im Laweketal zwischen Schochwitz und Dederstedt

Eine liebliche Bachaue im Ackerland

Vom Renaissanceschloss Schochwitz wandern wir auf ruhigen Feldwegen nach Westen. Dass wir uns nun im Mansfelder Land befinden, wird uns unterwegs auch am historischen Meilenstein bewusst, der auf den (ehemaligen) Mansfelder Seekreis (1860–1950) verweist. In Dederstedt begrüßt uns die im Kern spätromanische Kirche St. Susanna. Sie wurde 1708 im Barockstil erneuert und so zieren auch barocke Grabsteine den Kirchhof. Im zweiten Teil der Runde durchwandern wir auf grasbewachsenen Wegen den schönsten Abschnitt des Laweketals. Die nur 13 km lange Laweke fließt von Hederstedt nach Zappendorf, wo sie in die Salza mündet. Bach, Wiesen und Weiden, kleine Wälder und umliegende Ackerflächen bilden ein reizvolles Mosaik. Informationstafeln sorgen für weitere Abwechslung. Am Ende der Tour genießen wir eine Rast am Teich im ehemaligen Schlosspark.

Ausgangspunkt: Schochwitz, Bushaltestelle am Platz der Einheit. Von Halle (Saale) ZOB mit dem Bus 309 Richtung Schochwitz bis Haltestelle Schochwitz, Schlossplatz (am Wochenende alle 2 Std.). Parken gegenüber der Bushaltestelle vor der Kirche oder auf dem Schlossplatz (Navi: Schlossplatz, Schochwitz Salzatal).

Anforderungen: Deutliche und eher breite Wege, viele Feldwege. Wenig Bänke, kaum Ausschilderung. Ggf. feuchte Wege im Laweketal auf dem Rückweg. Steiniges Stück aufwärts kurz vor Räther.
Einkehr: Gaststätte Fischer in Dederstedt (Reservierung erbeten unter Tel. +49 34773 20204, Mo/Di Ruhetag, Mi–Sa nur abends geöffnet).

Von der **Bushaltestelle Schlossplatz ❶** in **Schochwitz** gehen wir die kleine Straße vor der Kirche (Platz der Einheit) leicht aufwärts. Wer auf dem Schlossplatz geparkt hat, wendet sich zur Kirche und biegt davor links in den Platz der Einheit ein. An der T-Kreuzung biegen wir rechts ein, vorbei an der ehemaligen Gaststätte Zur Feuerwache. Nach dem Bach laufen wir geradeaus weiter, der Weg schwenkt nach schräg links und geht in eine Pflasterstraße über. Wir halten uns stets geradeaus. Nach dem letzten

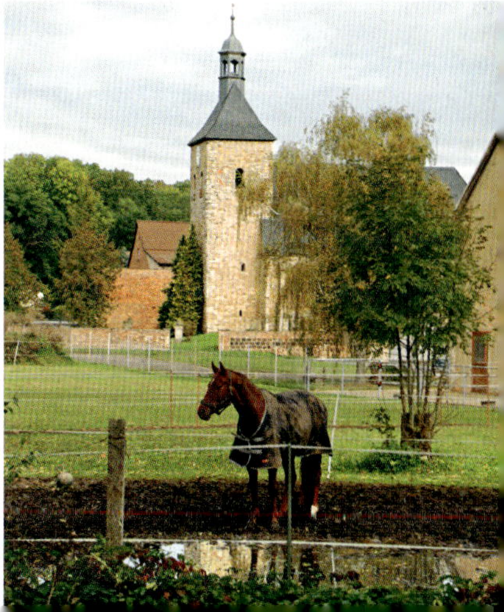

Die Kirche St. Susanna in Dederstedt.

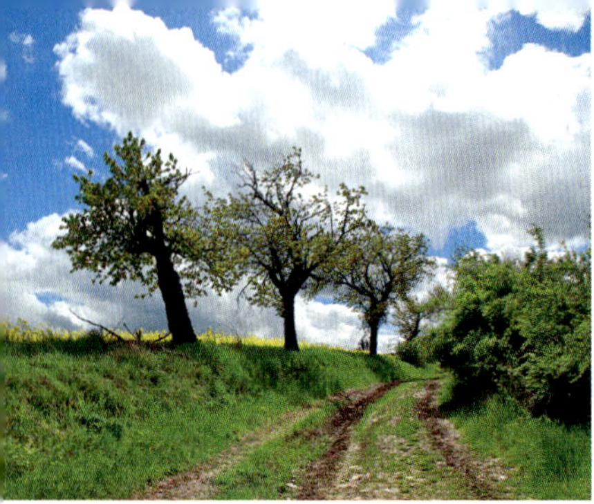

Kurz vor Räther geht es in die Höhe.

Gebäude geht die kleine Straße in einen Feldweg über. Wir wandern weiterhin leicht bergauf, immer geradeaus. An einer Gabelung wird schräg links der Hauptweg verlassen. Kurz danach wird unser Weg zum Hohlweg. Für weitere ca. 2 km wandern wir geradeaus weiter und bleiben immer auf dem Hauptweg. Wo schließlich von scharf links ein Weg zustößt, biegen wir in diesen ein. An der Kreuzung geht es rechts und an der folgenden Kreuzung am **historischen Meilenstein** ❷ (s. Einleitung) geradeaus. Anschließend kommen wir bald an einem Rastplatz vorbei. Der Weg schwenkt erst nach rechts, dann nach links. Wir bleiben immer weiter auf dem Hauptweg.

Wir betreten **Dederstedt** ❸ an der ehemaligen Schänke zum Osterberg. An einem Abzweig halten wir uns geradeaus. Am Dr.-Kleinschmidt-Platz bietet sich links ein Abstecher zur Kirche St. Susanna an, die mit etwas Glück geöffnet sein könnte. Ansonsten halten wir uns geradeaus, über den Bach. Nach der Gaststätte Fischer geht es an der T-Kreuzung links in die Straße Schützenberg, vorbei an der Bushaltestelle. An der folgenden Kreuzung halten wir uns links. Wir passieren einen Spielplatz rechter Hand, der sich wegen seines Rastplatzes auch für eine Pause eignet. Anschließend geht es links des Gebäudes zurück zur Straße und dort rechts. Ohne Abstecher biegen wir in den ersten Weg schräg links ein. Hier informiert eine Tafel über das **Laweketal**. Bald führt der Weg am Bach entlang. An der ersten Brücke halten wir uns geradeaus, an der folgenden Brücke, wo auch Bank und Tafel stehen, jedoch schräg rechts. Nun wird das Bachtal romantisch. Bald

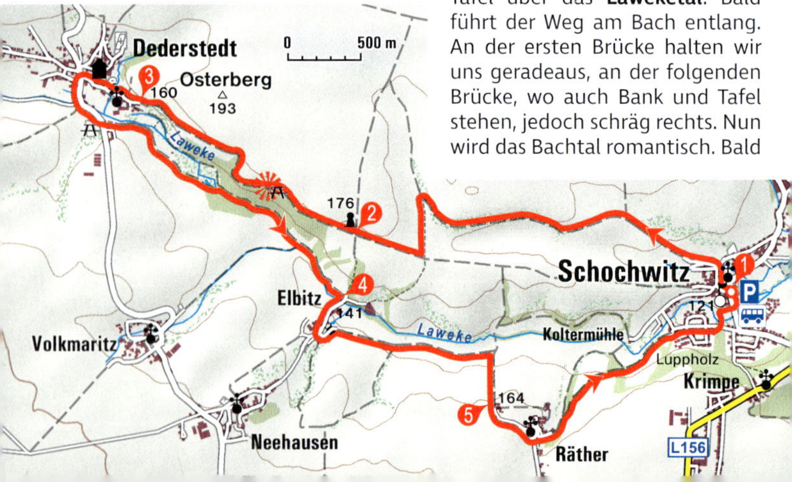

kommen wir an einem Insektenhotel linker Hand vorbei. Ab hier kann es besonders matschig sein. Unser Weg führt uns wieder über die Laweke, dann nach rechts. Wir wandern nun immer geradeaus, bald passieren wir Gärten linker Hand. An einer Kreuzung beim nächsten Ort halten wir uns rechts. Hier sind noch Reste des Wanderzeichens grüner Balken erhalten, die eine zusätzliche Orientierung bieten können. Wir überschreiten die Brücke über die Laweke. **Elbitz** 4 wird erreicht. Am Lindenplatz halten wir uns an der Gabelung links, am Brunnen wieder links, überschreiten den Bach und biegen gleich erneut links ein. Unsere kleine Straße schwenkt am Ende nach rechts und geht in einen Feldweg über. Wir wandern ab hier immer geradeaus weiter. Der Weg tritt ins Freie und führt geschwungen in etwa parallel zur Laweke.

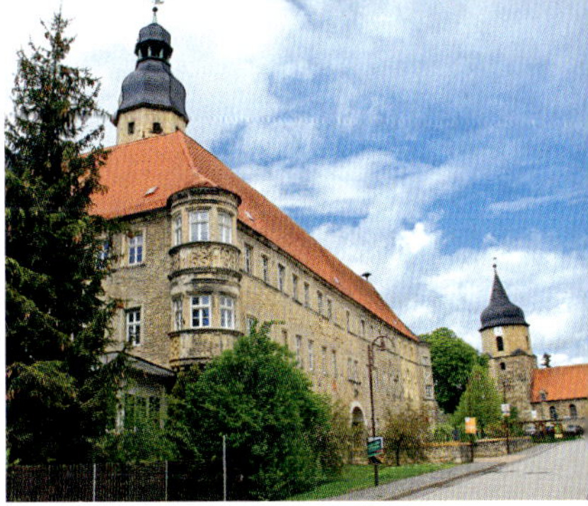

Das Renaissanceschloss Schochwitz (Mitte 16. Jh.) geht auf eine Wasserburg zurück.

An der T-Kreuzung biegen wir rechts ein, für kurze Zeit steil und steinig aufwärts. Wir erreichen **Räther** 5 und halten uns zunächst geradeaus. Unsere Straße schwenkt nach links. Bald wird die Kirche sichtbar. An der Gabelung laufen wir rechts weiter, die Kirche liegt nun links von uns. Am Wendepunkt (mit Bushaltestelle) heißt es aufpassen, denn der Weg ist nicht gleich zu sehen. Wir halten uns schräg links und nutzen den Wiesenweg hinunter, auf Garagen zu (wem dieser zu steil ist, kann als Umweg auch links und dann gleich rechts gehen). Dort wandern wir geradeaus weiter. Am letzten Haus wird der Weg unbefestigt. An der Gabelung halten wir uns rechts (Lutherweg). Zunächst geht es aufwärts, dann ist es mehr oder weniger eben, später wieder abwärts. Unten laufen wir an einem Abzweig geradeaus weiter. Immer bleiben wir auf dem Hauptweg.

Bei den ersten Häusern des Neubaugebietes »An der Luppmühle« schwenkt unser Weg kurz schräg links, dann halten wir uns schräg rechts und anschließend an zwei Kreuzungen geradeaus. Beim Haus Nr. 8 rechter Hand ist links einzubiegen. Über die Brücke erreichen wir den Teich, wo wir uns rechts halten. Schräg rechts geht es durch den Schlosspark, Spielplatz und Bänke laden zu einer letzten Pause ein. Wir schreiten vor zur Straße und biegen dort links ein. Gleich ist der **Schlossplatz** 1 in **Schochwitz** erreicht.

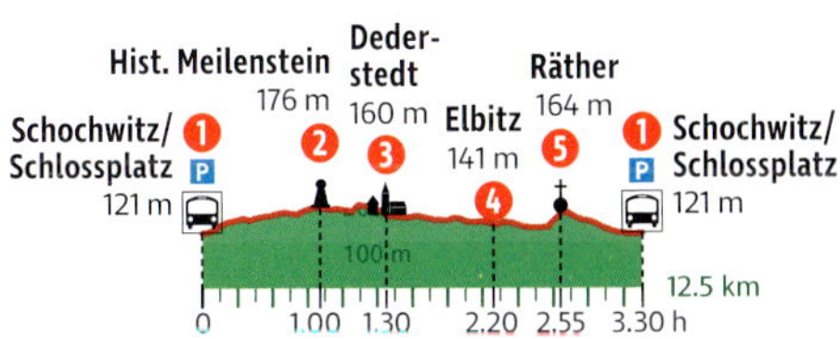

TOP

5

↗ 220 m | ↘ 220 m | 11.1 km

3.20 h

Von Höhnstedt zum Süßen See

Eine Weinbergwanderung mit Seeblicken

Der Weinbau um Höhnstedt hat eine lange Tradition – schon für das Jahr 973 ist er urkundlich erwähnt. Die nördlichste geschlossene Weinbaugroßanlage des mitteldeutschen Weinbaugebietes Saale-Unstrut brachte der Region auch den Beinamen »Toskana des Nordens« ein. Die Höhnstedter Weinberge gehören zum Saale-Unstrut-Weinbaugebiet, liegen jedoch nördlich und östlich des Süßen Sees, der seinen Namen seinem geringen Salzgehalt im Vergleich zum ehemaligen Salzigen See verdankt. Das hiesige Seegebiet wird übrigens auch die »blauen Augen Mansfelds« genannt. Die geringen Niederschläge und viele Sonnenstunden machen die Region auch zu einem wichtigen Aprikosenanbaugebiet.

Den Weinbauort Höhnstedt verlassen wir durch das bewaldete Rösebachtal, wo auch bald die ersten Weinhänge erreicht sind. Über Schloss Seeburg am Süßen See kommen wir zur offenen Kirche St. Petri in Rollsdorf, in ihrem gotisierenden Stil an England erinnernd. Anschließend erwarten uns herrliche Panoramablicke auf idyllische Weinberge und weitere Seen. Spektakulär ist die »Schönste Weinsicht 2016« auf dem Höhnstedter Kreisberg, die einen guten Vorgeschmack auf die Weinberge weiter südlich im Saale-Unstrut-Triasland bietet.

Ausgangspunkt: Höhnstedt, Bushaltestelle Hauptstraße. Von Halle (Saale) ZOB mit dem Bus 309 bis Haltestelle Höhnstedt, Hauptstraße, Salzatal (am Wochenende alle 2 Std.). Autofahrer starten am kleinen Parkplatz in der Hauptstraße nahe der der VinoInfo (Navi: Sportplatzweg 19), wenden sich zum runden Platz und gehen geradeaus die Stufen hinunter, VinoInfo und Gaststätte rechter Hand. An der Straße geht es geradeaus in den Fußweg, dann die Brunnenstraße geradeaus.

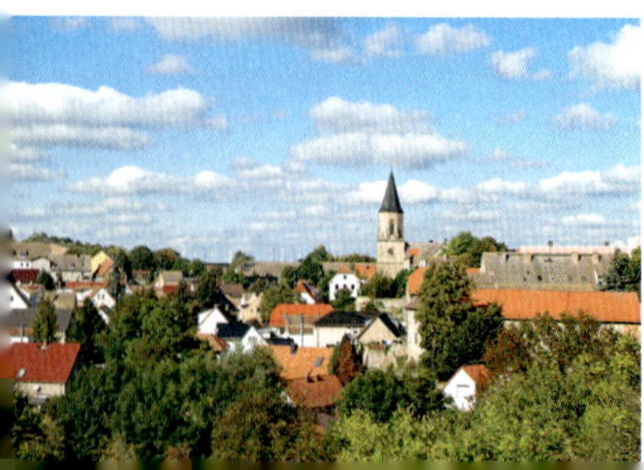

Anforderungen: Viele befestigte Wege. Kurzes steiles Stück hinter Rollsdorf. Wenig ausgeschildert. Die waldarme Wanderung ist für heiße Sonnentage nicht geeignet.

Einkehr: Morre Gelato & Caffé (im Sommer tgl., im Winter z. T. Sa/So geöffnet) und Zur Forelle (tgl. geöffnet) in Seeburg; Zur Weintraube (Mo/Di Ruhetag) in Höhnstedt; diverse Strauß-/Besenwirtschaften unterwegs, besonders in und nahe Höhnstedt (von Mai bis September Sa/So geöffnet).

Tipps: 1) Die VinoInfo (Mo/Di Ruhetag) in Höhnstedt gibt Auskunft über die Angebote der örtlichen Winzer. 2) In Höhnstedt, Hauptstraße, gibt es einen Weintrauben-Lehrpfad. 3) Am ersten Wochenende im September findet in Höhnstedt ein Winzerfest statt.

Höhnstedt mit der neugotischen Kirche St. Lucia und Ottilie.

Von der Bushaltestelle In **Höhnstedt** ❶ wenden wir uns rechts in die Pflasterstraße, vorbei an Haus Nr. 2. An der Gabelung geht es rechts und an der folgenden links (rechts führt ein Abstecher zur Kirche). Gleich folgt links ein weiterer Abstecher zur Besenwirtschaft Bernd & Iris. Ohne jeglichen Abstecher nutzen wir den Fußweg geradeaus. Unten angekommen, gehen wir sodann schräg rechts hinauf, vorbei an einem alten Lehmhaus rechter Hand. Oben an der T-Kreuzung biegen wir links ein. Die ersten Wanderzeichen (gelber Balken und E11) sind erreicht. Autofahrer stoßen von rechts zu. Alle halten sich an der Gabelung rechts, vorbei an einem ehemaligen Brunnen. An der Kreuzung (hier steht eine Bank unter einer Eiche) geht es schräg rechts in die Weinbergstraße.

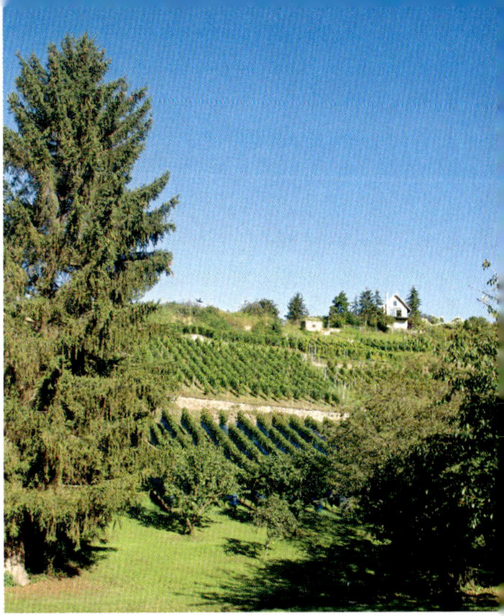

Der erste Weinberg liegt im Rösebachtal.

Am Ende des Friedhofs wird geradeaus der Ort verlassen. Der zunächst grasbewachsene Weg geleitet später geradeaus hinunter ins bewaldete **Rösebachtal** ❷. Wir bleiben immer geradeaus auf dem Hauptweg. Bald ist rechts der erste Weinberg zu sehen. Unten an der T-Kreuzung ist rechts in den geteerten Weg in Richtung Seeburg einzubiegen. Wir treffen hier auf mehrere Wander- und Radwege. Immer geradeaus wandern wir an Gärten und Weinbergen, später auch an Straußwirtschaften vorbei. Achtung, weiter vorne heißt es aufpassen. Wir erreichen bei kleinen Häusern nebeneinander eine Wochenendsiedlung. Am Briefkasten von Haus Nr. 24 halten wir uns links, alle Wanderzeichen werden verlassen.

Der breite Weg führt zur Straße, wo wir links einbiegen. **Seeburg** ist erreicht. Wir folgen ihr immer weiter, vorbei am **Schloss Seeburg** ❸, das besonders wegen des Witwenturms und eines schönen Blickes auf den Süßen See einen Abstecher wert ist – dazu ist rechts in die Schlossstraße einzubiegen. Ansonsten laufen wir weiter an der Straße entlang und biegen nach dem Kriegerdenkmal rechts ein, wo Stufen hinunter führen. Unten am **Süßen See** halten wir uns

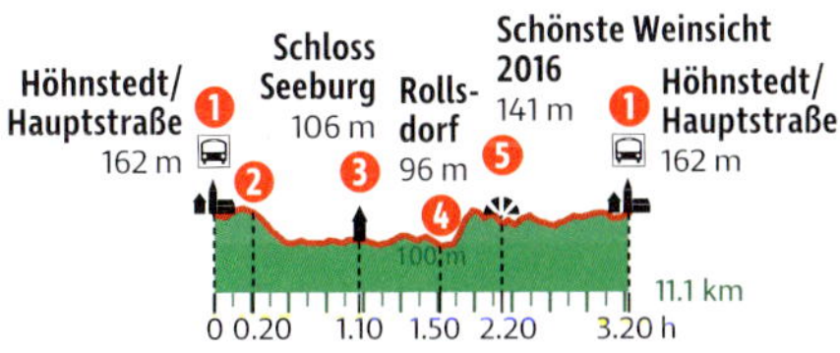

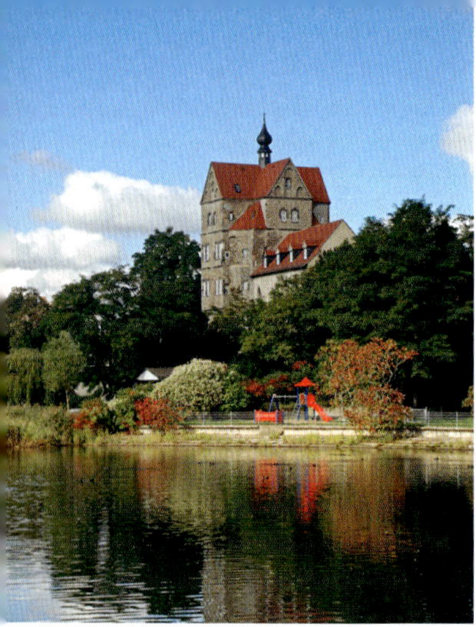

Schloss Seeburg über dem Süßen See.

links. Wir kommen zu einem kreisförmigen Aussichtspunkt, wo sich ein schöner Blick über den See bietet, im Hintergrund mit Schloss Seeburg. Danach gehen wir links und vor dem Eiscafé kurz wieder links. Dann biegen wir gleich rechts in die Straße nach Rollsdorf ein, vorbei an der Gaststätte Zur Forelle. Nun heißt es aufpassen. Nach der Bushaltestelle nutzen wir bei Haus Nr. 18 den Weg schräg links (Achtung, schwer zu sehen), der gleich in einen Feldweg übergeht. Oben laufen wir am Abzweig geradeaus weiter und halten uns an der T-Kreuzung rechts. Hier bietet sich ein herrlicher Ausblick auf die Höhnstedter Weinberge. Wir wandern immer geradeaus weiter. An einem Tor führt ein Hohlweg links davon nach unten. In **Rollsdorf** ❹ geht es über die Brücke, dann die Straße geradeaus bis zur T-Kreuzung vor einer Mauer. Schräg rechts lohnt sich ein Blick bzw. ein Abstecher zur offenen Rollsdorfer Kirche. Ohne Abstecher geht es links in die Weinbergstraße, an deren Ende wir in den unbefestigten Weg nach rechts einbiegen. Schattig führt der angenehm zu wandernde Weg hinauf. Am Ende wird es steil. Oben tritt der Weg ins Freie. Achtung, oben am Weinberg biegen wir fast um 180° scharf rechts ein. Dann wandern wir vorläufig immer am Rande der Weinberge entlang. Hier erfreuen Blicke auf den Bindersee und Seeburg mit seinem Schloss in der Ferne. Nach einer Linkskurve nutzen wir den zweiten Weg rechts hinter

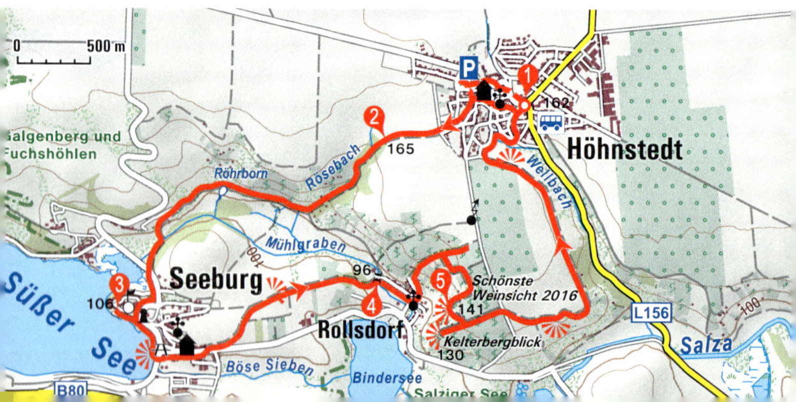

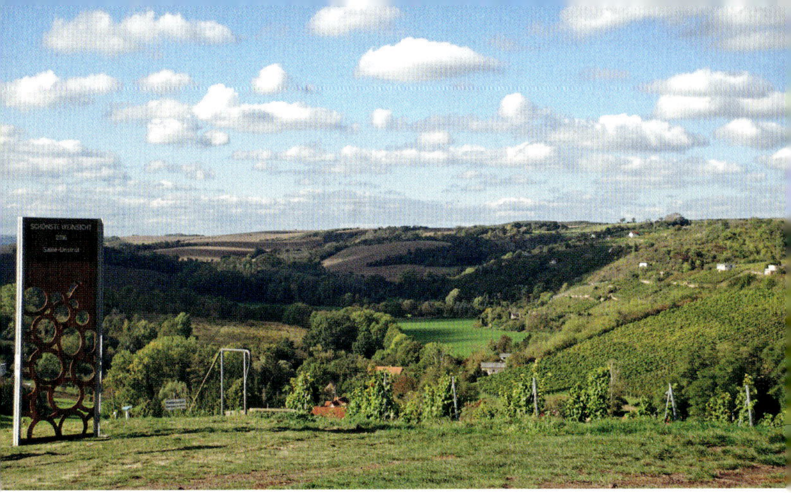

Von der »Schönsten Weinsicht 2016« lassen sich die typischen Terassenlagen und Weinbergshäuschen gut erkennen.

einem Gartengrundstück rechter Hand. Am Abzweig halten wir uns erneut rechts und wandern außen an der Weinanlage entlang. An der **Schönsten Weinsicht 2016** 5 geht es schräg links weiter. An der T-Kreuzung führt rechts ein Abstecher zu einem weiteren Aussichtspunkt, dem Kelterbergblick. Ohne Abstecher biegen wir an der T-Kreuzung links ein. Zu sehen ist bald rechter Hand die Kalihalde von Teutschenthal.

An der Straße halten wir uns kurz rechts, dann gleich schräg links. Jetzt wird auch der Kernersee sichtbar. Wir bleiben immer geradeaus auf dem Hauptweg. Dieser schwenkt nach links, wieder genießen wir den Blick auf einen Weinberg. Gleich ist rechter Hand eine weitere Straußwirtschaft erreicht. Wir wandern immer geradeaus weiter. Schließlich genießen wir rechter Hand den Blick auf unseren Zielort. Dort gehen wir gleich nach dem ersten Haus rechts hinunter. Der Weg schwenkt nach links und bietet einen Blick auf den Kirchturm. Am Abzweig biegen wir rechts ein und nutzen kurz darauf den Fußweg geradeaus. Wir halten uns dann schräg rechts, aber an der Kreuzung links. Nun folgen wir immer der Straße. Weiter vorne geht es rechts zur Bushaltestelle in **Höhnstedt** 1.

Autofahrer und alle, die noch ein wenig den Ort erkunden wollen, wenden sich zur Hauptstraße, in die wir links einbiegen. Vor dem Trafohaus nutzen wir die Alte Mittelstraße schräg links und halten uns am Platz des Friedens rechts. An der Hauptstraße geht es links, rechter Hand ist der Weintrauben-Lehrpfad. Vor dem Schild »Willkommen im Saalekreis« biegen wir rechts ein, die Gaststätte Zur Weintraube und die VinoInfo linker Hand. Autofahrer gehen die Stufen hinauf zur Bühne und zum Parkplatz.

↗ 500 m | ↘ 500 m | 30.2 km

6 Von Erdeborn nach Bornstedt

8.20 h

Durch lauschige Wälder zu einer Burgruine

Der südliche Hornburger Sattel, Ausläufer des Unterharzes, hat eine für die Region riesige Waldfläche mit schönen Wegen zu bieten. Im Frühjahr sorgt ein weißes Blütenmeer von Buschwindröschen, später der Miere für Waldidylle. Nahe der Burgruine ist sogar das Adonisröschen zu finden. Namen wie Äbtischrode, Mönchsteich und Nonnengrund zeugen von der klösterlichen Vergangenheit der Region. Anschaulich wird diese im 9. Jh. erwähnten Sittichenbach, wo Reste dreier frühgotischer Kapellen auf das bedeutende, 1141 gegründete Zisterzienserkloster deuten. Auch sind hier Herrenhaus und barocke Wasserkunst zu sehen.
Unser Ziel, die Ruine der Burg Bornstedt, geht auf eine frühmittelalterliche Anlage des 8./9. Jh. zurück. Von der einst weiträumigen Burg haben sich der 33 Meter hohe Bergfried und Reste der Ringmauern und des Ringgrabens erhalten. 1115 residierte hier Kaiser Heinrich V. während Kämpfen gegen die Sachsen.

Ausgangspunkt: Erdeborn DB (Haltepunkt). Von Halle (Saale) Hbf. mit der S-Bahn Linie 7 Richtung Eisleben (ca. stündlich) bis Erdeborn. Wer von Eisleben kommt, nutzt in Erdeborn die Bahnunterführung. Kleiner Parkplatz (nur für 3 Pkw) anbei, schlecht ausgeschildert (Navi: Außengehöft 3, Erdeborn, Seengebiet Mansfelder Land).
Anforderungen: Diese lange Tour ist nicht an heißen Sonnentagen oder im Winter bei früh einbrechender Dunkelheit zu empfehlen. Marode Brücke im Nonnengrund. Orientierungsschwierigkeiten vor dem Mönchsteich und vor Holzzelle. Viele breite Forstwege, aber auch kleine Pfade. Kaum Straßen. Überwiegend unmarkiert, Reste von Wanderzeichen vorhanden, die eine zusätzliche Orientierung bieten können. Für Kinder ist die Tour zu lang und zu wenig ereignisreich.
Einkehr: Keine auf der Wanderung.
Tipps: 1) Im zeitigen Frühjahr blühen unter dem Burgberg in Bornstedt die seltenen Adonisröschen. 2) Früh zu dieser langen Tour aufbrechen. 3) Im Anschluss bietet sich eine Fahrt nach Eisleben zu diversen Sehenswürdigkeiten und Einkehrmöglichkeiten an.

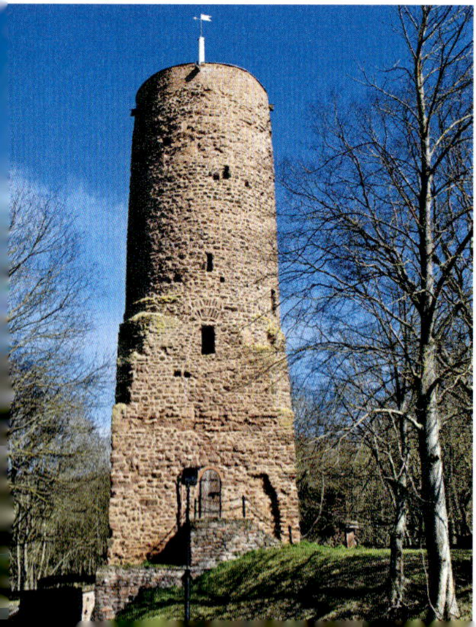

Der Bergfried der Burgruine Bornstedt ist gut erhalten. Auf dem Burggelände finden Feste statt.

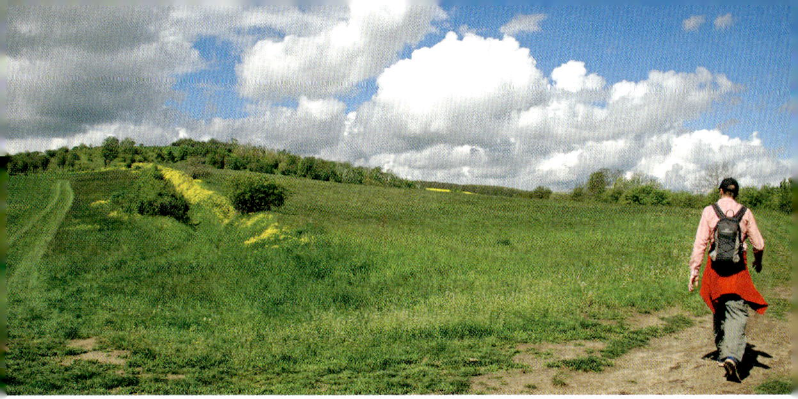

Schon zu Beginn der Runde sehen wir die Ausläufer des Hornburger Sattels.

Vom **Bahnhaltepunkt Erdeborn** ❶, Gleis 1, gehen wir links die Straße Außengehöft hinunter, mit schönem Blick auf Erdeborn rechter Hand. An der T-Kreuzung biegen wir links in die Hornburger Straße ein und halten uns nach der Unterführung rechts, weiterhin der Hornburger Straße folgend, an Häusern vorbei. Am Ende des Fußweges laufen wir vorsichtig kurz an der Straße entlang und biegen nach der Brücke rechts ein, nun an der Bahnlinie entlang. An der Gabelung halten wir uns rechts, weiterhin parallel der Bahn. Der Weg ist grasbewachsen und gibt links den Blick auf die Erhebungen Galgenberg und Windberg frei. Wir wandern immer geradeaus, so auch an zwei Abzweigen kurz hintereinander. Ca. 50 m nach der Bank »Blick zum Otterberg« geht es an einem weiteren Abzweig geradeaus, dafür aber an der Kreuzung weiter vorn links hinauf. Linker Hand lädt die Bank »Grenzbrückenblick« zur Rast ein. Wir wandern immer geradeaus weiter.

Oben geleitet eine Kirschbaumallee zur Kreuzung am **Vorwerk Äbtischrode** ❷, wo wir geradeaus weiterlaufen, das Staalsholz rechter Hand. An einem Abzweig linker Hand halten wir uns schräg rechts, dann immer geradeaus. Am Ende schwenkt der Weg nach rechts und führt immer in etwa parallel zum Waldrand weiter. An der T-Kreuzung biegen wir links ein und überschreiten die Brücke über die B180, dann halten wir uns rechts.

Nun heißt es aufpassen, denn nach ca. 600 m ist links einzubiegen, vorbei an der unspektakulären Ruine vom Wetterschacht Helfta. Bald geht es geradeaus über eine Wiese, der Weg ist hier ggf. undeutlich. Am Wiesenende ist bei der T-Kreuzung links einzubiegen, der Weg ist jetzt deutlicher und führt in den Wald Lindental. Wir folgen dem Hauptweg immer weiter. An der Gabelung biegen wir rechts in den Forstweg ein, immer auf dem Hauptweg. Hier blüht im zeitigen Frühjahr der Huflattich. Vorbei an einer kleinen Kupferschieferhalde aus dem Mittelalter geht es durch schönen Buchenwald.

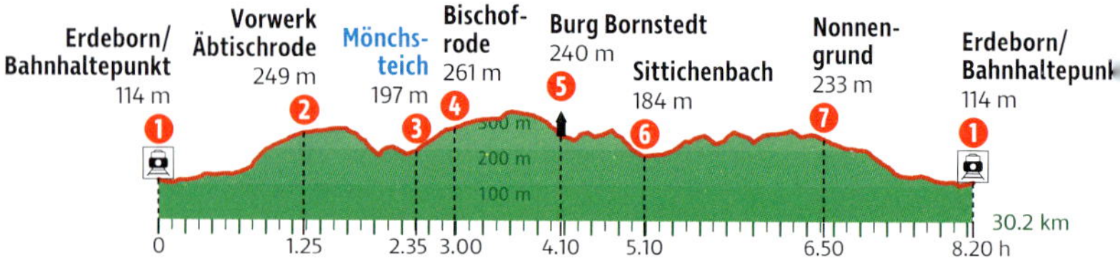

Nun heißt es wieder aufpassen. Ca. 70 m nach einer Linkskurve, in der von scharf rechts ein Weg zustößt, biegen wir rechts in den abwärts führenden Pfad ein (ggf. bietet ein verblasster schwarzer Balken an einem Baum rechts eine zusätzliche Orientierung). Wir folgen dem Pfad immer weiter, mal deutlicher, mal weniger deutlich. Wir wandern immer geradeaus und bleiben unten links des Baches. Der Pfad wird nun holprig. Oben biegen wir vor dem **Mönchsteich** ❸ rechts ein, dann wieder links, vorbei am Rastplatz. Nun wandern wir für ca. 2 km geradeaus, sanft aufwärts und in etwa parallel zum Kuhfaßbach.

Kurz vor einer hochgelegten Straße halten wir uns an der Gabelung rechts und oben nach dem Parkplatz scharf links in die Hermann-Heyne-Straße. **Bischofrode** ❹ wird erreicht. Nun laufen wir immer geradeaus durch den netten Ort, vorbei am Kriegerdenkmal. Wo unsere Straße nach rechts schwenkt, gehen wir am Schild Friedhof geradeaus, die Kirche linker Hand. An der T-Kreuzung halten wir uns links, vorbei am Wasserturm rechter Hand. Immer gehen wir geradeaus, aus dem Ort hinaus, in einen unbefestigten Weg, ein kleines Sühnekreuz am linken Wegesrand, und dann in den ersten ebenfalls unbefestigten rechts.

Wir erreichen geradeaus das Bornstedter Holz und nutzen den breiten

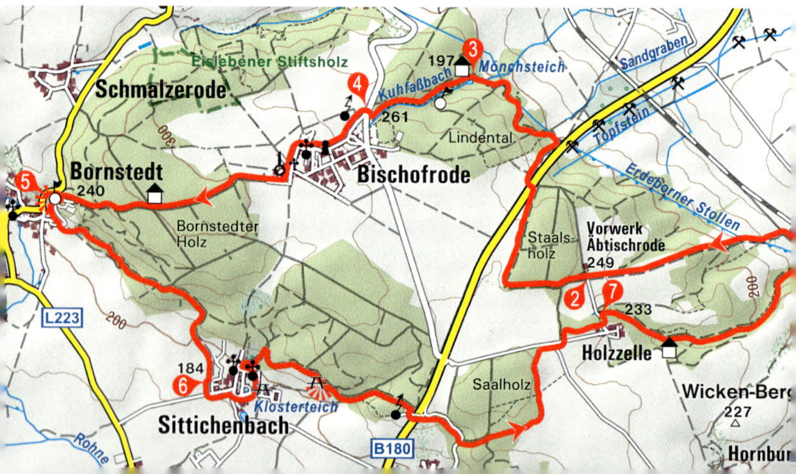

Forstweg immer weiter geradeaus. Nach ca. 1 km kommen wir an einer Kreuzung mit überdachten Rastplatz vorbei, weiter geradeaus. Nun heißt es wieder aufpassen. Nach ca. 400 m gehen wir am ersten Abzweig vorbei, aber am folgenden schräg links (von schräg rechts stößt ein unbefestigter schmaler Weg zu), leicht abwärts. Wir folgen immer dem Hauptweg, der schließlich eine leichte Linkskurve macht, und kommen rechts am Sportplatz vorbei, dort halten wir uns weiter geradeaus. Bald sind die ersten alten Mauern zu sehen. Bei einem kleinen Parkplatz linker Hand biegen wir rechts ein und betreten das Gelände der Ruine. Links geht es zum Aussichtspunkt **Burg Bornstedt** 5, wo sich ein Fernblick bis hin zum Kyffhäuser bietet.

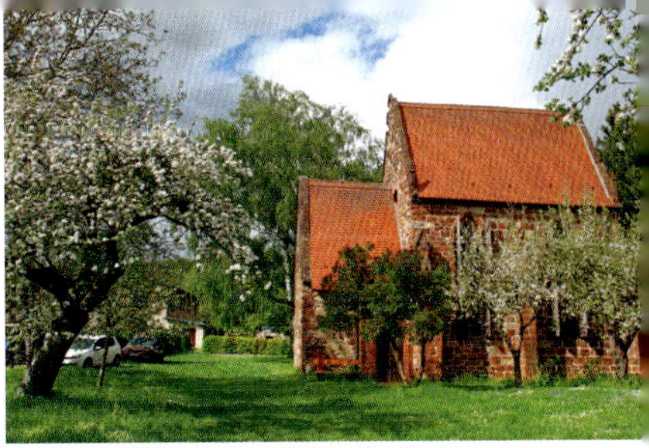

Die pittoreske Kapelle in Sittichenbach zeugt vom einstigen Glanz des Klosters.

Wir kehren durch das Tor zurück und folgen der Straße geradeaus. Rechter Hand bietet sich eine Aussicht. Nach der Rechtskurve (rechts blühen im zeitigen Frühjahr Adonisröschen) biegen wir scharf links ein. Bald gehen wir an der Gabelung links hinauf, dann an der Gabelung rechts. Wir folgen dem idyllischen Weg immer geradeaus bis zu einer T-Kreuzung, wo wir links einbiegen. An einem Abzweig geht es schräg links. An der folgenden Kreuzung halten wir uns rechts, abwärts und an der Gabelung rechts, den Hauptweg weiter.

Am Waldrand gehen wir schräg links, bald vorbei an Lamas und Straußen linker Hand. Hier wird **Sittichenbach** 6 betreten. An der T-Kreuzung geht es links, nun durch den Ort. An der T-Kreuzung biegen wir rechts ein und an der Bushaltestelle links in die Ringstraße. Linker Hand steht das Herrenhaus. Es geht links am Tauben- und Käsehaus (Fachwerk, 1836 zur Herstellung von Käse erbaut) vorbei. Nach dem Teich halten wir uns links und dann schräg rechts, über eine Obstwiese. Wir kommen vorbei an der Wasserkunst mit Rastplatz und der hübschen Kapelle, beide rechter Hand. Am Querweg hält man sich links, dann immer geradeaus. Bald sehen wir einen Kapellenrest an einem Haus linker Hand, dem sogenannten Schäfer(wohn)haus.

An der T-Kreuzung geht es rechts hoch und nach Haus Nr. 13 rechts, ggf. sind hier Wegweiser. Der Weg führt in den Wald. Dort ist nach ca. 120 m in den ersten Weg rechts einzubie-

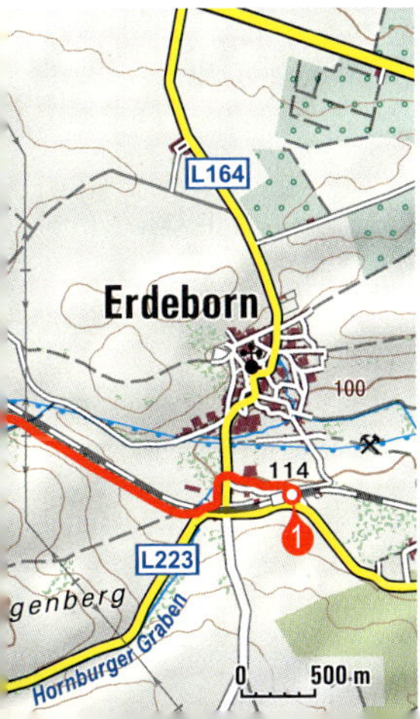

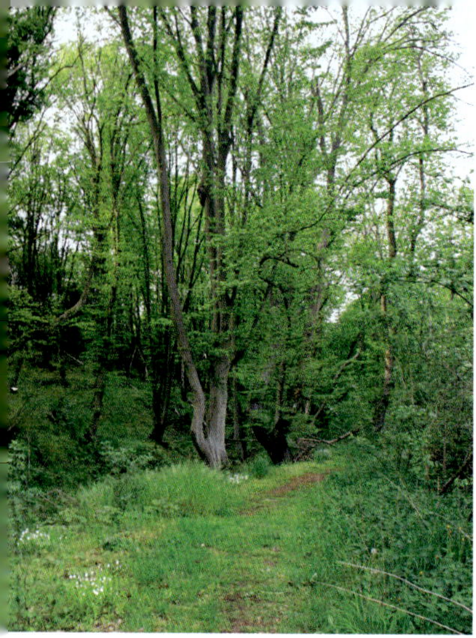

Der Name »Nonnengrund« erinnert an die klösterliche Zeit von Holzzelle.

gen. Man bleibt immer auf dem Hauptweg am Hang entlang. An einer Kreuzung hält man sich weiter geradeaus. Rechts am Meilenstein 50/43 führt ein lohnender Abstecher zu einem kleinen Rastplatz mit Aussicht, auch hier geradeaus. Wir bleiben immer geradeaus auf dem Hauptweg, gehen an der Tafel »Wäschetal« links und biegen an der Kreuzung schräg rechts ein. Hier wachsen schöne Buchen. Wir halten uns an einer Gabelung rechts, gehen oben rechts zum Gebäude am Sportplatz, rechts daran vorbei und dann links über die Brücke der B180. Geradeaus folgen wir der Straße weiter. Am Wohnhaus hält man sich links und kommt in das Waischholz. An einer Kreuzung mit Meilenstein 55 geht es geradeaus in den grasbewachsenen Weg im Saalholz. Dieser schwenkt weiter vorne nach links. An der Kreuzung wandern wir geradeaus weiter, weiterhin ungefähr am Waldrand entlang. An der T-Kreuzung ist rechts abzubiegen und an der Straße wieder rechts. Dann geht es wieder links zum Wald, genannt Salzrennen. Nun heißt es aufpassen. Nach ca. 100 m (der Weg schwenkt leicht nach links), ist in den Pfad rechts einzubiegen, ein blasser Pfeil auf einem Baum dient zur zusätzlichen Orientierung (im Sommer am Anfang ggf. leicht zugewachsen).

Am Waldrand sind rechts die Häuser von Holzzelle zu sehen. Wir biegen hier links in den geteerten Weg ein, dann in den ersten Weg rechts hinunter ins Tal. Wir befinden uns nun im **Nonnengrund** 7. Bald sind rechter Hand zwei säulenartige Ruinen des ehemaligen Klosters Holzzelle zu sehen. Der Weg führt nach einer Weile vorbei an einem Rastplatz, gewandert wird immer weiter geradeaus auf dem Hauptweg. Nach einer Weile geht es geradeaus über eine (marode) Holzbrücke.

Bald kommen wir an Gärten, später auch an Streuobstwiesen, vorbei. An der T-Kreuzung halten wir uns rechts, der Hinweg ist erreicht. Immer wandern wir geradeaus, rechts der Gleise weiter. An der Straße nach Hornburg ist links abzubiegen. Bald nutzen wir wieder den Fußweg auf der rechten Straßenseite, dann passieren wir links den Tunnel und biegen ca. 50 m vor der Bushaltestelle rechts in die Straße Außengehöft ein. Kurz darauf ist der **Haltepunkt Erdeborn** 1 erreicht, Bahnfahrer nutzen die Fußgängerunterführung zu Gleis 2 für die Rückfahrt nach Halle.

3.00 h

Von Sangerhausen zur Hohen Linde und Wildrosenpfad

Liebliche Landschaft und eine eindrucksvolle Halde

Wahrzeichen der vor allem für ihr Rosarium berühmten Berg- und Rosenstadt ist neben der Rose auch die in anmutiger Hügellandschaft gelegene »Hohe Linde«, eine 145 Meter hohe Abraumhalde, die für den Nordrand der Goldenen Aue landschaftsprägend ist.
Unterwegs sorgen mehrere kleine Höhepunkte für reiche Abwechslung. Den Auftakt unserer Tour bildet ein prähistorischer Menhir (Hünenstein) mit eingearbeiteten Näpfchen auf der Vorderseite. Dann geht es durch schönen Mischwald hinauf zum Schlößchenkopf (310 m) mit Aussichtsturm Moltkewarte (Stempelstelle der »Harzer Wandernadel«). Anschließend wandern wir nahe der aus dem Abbau von Kupferschiefer entstandenen Spitzkegelhalde »Hohe Linde« auf dem Wildrosenpfad, der uns auf romantischen Wegen schließlich vorbei an der Walkmühle, heute Einkehrmöglichkeit, nach Sangerhausen zurück geleitet. Die Wanderung ist Teil des Biosphärenreservats Karstlandschaft Südharz.

Ausgangspunkt: Bahnhof Sangerhausen. Von Halle (Saale) Hbf. mit dem RE Richtung Kassel-Wilhelmshöhe oder Leinefelde bis Sangerhausen (ca. stündlich). Parkplatz anbei (Navi: Bahnhofstraße 35, Sangerhausen).
Anforderungen: Überwiegend ausgeschildert, deutliche Wege. Allerdings große Höhenunterschiede (Tendenz zu »rot«). Weniger geübte Wanderer sollten daher erst eine der anderen blauen Touren in diesem Buch versuchen.
Einkehr: Imbiss an der Moltkewarte (Mo/Di/Do/Fr Ruhetag); Markl´s Pferdestall (Mo/Di Ruhetag, Mi–Fr nur abends), Café Waldkasino Walkmühle (nur Sa/So nachmittags), beide an der Walkmühle; Manni's Lou (Mo Ruhetag) am Bahnhof.
Hinweise: 1) Geplant ist eine neue Streckenführung des Wildrosenpfades, dieser Wanderführer folgt der Version von 2022. 2) Die Moltkewarte ist nur von April–Sept. 12–18 Uhr geöffnet.
Tipps: 1) Diese Wanderung ist zur Zeit der Wildrosenblüte im Juni am schönsten. Im Mai und August gibt es eine öffentliche Besteigung der Halde »Hohe Linde« (Infos unter sangerhausen.de). 2) Nach der Tour Besuch des Europa-Rosariums, der weltweit größten Rosensammlung (tgl. geöffnet, Infos unter europa-rosarium.de). ÖPNV-Anfahrt vom Busbahnhof am Bahnhof mit dem Bus 42 Richtung Markt, dort umsteigen in den Bus 42 Richtung Ringlinie zum Rosarium, Sangerhausen.

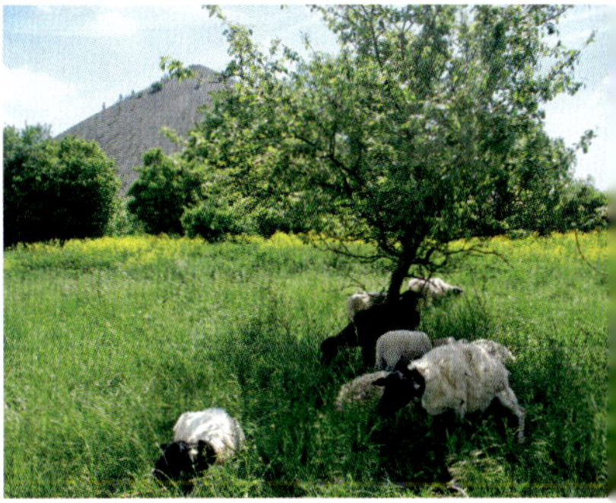

Schafe genießen das satte Grün vor der Halde.

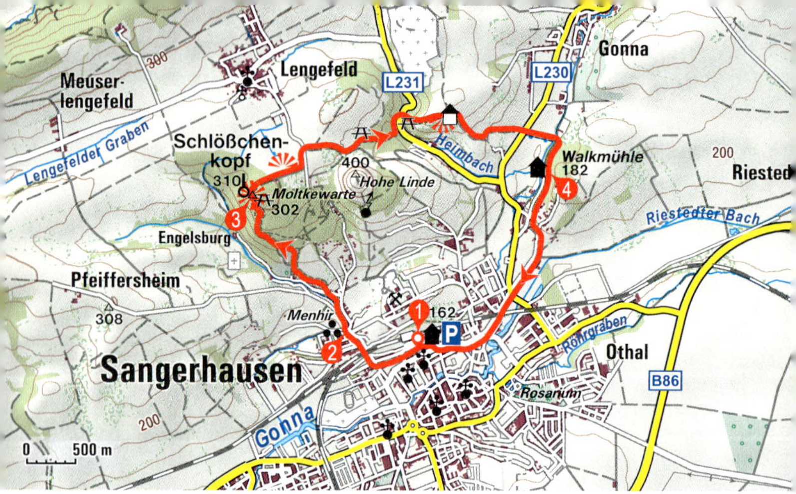

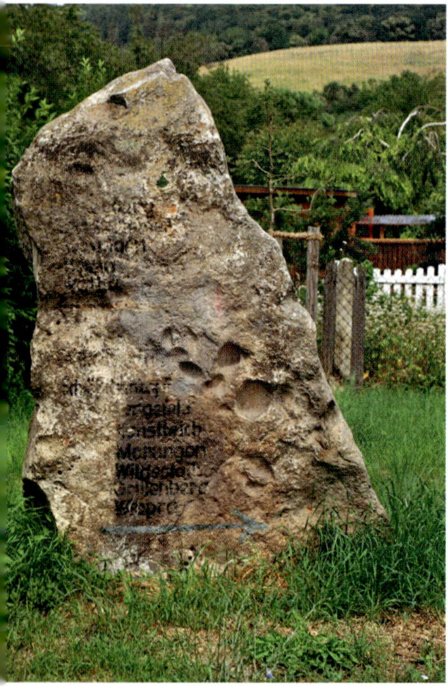

Am **Bahnhofsvorplatz Sangerhausen** ❶ biegen wir vor dem Medizinischen Zentrum rechts ein. Hier ist das erste Wanderzeichen des Wanderwegs »Hohe Linde«, ein liegendes graues Dreieck, an einem Laternenpfahl zu erspähen. Diesem folgen wir vorläufig und laufen nun die Straße entlang. An einem Abzweig geht es geradeaus, weiterhin der Lengefelder Straße nach. An der Kreuzung halten wir uns rechts und durchschreiten gleich einen Tunnel. Wir gehen an mehreren Abzweigen geradeaus weiter und biegen erst am Schild »Tierheim« mit dem **Menhir** ❷ (Hünenstein) und Wandertafel schräg rechts ein. An der Gabelung halten wir uns links und folgen weiter der Straße. Immer wieder bieten sich Blicke auf die markante Halde. Vor dem Tierheim biegen wir links

Der Sangerhausener Menhir.

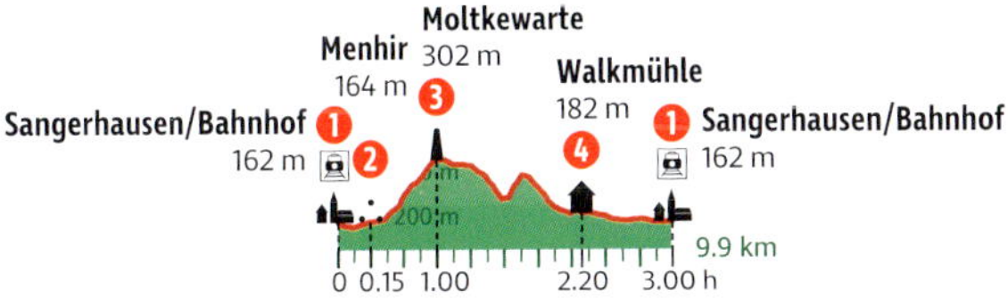

in die Straße »Schiffahrt« ein, das Wanderzeichen »Hohe Linde« wird vorläufig verlassen. Am Zaunende geht es rechts hinauf und an der Gabelung links, weiter aufwärts in den Hohlweg. Weiter oben halten wir uns an der Gabelung links, so auch an der Kreuzung. Damit sind wir wieder auf dem Wanderweg »Hohe Linde«, dem wir auch an einer Gabelung rechts folgen. An der T-Kreuzung geht es links in den Rollstuhlwanderweg und am Aussichtsturm **Moltkewarte** 3 rechts. Hier befinden sich mehrere Rastplätze.

Von Nahem wirkt die Halde »Hohe Linde« besonders eindrucksvoll.

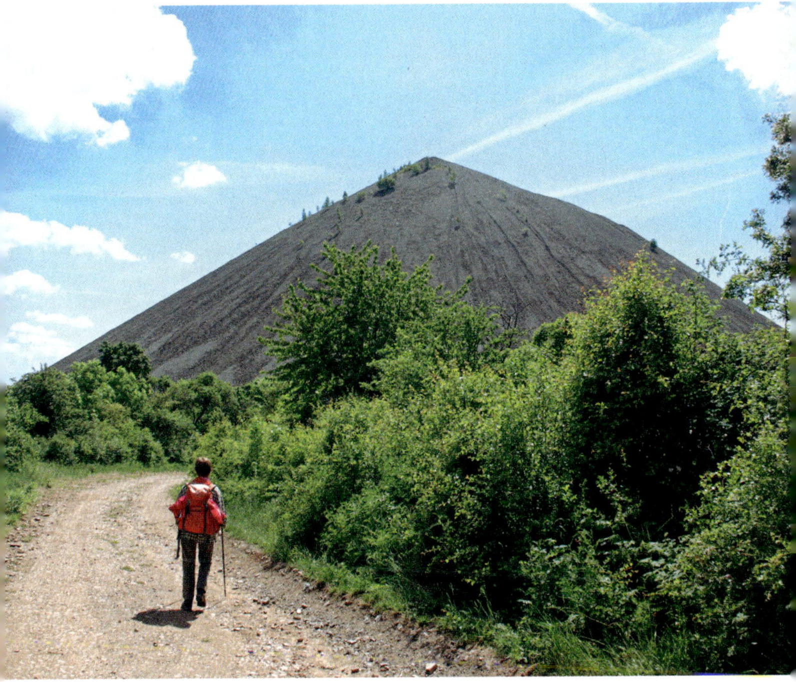

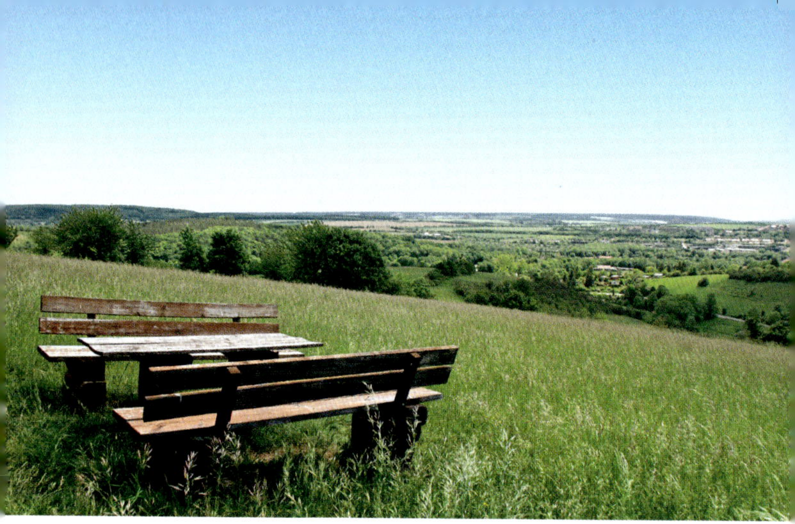

Der Rosenpfad hat viel zu bieten, wie diesen Rastplatz mit Aussicht auf Sangerhausen.

Nun laufen wir immer auf dem Hauptweg weiter. Der Wald wird an einem Rastplatz mit Aussicht verlassen, die wir auch links vom Wanderweg aus genießen können. Nun ist unser Weg geteert. An der T-Kreuzung, wo sich erneut ein Blick auf die Halde bietet, geht es links, linker Hand bald wieder ein schöner Blick in die Landschaft. In den ersten Weg ist mit dem Wanderzeichen »Hohe Linde« rechts einzubiegen. Wir wandern immer geradeaus, die Halde liegt zunächst rechter Hand, dann steuern wir direkt darauf zu. Vor der Halde **Hohe Linde** folgen wir links dem Hauptweg.

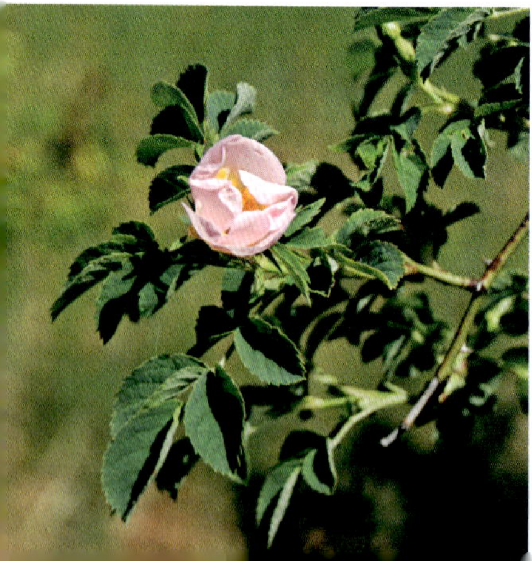

Nach ca. 200 m heißt es aufpassen, denn es geht links und am Rastplatz schräg rechts in den Wildrosenpfad, auch Rosenpfad genannt. Der schöne, grasbewachsene Weg führt abwärts. Unten an der Straße biegen wir unmarkiert vorsichtig links ein (ggf. ist hier der Rosenpfad verlegt worden, dann der Ausschilderung folgen) und nach der Rechtskurve nach Straßenüberquerung in den ersten Weg rechts, weiterhin auf

Wildrosen wachsen am Strauch. Die Hundsrose ist in Mitteleuropa sehr verbreitet.

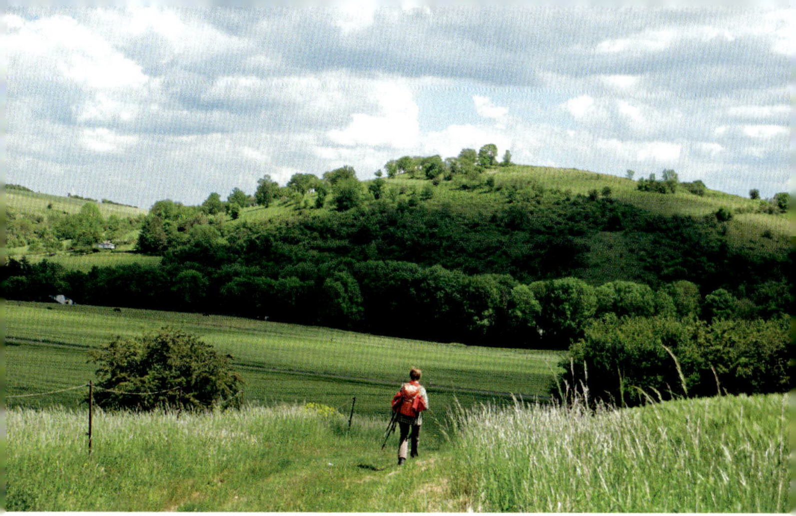

Der Abstieg vom Rosenpfad führt durch Wiesen in Richtung Sangerhausen.

dem Wildrosenpfad. Erneut geht es steil hinauf, zweimal auf Stufen. An einer Bank bietet sich wieder ein Blick zurück auf die Halde. Wir folgen dem Pfad immer weiter. Schließlich genießen wir bei einem weiteren Rastplatz einen weiten Blick in die Landschaft, auch nach Sangerhausen. Dann wandern wir weiter geradeaus. Am Ende der Wiese biegen wir rechts ein, vorbei an der Schutzhütte und gleich an der Gabelung rechts. Vor einer Bank wechseln wir auf den linken Parallelweg. Weiter unten halten wir uns links, dann geradeaus. Bald schwenkt der Weg nach rechts.

Unten wird geradeaus die Straße überquert. Weiter vorne geht es über eine Brücke, dort kurz geradeaus und an der T-Kreuzung rechts. Der Weg ist nun breiter und führt durch den Wald. Wir kommen an der **Walkmühle** 4 vorbei und folgen der Straße zunächst weiter geradeaus, rechter Hand ist ein Spielplatz. Auch am Parkplatz (wir ignorieren die Schilder vom neueren Rosenpfad, der nach rechts abbiegt) geht es noch kurz geradeaus, dann nach der Bushaltestelle in den ersten Weg links (Taubenberg). An der T-Kreuzung biegen wir rechts ein und laufen dann immer geradeaus weiter. Die Halde liegt wieder rechter Hand.

In **Sangerhausen** überqueren wir die Durchgangsstraße geradeaus (Hüttenstraße), dann die Gleise; auch hier halten wir uns geradeaus. Weiter vorn steht das Denkmal für Heinrich Friedrich Müller (1911 Stadtältester von Sangerhausen) linker Hand, weiter geradeaus. Auch am Kreisverkehr und der Ampel geht es geradeaus, wir folgen der Hüttenstraße weiter (Hauptstraße). An der folgenden Ampel biegen wir rechts in den Kaltenborner Weg ein. Der **Bahnhof** 1 und der Parkplatz sind erreicht.

TOP

↗ 320 m | ↘ 320 m | 13.9 km

8 Rund um Pölsfeld zur Grillenburg

4.00 h

Auf schönen Wegen zu einem traumhaften Ausblick und zu einer Ruine

Der südöstliche Harzrand hat eine vielfältige Landschaft zu bieten. Die verschiedenen Gesteine im Untergrund sorgen für ein bewegtes Relief. In den buchenreichen Laubwäldern, Streuobstwiesen, Weideland und Äckern haben sich spezifisch angepasste Fauna und Flora herausgebildet. Diese Tour führt durch das Naturschutzgebiet Gipskarstlandschaft Pölsfeld im Osten des Biosphärenreservats Karstlandschaft Südharz, eines von drei derartigen Ökosystem-Schutzgebieten in Sachsen-Anhalt.
Von Obersdorf wandern wir auf dem Karstwanderweg bis zum Pufferberg, vom Deutschen Wanderverband als »Qualitätswanderweg Wanderbares Deutschland« zertifiziert. Im Wechsel von Wald und Wiesen begegnen uns südlich und östlich von Pölsfeld immer wieder kleine Halden vom ehemaligen Kupferbergbau aus dem 12./13. Jh. Erster Höhepunkt ist die Gedankenbank, die wunderbare Panoramablicke auf den Kyffhäuser und die Goldene Aue gestattet. Später wandern wir durch den Forst Pölsfeld zur geheimnisvollen Ruine Grillenburg, vielleicht um 1200 erbaut (Stempelstelle der Harzer Wandernadel). Anschließend geht es im Gonnatal zurück zum Ausgangspunkt.

Ausgangspunkt: Obersdorf, Bushaltestelle Schenkplatz. Von Halle (Saale) Hbf. mit dem RE Richtung Leinefelde nach Sangerhausen, dort in den Bus 460 Richtung Hettstedt bis Obersdorf, Schenkplatz (ca. alle 2 Std.). Kleiner Parkplatz anbei (Navi: Pölsfelder Str. 3, Obersdorf, Sangerhausen), allerdings nur wenige Stellplätze. Alternativ Parken am Spielplatz (Navi: Hüttenplatz 27, Obersdorf, Sangerhausen). Von dort wenden sich Autofahrer zur Brücke, biegen links ab und folgen weiter der Straße Am Tiefenbach, wie unten beschrieben.
Anforderungen: Überwiegend ausgeschildert, deutliche Wege. Kurze steile Auf- und Abstiege. Nach Regenfällen im Bereich der Grillenburg matschig und unwegsam, dann ist Trittsicherheit erforderlich. Auf dem breiten Weg vor dem Zollhaus fahren ab und zu Autos.
Einkehr: Keine auf der Wanderung. In Pölsfeld gibt es das Café Siebenhüner (nur Sa/So nachmittags).
Tipp: Bei klarem Wetter ist diese Tour wegen ihrer Ausblicke am schönsten.

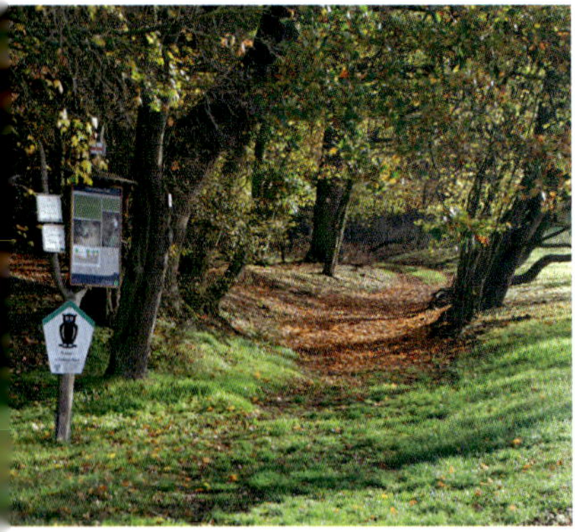

Am Hainschen Tal beginnt der Aufstieg.

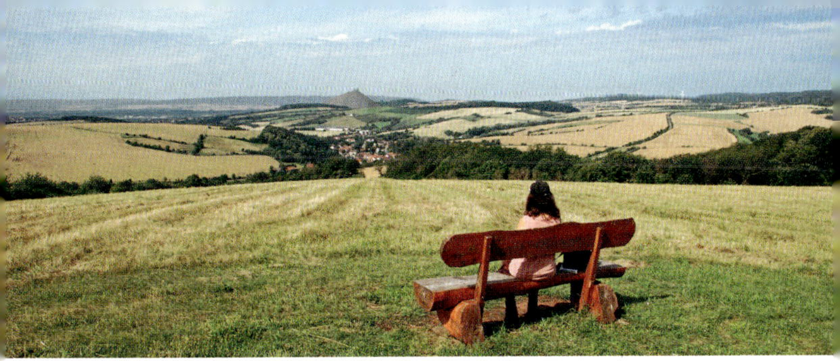

Von der Gedankenbank ist die Aussicht besonders schön.

Von der Bushaltestelle in **Obersdorf** ❶ gehen wir ein Stück die Straße hinauf und biegen dann schräg rechts in die Straße Hüttenplatz ein, u. a. mit dem Wanderzeichen des Karstwanderwegs (weißes K auf rotem Balken), das uns nun für etwa die erste Hälfte der Tour begleiten wird. Wir folgen dem markierten Weg immer weiter. Vor dem Spielplatz geht es rechts über eine kleine Brücke (hier stoßen die Autofahrer zu) und gleich wieder nach rechts (Am Tiefenbach). Am Ortsende wird der Weg unbefestigt, und wir halten uns gleich an der Gabelung rechts. Rechter Hand liegt das weite Tiefenbachtal, ein Seitental der Gonna. An einem Abzweig halten wir uns geradeaus, so auch an der großen Linde mit Wanderzeichen. An der gleich folgenden Kreuzung, ein Rastplatz rechter Hand, wenden wir uns schräg links hinauf und gleich an der Gabelung schräg rechts.

Kurz darauf ist am Wald das **Hainsche Tal** erreicht. Durch schönen Eichen-Buchenwald wandern wir aufwärts, unterstützt vom Wanderzeichen. Etwas höher schwenkt der Weg nach links und bald nach rechts hinauf. Weiter oben halten wir uns schräg links und folgen dem schönen Hangweg. Am Ende schwenkt er nach rechts, nun wird es für kurze Zeit steil. Oben geht es links und über eine Wiese. Linker Hand bietet sich die erste schöne Aussicht, nun mit Streuobstwiesen linker Hand. An einer Bank wandern wir geradeaus weiter. Kurz darauf lohnt sich rechts ein Abstecher zum Aussichtspunkt **Gedankenbank** ❷. Der Panoramblick reicht über Halden und die Goldene Aue bis zum Kyffhäuser. Die große Halde ist die Hohe Linde bei Sangerhausen (Tour 7).

Wir kehren zurück und biegen rechts ein. Am Ende der Büsche halten wir uns geradeaus und an der T-Kreuzung links. Rechter Hand steht die Bockwindmühle Pölsfeld (privat). Nun geht es abwärts, an der Kreuzung noch kurz geradeaus, gleich rechts und weiter geradeaus, vorbei an einer Informationstafel zum Altbergbaugebiet. Weiter vorn schlängelt sich der Weg, wir folgen immer dem Wanderzeichen weißes K. An einem Rastplatz sind eine weitere Aussicht und eine Informationstafel zum Bergbau erreicht. Unser Weg führt nach rechts und vor der Wiese links. Nun geht

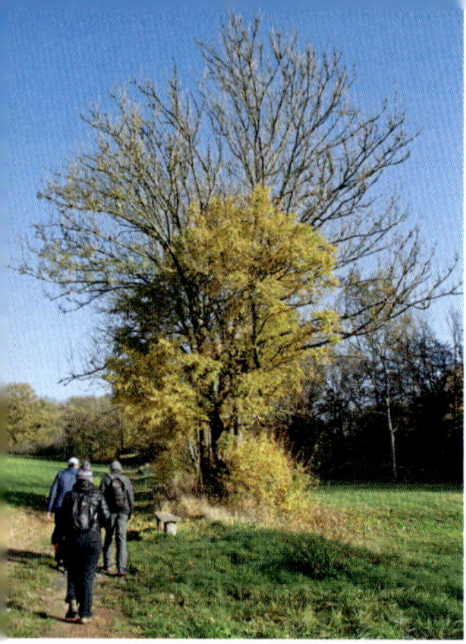

Auf dem Kupferberg wurde noch bis 1797 Bergbau betrieben.

es steiler abwärts und schließlich Stufen hinunter. Unten halten wir uns links. An der Gabelung wandern wir schräg links. Unser Weg schwenkt weiter unten erst nach rechts, dann nach links. Die ersten Häuser werden sichtbar. Am Abzweig geht es geradeaus.

Vor **Pölsfeld** ❸ biegen wir rechts ein, eine Althalde rechter Hand. An der Annaröder Straße geht es kurz links und gleich wieder rechts, weiter dem weißen K nach. Weiter vorn ist in den ersten Weg rechts einzubiegen. Nun wandern wir wieder leicht aufwärts und in den Wald, auf den **Kupferberg**. Wir laufen immer geradeaus weiter und biegen fast oben vor einer Wiese links ein. An einem Abzweig linker Hand geht es geradeaus. Oben schwenkt unser Weg nach rechts. Wir befinden uns jetzt auf dem **Pufferberg**. Beim Hochsitz lohnt sich ein Blick nach rechts in die Talebene. Nach dem Rastplatz am Waldrand biegen wir links in den breiteren Weg ein und verlassen somit den Karstwanderweg. Dafür wird uns das Wanderzeichen grüner Balken nun eine Weile begleiten. Wir bleiben immer auf

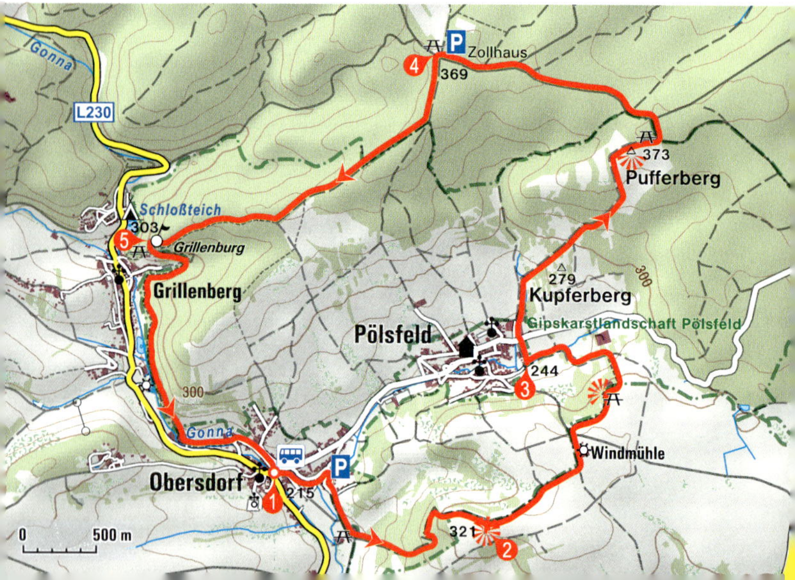

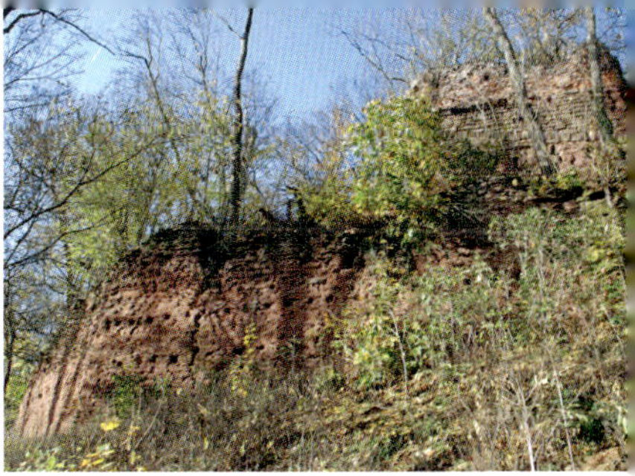

Seit dem 17. Jh. ist die Grillenburg Ruine.

dem Hauptweg und laufen an etlichen Abzweigen vorbei. Am **Zollhaus** ❹, wo sich auch Rastplatz und Parkplatz befinden, ist links einzubiegen. Weiterhin folgen wir dem grünen Balken, dessen Zeichen ab hier seltener gesät sind. An der Kreuzung geht es nach rechts. An einem Abzweig rechter Hand halten wir uns geradeaus und an einem weiteren linker Hand schräg rechts (der grüne Punkt biegt nach links ab). Bald ist linker Hand durch Bäume eine Wiese zu sehen, hier lohnt sich ein Abstecher zu einer Bank mit Aussicht. Wo die Wiese linker Hand endet, geht es schräg rechts (auf den grünen Balken achten!). Nun befinden wir uns wieder auf einem besonders schönen Waldweg, der überwiegend von Eichen und Buchen begleitet wird.

An der Ruine der **Grillenburg** ❺ auf dem Schlossberg bietet sich geradeaus noch ein Abstecher an, denn unterhalb der Burgruine sind Rastplatz und Informationstafel zu finden. Ohne Abstecher ist links hinunter einzubiegen. An der T-Kreuzung geht es links und an der Gabelung rechts in den schmaleren Weg, wieder abwärts. Zunächst wandern wir geradeaus und weiter unten in einem Rechtsbogen, dann geradeaus, dem Wanderzeichen roter Balken folgend (Richtung Obersdorf), noch nicht ins Tal. Weiter begleitet uns ein etwas älterer Naturlehrpfad. Der Ort Grillenberg wird durch die Bäume rechter Hand sichtbar, wie wir an einem Fachwerkturm erkennen können. Wir kommen vorbei an einem Grenzstein von 1717 mit Bank.

An einer Gabelung wählen wir den rechten und unteren Weg. Ein großer Teich liegt rechter Hand. Wir sind nun oberhalb des Bachs Gonna. Das Wanderzeichen schwarzes Dreieck zweigt schließlich nach rechts ab, doch wir wandern geradeaus weiter. Wo von scharf links ein Weg zustößt, geht es geradeaus, wieder auf dem Karstwanderweg. Nach drei Holzpilzen führt unser Weg rechts um ein Haus herum, dann am Bach entlang. An der Brücke geht es geradeaus. In **Obersdorf** halten wir uns schräg links, direkt am Haus entlang. Unser Weg schwenkt nach rechts und führt zurück zu **Bushaltestelle** ❶ und Parkplatz.

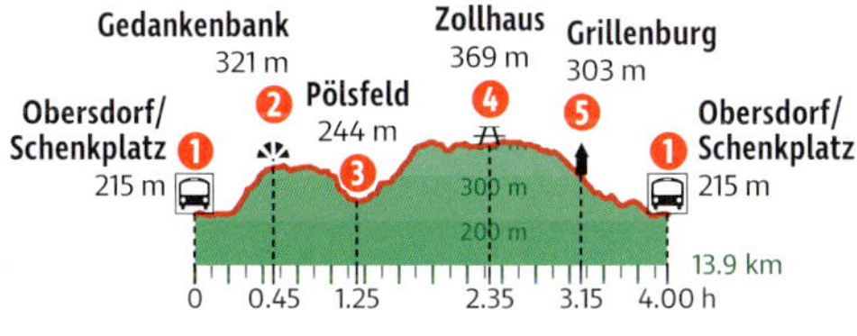

↗ 220 m | ↘ 220 m | 10.3 km

9 Von Wippra nach Friesdorf Ost

3.00 h

Schöne Ausblicke mit Harz-Flair

Ruhig geworden ist es um den früheren Touristenort Wippra, der bereits zum Unterharz gehört. Berghänge treten bis dicht an ihn heran. Seine Glanzzeit hatte der Ort im 19. Jh., nachdem hier 1844 eine Kaltwasser-Heilanstalt eingerichtet worden war. Heute ist Wippra eher durch seine Fachwerkhäuser und die Brauerei bekannt.

Den Auftakt dieser Wanderung bietet das besondere Erlebnis einer Fahrt mit der historischen Bahn Wipperliese. Hoch hinauf geht es auf den Schloßberg zu großartigen Aussichten, weiter durch Wald und Feld. Zwei Bachtäler, Kammerbach- und Kuhbeektal sorgen für Naturidylle, die »Zwergenlöcher«, wo sich einst der Eingang in das unterirdische Reich der Zwerge befunden haben soll, für Abwechslung. Den Abschluss bildet der Blick auf die Rammelburg nahe Friesdorf Ost.

Ausgangspunkt: Bahnhof Wippra. Von Halle (Saale) Hbf. mit dem RE Richtung Leinefelde nach Sangerhausen, dort mit dem RE nach Klostermansfeld. Oder von Halle (Saale) Hbf. nach Lutherstadt Eisleben, dort mit dem Bus 420 nach Klostermansfeld. Nun mit der Wipperliese nach Wippra (Sa/So und jeden zweiten Mittwoch, von April–Okt., ca. alle 2 Std.). Autofahrer parken am Haltepunkt Friesdorf Ost (kleiner Parkplatz anbei, Navi: Friesdorf Ost, Rammelburger Hauptstraße) und fahren ab dort mit der Wipperliese nach Wippra (ca. alle 2 Std.). Im Winter bzw. wenn die Wipperliese nicht fährt, geht es ab Sangerhausen mit dem Bus 460 Richtung Hettstedt nach Wippra Bahnhof (Bus). Autofahrer parken dann in Rammelburg nahe der Bushaltestelle (Navi: Rammelburger Dorfstraße 2) und fahren mit dem Bus 460 Richtung Sangerhausen Wippra Bahnhof (Bus).

Endpunkt: Bahnhaltepunkt Friesdorf Ost. Im Sommer mit der Wipperliese von Friesdorf Ost nach Klostermansfeld, dort mit dem RE Richtung Erfurt nach Sangerhausen oder dem Bus 420 nach Lutherstadt Eisleben (ca. alle 2 Std.). Ab Sangerhausen oder Eisleben mit dem

Das Kammerbachtal gehört zu den idyllischsten Abschnitten auf dieser Tour.

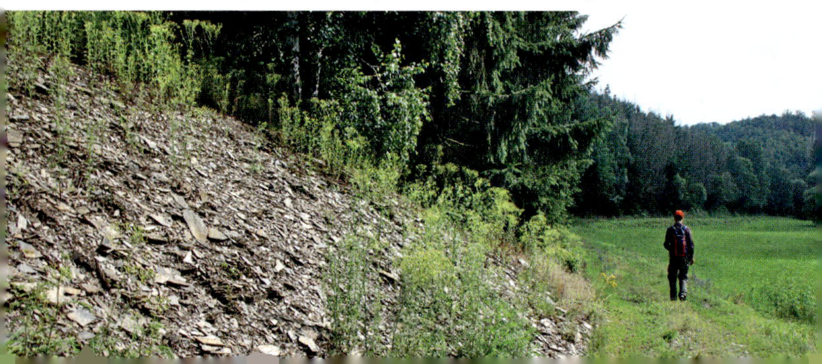

RE nach Halle (Saale) Hbf. Im Winter ab Rammelburg (ab Friesdorf Ost Fußweg 10 Min. an der Straße oder 20–30 Min. über die Rammelburg) mit dem Bus 460 nach Sangerhausen.
Anforderungen: Etliche Höhenunterschiede, bei Wippra steil hinauf auf den Schloßberg, wo Trittsicherheit erforderlich ist. Im Sommer können besonders die Wege am Schloßberg, im Kammerbachtal und im Kuhbeektal leicht zugewachsen sein. In Letzterem ist der Weg z. T. abschüssig (gefährlich für Kinder). Mit Bäumen auf den Wegen muss gerechnet werden. Die Route folgt am Anfang teilweise dem Barfußpfad, sonst ist keine Ausschilderung vorhanden.
Einkehr: Wesemanns Fischerstübchen (Mo/Di Ruhetag) am Bhf. Wippra; ansonsten keine auf der Wanderung. In Wippra gibt es noch das Mühlen-Café (Mo/Di Ruhetag) und Uta's Eiscafé (Mo Ruhetag).
Tipps: 1) Zur Mittagszeit nach Wippra und vor der Tour in der Fischgaststätte zu Mittag essen. 2) Brauereibesichtigung in Wippra nach Voranmeldung (Tel. +49 34775 20205).
Hinweise: 1) Die Rammelburg ist nicht zu besichtigen und von der Ferne am schönsten. Der Aufstieg lohnt sich nicht. 2) Die Wipperliese wird von der Cargo Logistik Rail Service GmbH betrieben und gehört nicht zum DB-Tarifsystem (Infos unter wipperliese.de).

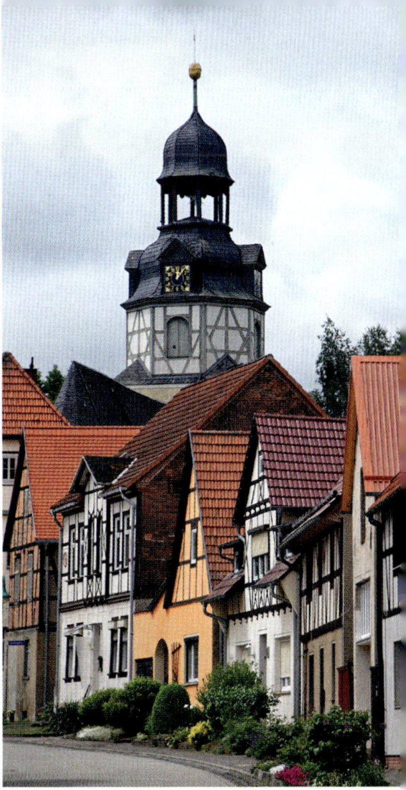

In Wippra ist sogar der Kirchturm aus Fachwerk.

Von der Bushaltestelle bzw. **Bahnhof Wippra** ❶ wenden wir uns in die Straße in Richtung Ort und biegen vor dem Supermarkt rechts ein, dann gleich über die Brücke der Wipper. An der T-Kreuzung halten wir uns links; hier sind schöne Fachwerkhäuser zu bewundern. 20 m vor der pittoresken Kirche wenden wir uns nach rechts in die Güntergasse (geradeaus führt ein Abstecher zu Gastronomie und Brauerei) und nach ca. 50 m wieder schräg rechts in den Pfad. Nun geht es bald steil bergauf. In den ersten Weg ist scharf nach links einzubiegen. Weiter oben wandern wir geradeaus für einen Abstecher zum schönen Aussichtspunkt auf dem Schloßberg.
Ohne Abstecher halten wir uns davor rechts. Nun wird es erneut steil. Oben biegen wir an der Kreuzung links ein, ab hier sind Wanderzeichen vom Barfußpfad zu sehen (besser von der anderen Seite sichtbar). Wir wandern nun

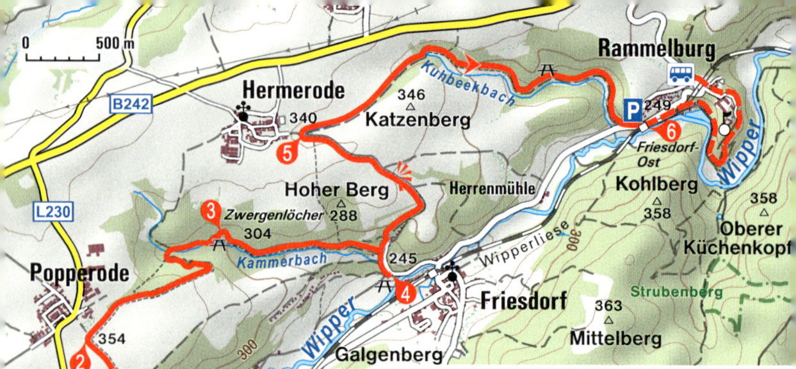
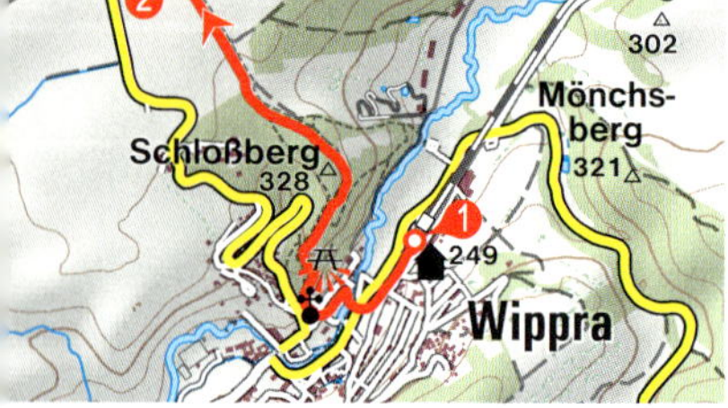

Die Zwergenlöcher sollen in das unterirdische Reich der Zwerge führen.

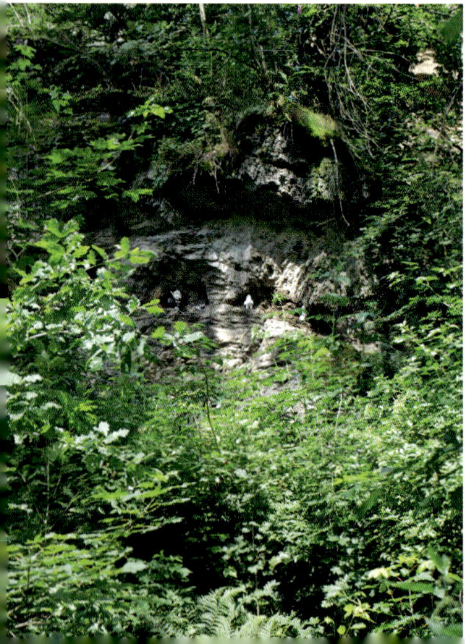

leicht bergab. Unser Weg mündet in einen anderen Weg, dem wir immer geradeaus folgen, ab und zu begleitet vom Wanderzeichen »Füße«. An einer Gabelung halten wir uns rechts und gleich geradeaus, vorbei an einem Rastplatz. Wir gehen weiter geradeaus und kommen an einem weiteren Rastplatz vorbei, dort weiter geradeaus (Schild: »Höhenweg«). Wir bleiben stets auf dem Hauptweg. Der Wald wird verlassen und eine Wiese betreten. Bald bietet sich ein schöner Talblick. Wir wandern immer geradeaus auf dem Feldweg weiter. An einem Abzweig geht es geradeaus (leicht rechts versetzt).

Vor den ersten Häusern von **Popperode** 2 hält man sich vor dem Zaun rechts, bald vorbei am Rehgehege in Richtung Wald. Nun wandert man auf dem Feldweg am Waldrand entlang. Wo das Feld rechter Hand endet, führt unser Weg in einer Linkskurve in den Wald. Nach ca. 400 m schwenkt er scharf nach rechts. Kurz danach ist links der Kammerbach zu überqueren. Es geht rechts weiter, links des Baches auf dem oberen Weg in bisheriger

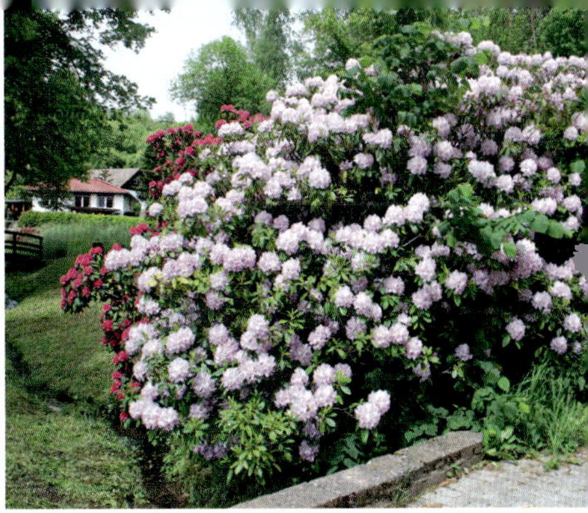

Der schön gestaltete Festplatz in Friesdorf.

Richtung. Schließlich fließt rechts der Bach hörbar durch ein Rohr. Kurz darauf, noch vor einem Rastplatz, führt links ein Abstecher zu den sogenannten **Zwergenlöchern** 3. Wir wandern zurück und immer weiter am Bach entlang. Nach knapp 1 km halten wir uns am nächsten Wegweiser geradeaus. Später kommen wir an Gärten vorbei, immer geradeaus. An der großen Kreuzung mit Festplatz und Rastplatz am Rande von **Friesdorf** 4 biegen wir scharf links ein (Am Frankenberg). Wir bleiben für einige Zeit immer auf dem Hauptweg. Weiter oben tritt er ins Freie. Hier halten wir uns am Abzweig geradeaus. Vom höchsten Punkt des Weges wird der nächste Ort sichtbar. An einem Abzweig halten wir uns schräg links.

Erst kurz vor **Hermerode** 5 ist scharf rechts in den Pfad zwischen den Bäumen einzubiegen. Dieser wird bald breiter, wir wandern immer geradeaus. Nun heißt es aufpassen. Nach ca. 1 km geht es in einer leichten Rechtskurve links über den Kuhbeekbach, ggf. durch eine aufrechte Bahnschwelle gekennzeichnet. Dann halten wir uns rechts und im Wald schräg rechts, parallel zum Bach. Stellenweise ist der Weg undeutlich bzw. abschüssig. Das wird aber wieder besser, spätestens ab einem Rastplatz. Hier blicken wir in ein schönes Wiesental rechter Hand. An der Gabelung geht es rechts, in den unteren Weg. An der Straße hält man sich schräg links zum **Haltepunkt Friesdorf Ost** 6.

Wer noch Zeit hat bzw. nach Rammelburg will, kann über die Schienen und ein Stück weiter dem Weg folgen. In einer Rechtskurve bietet sich ein schöner Blick auf die Rammelburg (nicht zu besichtigen). Anschließend sind rechts der Schwanenteich und die Wipper, dann Felsen linker Hand zu sehen. Wer zur Bushaltestelle Rammelburg möchte, biegt ca. 100 m weiter, wo rechter Hand eine Wiese sichtbar wird, schräg links in den ersten deutlichen Weg ein und hält sich gleich geradeaus. Der Hauptweg führt in Serpentinen hinauf zur Rammelburg und rechts daran vorbei (der Anblick ist hier allerdings unspektakulär). Wir folgen dem befestigten Weg immer weiter bis zur Bushaltestelle Rammelburg, wo sich auch ein kleiner Parkplatz befindet.

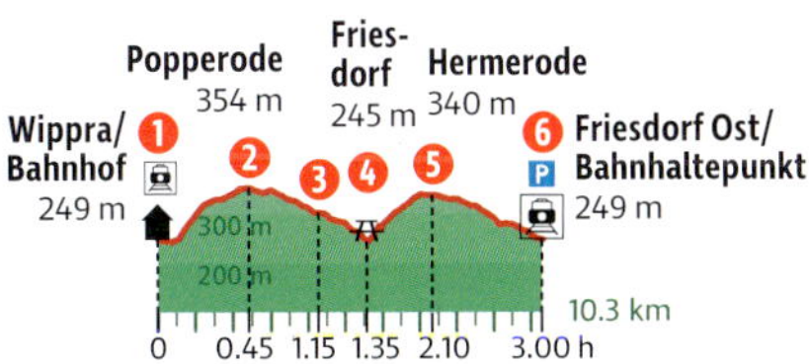

↗ 370 m | ↘ 370 m | 13.8 km

10 Von Mansfeld in den Unterharz

4.30 h

Auf Luthers Spuren durch Hügel und Wald zu einer großen Burg

Westlich von Mansfeld, seit 1996 »Lutherstadt«, beginnt der Unterharz. Die lieblichen Wiesen- und Bachtäler sowie die schattigen Mischwälder dürfte schon der große Reformator gut gekannt haben. Martin Luthers Eltern zog es wegen des aufblühenden Bergbaus nach Mansfeld, und so verbrachte er hier seine Kindheit (1484–1497). Im Ort gibt es einige Lutherstätten zu sehen. Nachdem wir jenseits der Kleinstadt die weite Aussicht von der Rabenkuppe genossen haben, kommen wir durch Vatterode mit seiner Kirche St. Bonifatius, die als die älteste im Mansfelder Land gilt. Bald gelangen wir im Wippergrund zum romantischen Vatteröder Teich. Anschließend geht es durch kühlen Wald und zur Naturerlebnisstation Möllendorf »Am Brandberg« (Stempelstelle der Harzer Wandernadel »Luther im Harz«). Nun wandern wir auf dem Lutherweg auf das imposante Schloss Mansfeld (16. Jh.) hoch über der Stadt zu, das den krönenden Abschluss dieser Tour bildet.

Ausgangspunkt: Mansfeld, Bushaltestelle Schloss. Vom Hbf. Halle (Saale) mit der RB Richtung Leinefelde nach Lutherstadt Eisleben. Dort mit dem Bus 420 Richtung Hettstedt bis Mansfeld, Schloss (ca. alle 2 Std.). Parkplatz anbei (Navi: Schäferberg 1, Mansfeld). Im Sommer auch Fahrt mit der Wipperliese von Klostermansfeld bis Vatteröder Teich 4 möglich (Sa/So ca. alle 2 Std.).
Anforderungen: Fast keine Ausschilderung, außer auf dem Lutherweg kurz vor Mansfeld. Wechsel von Pfaden und breiten Forstwegen, immer wieder holprige Abschnitte. Wenig begangene Wege nach dem Vatteröder Teich. Viel Auf und Ab, steiler anstrengender Aufstieg (ggf. matschig) nach dem Ochsenpfuhlbach. Für Kinder und weniger erfahrene Wanderer ist der zweite Teil ggf. zu anstrengend, hier bietet es sich an, nach dem Vatteröder Teich mit der Wipperliese nach Mansfeld zurückzufahren.
Einkehr: Zum Goldenen Hammer in Vatterode (Mo Ruhetag, Di–Fr nur abends); Imbiss an der Parkeisenbahn am Vatteröder Teich (Mai bis Okt.); Mansfelder Hof (Mo Ruhetag) und Café Wohlsein (Mo Ruhetag) in Mansfeld Lutherstadt, Café Wächterstube (nur Fr–So) auf Schloss Mansfeld.
Tipps: 1) Museum Luthers Elternhaus in Mansfeld (im Winter Mo Ruhetag). 2) Parkeisenbahn Vatteröder Teich (für Kinder, Infos unter parkeisenbahn-vatterode.de).

Schon von Weitem ist Schloss Mansfeld sichtbar.

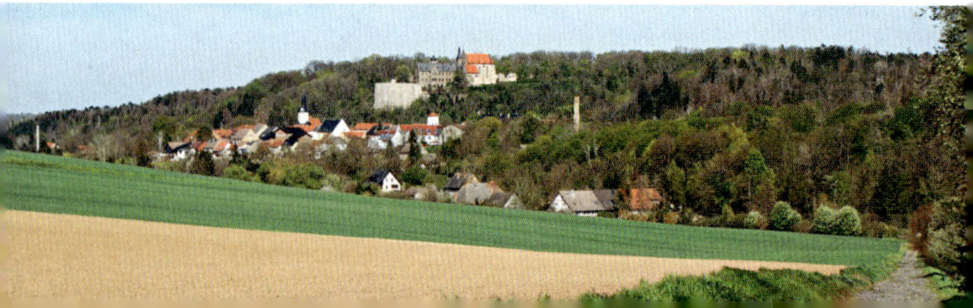

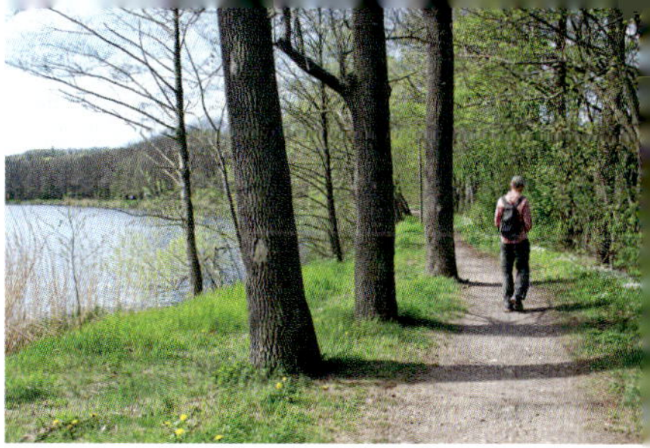

Unterwegs am Vatteröder Teich, der seit 1960 Erholungsgebiet ist.

Von der **Bushaltestelle Mansfeld, Schloss** ❶ folgen wir dem Fuß-/Radweg rechts der Straße (Lutherweg, grünes L), den Parkplatz rechter, den Abzweig zum Schloss linker Hand. Kurz darauf verlässt der Fußweg die Straße und führt immer geradeaus bergab. Schließlich mündet er in eine Durchgangsstraße, die wir überqueren und kurz weiter geradeaus gehen. Gleich nach der Bushaltestelle und dem Parkplatz biegen wir rechts in die Ikenstraße ein (Stufen verhelfen zu einer Abkürzung). Nach Überquerung des Baches geht es links in die nette Straße Töpferreihe und noch vor der Brücke scharf rechts. An der Straße halten wir uns schräg links und schreiten den unbefestigten Weg hinauf.
Dieser führt immer weiter geradeaus in die Höhe. Immer wieder bieten sich linker Hand schöne Aussichten, zudem lohnt sich ein Blick zurück zum Schloss und nach Mansfeld. Am Ende des Feldes linker Hand, wo es wieder abwärts geht, biegen wir links in den aufwärtsführenden Pfad ein. Der angenehme Weg geleitet zur **Rabenkuppe** ❷ (261 m), wo wir nahe der Säule eine besonders schöne Aussicht u. a. auf Vatterode genießen. An der Bank biegen wir scharf rechts ein und folgen wieder abwärts dem abschnittsweise holprigen Pfad. Immer wieder bieten sich schöne Blicke linker Hand. Am Querweg (mit Informationstafel und Bank) geht es scharf nach links. Weiter unten werden die Gleise der Wipperliese überschritten.
In **Vatterode** halten wir uns immer geradeaus, später auch geradeaus in einen Fußweg. Unten geht es am Bach entlang in Richtung Kirche (an der Bachstraße führt ein Abstecher erst scharf nach rechts, dann über die Straße geradeaus zur Gaststätte). Geradeaus überschreiten wir die Straße, dann wandern wir rechts der Kirche die Dorfstraße Vatterode hinauf weiter. Vor dem ersten Haus linker Hand geht es links zur Kirche **St. Bonifatius** ❸, mit Rastplatz, danach schräg rechts zurück zur Straße, die hier in einen Weg übergeht und dort links. Der Friedhof mit der großen, weit ausladenden Luthereiche (1883) liegt linker Hand. Bald bietet sich erneut eine schöne Aussicht über die Landschaft. Nach Überquerung der Eisenbahnbrücke biegen wir gleich in den ersten Weg rechts ein, vorbei an einer Bank mit Abfalleimer. Weiter vorn geht es über Gleise und weiter geradeaus.
Nun wandern wir hoch über dem Tal des Mühlbachs. Bald erreichen wir das in die Jahre gekommene Feriendorf Vatteröder Teich, halten uns dort schräg links und biegen nach dem Spielplatz rechts ein. Der **Vatteröder Teich** ❹ ist erreicht. Wir steigen links eines Hauses Stufen hinunter. Unten auf dem Weg geht es gegen den Uhrzeigersinn um den Teich herum. Wo der Weg schließlich befestigt wird, führt rechts ein Abstecher zur Parkei-

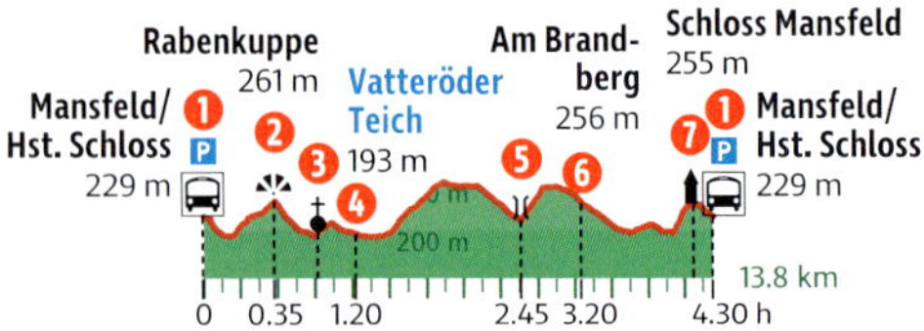

senbahn mit Imbiss (nur im Sommer). An der Straße ist die Glockenquelle zu finden (wenig Wasser). Wir setzen unseren Weg am rechten Ufer fort und folgen am Teichende dem Hauptweg erst schräg links, dann schräg rechts in den Wald, erneut schräg rechts hinauf zum Haltepunkt der Wipperliese und dort über die Gleise. Dann geht es weiter geradeaus und an der T-Kreuzung rechts.

Wir wandern nun für längere Zeit durch Wald, immer dem Hauptweg folgend, bis wir an einen Wendepunkt gelangen, wo geradeaus dem deutlichen Weg zu folgen ist. An einer platzartigen Erweiterung, noch bevor ein Pavillon erreicht wird, geht es scharf links. Auf dem etwas holprigen Weg (ggf. auch leicht zugewachsen) wandern wir immer geradeaus weiter und halten uns an einer T-Kreuzung rechts, bald parallel zur Straße, die überquert wird. Auf der anderen Seite ist rechts weiterzulaufen, wieder parallel zur Straße. Nun wandern wir für eine Weile auf Forstwegen. Wir folgen dem Hauptweg, der weiter vorn nach links schwenkt. An einer Kreuzung mit Bank geht es geradeaus weiter. Wir bleiben auf dem Hauptweg, bis eine Linkskurve erreicht ist, der wir scharf nach links folgen. Im Frühjahr blüht hier der gelbe Huflattich. Immer weiter hinunter führt der Weg bis in das Tal des **Ochsenpfuhlbachs** 5. Unten geht es rechts über die Brücke, dann links und gleich in den ersten Weg rechts. Nun wird es für ca. 1 km anstrengend. Immer auf dem Hauptweg geht es steil nach oben. Weiter oben biegen wir an einer T-Kreuzung schräg links ein, ganz oben halten wir uns an einer Kreuzung geradeaus. An der folgenden T-Kreuzung ist links einzubiegen. Wir befinden uns nun auf dem Lutherweg (grünes L), dem immer geradeaus bis Mansfeld zu folgen ist. Nach dem Waldende wird an der **Naturerlebnisstation Möllendorf »Am Brandberg«** 6 der Blick auf

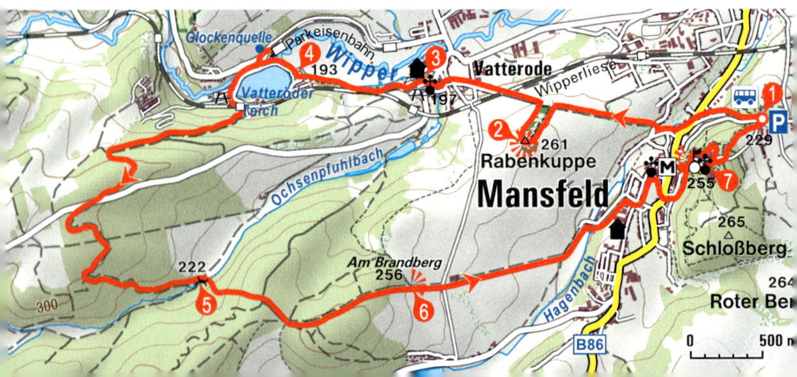

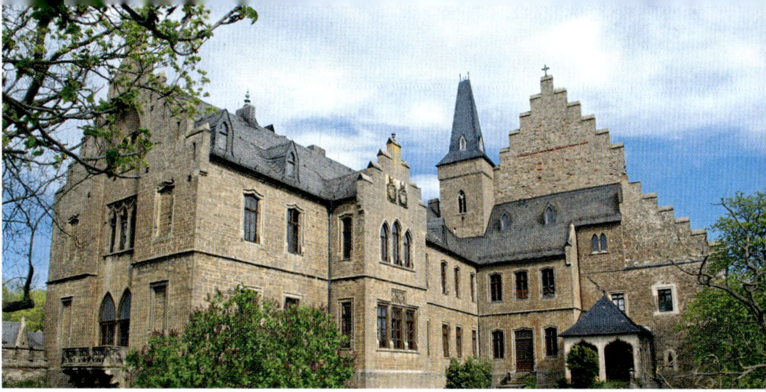

Schloss Mansfeld ist eines der größten Renaissanceschlösser Mitteldeutschlands.

Mansfeld und sein Schloss frei. An einer Kreuzung vor einer Scheune geht es geradeaus und unten an der T-Kreuzung schräg links.

Bei den ersten Häusern von **Mansfeld** wird unser Weg geteert. Beim ehemaligen Freigut überqueren wir den Talbach. Schräg links ist weiter der Straße hinauf zu folgen (Lutherweg). Nach der Feuerwehr Mansfeld biegen wir an der Kreuzung links ein (ein Abstecher rechts führt zur Gaststätte Mansfelder Hof). Gleich wird der Lutherbrunnen in Mansfeld rechter Hand erreicht. Wir folgen der Straße weiter, vorbei am Rathaus aus Fachwerk, dann biegen wir rechts zur Kirche St. Georg ein (ein Abstecher zum Luthermuseum würde geradeaus führen). Es lohnt sich auch, einmal um die Kirche herumzugehen, links davon befindet sich in Luthers ehemaliger Schule die Touristeninformation. Ansonsten gehen wir rechts an der Kirche vorbei und die Spangenberggasse steil hinunter, dann die kleine Straße rechts. An der Durchgangsstraße halten wir uns ebenfalls kurz rechts und nach dem Café Wohlsein links in die Straße Flutgraben. Wir überqueren den gleichnamigen Bach und biegen links ein. Wieder bieten sich schöne Blicke auf das Schloss. Nun heißt es aufpassen. Nach dem Haus Nr. 1 gehen wir rechts hinauf, ein blasses Wanderzeichen schwarzer Pfeil ist noch zu erkennen. Gleich kommen wir an einem Mauerstück aus dem 30-jährigen Krieg rechter Hand vorbei.

Am folgenden Abzweig biegen wir links ein, begleitet von Stufen. Wir folgen immer weiter dem Hauptpfad. Oben, wo Mauern zu sehen sind, geht es schräg links. Der Weg führt immer geradeaus auf dem Hauptweg zum Parkplatz, wo sich rechts ein Abstecher zum **Schloss Mansfeld** 7 anbietet. Wir kehren anschließend zurück zum Parkplatz und biegen dort in den zweiten Weg links ein. Bald ist dieser von Kastanien gesäumt. An der Gabelung gehen wir links, immer weiter auf dem Hauptweg abwärts, bald mit Gärten rechter Hand. Kurz darauf sind wieder die **Bushaltestelle Mansfeld, Schloss** 1 und der Parkplatz erreicht.

↗ 180 m | ↘ 180 m | 14.9 km

11 Von Walbeck zur Burg Arnstein

4.00 h

Felder, kleine Dörfer und eine eindrucksvolle Burgruine

Wie ein schottisches Castle thront die Burg Arnstein (12. Jh.) hoch über dem Einetal. Neben dem Falkenstein war sie im Mittelalter die bedeutendste Burg des Ostharzes. Der einstige Stammsitz der Herren von Arnstein gehörte ab 1387 den Mansfelder Grafen, fiel 1780 an Kursachsen und 1815 an das Königreich Preußen. Bis 1945 war sie im Besitz der Freiherren von Knigge. Der Palas kann über eine Wendeltreppe im Turm auf mehreren Stockwerken bestiegen werden. Hier bieten sich weite Ausblicke in die Umgebung. Die Burgruine ist Stempelstation des »Vorharzer Dreiländereckpfades«.

Wir wandern eine Acht, um auch die schönsten Blicke auf die Burg zu genießen. Auf dem Weg dorthin erfreuen uns mehrere Kleinode: das Planteurhaus (1802) in Walbeck, eine klassizistische Villa im Stile Palladios (1508–1580), hierzulande eine Seltenheit, die beiden Wappen der Familie Knigge an der Außenseite des ehemaligen Rittergutes Pfersdorf und die alten Grabsteine mit Ritterdarstellungen im Syldaer Kirchhof. Am Ende der Tour genießen wir den Blick auf Schloss Walbeck, 1765 auf einem ehemaligen Kloster aufgebaut und heute als Wohnanlage genutzt.

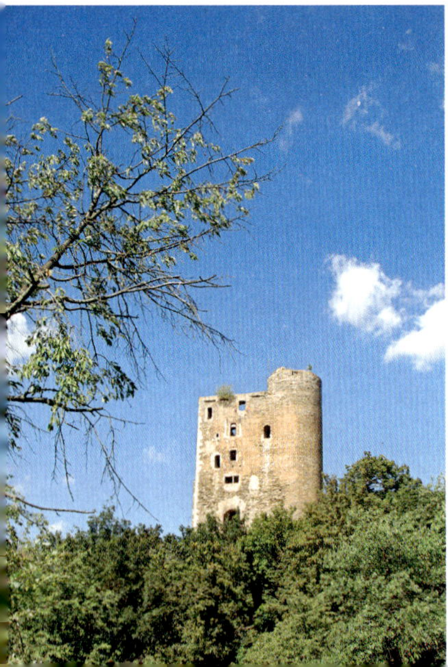

Ausgangspunkt: Bushaltestelle Hettstedt, Walbeck. Mit dem RE von Halle Hbf. Richtung Kassel bis Lutherstadt Eisleben. Dort in den Bus 410 Richtung Aschersleben (ca. alle 2 Std.). Autofahrer parken neben dem Friedhof (Navi: An der Pfarrbreite 3, Walbeck) und gehen die Straße An der Pfarrbreite zur Kreuzung, dort geradeaus in die Thomas-Müntzer-Straße (leicht rechts versetzt).
Anforderungen: Keine Ausschilderung, dafür aber deutliche und eher breite Wege, meist Feldwege. Ca. 2 km auf befestigtem Weg von Sylda nach Walbeck. Kurzes steiles Stück vor dem Arnstein (Tendenz zu »rot«).
Einkehr: Keine auf der Wanderung.
Hinweis: Die waldarme Wanderung eignet sich nicht für heiße Sonnentage.
Tipp: Tierpark Walbeck, besonders für Kinder interessant (tgl. geöffnet, im Sommer 10–18 Uhr, im Winter 10–16 Uhr).

Beim Aufstieg hat man die Burg Arnstein schon im Blick.

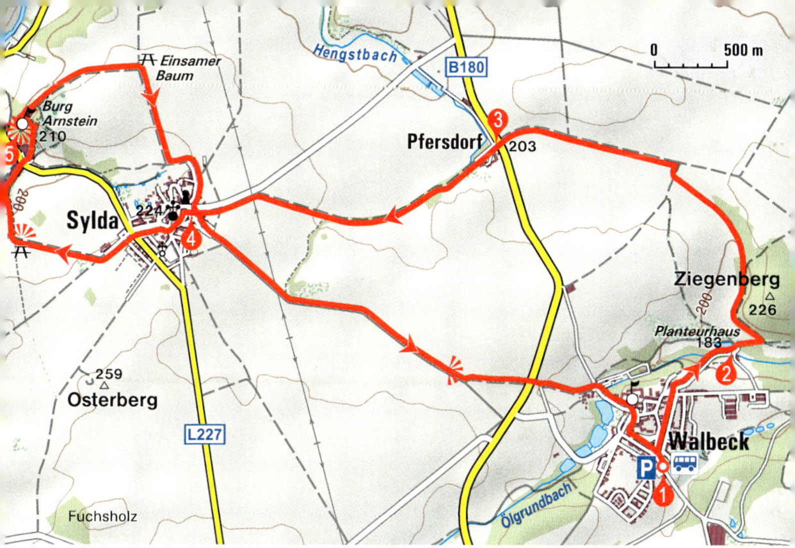

Von der **Bushaltestelle Walbeck** ❶ geht es rechts in die Thomas-Müntzer-Straße, dann immer geradeaus, auch am Ende der Straße. An der T-Kreuzung halten wir uns rechts. Unser von Kastanien gesäumter Weg führt nun abwärts und immer geradeaus. Linker Hand ist ein Teich zu sehen, rechter Hand beachte man das schmucke **Planteurhaus** ❷. Wir überqueren die Brücke. Wer Zeit hat, kann links einen Abstecher zu einer romantischen Landzunge in den Teich hinein machen. Nach Teichende locken Adelheideiche und -quelle.

Ohne Abstecher biegen wir nach der Brücke rechts ein und an der Kreuzung scharf links. Wir wandern am linken Rand des Ziegenberges sanft aufwärts. Nach ca. 1 km geht es an einer Gabelung links in den unteren Weg. Dieser tritt schließlich ins Freie, zunächst mit Feld linker Hand, später auch rechter Hand. Oben biegen wir an der T-Kreuzung rechts ein, kurz danach an der folgenden T-Kreuzung links. Weiter vorne werden Lohberg und Steinberg sichtbar. An einem Abzweig geht es geradeaus, den Steinberg nun rechter Hand. Wir

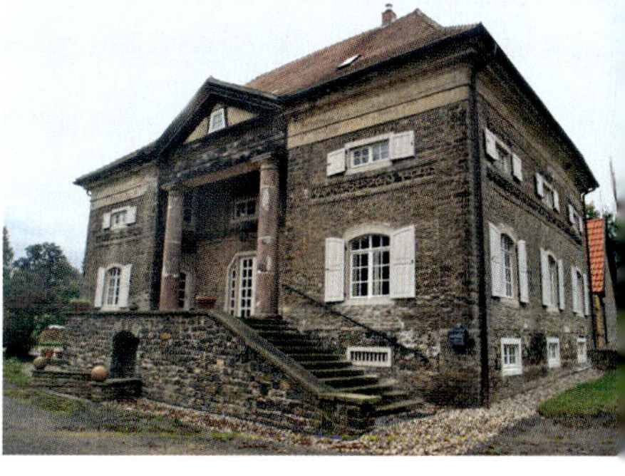

Das Planteurhaus in Walbeck.

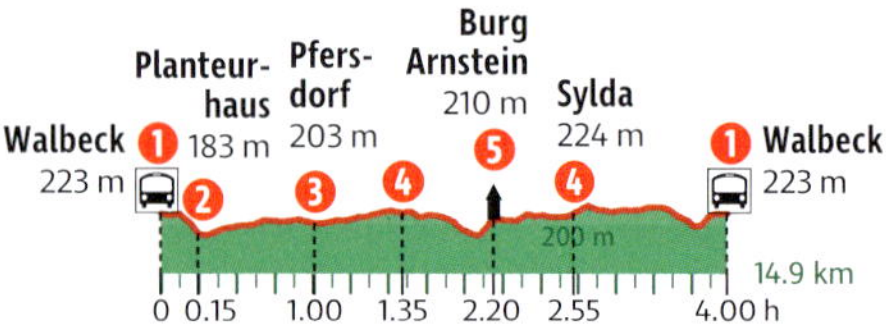

überqueren vorsichtig die B180. Auch in **Pfersdorf** 3 wandern wir immer geradeaus weiter. Schon bald wird der Weiler verlassen. Weiter vorne erblicken wir zum ersten Mal die Burg Arnstein. An der Straße halten wir uns links und gehen bald durch den Ort **Sylda** 4 immer geradeaus bis zum Gangloff-Denkmal (legendärer Wilddieb) mit Bank vom Heimat- und Kulturverein Sylda. Hier biegen wir links in den Schulweg ein, kurz wird es steil. Wir laufen links an der Kirche vorbei, dann über zwei Stufen schräg links auf den alten Friedhof, nun am rechten Rand entlang zu den »Rittergräbern«. Am Ende geht es Stufen rechts hinunter, kurz links, gleich rechts und nach ca. 70 m schräg links in die Kastanienallee. An der Kreuzung, wo man wieder die Burg erblickt, überqueren wir die Durchgangsstraße geradeaus in den Harzweg.

Nach Gebäuden ist in den ersten Weg schräg rechts einzubiegen, man beachte hier den alten Wegstein. Immer wieder ist die Burg rechter Hand zu sehen. An einer Kreuzung mit der Bank »Arnsteinblick« geht es rechts. An Scheunen halten wir uns geradeaus und über die Straße. Dann laufen wir schräg rechts, auf die Anhöhe zu und nutzen gleich die erste Gabelung links, so weiter oben auch die folgende. Bald wird die **Burg Arnstein** 5 erreicht. Wir genießen vorne oder vom Palas aus die Aussicht und gehen danach ein paar Schritte zurück. Nach dem Geopark-Schild geht es an der Gabelung links.

Burg Arnstein von der Bank »Arnsteinblick« aus gesehen.

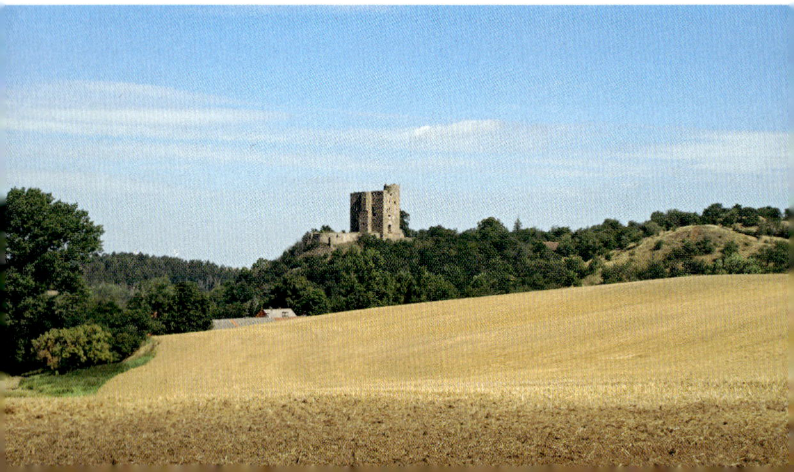

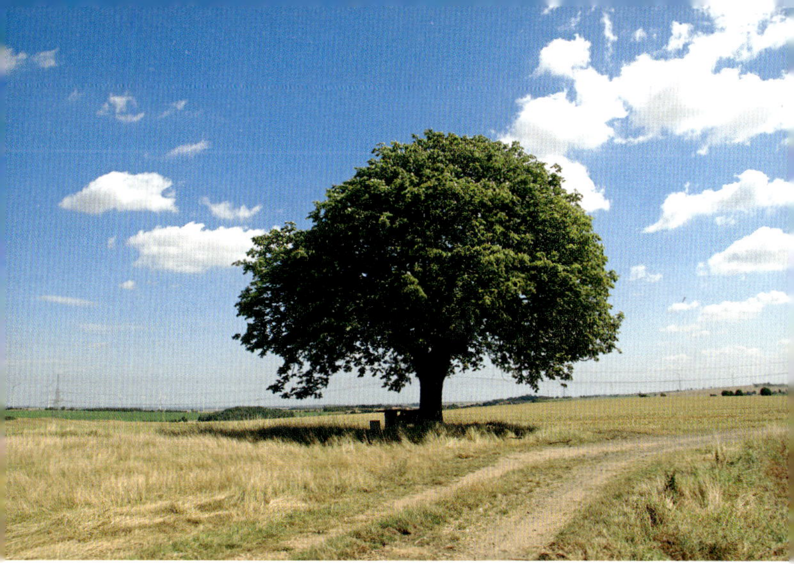

Der »Einsame Baum«, eine Rosskastanie, ist seit 2016 Baumnaturdenkmal.

An einem Abzweig (der Hauptweg biegt nach rechts ab) halten wir uns geradeaus. An der T-Kreuzung mit einer Bank unter einer schönen Kastanie (der »Einsame Baum«) geht es rechts und dann immer geradeaus. Kurz vor Sylda (ein Feld endet linker Hand) biegen wir links in den grasbewachsenen Weg ein. An einer platzartigen Erweiterung geht es schräg rechts in den befestigten Weg, am Abzweig geradeaus, so auch an der Durchgangsstraße von **Sylda** 4, in die Straße Pfarre, gleich schräg links in den Walbecker Weg (Jakobsweg).

Weiter oben halten wir uns schräg links in den Schotterweg. Wieder wandern wir immer geradeaus auf dem Hauptweg, der schließlich geteert wird. Die kleine Durststrecke versüßt uns Schloss Walbeck, das links in der Ferne sichtbar und immer deutlicher wird. Wo es besonders gut zu sehen ist, biegen wir schräg links in Richtung Schloss ein und verlassen den geteerten Weg. Wir kommen durch eine Unterführung und bald durch eine zweite, wo erneut ein schöner Weg beginnt.

An Gärten wird wieder **Walbeck** erreicht. Vor dem Tierpark biegen wir rechts ein, vorbei an einem der Klosterteiche rechter Hand. Am Ende der kleinen Mauer auf der rechten Seite geht es rechts in den kleinen Fußweg. Oben lohnt sich ein Blick zurück zum Schloss. Wir laufen rechts weiter. Nutzer öffentlicher Verkehrsmittel halten sich an der Walbecker Hauptstraße links zurück zur **Bushaltestelle** 1. Autofahrer dagegen gehen geradeaus und die folgende Straße links zurück zum Parkplatz beim Friedhof.

Naturpark Unteres Saaletal

Von Halle bis Bernburg erstreckt sich einer der schönsten Abschnitte der Saale und ihrer Umgebung. Der malerische Wechsel von steilen Felshängen, an die sich kleine Orte schmiegen, romantischen kleinen Seitentälern mit lieblichen Bächen und Wäldchen sowie den sich am Saaleufer ausbreitenden weiten Auen machen den Naturpark zu einem lohnenden Wanderziel. Immer wieder ergeben sich malerische Ausblicke auf die Saale.

Das Untere Saaletal ist seit 2005 Naturpark – eine Naturoase inmitten der waldarmen und stark vom Ackerbau geprägten Umgebung. Intensive Landwirtschaft war in den Hanglagen am Saaleufer nicht möglich, daher hat sich besonders hier eine einzigartige Natur erhalten, heute ein bedeutsamer Lebens- und Rückzugsraum für zahlreiche Tier- und Pflanzenarten. Das niederschlagsarme Gebiet hat Pflanzen typischer Steppengebiete herausgebildet. Aber auch die unterschiedlichen zugrunde liegenden Gesteine bieten vielen seltenen Pflanzen gute Lebensbedingungen.

Geologisch wird der Naturpark im nördlichen Teil geprägt durch rote Schichten aus Sandstein, Schieferton und Schluffsteine, die auch die »Mansfelder Schichten« genannt werden, während im südlichen Teil eher Porphyr vorkommt. Überall prägen beeindruckende Felsen und romantische Seitentäler die Landschaft. Entstanden sind sie durch Erosion beim Abschmelzen des Inlandeises der Saalekaltzeit.

Die einzigartige Landschaft bei Rothenburg ist durch den Saaledurchbruch geprägt. Die felsigen Steilhänge sind bis zu 50 Meter hoch (Tour 13).

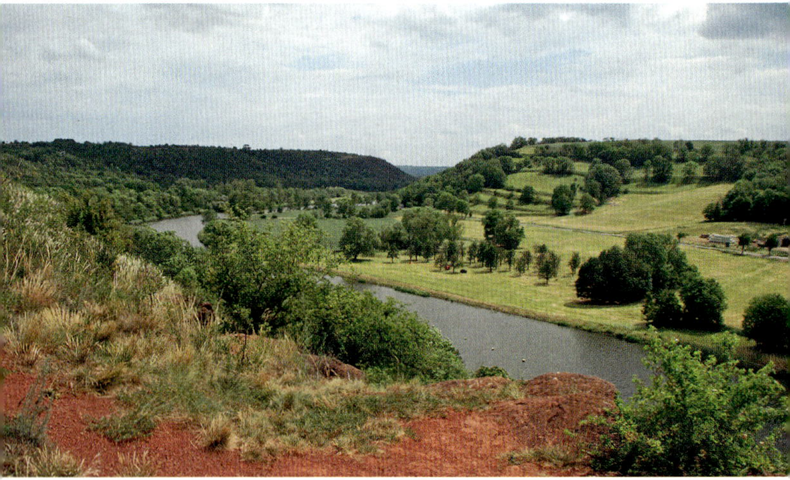

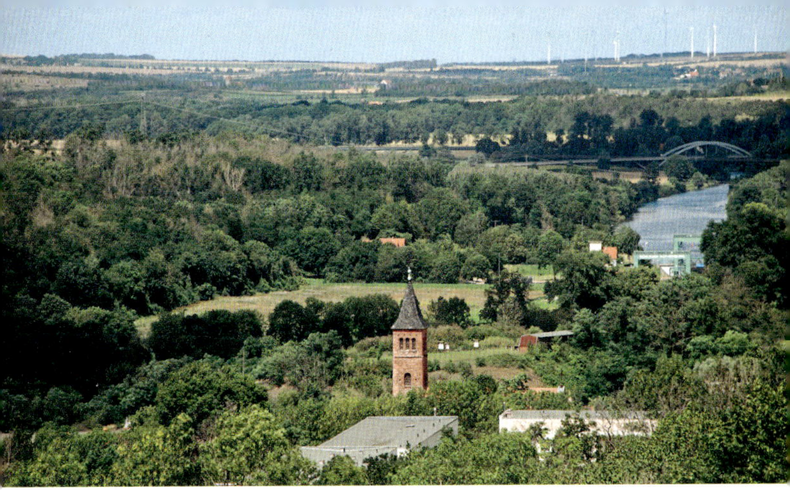

Das Saaletal bei Rothenburg. Namensgebend war der rote Sandstein, der sich in vielen Gebäuden der Region wiederfindet.

Wir erkunden das Untere Saaletal von Norden nach Süden und beginnen mit Bernburg, wo sich der Fluss ins Stadtgebiet eingeschnitten hat und im Süden Hartholzauenwälder die weite Flussaue prägen (Tour 12). Bei Könnern und Rothenburg werden die Talhänge steiler, denn hier durchschneidet die Saale die Halle-Hettstedter Gebirgskette mit einem weiten Durchbruchstal (Tour 13). Versteckte romantische Täler und Höhen locken bei Kloschwitz (Tour 14). Mit dem Burgfelsen bei Wettin (Tour 15) beginnt eine reich strukturierte Porphyrkuppenlandschaft, die sich bis Halle erstreckt (Touren 1–2) und auch zwischen Mücheln und Gimritz tolle Wandererlebnisse bietet (Tour 16). Die idyllische Franzigmark (Tour 17) bildet mit dem Saale-Seitental der Götsche den Übergang zum Nordöstlichen Saalekreis.

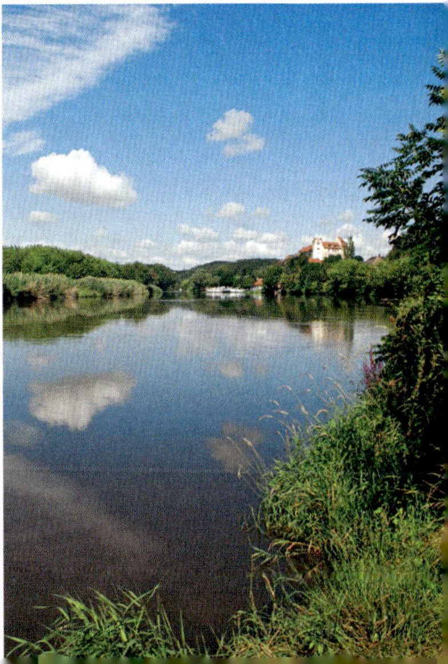

Die Saale bei Wettin und Mücheln, im Hintergrund die Burg Wettin (Tour 16).

↗ 100 m | ↘ 100 m | 11.0 km

12 In Bernburg

2.30 h

Eine Stadtwanderung am Rande des Auwalds

Bernburg ist vor allem für sein eindrucksvolles Renaissanceschloss mit Eulenspiegelturm weit bekannt. Die Kreisstadt des Salzlandes beiderseits der Saale hat aber noch weit mehr Sehenswürdigkeiten zu bieten, die im Stadtgebiet mit grünen Oasen abwechseln, was zu einer ausgedehnten Runde geradezu einlädt.

Von Waldau, dem ältesten schriftlich erwähnten Ort Anhalts, geht es an einem Weinberg und an der romanischen Kirche St. Stephani (12. Jh.) vorbei in die pittoreske Talstadt, wo sich ein Abstecher zum ehemaligen Servitenkloster lohnt. Über den kleinen, aber feinen Kurpark erreichen wir die Saale. Auf der anderen Seite wird der Stadtpark »Alte Bibel« erkundet. Auf zum Schloss und dann mit der Fähre über die Saale, wo wir noch einmal den Schlossblick genießen können. Nach dem Auwald Kesselbusch steigen wir am »Paradies«, einer Station der Parkeisenbahn, den Friedrichshang hinauf zum gleichnamigen Märchengarten. Wir genießen die Aussicht vom Keßlerturm und begeben uns zu einem Gletschergarten. Zum Abschluss wandern wir vorbei am Saalealtarm Röße durch das Krumbholz zum Waldauer Anger, wo schöne Blicke auf die Waldauer Flutbrücke unsere Tour abrunden.

Ausgangspunkt: Bernburg, Haltepunkt Bernburg-Waldau (Bedarfshalt), nahe der Magdeburger Straße. Von Halle (Saale) Hbf. mit der RB Richtung Bernburg, Hbf. (ca. alle 2 Std., Hopperticket). Parkmöglichkeiten in der Magdeburger Straße und in der Straße Weinberg (Navi: Magdeburger Str. 46, Bernburg). Autofahrer können weiter unten auch in der Breiten Straße parken (Tour verkürzt sich um ca. 1 km).

Anforderungen: Überwiegend befestigte Wege. Keine Ausschilderung. Viel Stadt, Natur eher erst im zweiten Teil, nach der Fähre.

Einkehr: Café Schlossidylle auf Schloss Bernburg (Mo Ruhetag); Biergarten Reimann (im Sommer tgl. geöffnet); Restaurant Paradies im Märchengarten (nur im Sommer, Di Ruhetag); La Casa (Mo/Di Ruhetag); Gasthof Waldau (Mi Ruhetag, nur So Mittagstisch); zahlreiche weitere Gaststätten in Bernburg.

Hinweise: 1) Die Personenfähre kostet 1 Euro für Erwachsene, 0,50 Euro für Kinder. 2) Viele Sehenswürdigkeiten unterwegs sind auf Informationstafeln des Historischen Rundgangs Bernburg erklärt.

Tipps: 1) Museum Schloss Bernburg (Mo Ruhetag). 2) Märchengarten im Paradies Bernburg (April–Okt., Di Ruhetag). 3) Keßlerturm (April–Okt., Di Ruhetag).

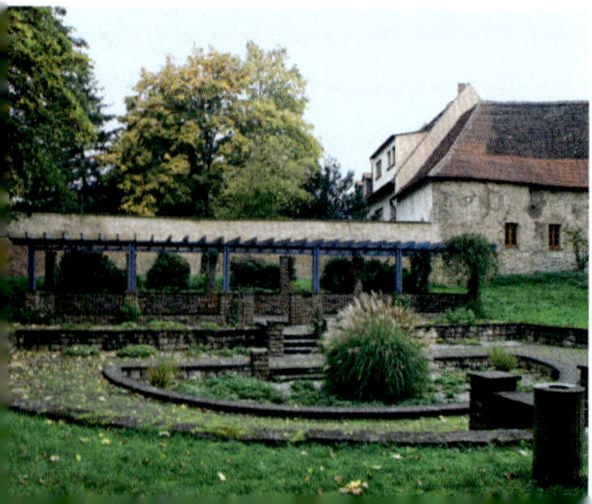

Der Senkgarten ist einer der Themengärten im Kurpark. Das Kloster dahinter wurde vermutlich vor 1308 gegründet.

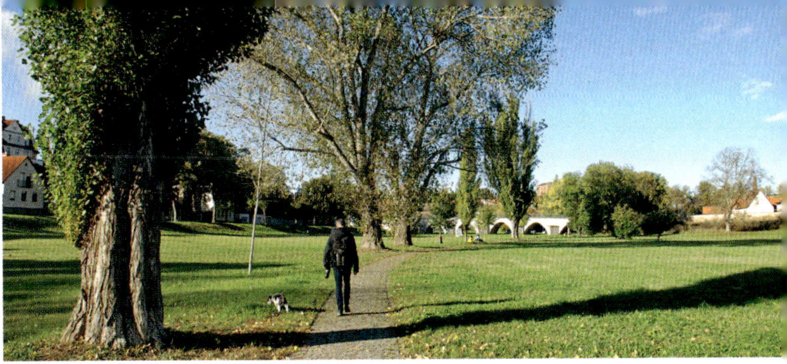

Auf dem Weg zur Flutbrücke. Der Waldauer Anger gehört zu Bernburgs grünen Oasen.

Vom **Haltepunkt Bernburg-Waldau** ❶ gehen wir vor zur Schranke, dann links die Straße hinauf. Bald biegen wir rechts in die Straße Weinberg ein. Kurz darauf sind die Dorfkirche **St. Stephani** rechter Hand und der Weinberg (nicht zugänglich) linker Hand erreicht. Wir nutzen bei der Kirche den Wiesenpfad schräg rechts und gehen die Stufen hinunter, dann rechts. Wir kommen durch eine Unterführung und folgen der alten Pflasterstraße abwärts. An der Durchgangsstraße, mit dem Gasthof Waldau linker Hand, geht es schräg links über die Brücke (Flutbrücke). Die Talstadt ist erreicht, wo wir geradeaus der von hübschen Häuschen gesäumten Breiten Straße weiter folgen (alternativer Startpunkt für Autofahrer). Auch nach der Kirche geht es weiter geradeaus. An der Klostergasse biegen wir rechts ein und gehen geradeaus bis zum Tor des ehemaligen Klostergeländes, heute Hochschule, wo sich geradeaus ein Abstecher anbietet.

Ohne Abstecher biegen wir erst rechts, dann links in die Straße Klosterwinkel und weiter vorne erneut links in die Hellriegelstraße ein. Durch einen Mauerdurchgang wird der hübsche **Kurpark** ❷ betreten. Wir halten uns im Kreis links und kommen vorbei am Senkgarten und der Rückseite des Klosters. An einem Abzweig gehen wir geradeaus, in einem Rechtsbogen weiter. An der Kreuzung vor dem Teich sowie nach dem Steingarten biegen wir jeweils links ein. Geradeaus wird der Park verlassen. Wir gehen zwischen Kurhaus und Konzertmuschel weiter, nach dem Gebäude links und im Rechtsbogen weiter. Wir überschreiten geradeaus die Straße und halten uns weiter geradeaus, rechts des Straßennamensschildes Solbadstraße hinunter zur Saale. Unten biegen wir links in den Fußweg ein, die Saale rechter Hand. Es geht unter der Brücke hindurch, bald Stufen hinauf und dann scharf nach links in die Wachgasse. Nach den »Säulen der Brückenwache« überschreiten wir links die Brücke. Zwar fahren hier keine Autos, aber ggf. muss auf Busse geachtet werden. Dann gehen wir gleich links die Stufen hinunter und kurz darauf rechts hinauf. Nun schauen wir immer nach den nächsten Stufen aufwärts. Durch eine Mauer kommen wir in den **Stadtpark** ❸, genannt »Alte Bibel«. Oben halten wir uns hinter der großen

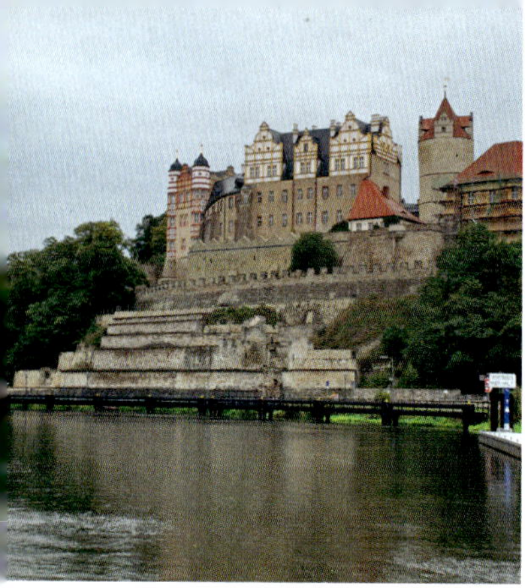

Schloss Bernburg wurde im 16. Jh. zum Renaissanceschloss ausgebaut.

Schrift rechts, ein Grabmal rechter Hand. An der Kreuzung ist vor der ehemaligen Friedhofskapelle links einzubiegen, bald ist rechter Hand ein Spielplatz. An der Kreuzung halten wir uns schräg links und biegen vor der Schwimmhalle rechts ein. Am Brunnen geht es geradeaus (leicht links versetzt). Wir kommen aus dem Park hinaus und halten uns zunächst geradeaus, dann rechts und gleich wieder links in den Rheineplatz, bzw. schräg rechts über den Parkplatz.

Wir biegen schräg rechts in die Grünanlage am Karlsplatz ein und halten uns in der Mitte an der Sonnenuhr ebenso schräg rechts. Dann geht es rechts in die Straße, vorbei am Wasserspiel mit Skulpturen. Nun ist links in die Friedensallee einzubiegen, dann laufen wir immer geradeaus, vorbei an der Schlosskirche St. Aegidien. Vor dem **Rathaus** mit Blumenuhr geht es schräg links und an der Musikschule rechts durch den Torbogen. Gleich halten wir uns wieder schräg links durch zwei weitere Torbögen. Der Hof von **Schloss Bernburg** 4 ist erreicht. Nachdem wir uns hier etwas umgesehen haben, verlassen wir das Gelände links durch ein weiteres Tor. Wir gehen rechts hinunter und biegen dann links ein, zweimal Stufen hinunter. Unten erreichen wir die Saale und biegen dort links ein.

Wir nutzen nun die **Fähre** zur Überquerung und genießen noch einmal den tollen Schlossblick. Auf der anderen Seite halten wir uns links. Hinter dem Biergarten Reimann folgen wir geradeaus dem nun unbefestigten Weg, weiter an der Saale entlang. An einem Abzweig geht es schräg links in den geteerten Weg. An der Schutzhütte biegen wir rechts ein, der geteerte Weg wird verlassen. Wir überqueren weiter vorne die Straße und halten uns rechts in den Bürgersteig. Wir gehen links über die Gleise und biegen dann scharf links ein. Bei der Endhaltestelle der Parkeisenbahn geht es schräg rechts hinauf auf breiten Stufen. Oben am »Paradies« halten wir uns

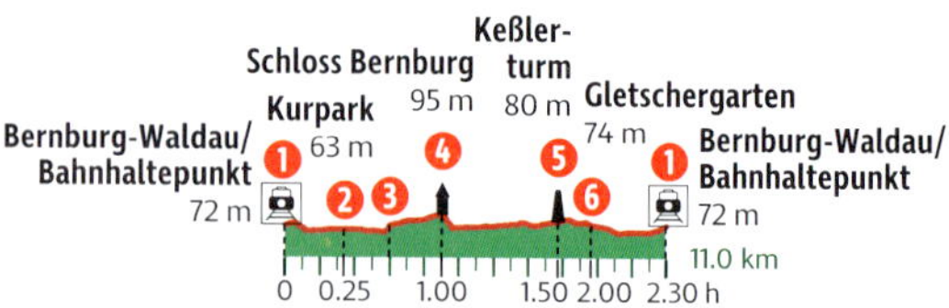

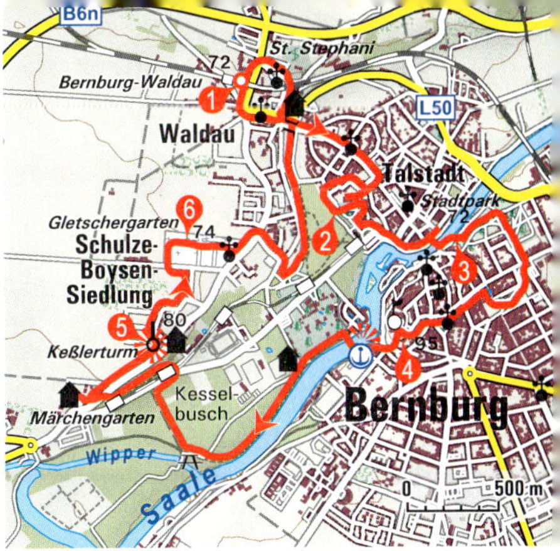

scharf rechts, ein Abstecher lohnt sich jedoch für den Bier- und **Märchengarten**. Ohne Abstecher halten wir uns am Ende des Parkplatzes schräg rechts in den Pfad. Wir passieren den **Keßlerturm** 5 linker Hand und folgen weiter dem Hauptpfad, der in eine Straße mündet.

Die Gaststätte La Casa rechter Hand, geht es gleich links in die Kopernikusstraße, dann die Heinrich-Hertz-Straße rechts, die weiter vorne nach rechts schwenkt, vorbei an einem kleinen Spielplatz linker Hand, den wir in einem Linksbogen umlaufen. An der T-Kreuzung biegen wir rechts ein und gleich wieder links in die Otto-Siegel-Straße. An der folgenden T-Kreuzung halten wir uns links. Dann betreten wir bei der ersten Möglichkeit rechts den Friedhof. Wir nutzen den ersten Weg rechts. Eine Treppe führt hinunter zum **Gletschergarten** 6 (mit Informationstafel), davor gehen wir links, um wieder auf den Hauptweg zu kommen, dem wir immer weiter geradeaus folgen. Am Ende geht es rechts und nach dem Gebäude gleich links zum Ausgang.

In die Straße ist links einzubiegen. An einem Abzweig geht es geradeaus. Erst bei der Straße Rößeberg biegen wir rechts ein und folgen ihr weiter unten schräg nach rechts. Am Ende der kleinen Mauer linker Hand biegen wir links ein und an der Kreuzung erneut links. Nun wandern wir immer geradeaus, ein Saalealtarm linker Hand. Wir kommen in das Krumbholz, wo wir uns ebenso geradeaus halten, auch am Ende des Altarms. Auch an der Straße laufen wir geradeaus weiter, in den Weg auf dem Waldauer Anger und auf die Flutbrücke zu. Wir unterschreiten die Brücke und biegen gleich links ein (wer in der Breiten Straße geparkt hat, hält sich hier rechts). Dann geht es die Hauptstraße geradeaus weiter, zeitweise auf der »Höhe« parallel bis zur Kurve, wo wir uns rechts halten. Kurz darauf sind der **Haltepunkt Bernburg-Waldau** 1 und die Parkmöglichkeiten erreicht.

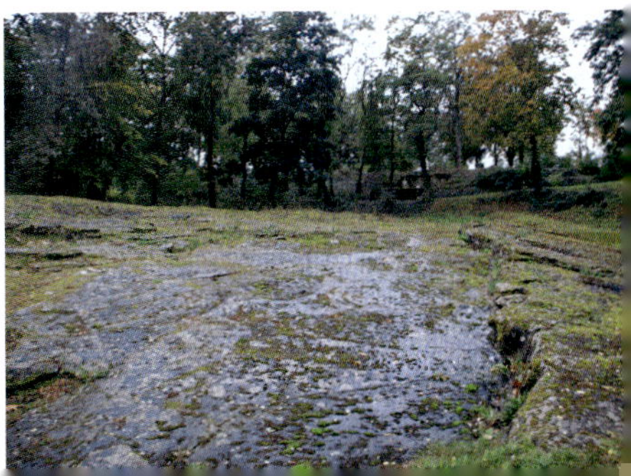

Das Naturdenkmal Gletschergarten am Friedhof geht auf die Saale-Eiszeit zurück.

↗ 310 m | ↘ 310 m | 19.5 km

13 Rund um Rothenburg

5.45 h

Schöne Aussichten, rote Felsen und lauschige Gründe

Das Untere Saaletal zwischen Könnern und Dobis gilt als eine der schönsten Landschaften nördlich von Halle. Die Saale hat hier ein Durchbruchstal durch roten Sandstein geschaffen – daher auch der Ortsname Rothenburg. Auf der rechten Saaleseite haben sich steile Kerbtäler eingegraben, die »Gründe« genannt werden und unter Naturschutz stehen. Ihre Trocken-und Halbtrockenrasen sowie ihre Felsfluren bieten vielen seltenen Pflanzen ein Zuhause.

Eindrucksvolle Steinwände begegnen uns auf dieser Tour immer wieder. Kurz nach der Altstadt Könnerns durchwandern wir den Nelbener Grund, ein tief eingeschnittenes Erosionstal. Vorbei an der Ausflugsgaststätte Georgsburg geht es hinter Nelben hinauf in die Höhe bis Zickeritz, bald darauf mit der Fähre über die Saale auf einen gewaltigen Felsen zu. Im zweiten Teil erwartet uns der Nussgrund, wo es vorbei an der 1962 erbauten Skisprungschanze wieder in die Höhe geht. Außerhalb von Gebirgen sind solche Schanzenanlagen in Deutschland selten. Später werden wir für den Aufstieg mit einer Aussicht reich belohnt. Nachdem wir hinter Rothenburg einen Abstecher auf die historische Kupferschlackenhalde unternommen haben, steuern wir an roten Felsen vorbei zum idyllischen Teufelsgrund, der einen schönen Abschluss der Tour bildet.

Ausgangspunkt: Bahnhof Könnern. Von Halle (Saale) Hbf. mit dem RE Richtung Goslar oder Halberstadt von Halle (Saale) Hbf. Parkplatz anbei (Navi: Am Bahnhof 1, Könnern).

Anforderungen: Keine Ausschilderung. Wechsel von mittelbreiten Wegen und schmalen Pfaden. Ca. 1 km auf der Straße von Zickeritz nach Brucke, auch vor Könnern an einer Straße entlang. Beschwerliches Gehen in den drei Tälern, besonders im Nussgrund und Teufelsgrund, im Sommer z. T. leicht zugewachsen, Trittsicherheit erforderlich. Schwer zu findender und anfangs undeutlicher Weg nach oben in der ehemaligen Zickeritzer Schweiz. Eventuell auch Einstieg in den Teufelsgrund schwer zu sehen.

Einkehr: Syrtaki in Könnern (Mo Ruhetag); Zur Georgsburg an der Saale in Könnern (tgl. geöffnet).

Hinweis: Die Fähre in Brucke verkehrt tgl. nur bis 17 Uhr, daher sollte man diese lange Wanderung nicht allzu spät beginnen.

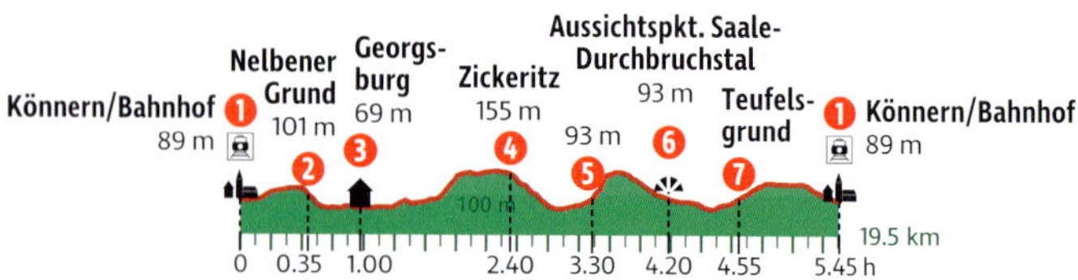

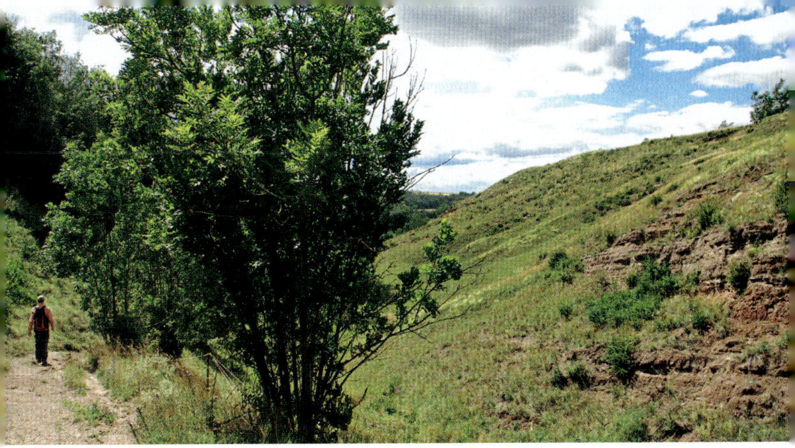

Der Wanderweg im Nelbener Grund, einem tief eingeschnittenen Erosionstal, bildet den schönen Auftakt der Tour.

Am **Bahnhof Könnern** ❶ wenden wir uns zum Ausgang und gehen die Kopfsteinpflasterstraße immer geradeaus weiter. Auch an der großen Straßenkreuzung geht es geradeaus (Walther-Rathenau-Straße), das Restaurant Syrtaki linker Hand. Der Leninplatz wird erreicht, links ist ein Brunnen. Hier gehen wir geradeaus und dann die Hohe Gasse hinauf. Hinter dem imposanten Rathaus (1862) aus Bruchstein biegen wir links ein und gehen am Ende des Parkplatzes, vor Haus Nr. 3, rechts hinauf zur spätromanischen Kirche St. Wenzel aus rotem Sandstein. An dieser laufen wir rechts vorbei. An der T-Kreuzung biegen wir rechts ein. Vor der Rechtskurve geht es geradeaus in die Straße Großer Mühlberg (man beachte die alte Mauer aus rotem Sandstein rechter Hand) und an der Kreuzung schräg links hinauf. Immer halten wir uns geradeaus.

Bald führt uns die Straße aus der kleinen Stadt hinaus und als Feldweg weiter. An einem Abzweig gehen wir geradeaus (der Hauptweg wird verlassen) und an der Gabelung links auf ein Naturschutzgebiet-Schild zu (Achtung, man könnte vorher schon eine undeutliche Gabelung als solche missverstehen). Wir laufen den **Nelbener Grund** ❷ hinunter, rechter Hand sind bald die ersten kleinen Felsen zu sehen. Unten geht es über die Gleise und dann geradeaus auf den Radweg. Am Ende der Linkskurve halten wir uns geradeaus in den Pfad (Achtung, nicht den Weg am Zaun entlang). Dieser führt zur Saale, wo rechts einzubiegen ist. Wir folgen dem Pfad immer weiter, der schließlich von der Saale weg schwenkt. An der T-Kreuzung geht es rechts und gleich wieder links. Später mündet unser Pfad in einen befestigten Fußweg.

Bald darauf ist rechter Hand die **Georgsburg** ❸ erreicht. Danach wenden wir uns kurz nach rechts, dann schräg links, wo wir Stufen hinauf zur Brücke

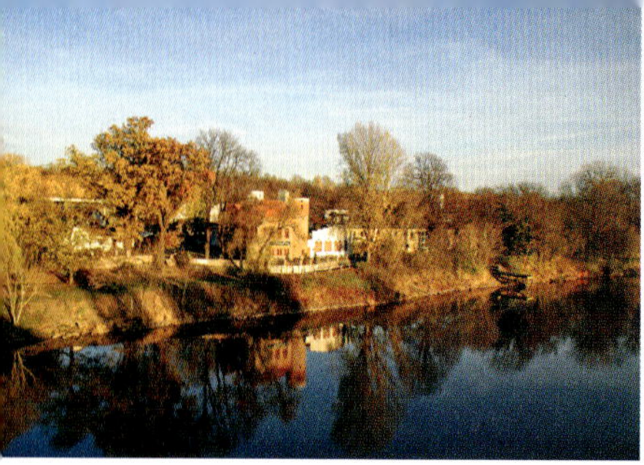

Die Georgsburg in der Abendsonne. Seit 1862 ist sie eine beliebte Ausflugsgaststätte.

schreiten, die wir links überqueren. Noch vor dem Ortseingangsschild Nelben biegen wir in den unbefestigten Weg links ein. Kurz darauf halten wir uns am befestigten Weg geradeaus. Linker Hand liegt die alte Kirche St. Nicolai. An einer großen Eiche und vor dem alten Pfarrhaus biegen wir links ein. Der Weg schwenkt kurz darauf nach rechts. An mehreren Abzweigen geht es geradeaus und schließlich an der Gabelung rechts hinauf. An der T-Kreuzung ist links einzubiegen, über eine Brücke. Linker Hand lockt bald eine Bank mit Aussicht. An einem Abzweig biegen wir schräg links ein.

Nun heißt es aufpassen, denn nach Unterquerung der zweiten Stromleitung und nachdem linker Hand die Schleuse Rothenburg sichtbar wurde, ist der unscheinbare Weg geradeaus der richtige. Er führt zunächst parallel zum unteren befestigten. Achtung, an einer unscheinbaren Gabelung geht es links in den unteren Weg. Dieser wird dann schmaler und führt in einem Rechtsbogen den Berg hinauf. Mit etwas Glück lässt sich durch die Bäume ins Saaletal blicken. Wir bleiben stets auf unserem Pfad. Fast oben genießen wir unabhängig von störenden Blättern auch im Hochsommer einen schönen Blick und biegen oben an der Kreuzung links ein.

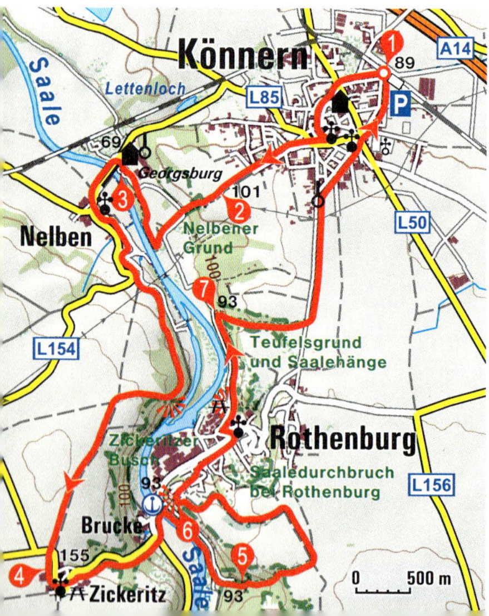

Nun beginnt ein schöner, mit Bäumen bestandener Feldweg, der uns immer geradeaus begleitet. An der Straße wenden wir uns nach links. In **Zickeritz** 4 halten wir uns zunächst geradeaus, biegen aber an der Bushaltestelle links ein. Nach dem Gebäude geht es geradeaus Stufen hinunter, dann gleich links (rechter Hand ist ein Rastplatz). Wir überqueren die Straße und biegen links in den Fußweg ein. Vorläufig können wir diesen nutzen. Ab dem Ortsende muss dann leider an der Straße entlang ins Tal ge-

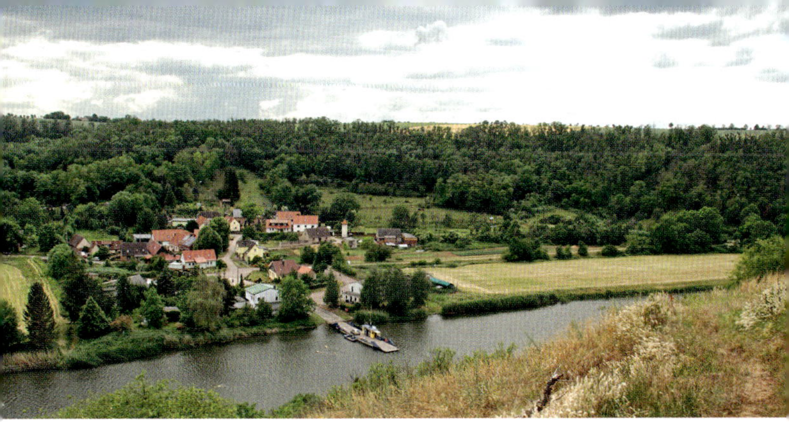

Weitere Aussicht, hier auf die Fähre von Brucke, die seit 1813 die Ufer verbindet.

gangen werden, immerhin ist sie wenig befahren. Unten halten wir uns an der T-Kreuzung links und kommen nach **Brucke**. Hier belohnt der Blick auf die roten Felsen für die eben zurückgelegte Strecke.

Wir setzen mit der **Fähre** über und genießen das Saaletal. Auf der anderen Seite nutzen wir gleich den ersten Weg rechts (Achtung, ggf. Radfahrer). Wo der schöne Weg in einen befestigten mündet, halten wir uns kurz danach zweimal an einer Gabelung links hinauf und erreichen bald die **Skisprungschanze im Nussgrund** 5, eigentlich sind es drei. Nach der Schranke biegen wir hinter dem Gebäude links ein. Gleich bietet sich ein Blick auf eine rote Wand, wo wir uns rechts halten. Wieder führt der Weg durch einen schönen Grund, diesmal der **Nussgrund**. Er ist eher ein Pfad, der im Freien etwas zugewachsen sein kann. Oben an der Kreuzung halten wir uns scharf links in den grasbewachsenen Weg zwischen Feldern. Im Sommer wirkt er wie ein Wiesenweg. An einem Abzweig linker Hand biegen wir links ein (Natura 2000-Schild). Wir befinden uns hier im **Tannengrund**. Unten an der Tafel »Streuobstwiesenpflege im Tannengrund« gehen wir an der Gabelung schräg links hinauf und an Pöllern geradeaus in den Pfad.

Bei Gärten halten wir uns geradeaus, der Weg wird nun breiter und schwenkt weiter vorn nach links. Es geht nun leicht aufwärts und immer geradeaus, bis der Weg nach rechts schwenkt. Bei Garagen am Ortsrand von **Rothenburg** ist in den ersten Weg links einzubiegen. Vor dem **Aussichtspunkt Saale-Durchbruchstal** 6 biegen wir rechts ein. Ca. 5 m vor einer Garage geht es links in den Pfad, vor zu einer weiteren Aussicht auf die Saale sowie die Fähre und dann rechts, vorbei an einer Bank. Dieser Pfad trifft auf einen Parallelweg. Wir halten uns hier links. An der Straße gehen wir geradeaus und am Platz schräg rechts, links der Häuser. Bevor rechts eine Straße kommt, biegen wir links in den Pfad ein, gleich acht Stufen hinunter. Nach weiteren Stufen geht es rechts. Nun heißt es aufpassen, denn

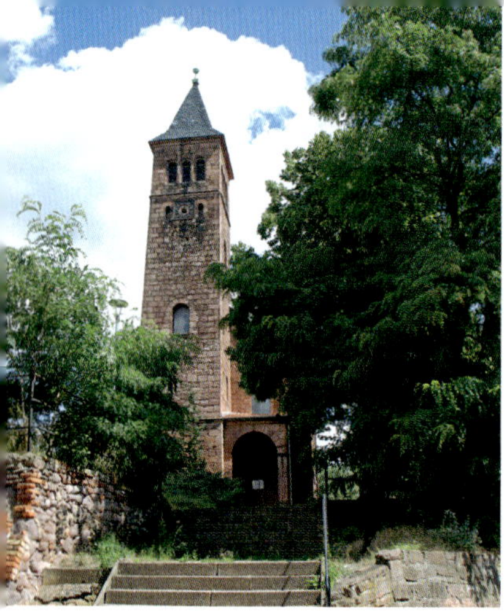

St. Marien ist aus dem ortstypischen roten Sandstein erbaut.

Die Quelle im Teufelsgrund.

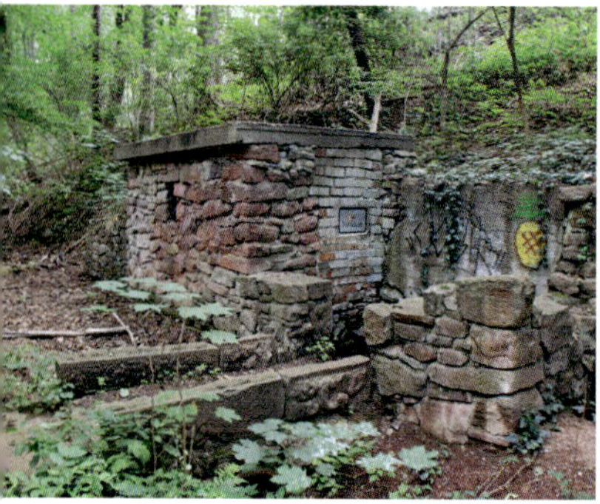

nach dem Haus Nr. 3 halten wir uns an einer Laterne schräg links. Gleich schreiten wir viele Stufen hinunter, vorbei an Gärten linker Hand. Am Friedhof geht es schräg links und an der T-Kreuzung rechts und gleich wieder links. Wir biegen darauf rechts in die Durchgangsstraße ein, auf die Kirche zu, vorbei an der Bushaltestelle Rothenburg, Saalberg. An der Kreuzung (hier lohnt sich ein Abstecher hinauf zur neoromanischen Kirche St. Marien mit Dauerausstellung) ist vor dem Haus Nr. 5 (schwer zu sehen) links einzubiegen; des Weiteren dienen eine Miniaturburg im Vorgarten und das 1,5 t-Schild zur Orientierung. An der T-Kreuzung geht es rechts.

Bald empfiehlt sich links ein Abstecher zur **Schlackenhalde** mit vielen Infotafeln, einem Rastplatz und einer Aussicht. Wir kehren zurück, biegen links ein und verlassen bald den Ort. Erneut erfreuen uns Blicke auf rote Felsen. Achtung: Auf dem geteerten Weg sind ggf. auch Radfahrer unterwegs. Erneut heißt es aufpassen. Nach ca. 1 km ist vor der Linkskurve rechts in den unbefestigten Weg einzubiegen, der rechtwinklig abbiegt (genau hinsehen – der mit einem kleinen Wegstein von ca. 30 cm versehene Weg ist der falsche!). Wir gehen den **Teufelsgrund** 7 immer geradeaus hinauf, eine Quelle bald rechter Hand. Oben geht es an der T-Kreuzung links in die wenig befahrene Straße, dann immer geradeaus.

Am Ortseingangsschild wird wieder **Könnern** erreicht. Kurz nach dem kleinen Wasserturm biegen wir schräg rechts ein. Immer geht es geradeaus hinunter bis zu einer T-Kreuzung, wo rechts einzubiegen ist. An der gleich folgenden Kreuzung biegen wir kurz links, dann gleich rechts in die Martha-Brautzsch-Straße ein und gleich an der Gabelung links. Wir folgen ihr immer geradeaus zurück zum **Bahnhof Könnern** 1.

↗ 280 m | ↘ 280 m | 15.9 km

4.30 h

In die Kloschwitzer Gründe 14

Liebliche Hügellandschaften und kühle Täler

Auf und ab geht es auf dieser landschaftlich abwechslungsreichen Tour zwischen Wiesen, Wäldern und Feldern. Die Saale begleitet uns zunächst zur Kloschwitzer Solquelle mit Kneippanlage. Nach einer Pause – evtl. mit Wassertreten – erkunden wir den idyllischen Holzgrund mit dem Stengelsholz, einem naturnahen Hangrestwald, und wandern hinauf zum ehemaligen Burgberg. Von der Klotzenburg (8.–10. Jh.), die dem Ort Kloschwitz ihren Namen gegeben hat, ist heute nichts mehr zu sehen, geblieben ist aber der schöne Blick ins Saaletal. Bald erreichen wir den tiefen Saalgrund, auch Kloschwitzer Grund genannt, der uns sanft aufwärts nach Beesenstedt geleitet.
Über einen schönen Feldweg wandern wir wieder leicht abwärts nach Zörnitz. Hier erwartet uns der Höhepunkt der Tour, das wildromantische Kühlbachtal. Das bis zu 35 Meter tiefe Erosionstal punktet mit seinem alten Baumbestand, prächtigen alten Weiden und einem Hainbuchen-Eichen-Lindenmischwald sowie hohen Robinien. Danach geht es wieder hinauf und wir erreichen Johannashall mit seiner weithin sichtbaren Kalihalde. Zwischen Kirschbäumen nähern wir uns dem Silberberg, wo sich erneut herrliche Ausblicke ins Saaletal bieten.

Ausgangspunkt: Trebitz, Bushaltestelle Platz der Jugend. Von Halle (Saale) ZOB mit dem Bus 306 Richtung Friedeburg (ca. alle 2 Std., am Sa/So ab Salzmünde als Rufbus, Tel. +49 345-5552210, Anmeldung bis 1 Std. vor Abfahrt, Mo–Sa 6–18 Uhr). Parkplatz anbei (Navi: Platz der Jugend, Trebitz, Salzatal).
Anforderungen: Wenig ausgeschildert. Mischung von breiten und schmalen Wegen. Kurz steil und abschüssig abwärts nahe dem Mordgrund, dort ist Trittsicherheit erforderlich. Nach dem Kühlbachtal besser Pause machen vor dem Anstieg nach Johannashall (leider keine Bank).
Einkehr: Imbiss Zur Salzquelle beim Campingplatz in Kloschwitz (tgl. geöffnet, nur im Sommer).
Tipps: 1) Die Runde ist im Frühjahr zur Zeit der Kirschblüte besonders schön. 2) Zeit einplanen für die Kneippanlage in Kloschwitz. Dort frische Forelle vorbestellen beim Imbiss Zur Salzquelle (Tel. +49 177 2943781, April–Okt. auch Tel. +49 34607 20533).

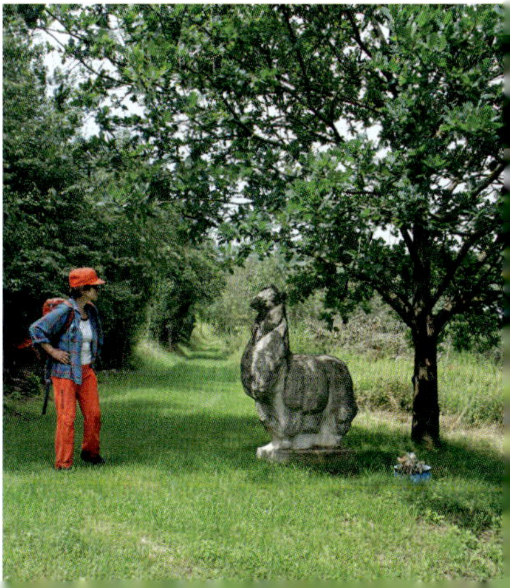

Kunst am Wegesrand: Skulptur im Saalgrund.

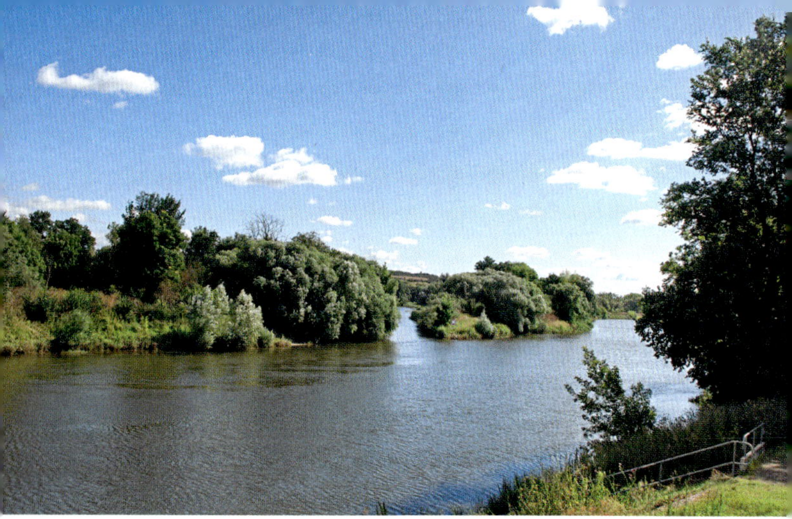

Der Aufstieg zum Aussichtspunkt in Trebitz belohnt mit einem schönen Saaleblick.

Von der Bushaltestelle in **Trebitz** ❶ wenden wir uns zum Parkplatz und biegen an der Aussichtsplattform in den Uferweg ein. Immer geradeaus folgen wir dem linken Saaleufer. Mit etwas Glück sind hier Störche zu sehen. Wir kommen über eine kleine Brücke und halten uns weiter geradeaus. Nun ist bald vor dem Zaun des **Kloschwitzer** Campingplatzes Saaletal links einzubiegen, dann in die Straße rechts. Nach der Kneippanlage und **Solquelle** ❷ gegenüber dem Campingplatzeingang halten wir uns links und wandern den kleinen Weg schräg rechts nach oben, der nach einer Weile eben verläuft und dann wieder hinunterführt. Wir bleiben immer auf dem Hauptweg und kommen wieder in den Wald. Der Weg schwenkt nach links. Am Ende des Holzgrundes kann die Wegführung je nach jahreszeitlich bedingter Vegetation unterschiedlich sein. Im Sommer geht es an der T-Kreuzung kurz links, gleich an der Gabelung wieder links und an der T-Kreuzung erneut links (nicht den Weg bergauf!). Im Winter gehen wir einfach links um den Erdfall herum und biegen scharf links in den unteren Weg ein.

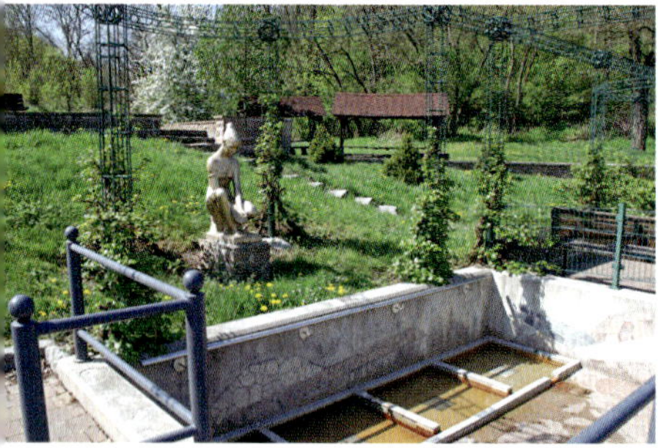

Die Kloschwitzer Kneippanlage umfasst Becken für Hand- und Armbäder sowie ein Tretbecken.

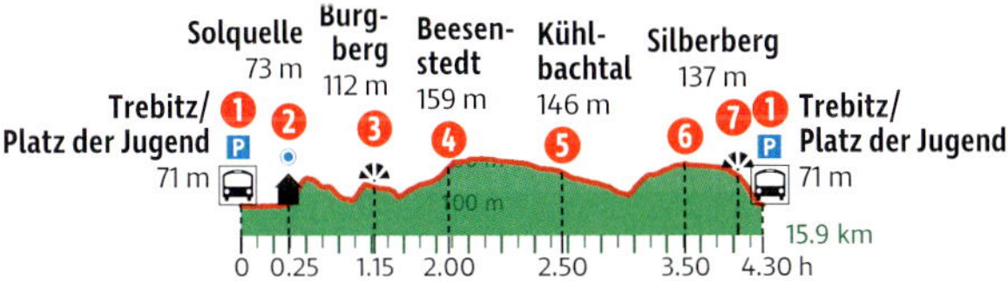

Man beachte linker Hand den Erdfall. Wir bleiben auf diesem Weg, der durch das Stengelsholz wieder in Richtung **Kloschwitz** zurückführt. Zwischendurch mündet er in einen anderen Weg. Nach einer Schranke und gleich darauf folgendem Abzweig wird der Weg breiter. Wir biegen an Wegweisern und einem Haus mit Garage rechts ab, halten uns gleich an einem (im Sommer undeutlichen) Abzweig geradeaus und folgen dem Weg immer weiter hinauf. Oben befindet sich ein Feld rechter Hand. Auf der Höhe wird der **Aussichtsplatz am Burgberg** 3 mit in die Jahre gekommenen Bänken erreicht, wo wir ins Saaletal, bis nach Wettin und zur Halde von Johannashall blicken können. Wir gehen immer geradeaus weiter, die Höhe haltend den Hang entlang. Schließlich treffen wir auf einen gebogenen, gepflasterten Weg. Hier laufen wir links hinunter. In der Spitzkehre biegen wir schräg rechts ein. Erst geht es sanft abwärts, dann müssen wir uns auf ein kurzes steiles Stück gefasst machen, das sehr rutschig sein kann.

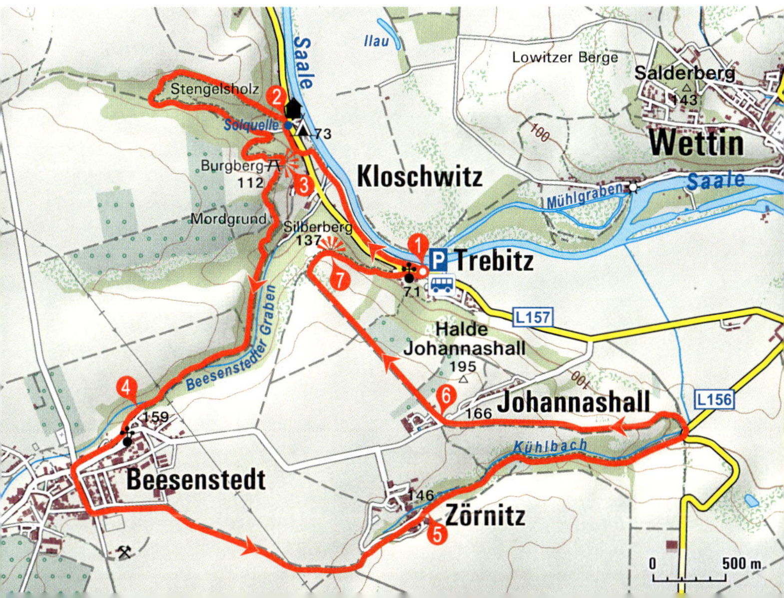

Unten halten wir uns geradeaus, leicht bergauf. Wir biegen rechts in den **Saalgrund** (Kloschwitzer Grund) ein. Hier wandern wir weiter aufwärts und bleiben parallel zum Bach, immer geradeaus weiter. Nach einiger Zeit geht es geradeaus an einem Haus und einer Skulptur vorbei, ca. 400 m später wird die Bachseite gewechselt. Bald ist die Ruine Eismühle, eine ehemalige Wassermühle, linker Hand zu sehen.
In **Beesenstedt** ❹ folgen wir der kleinen Straße durch den Ort. Kurz darauf ist die klassizistische Kirche St. Johannes (1815) erreicht. Dort geht es schräg rechts weiter. Gegenüber dem Haus Nr. 3 bzw. nach dem Haus Nr. 2 rechter Hand bietet sich rechts ein Abstecher zum Pfarrhaus (Kirchplatz 1) mit Taubenturm an. Ansonsten folgen wir immer der Straße geradeaus; am Triftweg gibt es auch Bänke. Bald ist eine Kreuzung erreicht, wo wir links in die Straße Zum Sportplatz einbiegen. Am Ende eines länglichen Gebäudes rechter Hand wenden wir uns links in die Rosa-Luxemburg-Straße. Der befestigte Weg geht schräg rechts in einen Feldweg über, der baumbestanden und später als Hohlweg ausgebildet ist.
Nach gut 1 km mündet unser Weg in einen anderen und nach ca. 50 m schräg links in den Fahrweg. Nach weiteren ca. 50 m wenden wir uns nach schräg rechts. An der gleich darauf folgenden Gabelung ist der linke, talabwärts führende Weg der richtige. Bald ist geradeaus **Zörnitz** erreicht. Wir laufen immer geradeaus weiter und am letzten Haus links vorbei, auch wenn es dort so aussieht, als ginge es nicht mehr weiter. Das **Kühlbachtal** ❺ wird betreten. Wir bleiben nun die nächsten 2 km parallel des Baches. Zweimal wird die Bachseite gewechselt. Wir genießen den sich schlängelnden Weg und bleiben immer am Bach. Nach ca. 3 km tritt der Weg ins Freie, und eine Wiese grüßt rechter Hand. An der Landstraße biegen wir direkt in den nächsten Weg links ein. Wieder heißt es aufpassen, denn wir halten uns an einem

Auf lauschigen Pfaden durch das Flächennaturdenkmal Kühlbachtal.

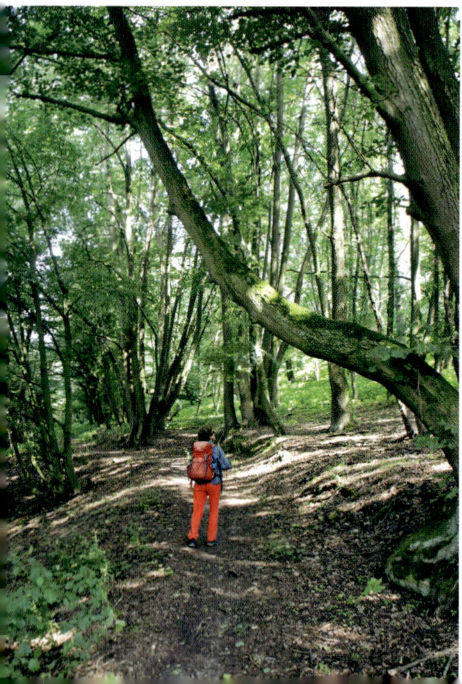

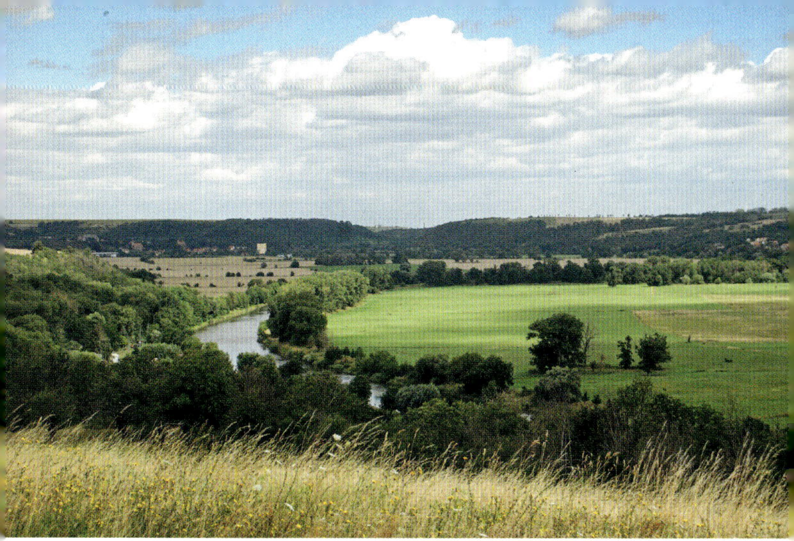

Vom Silberberg eröffnet sich ein weiter Blick ins Saaletal.

Abzweig zunächst geradeaus. Erst ca. 50 m nach der Brücke wählen wir an der Gabelung den rechten breiteren Weg. An der folgenden Gabelung geht es links hinauf und unter der Stromleitung hindurch. Rechter Hand bieten sich immer wieder Blicke ins Saaletal. Wir schreiten stetig aufwärts, immer geradeaus. Sollte bei einer Freifläche Schafweidung sein, dann gehen wir außen um den Zaun herum.
Oben überqueren wir geradeaus die Straße, und in **Johannashall** 6 halten wir uns ebenso geradeaus. Die Straße geht bald in einen von Kirschbäumen gesäumten Weg über. Wir wandern für über 1 km immer geradeaus. An der zweiten Kreuzung, wo kein Weg geradeaus vorhanden ist, sondern nur Wege nach links, schräg rechts und rechts, biegen wir rechts ein; ggf. bietet das Schild »Silberberg-Weg« eine zusätzliche Orientierung. Ein kurzes Stück ist der Weg betoniert, dann grasbewachsen. Bald bietet sich ein Blick auf den Wettiner Bismarckturm und gleich eine wunderbare Aussicht ins ganze Saaletal vom **Silberberg** 7 aus, kurz darauf wieder auf den Turm. Der Weg kann hier undeutlich sein. Wir wandern am Wiesenrand weiter und halten uns dann schräg rechts.
Nun geht es abwärts und immer geradeaus durch Wald, eine Schlucht linker Hand. In Sichtweite von Häusern laufen wir weiter geradeaus, auch im Ort und an der Durchgangsstraße, der Saalestraße. Bald ist der Ausgangspunkt in **Trebitz** 1 erreicht. Wer per Bus nach Halle will, geht noch ein Stück geradeaus weiter, denn die Haltestelle für die Rückfahrt befindet sich erst nach ca. 100 m auf der rechten Seite.

TOP

15 Wettin und Dobis

↗ 220 m | ↘ 220 m | 13.4 km

3.45 h

Weite Blicke auf reliefartige Landschaften und Altbergbau

In Wettin grüßt uns seine imposante Burg, Wahrzeichen der Stadt und Stammsitz der Wettiner auf hohem Fels (älteste Bausubstanz um 800). Hier beginnt die Hallesche Porphyrkuppenlandschaft, die sich von der Saale nach Halle und bis in den nordöstlichen Saalekreis erstreckt. Der rote Porphyr ist noch heute in Wettin und Dobis als Baumaterial charakteristisch. Zwischen Wettin und Dobis fallen des Weiteren die vielen kleinen Halden des historischen Kupferschiefer- und Steinkohlebergbaus auf, die heute wie kleine bebuschte Inseln aus der Ackerlandschaft hervorragen.

Über sanfte Hügel führt unser Weg zunächst durch das romantische Saaletal bis Dobis, wo sich kunsthandwerklich begabte Einwohner der alten schönen Höfe angenommen haben. Vorbei an einem Bauernstein, der einst zur Gerichtsbarkeit diente, und am geologischen Denkmal »Weiße Wand« geht es hinauf zu einem Aussichtsplatz. Wir folgen später dem lauschigen Dobisgrund bis kurz vor Dößel. Über die Himmelberge geht es zurück zum Schweizerling bei Wettin. Schon von Weitem wird der Wettiner Bismarckturm sichtbar, der großartige Blicke in die reizvolle Landschaft gestattet – bis in Harzvorland und in die Leipziger Tieflandsbucht. Zum Ausklang passieren wir die historische Altstadt von Wettin, wo der Marktplatz mit schönem Rathaus und weitere Aussichtspunkte ins Saaletal locken.

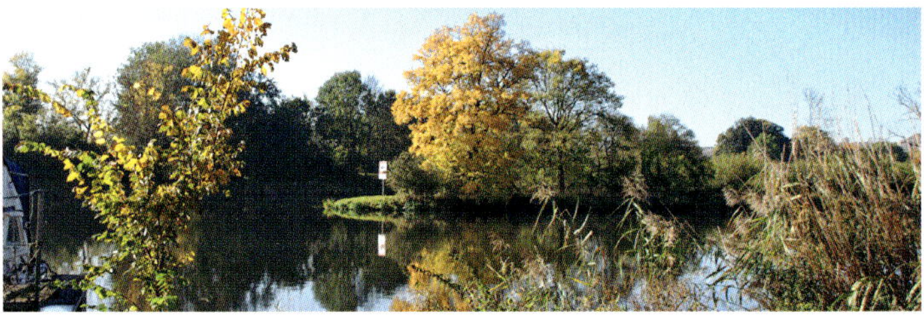

Die Saale ist überall schön, hier nahe des Bootsservices in Wettin.

Ausgangspunkt: Wettin, Bushaltestelle Saalestraße. Von Halle (Saale) ZOB mit dem Bus 330 Richtung Löbejün (ca. alle 2 Std.). Parkplatz an der Fähre (Navi: Lange Reihe 2, Wettin-Löbejün).
Anforderungen: Sporadisch ausgeschildert, Wechsel von schmalen Pfaden und breiten Feldwegen. Kurze steile Auf- und Abstiege. Undeutlicher Weg im unteren Dobistal.
Einkehr: Silvano's kleiner Imbiss an der Fähre (mit Biergarten, tgl. geöffnet); Restaurant Alt-Wettin (nur Fr–So); Jagdhütte Wettin (Mo/Di Ruhetag); Café Werner (Mi Ruhetag) und Burgcafé (Mo Ruhetag) in Wettin.
Tipp: Ausdauernde Wanderer können Tour 16 noch anschließen.

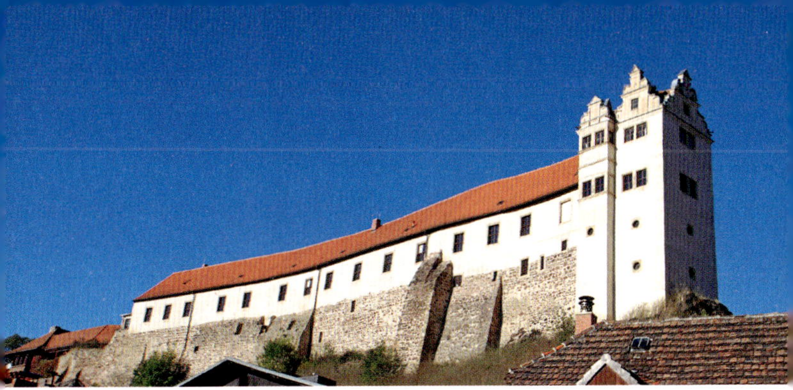

Die Burg Wettin ist Stammsitz der Wettiner auf hohem Fels.

Von der **Bushaltestelle Saalestraße** ❶ in **Wettin** wenden wir uns in Richtung Fähre, die Burg rechter Hand, und folgen für knapp 2 km der kleinen Straße am rechten Saaleufer entlang. Die »Lange Reihe« war einst eine Siedlung der Fischer und Flussschiffer. Unser mit Säuleneichen gesäumter Weg führt am Bootsservice und dann an der Straße Mühlberg vorbei. Dann biegen wir nach Garagen rechter Hand und vor dem Haus Nr. 22a rechts ein, rechts steht die Tafel vom Geopunkt 9 des **Geopfades Wettin**. Nun wandern wir den Mühlberg hinauf. Fast oben halten wir uns am Querweg scharf links (rechter Hand die Tafel 10). Kurz darauf biegen wir vor einem Feld schräg rechts ein. Der schöne Pfad führt am **Krähenberg** entlang. Schließlich erreichen wir einen geteerten Weg, in den schräg rechts einzubiegen ist. Nach ca. 150 m nutzen wir links den breiteren Weg, der leicht nach unten führt, bald vorbei an der Tafel 3. Friedeburg ist schräg links in der Ferne zu sehen. Es geht an kleinen Halden des Kupferschieferbergbaus rechter Hand vorbei. Nach ca. 1 km wird nach der Tafel 4 eine Kreuzung erreicht, wo wir uns geradeaus halten (links ist eine Schutzhütte mit Bank). Schon bald kommen wir vorbei an der Tafel 5 und an mehreren Abzweigen geradeaus bis zur Straße, der wir weiter geradeaus folgen.

Kurz darauf wird **Dobis** ❷ erreicht. Die Hauptstraße (Rothenburger Straße) führt uns durch den hübschen Ort, vorbei am Kriegerdenkmal und dem Dorfplatz mit Bauernstein und Pumpe; links ist ein Spielplatz mit Rastplatz. An einer Gabelung gehen wir rechts. Nun heißt es aufpassen.

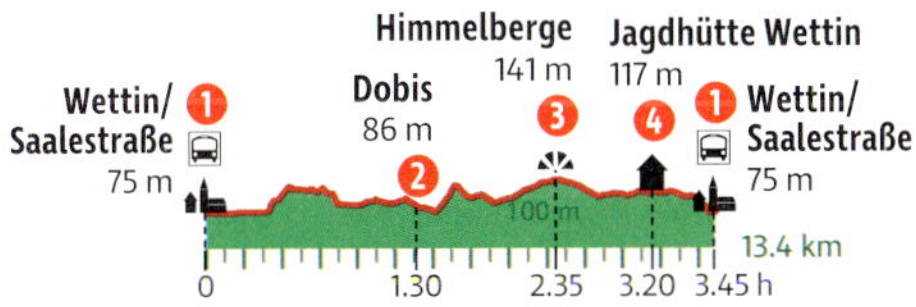

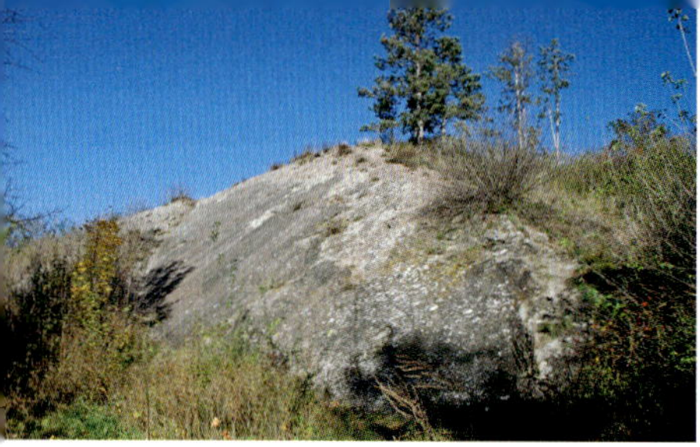

An der Weißen Wand wird die geologische Schichtenfolge der Region sichtbar.

Nach dem Haus Nr. 22 biegen wir rechts ein. Gleich ist das Flächennaturdenkmal **Weiße Wand** erreicht. Ab hier sind noch Reste alter Schilder des Naturlehrpfads erhalten, die eine zusätzliche Orientierung bieten können. Wir wandern rechts an der Weißen Wand vorbei nach oben, halten uns an der Straße schräg links und nach ca. 50 m rechts in den grasbewachsenen Weg. Auch an der nächsten Straße geht es kurz links und gleich rechts, dann Stufen hinauf.

Oben kommen wir an einem Rastplatz mit Aussicht vorbei und folgen nun immer dem Hauptweg. Nach einiger Zeit gelangen wir wieder fast in den Ort. Kurz vor der Straße (rechts steht eine Bank) biegen wir jedoch scharf links in den grasbewachsenen Weg ein. Der Pfad schlängelt sich. Wir gehen links um eine Einzäunung herum. Rechter Hand bietet sich noch einmal ein Blick auf Dobis. An der T-Kreuzung halten wir uns rechts. Achtung, jetzt heißt es erneut aufpassen. In den ersten Weg ist scharf links einzubiegen. Er führt ggf. undeutlich geradeaus über eine Wiese. Wir bleiben dann immer auf dem Hauptweg, bzw. folgen den Fahrspuren. Spätestens im Wald wird der Weg wieder deutlicher. Hier im **Dobisgrund** wandern wir immer geradeaus.

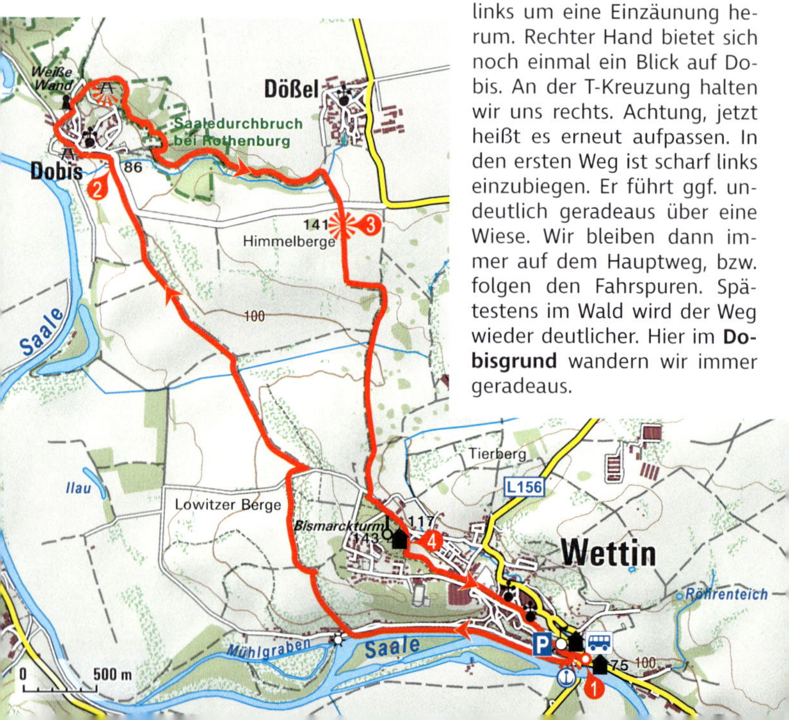

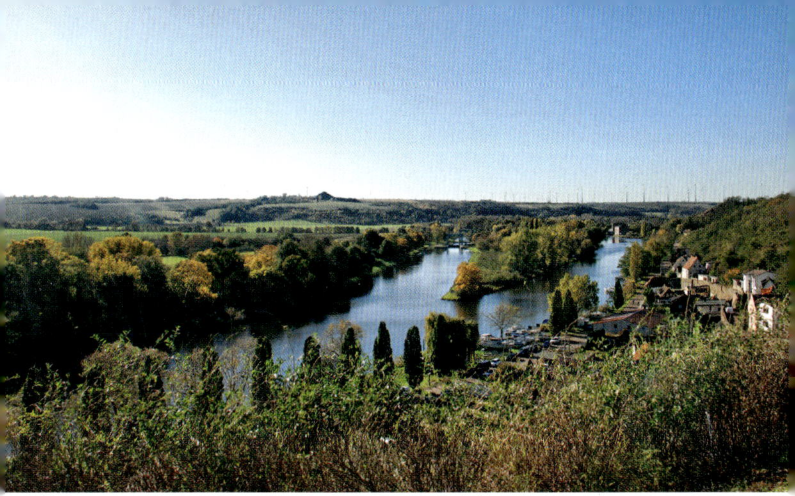

Der Saaleblick. Kurz vor dem Abstieg empfiehlt sich noch einmal eine Rast an der Mauer.

Wo der Talweg nach längerer Zeit auf einen anderen Weg stößt, biegen wir scharf rechts ein. An der Straße geht es geradeaus in Richtung Bismarckturm. Wir sind nun auf den wenig ausgeprägten **Himmelbergen** ❸, genießen die weite Sicht und biegen an der T-Kreuzung links und an der folgenden rechts ein. Linker und rechter Hand sind wieder Kleinhalden zu sehen, Zeugnisse eines der bedeutenden frühen Steinkohlereviere Deutschlands. Der Weg führt weiter immer geradeaus, an der T-Kreuzung schräg rechts und schließlich an der Straße (Tafel 2) scharf rechts. Gleich am Straßenschild »Hinter dem Schweizerling« biegen wir links in den Waldweg und halten uns sofort an der Gabelung in den linken Weg. Dieser führt Richtung Wettin und verläuft bald parallel der Straße. Wir wandern immer geradeaus weiter durch das Waldstück Großer Schweizerling und überqueren dabei eine Pflasterstraße. Später geht es schräg rechts zur Gaststätte **Jagdhütte Wettin** ❹ (dahinter steht der Bismarckturm), links an ihr vorbei und an der T-Kreuzung links.

Immer geradeaus gelangt man zum Rathaus von **Wettin**, wo sich linker Hand der Markt mit einem Café befindet. Vor dem Rathaus (erbaut 1660–1662) lohnt sich rechts ein Abstecher zum »Saaleblick«. Ansonsten geht es geradeaus am Rathaus vorbei. Unser Weg führt an der Burg entlang (nicht zugänglich), dann an einem kleinen Parkplatz schräg rechts. Beim Aussichtspunkt über das Saaletal an der Mauer (links führt ein Abstecher zum Burgcafé) steigen wir rechts die Stufen hinunter, sehen noch einmal linker Hand einen Teil der Unterburg mit dem Winkelschen Turm und wenden uns unten links zurück zur **Bushaltestelle Saalestraße** ❶. Einkehrmöglichkeiten und Bänke am Saaleufer laden zum gemütlichen Ausklang der Tour ein.

↗ 110 m | ↘ 110 m | 9.7 km

16 Zur Porphyrlandschaft bei Gimritz

2.30 h

Eine Templerkapelle, romantische Felsen und Burgblicke

Diese Runde ist klein, aber fein. Die Wettiner Porphyrlandschaft zeigt sich hier von ihrer schönsten Seite, auch wird als Auftakt ein ganz besonderer kultureller Höhepunkt geboten: die pittoreske Templerkapelle »Unser Lieben Frauen« in Mücheln.

Schnell ist dieses Kleinod von Wettin aus erreicht, teils an der Saale entlang. Hinter Mücheln folgen wir anfangs den schönsten Stationen des Naturlehrpfades »Porphyrlandschaft Wettin/Gimritz«, dann aber den Spuren der früheren Wallwitz-Wettiner Bahnlinie (1903–1971), die uns durch eine idyllische Landschaft führen, z. B. zum lieblichen Lauchengrund mit der Felsformation Teufelskanzel. Anschließend geht es leicht in die Höhe und durch ein weites Felderplateau. Beim »Abstieg« erwartet uns am Weinberg ein nicht alltäglicher Blick auf Wettin und die Burg. Die Blütezeit des Wettiner Weinbaus war im 12./13. Jh.

Ausgangspunkt: Bushaltestelle Wettin, Saalestraße. Von Halle (Saale) ZOB mit dem Bus 330 Richtung Löbejün (ca. alle 2 Std.). Parkplatz an der Fähre (Navi: Lange Reihe 2, Wettin-Löbejün).
Anforderungen: Geringe Steigungen, nicht ausgeschildert. Vor Mücheln kurzes Stück ohne Bürgersteig an der Straße. Die vielen Pfade können im Sommer undeutlich oder zugewachsen sein. Wenig Schatten und kaum Bänke. Nicht für den Hochsommer zu empfehlen.
Einkehr: Silvano's kleiner Imbiss an der Bushaltestelle (mit Biergarten, tgl. geöffnet). Weitere Gaststätten in Wettin.
Tipp: Templersommer, eine sonntägliche Konzertreihe in der Templerkapelle oder in der St. Nikolaikirche in Wettin, Infos unter stadt-wettin-loebejuen.de.

Wandern in der Porphyrkuppenlandschaft. Die unterschiedlichen Bodenverhältnisse sorgen für eine große Pflanzenvielfalt.

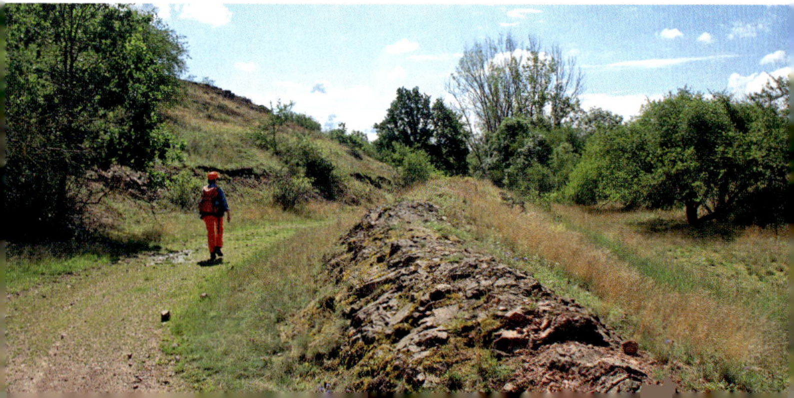

Von der **Bushaltestelle Saalestraße** ❶ in **Wettin** wenden wir uns vom Ort weg und gehen die Straße leicht aufwärts. Bald grüßen Felsen linker und die Saale rechter Hand. Der Straße ist zu folgen, bis gegenüber Haus Nr. 7 bei Garagen rechter Hand schräg rechts in den grasbewachsenen Weg einzubiegen ist (Achtung, leicht zu übersehen). Wir kommen zur Saale. An einem Aussichtspunkt lohnt sich ein Blick zurück zur Burg Wettin und der Fähre. Dann halten wir uns immer geradeaus. Vor einem Graben schwenkt der Weg nach links, die Saale wird verlassen. An Gärten vorbei geht es vor zur Durchgangsstraße und dort rechts. Gleich ist das Ortseingangsschild von **Mücheln** erreicht. Erneut ist an der Straße entlang zu gehen (Achtung, hier kein Fußweg, nur bisweilen ein Grünstreifen). Der Abzweig zur **Templerkapelle Mücheln** ❷ wird erreicht, der wir rechts durch das Tor als Erstes einen Besuch abstatten. Nach der Besichtigung geht es, vom Ausgang des Kapellengeländes gesehen, rechts in den Gimritzer Weg, vorbei an einem kleinen Parkplatz rechter Hand und gleich an der Gabelung links, leicht aufwärts.

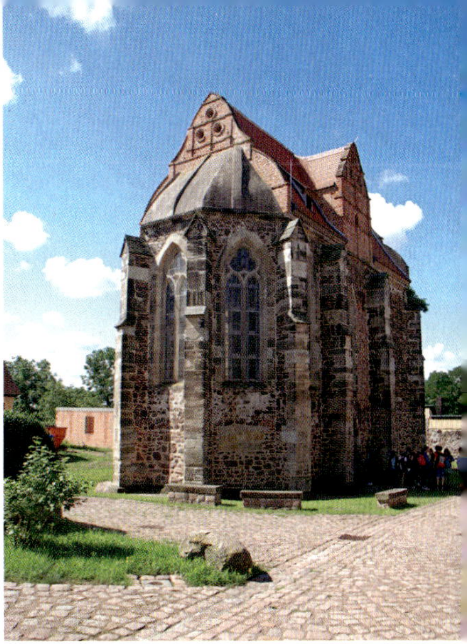

Die Templerkapelle Mücheln (13. Jh.) ist nicht nur ein imposantes Zeugnis der Frühgotik, sondern gilt auch als die einzige in Deutschland noch erhaltene ihrer Art.

Nach kurzer Zeit ist das **Naturschutzgebiet Porphyrlandschaft bei Gimritz** mit den ersten Felsen erreicht. Hier beginnt bei Tafel 1 ein Naturlehrpfad, dem wir vorläufig auf dem Hauptweg geradeaus folgen. Man beachte linker Hand das Tal der Pfaffenmagd mit markanten Felsbildungen. Doch schon nach der zweiten Tafel biegen wir schräg rechts ein, der Lehrpfad wird vorläufig verlassen. Hier verlief einst die Bahnlinie Wallwitz–Wettin. Wir wandern nun immer geradeaus weiter und genießen schöne Blicke auf das Saaletal rechter Hand. Bald grüßen alte Eichen sowie Robinien linker Hand. Wir erreichen an einer Kreuzung einen alten Bahntunnel, in den wir links einbiegen. Gleich danach geht es

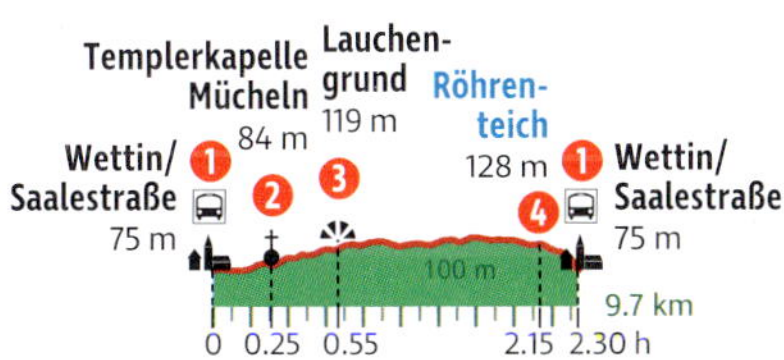

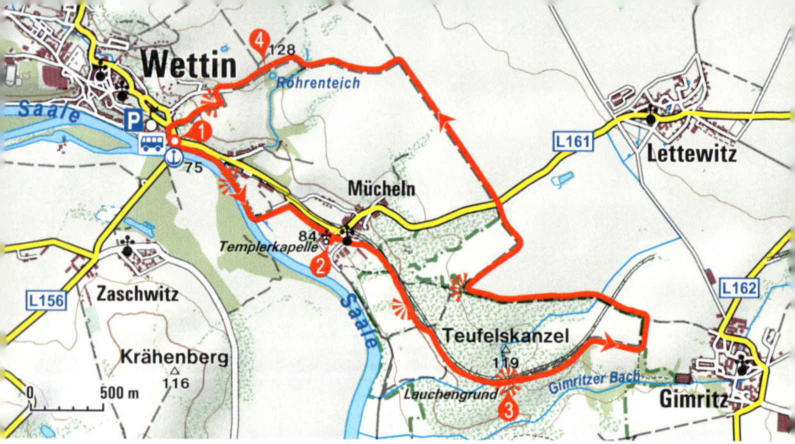

rechts hinauf (Achtung, ggf. undeutlich). Es geht links an einer weit ausladenden Eiche vorbei. Wir folgen dem Pfad immer weiter, erst neben, dann geradeaus weiter auf der alten Bahnlinie, jetzt wird es etwas holprig. Später führt die Bahnlinie kurz ins Freie, hier bietet sich links ein Blick in den **Lauchengrund** ❸ und auf die Lauchenberge mit Teufelskanzel.
Hier können wir uns entscheiden. Entweder folgen wir geradeaus weiter der Trasse der alten Bahnlinie zwischen Felsen, was im Sommer nicht zu empfehlen ist, oder wir wandern, leicht rechts versetzt, bequemer parallel dazu weiter. Später treffen sich beide Varianten wieder. Die auf der Bahnlinie Wandernden wenden sich leicht nach schräg rechts. Weiter vorn wird der Kirchturm von Gimritz sichtbar und unser Weg schwenkt nach links. An der T-Kreuzung ist links einzubiegen.
Wir durchqueren wieder eine alte Bahnunterführung. Wo sich nach ca. 1 km geradeaus ein Blick auf Wettin bietet, biegen wir vor einem Schild vom Naturschutzgebiet rechts ein (nicht auf unserem Weg ist weiter unten die Naturlehrpfad-Tafel 4 »Standort und Vegetation«). Unser Weg biegt nach links, der Petersberg ist zu sehen. Die Straße wird überquert. Hier geht es nun für gut 2 km an Feldern entlang geradeaus. Im Winter ist linker Hand das Saaletal zu sehen. Wir biegen in den ersten deutlichen Feldweg links ein, in Sichtweite einer Windmühle ohne Flügel (Achtung, nicht bei der Stromleitung einbiegen!). Er führt abwärts. Bald bieten sich schöne Blicke auf

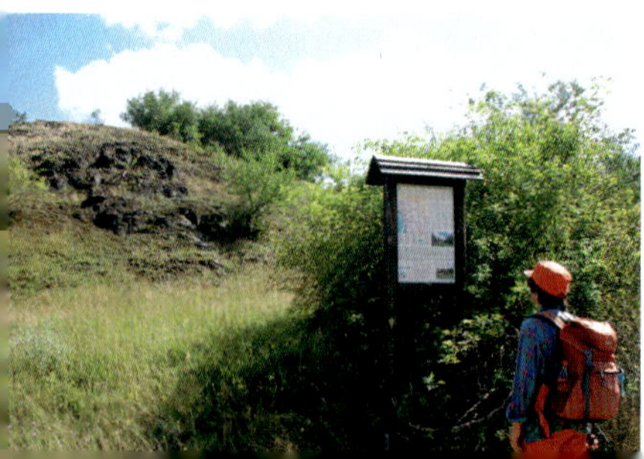

Die Tafel 2 informiert über Bruchstufen und Randtäler.

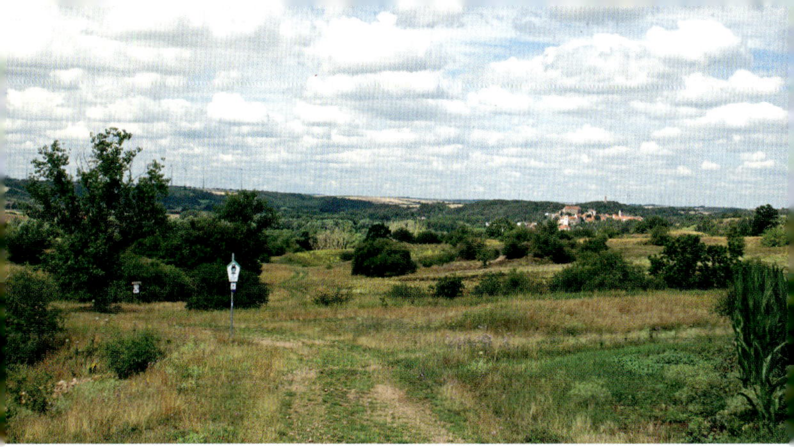

Kurz vor dem Naturschutzgebiet-Schild geht es nach rechts. Hier bietet sich noch einmal ein schöner Blick in die reliefierte Landschaft.

Wettin, den Bismarckturm und die Mühle. Wir gehen immer geradeaus, der Weg wird zeitweise undeutlich. In der Senke, genannt »Graben bei Mücheln«, geht es an der Gabelung rechts. Später kommen wir am ehemaligen Porphyrsteinbruch **Röhrenteich** 4 linker Hand vorbei.
Wir gehen bei einem Abzweig linker Hand zunächst geradeaus, biegen dann aber bei Häusern scharf nach links ein. Zunächst geht es leicht aufwärts, auf den Weinberg, wo unser Weg schließlich nach rechts schwenkt. Hier bieten sich großartige Blicke auf die Burg. An einem Zaun halten wir uns geradeaus. Der Weg wird schmaler und zum Pfad, dann führt er zwischen zwei Häusern hinunter. Unten an der Straße in **Wettin** geht es links direkt zur **Bushaltestelle Saalestraße** 1, der Parkplatz ist rechts davon.

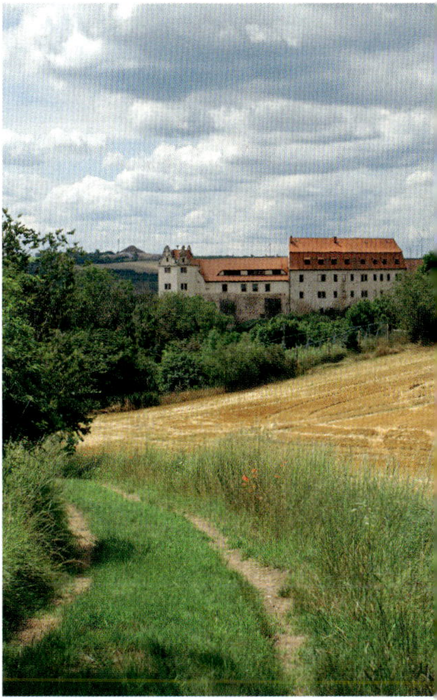

Selten sieht man die Burg Wettin von dieser Seite aus.

↗ 140 m | ↘ 140 m | 12.7 km

17 In die Franzigmark

3.15 h

In einem Bachtal und zu einer sanften Hügellandschaft mit schönen Aussichten

Eine reizvolle, leicht hügelige und durch kleine Waldstücke unterbrochene Gegend mit wenig Landwirtschaft erstreckt sich zwischen Saale- und Götschetal. Ihren Höhepunkt findet sie in der Franzigmark, wo die Wettiner Porphyrlandschaft fortgesetzt ist. So beginnt die Tour beschaulich in einem Bachtal, um dann immer spektakulärer zu werden.

Wir wandern von Teicha zunächst an der Götsche entlang und erreichen die Franzigmark – ein Gebiet großer Naturschönheit. Bis 2005 als Truppenübungsplatz der Bundeswehr genutzt, ist sie heute Refugium zahlreicher seltener Pflanzen- und Tierarten. Vom Saaletalblick sehen wir nicht nur den Fluss, sondern auch die Felsen der Brachwitzer Alpen. Von früher Besiedlung zeugt der von Weitem sichtbare Morler Menhir, ein zu prähistorischer Zeit aufgestellter Hünenstein. Hinter Morl steigen wir auf zum Markenberg auf dem Könnern-Halleschen Plateau, wo großartige Blicke in die Landschaft die Tour abrunden.

Ausgangspunkt: Teicha DB (Haltepunkt). Von Halle Hbf. mit der RB in Richtung Bernburg (ca. alle 2 Std.). Kleiner Parkplatz im Ort (Navi: Marx-Engels-Straße 23A, Teicha). Autofahrer gehen die Straße hinunter und an der Kreuzung geradeaus.

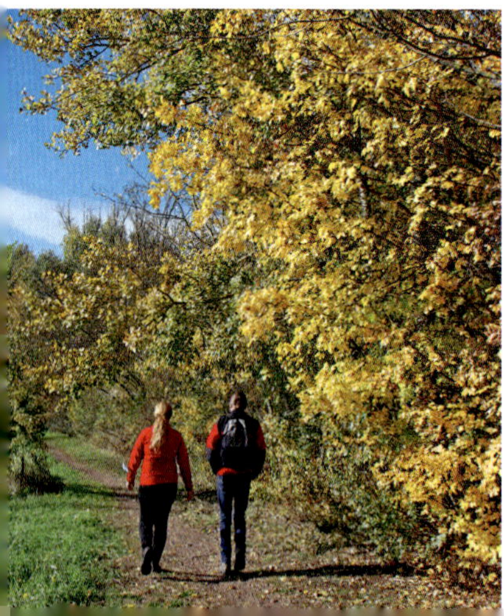

Anforderungen: Überwiegend deutliche Wege, manchmal kleine Pfade. Keine Ausschilderung. Nach Teicha und vor Franzigmark an der Straße entlang. Zweimal wird die stark befahrene ehemalige B6 überquert. Erhöhter Anspruch an die Orientierung nahe Aussichtspunkt in der Franzigmark und hinter Morl. Keine Bänke, außer in Teicha. Die waldarme Wanderung eignet sich nicht für heiße Sommertage.

Einkehr: Keine auf der Wanderung. In Teicha gibt es am Dorfplatz das Gasthaus zu Teicha (Di/Mi Ruhetag, Mittagstisch nur am So). Dazu ist der Marx-Engels-Straße aufwärts zu folgen und rechts in die Straße Zum Kirchberg einzubiegen.

Hinweis: In der Franzigmark sind manchmal Beweidungszäune aufgestellt, die in der Regel außen herum umgangen werden können.

Auf dem Weg zur Franzigmark, parallel zur Götsche.

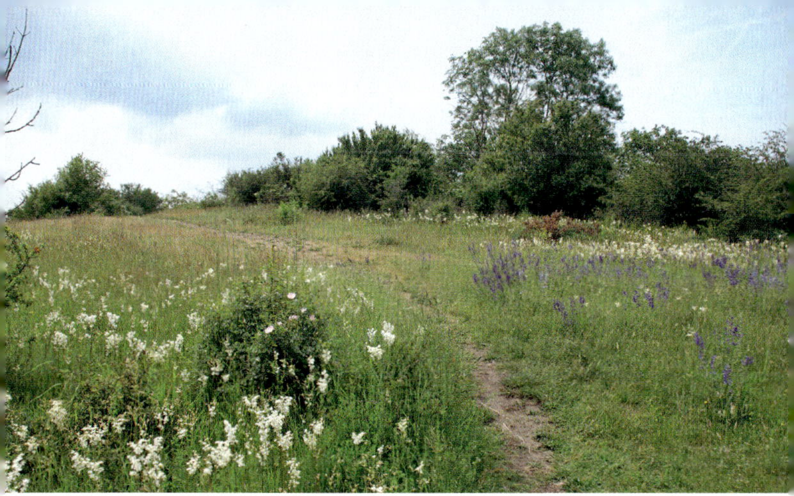

In der Franzigmark. Ein Teil des etwa 300 Hektar umfassenden Plateaus ist geprägt von orchideenreichen Trocken- und Halbtrockenrasen.

Am **Haltepunkt Teicha** ❶ gehen wir zum Gleis in Richtung »Halle«, dann rechts und über die Straße. Wir folgen der Bahnhofstraße immer geradeaus, über eine Bachbrücke, einen kleinen Sportplatz, Rastplatz, Spielplatz und eine Bushaltestelle rechter Hand. An der Kreuzung biegen wir links in den Florian-Geyer-Ring ein; hier stoßen die Autofahrer dazu. Am Ende der Straße geht es rechts und gleich wieder links in die wenig befahrene Straße An der Ziegelei. Sie führt uns aus dem Ort heraus, Wiesen grüßen linker Hand. Weiter vorne folgen wir der Straße, die schräg links einschwenkt. Vor der Bachbrücke biegen wir rechts ab, den Bach Götsche linker Hand.
Wir wandern nun für ca. 2 km immer geradeaus, vorbei an den ersten Häusern von **Sennewitz** ❷, in etwa parallel der **Götsche**. Schließlich geht es dem großen Kornspeicher vom Hafengelände entgegen. Wir überqueren vorsichtig die ehemalige B6, rechts ist eine Tankstelle. Dann folgen wir dem Pfad geradeaus weiter. An der Straße (Bushaltestelle Brachwitzer Straße) geht es ebenso geradeaus. Dieser folgen wir für ca. 1,5 km, auch schließlich in einer Linkskurve.

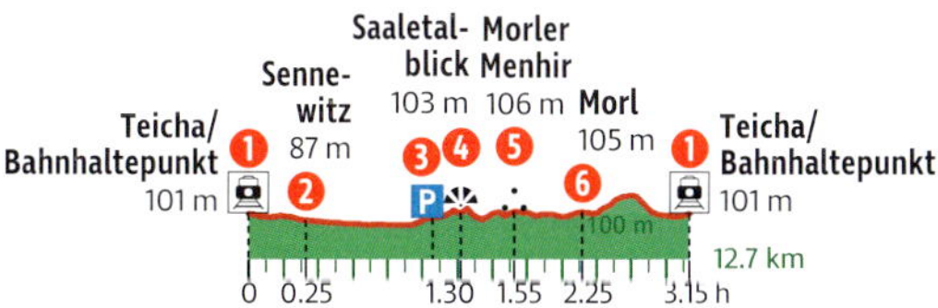

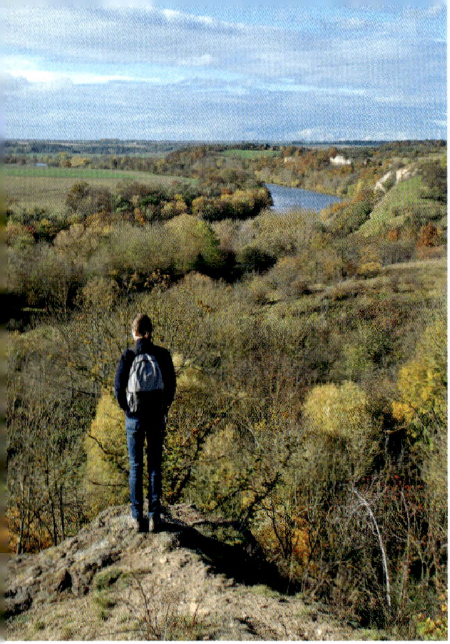

Den Saaletalblick sollte man auf keinen Fall verpassen.

Vor dem Parkplatz des **Umweltzentrums Franzigmark** ❸ geht es schräg rechts in den Pfad, an der Informationstafel schräg links. Ab hier heißt es aufpassen. Denn am Tor der Pferdekoppel halten wir uns schräg rechts, auf einen Strommast zu, dann links daran vorbei. Wir werden belohnt von einer schönen Aussicht auf das Saaletal. Weiter oben halten wir uns an der T-Kreuzung links. An der nächsten Gabelung geht es links zu einem lohnender Abstecher zum **Saaletalblick** ❹. Nachdem wir die Aussicht genossen haben, wandern wir wieder zurück und dann jedoch am Abzweig geradeaus. Bald geht es wieder hinab. An der T-Kreuzung biegen wir links ein. Wir folgen dem breiteren Weg, der zunächst abwärts führt, geradeaus an einem Abzweig vorbei und wieder leicht aufwärts. An einer Gabelung halten

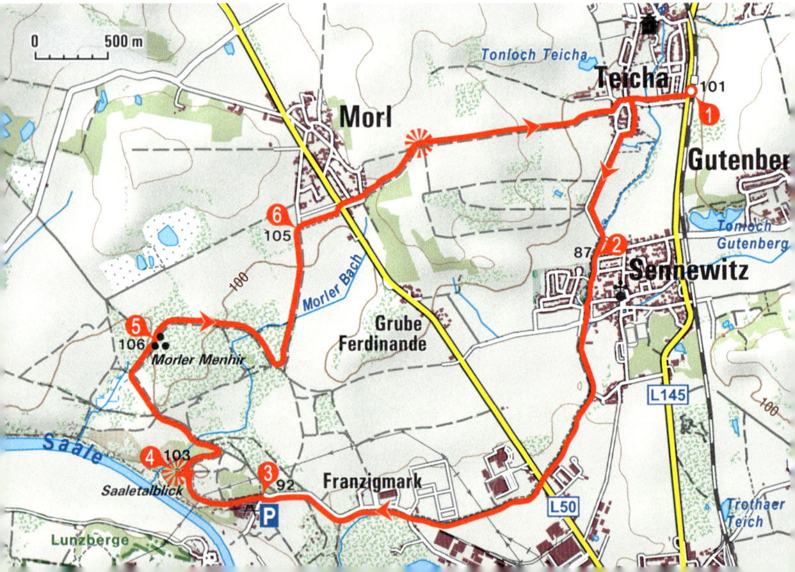

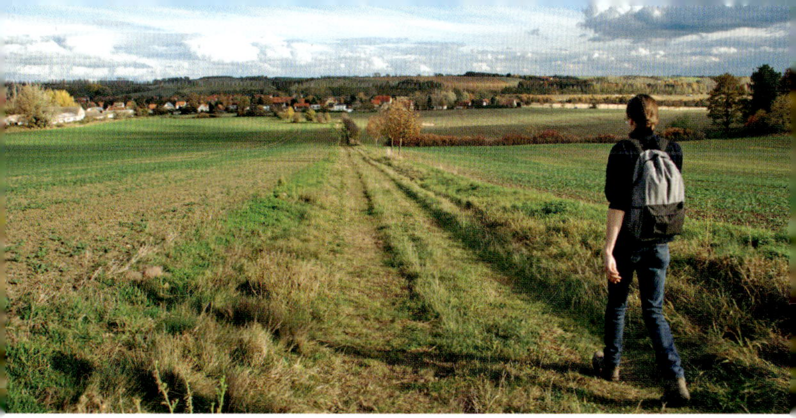

Der Rückweg nach Teicha erfolgt über herrliche Feldwege.

wir uns links, unser Weg ist zwischenzeitlich mit Betonplatten befestigt. Oben vor der Infotafel »Beweidung« geht es schräg rechts den Berg hinauf (Achtung, nicht scharf nach rechts abbiegen). Wieder genießen wir eine schöne Aussicht, diesmal mit anderer Perspektive.

Am Querweg biegen wir scharf rechts ein. Wir kommen am **Morler Menhir** 5 rechter Hand vorbei. An einem Abzweig geht es geradeaus. Nach dem Bach wandern wir geradeaus weiter, in den Querweg links und nach ca. 50 m schräg links, nun an der Stromleitung entlang in Richtung der nächsten Ortschaft. Wieder geht es an einem Abzweig geradeaus.

Am Ortsrand von **Morl** 6 nutzen wir den ersten Weg rechts durch die Gartenanlage. An der Durchgangsstraße geht es kurz links und gleich wieder rechts in die Straße Neue Siedlung. Nun heißt es wieder aufpassen, denn wir halten uns weiter vorne an der Straße Am Morler Berge geradeaus in den Pfad. Achtung, am Ende des Zauns rechter Hand schwenkt er nach schräg links. Weiter oben stößt er auf einen breiteren Weg, in den wir hier schräg rechts einbiegen. Hier, auf dem Markenberg, bietet sich eine Aussicht zum Petersberg, dann auch eine herrliche auf die Gutenberger Berge und das Umland. In **Teicha** halten wir uns links, dann rechts und folgen an der Kreuzung geradeaus der Bahnhofstraße. Bald ist wieder der **Haltepunkt Teicha** 1 erreicht.

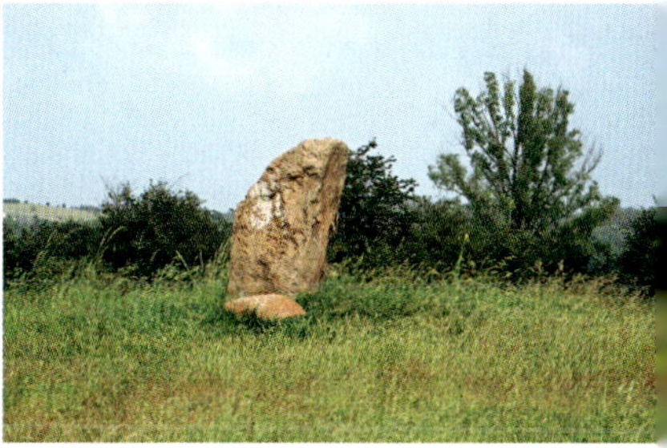

Der 1,50 m hohe Menhir wurde Anfang der 1990er-Jahre versehentlich bei der Räumung des militärischen Sperrgebiets versetzt.

Östlicher Saalekreis mit Fuhnetal

Während der waldarme Osten des Saalekreises im Norden eher durch Porphyrkuppen aufgelockert wird, sind es im Süden die kleinen Auen an Saale, Weißer Elster und Luppe. Besonders im Südosten tragen die aus stillgelegten und später gefluteten Braunkohletagebauen neu entstandenen Seen positiv zum Landschaftsbild bei. Sie sind Teil der Mitteldeutschen Seenlandschaft.

In der traditionell eher von Ackerland geprägten Gegend haben sich aber auch einige Gewerbegebiete angesiedelt, die weniger zum positiven Image der Region als Wandergebiet beitragen, wie auch mehrere die Landschaft zerschneidenden größeren Bahnlinien, Bundesstraßen und Autobahnen. Daher haben die Touren in diesem Kapitel eher Geheimtippcharakter, außer der zum allseits beliebten Petersberg (Tour 18). Bekannt ist auch der romantische Dieskauer Park (Tour 21), aber weniger seine Umgebung. Den Wanderer erwarten im Osten des Saalekreises daher eher ungeahnte Kleinode. Es lohnt sich, die Wanderstiefel zu schnüren, um Neues zu erfahren.

Die Region ist überwiegend flach und Teil der Leipziger Tieflandsbucht. Im Norden überragt der Petersberg, Ausläufer des Östlichen Harzvorlandes, als höchste Erhebung das Könnern-Hallesche Plateau (Tour 18). Umgeben ist der Petersberg mit seinen naturnahen Wäldern vom Halleschen Ackerland, das sich im Süden bis zur Weißen Elster erstreckt. Im Nordosten verbindet die fast flache Fuhneniederung (Tour 19) die Auenlandschaften des Unteren Saaletals mit der weiter im Osten gelegenen Muldeaue. Von den Landsberger Porphyrkuppen ist die in der Kleinstadt selbst durch ihre Doppelkapelle die markanteste. Auch sind umgebene einstige Porphyrsteinbrüche eindrucksvoll in ihrer Schönheit (Tour 20).

Der Pfarrberg liegt im Landschaftsschutzgebiet »Porphyrkuppenlandschaft bei Landsberg« (Tour 20).

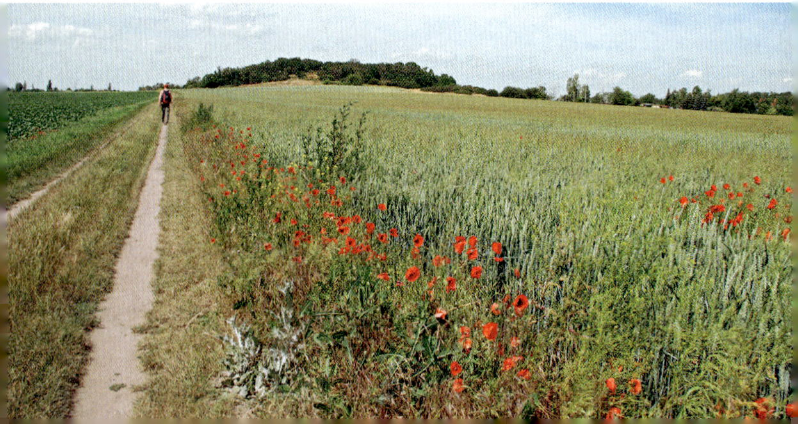

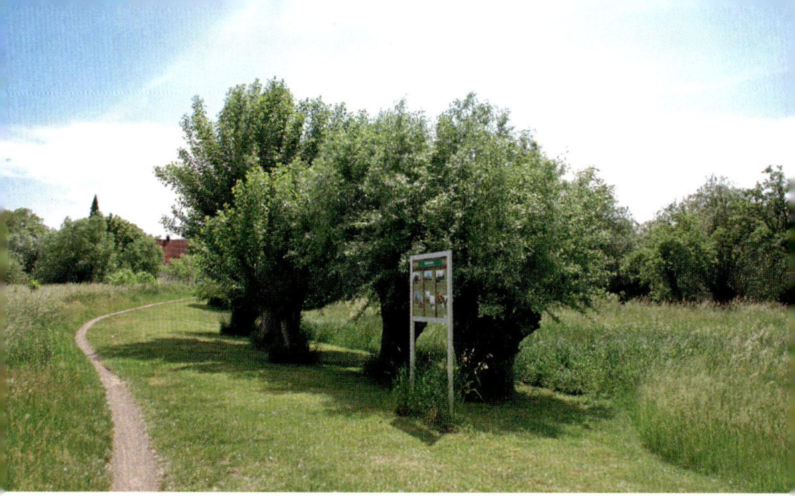

Der Naturlehrpfad »Rüsternweg« wertet die Luppeaue östlich von Merseburg enorm auf (Tour 24).

Weiter südlich liegen die Flussauen des Saale-Elster-Tals bzw. der Weißen Elster-Luppe-Aue. Der Dieskauer Park am Reidebach, einem Zufluss der Elster, bildet den nördlichen Abschluss – diese Gegend wird auch die »Liebenau« genannt. Störche sind hier keine Seltenheit. In den Herzen dieser Flussauen liegen die Döllnitzer Aue (Tour 21) und die Elster-Luppe-Aue bei Ermlitz und Zöschen (Touren 22–23), der wir uns weiter im Süden auch vom Elsterfloßgraben bei Kötzschau nähern (Tour 24). Die Saaleaue bei Bad Dürrenberg, bis 1965 ein Kurort, schließt das Gebiet ab (Tour 25).
Auf unseren Wanderungen liegen bedeutende Bauwerke an der »Straße der Romanik«, wie die Stiftskirche St. Petrus auf dem Petersberg (Tour 18), die Doppelkapelle St. Crucis in Landsberg (Tour 20), der Merseburger Dom und die Neumarktkirche St. Thomae in Merseburg (Tour 24). Zu den »Gartenträumen – Historische Parks in Sachsen-Anhalt« gehören der Park Dieskau (Tour 21), der Schlossgarten Merseburg (Tour 24) und der Kurpark Bad Dürrenberg (Tour 25).

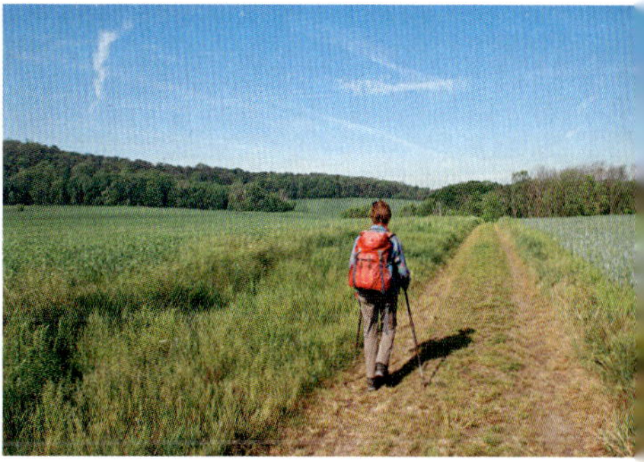

Eine schöne Wanderung führt rund um den Petersberg (Tour 18).

↗ 190 m | ↘ 190 m | 14.3 km

18 Rund um den Petersberg

4.00 h

Durch Wald und Feld zur höchsten Erhebung weit und breit

Der Petersberg ist ein beliebtes Naherholungsgebiet der Hallenser. Mit seinen 250 Metern erhebt er sich als weithin sichtbares Wahrzeichen markant aus seiner Umgebung heraus. Schon in prähistorischer Zeit war der heute bewaldete Hügel besiedelt, später heidnischer Wohn- und Kultplatz, im Mittelalter als »Lauterberg« (mons serenus) bekannt. Dedo von Wettin gründete hier im 12. Jh. ein Kloster. Bald darauf wurde die Stiftskirche St. Petrus errichtet. Seit 1999 ist hier ein evangelisches Kloster angesiedelt. Anbei locken Bismarckturm und weitere Aussichtspunkte.

Der Petersberg liegt in der Mitte des gleichnamigen Landschaftsschutzgebietes. Wir durchwandern mehrere Wälder: Der kleinste ist der Ziemer bei Krosigk (ca. 3,5 ha), zeitweilig als Gutspark genutzt, der größte das Bergholz (240 ha) mit naturnahem Laubmischwald. Die Tour endet an der schmucken Wassermühle Krosigk, heute Einkehrmöglichkeit.

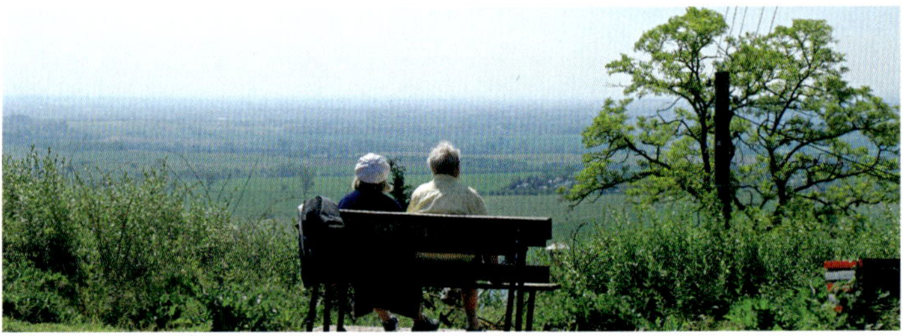

Vom Petersberg bieten sich Fernsichten nach Halle und weiter.

Ausgangspunkt: Bushaltestelle nahe der Wassermühle Krosigk. Von Halle (Saale) ZOB mit dem Bus 301 Richtung Schlettau bis Haltestelle Krosigk, Wassermühle, Petersberg in Krosigk (am Wochenende alle 4 Std.). Parkplatz an der Wassermühle Krosigk (Navi: Wassermühle 1, Krosigk, Petersberg), dann zurück (den Mühlteich linker Hand) zur Straße mit Bushaltestelle.
Anforderungen: Mix aus breiten Feldwegen und schmalen Pfaden. Ist z. T. der Sonne ausgesetzt und daher weniger für heiße Sommertage geeignet. Mäßige Steigungen.
Einkehr: Pavillon (Mo Ruhetag) am Petersberg; Wassermühle Krosigk (Mo/Di Ruhetag) in Krosigk.
Tipps: 1) Am Petersberg: Rodelbahn Petersberg (nur bei gutem Wetter, über 5 °C, Mo Ruhetag); Hochseilgarten Skytrail (Mo Ruhetag); Tierpark Petersberg mit seltenen Haustierrassen (Mo Ruhetag). 2) In Krosigk: Turm der Burg Krosigk (April–Okt., jeder 3. Sa im Monat, 14–16 Uhr oder den Turmwart Lutz Reinicke unter Tel. +49 34603 326634 anrufen, Eintritt frei, Spende erbeten); am Südostende des Mühlteichs gibt es ein Kneippbecken mit Spielplatz.

Von der **Bushaltestelle Wassermühle** ❶ in **Krosigk** geht es die Straße hinunter. Wir bleiben stets auf dem Fußweg auf der rechten Seite, auch um die Fußgängerbrücke zu überschreiten. Wir laufen danach rechts an der Bushaltestelle vorbei und überqueren geradeaus die Straße. Kurz geht es die Petersbergstraße geradeaus, dann gleich rechts (Am Turm) und durch das Tor. Wir schreiten auf den Bergfried zu. Weiter geradeaus verlassen wir wieder das (ehemalige) Burggelände. Nach einer Kastanie nutzen wir kurz links die Fleischergasse und gleich schräg links die Straße Am Ziemer, die hinunter zum Waldstück **Ziemer** führt. Unten biegen wir rechts ein, rechts an einem Haus vorbei, parallel zum Bach. In dieser Richtung wandern wir durch den Wald, an einer Gabelung links und am gepflasterten Weg wieder links. Wir befinden uns nun zwischen Äckern auf der sogenannten Birnenstraße, die in Richtung Petersberg führt.

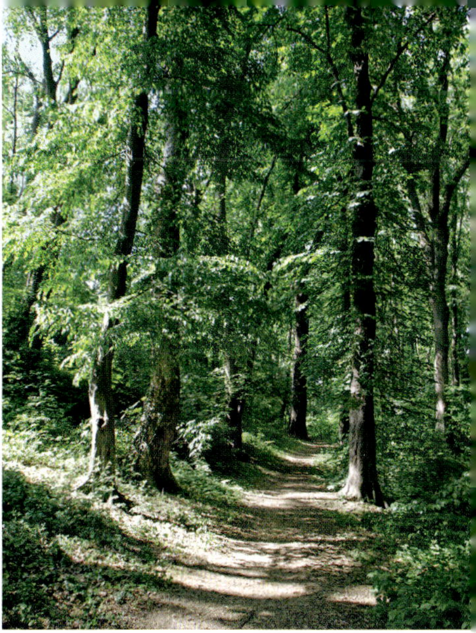

Angenehme Wege führen durch das Wäldchen Ziemer bei Krosigk.

Wir überqueren geradeaus die Straße. Wo links das Feld endet, halten wir uns an der Gabelung rechts. An einem Abzweig geht es schräg rechts. Der schöne Weg führt kurz darauf am Waldrand entlang. Später gelangen wir wieder in den Wald, der Weg ist nun zum Pfad geworden und führt bald leicht aufwärts, zwischendurch etwas steiler. Nach ca. 500 m heißt es aufpassen. An einer Kreuzung mit mehreren Robinien biegen wir scharf nach links ein. Dann geht es immer auf dem Hauptweg weiter, ältere Tafeln des Naturlehrpfads begleiten uns. Nach der Tafel »Anatomie eines Baumes« geht es an einer Gabelung rechts in den breiteren Weg. Auch an der Straße halten wir uns rechts hinauf. An der Rechtskurve lässt sich ein Abstecher zum Bismarckturm unternehmen, indem man links einbiegt und links am Zaun entlang und auf den Funkturm zu geht. Nachdem der Weg eine Rechtskurve gemacht hat, biegen wir in den ersten Weg links ein (Achtung, leicht zu übersehen) und erreichen den Bismarckturm. Rechts geht es die Stufen hinunter und am Querweg rechts, dann geradeaus und auf demselben Weg wieder zurück.

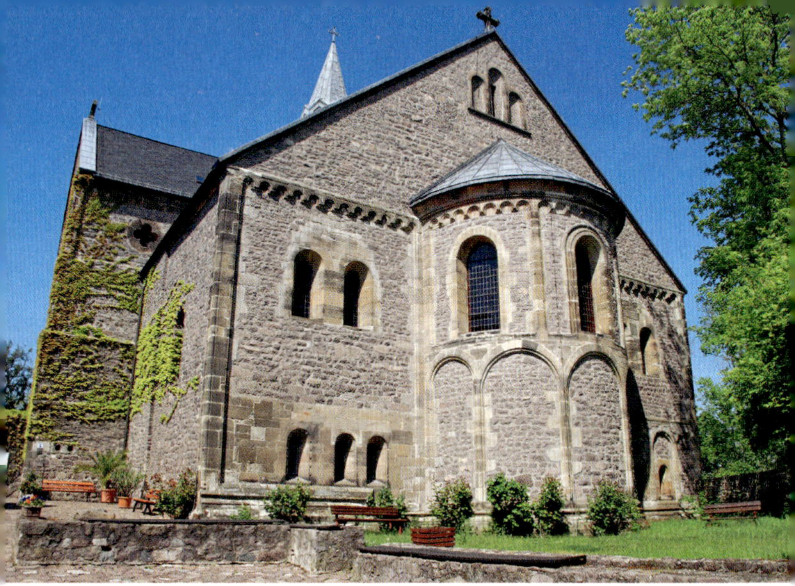

Die Stiftskirche St. Petrus gehört zur Straße der Romanik und ist meist frei zugänglich.

Ohne Abstecher folgen wir der Rechtskurve und gehen an der Gabelung auch rechts, erst zur **Stiftskirche** ❷ auf dem **Petersberg**, dann davor links zur Ruine des **Hospitium domum** (Herberge), an dieser links vorbei zum Aussichtspunkt mit Bank. Hinter der Ruine gehen wir rechts hinunter und weiter unten an der Gabelung rechts, dann geradeaus. An der freien Fläche bietet sich wieder eine Aussicht. Nun heißt es genau hinsehen, denn in ihrer Mitte, wo ca. 100 m entfernt rechter Hand ein Mast eine Sichtachse bildet, halten wir uns links. Der unscheinbare Pfad wird bald deutlicher.
Schnell ist der **Ort Petersberg** erreicht. An der T-Kreuzung biegen wir links in die Straße ein. Unten an der Durchgangsstraße halten wir uns ebenso links und nutzen den Fußweg immer geradeaus. Wir kommen vorbei an der Sommerrodelbahn, dem Hochseilgarten, der Gaststätte Pavillon und dem Eingang des **Tierparks Petersberg** ❸. Am Schild »Pappelallee 1–5«

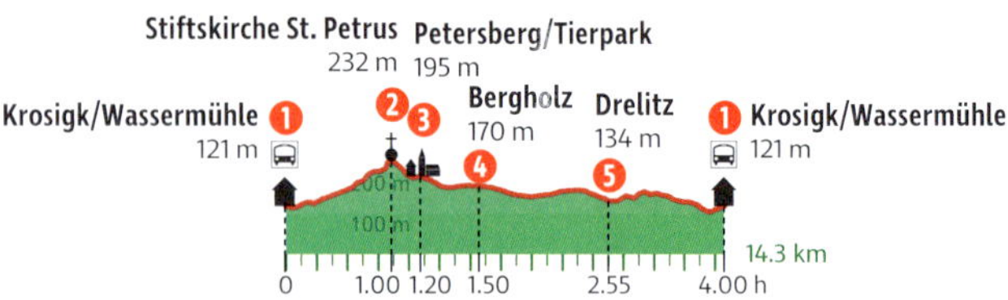

ist rechts einzubiegen. Immer geradeaus, auch am Sackgassenschild, rechter Hand ist der Parkplatz P4. In der Linkskurve biegen wir schräg rechts in den Pfad ein. Unser Weg schwenkt beim Zaun schräg nach rechts. An einer Gabelung halten wir uns rechts und verlassen den Zaun. An der T-Kreuzung ist links einzubiegen. An der Gabelung halten wir uns rechts (Buschreihe).

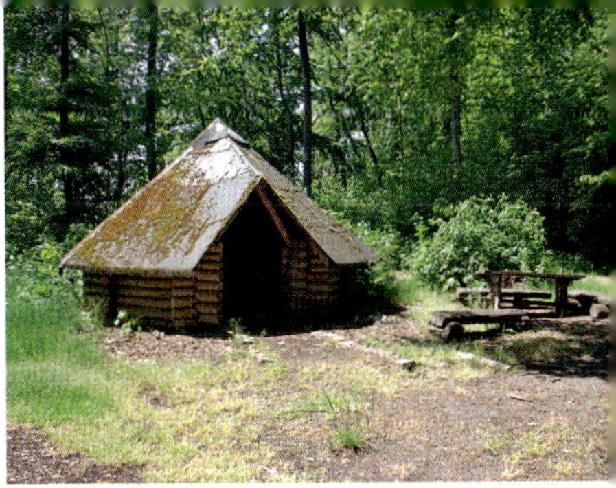

Der einladende Rastplatz im Bergholz.

Am nächsten Weg biegen wir wieder rechts in den von abgestorbenen Bäumen gesäumten kleinen Pfad ein. Schräg links wird das **Bergholz** ❹ betreten. An der ersten Gabelung gehen wir rechts und an der folgenden schräg links. Gleich ist der Rastplatz mit Schutzhütte erreicht, wo wir links einbiegen. Nun befinden wir uns auf einem Baumlehrpfad. An der Kreuzung halten wir uns geradeaus, auch hier sind noch Lehrpfadschilder zu sehen. Kurz vor dem Waldrand biegen wir links ab und folgen nun dem Radweg Halle–Petersberg–Fuhne, auch »Post-

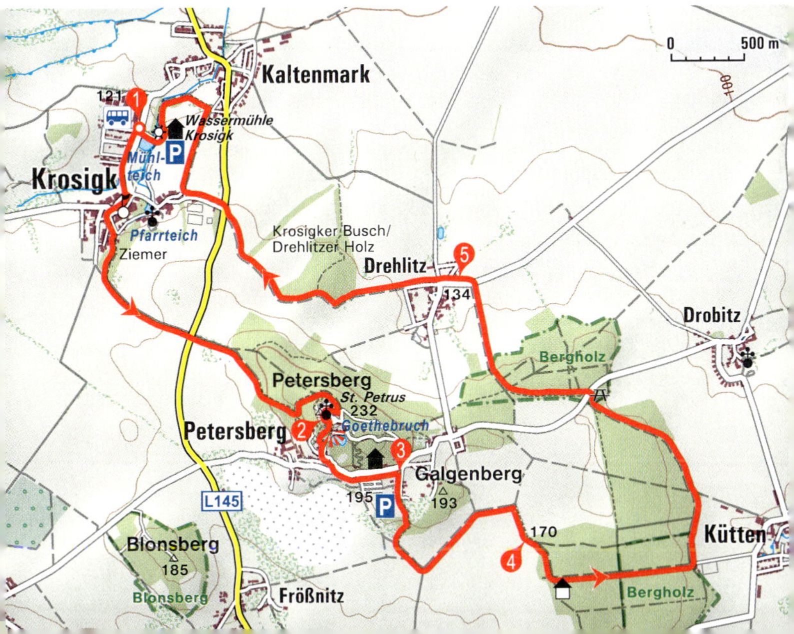

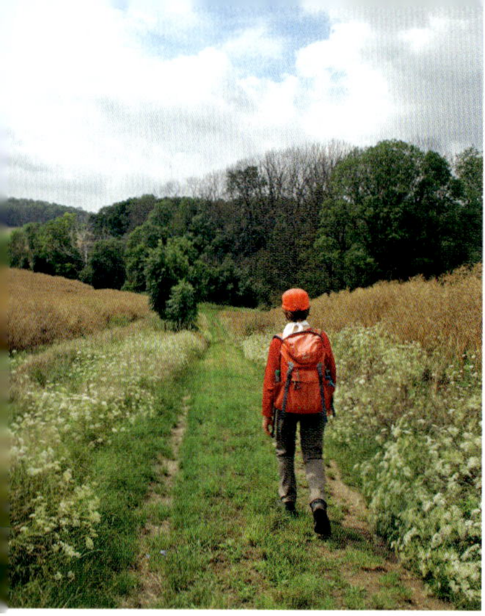

Zum Krosigker Busch, auch Drehlitzer Holz genannt. Hier bieten hohe Bäume gute Horstplätze für Bussard und Milan.

botenweg« genannt. Wir wandern immer geradeaus weiter. An der T-Kreuzung geht es kurz links und gleich wieder schräg rechts, dem Radweg folgend. Weiterhin bleiben wir immer geradeaus auf dem Hauptweg. Nach einem Parkplatz rechter Hand halten wir uns am Rastplatz schräg rechts, geradeaus über die Straße und folgen dann dem Weg schräg links. An einem Abzweig laufen wir geradeaus weiter. Nachdem von scharf rechts ein Weg zugestoßen ist, heißt es aufpassen. Wir gehen noch kurz geradeaus und gleich an der Kreuzung rechts. Wir verlassen den Wald und folgen der sogenannten Kirschallee geradeaus (die Kirschbäume stehen weiter vorne).

An der T-Kreuzung biegen wir links in die Straße ein und erreichen **Drehlitz** 5. An der großen Kreuzung mit Trafohaus halten wir uns geradeaus in die Straße der Genossenschaft, weiter geradeaus, auch wird der Ort geradeaus verlassen. Nun ist unser Weg grasbewachsen. Der Blick zum steilen Nordabhang des Petersbergs ist bemerkenswert. Nach einer leichten Anhöhe wandern wir hinunter zum **Krosigker Busch** (16 ha). Zunächst am Waldrand entlang und später durch Felder führt der Weg zur Landstraße. Geradeaus (leicht rechts versetzt) gelangen wir nach Krosigk.
Nach einem Vorfahrtsschild ist rechts einzubiegen, leicht aufwärts. Oben gehen wir geradeaus. **Kaltenmark** wird an einer Spielstraße betreten. Kurz darauf beachte man linker Hand die Glocke auf dem Friedhof. Nach dem Friedhof biegen wir links ein. Der kleine Weg schwenkt erst kurz nach links, dann nach rechts und führt nun an Gärten vorbei. Wir folgen dem Pfad immer geradeaus. Bei einem alten Sportplatz schwenkt er nach links und mündet in einen breiteren Weg. Kleine Obstbäume schaffen hier ein Idyll. In einer Rechtskurve biegen wir in den schmalen Weg links ein, die bisherige Richtung in etwa beibehaltend und am Bach entlang. Am Brunnen (beim Blick hinein sieht man eine Figur des Froschkönigs) überqueren wir die Brücke. Kurz danach ist in **Krosigk** die Wassermühle mit Gastronomie erreicht. Am Parkplatz können wir geradeaus noch einen Abstecher zur Kneipp-Anlage mit Spielplatz machen. Ansonsten wenden wir uns rechts hinauf zur **Bushaltestelle Wassermühle** 1.

↗ 40 m | ↘ 40 m | 20.4 km

4.45 h

Von Zörbig in die Fuhneaue

19

Zu weiten Wiesen und in ein Vogelparadies

Die Fuhneaue bildet mit ihren grünen Wiesen und Restgehölzen einen wohltuenden Kontrast zur eher baumlosen Ackerlandschaft der Umgebung. Die flache Gegend vermittelt »anhaltisches Flair«. Vogelfreunde kommen hier voll auf ihre Kosten, denn unterwegs sind viele Greifvögel und im Frühjahr am Cösitzer Teich auch Brutvögel wie z. B. Lachmöwen zu beobachten.
Von Zörbig wandern wir auf Feldwegen zur Fuhneaue. An satten Wiesen und an einem Kultstein vorbei erreichen wir den Bach bei Zehbitz nahe des Quellgebietes der Fuhne, die sich hier in zwei Richtungen teilt: Bei Bernburg mündet sie in die Saale, bei Wolfen in die Mulde. Hinter Zehmitz kommen wir durch Radegast, vor seiner Eingemeindung 2010 die kleinste Stadt in Sachsen-Anhalt und der Einwohnerzahl nach (unter 300) eine der kleinsten Städte Deutschlands. Der Cösitzer Teich, heute Naturschutzgebiet, ist 1936 durch Einsinken eines Bergbauareals entstanden. Der Rückweg erfolgt in etwa im Strengbachtal über Gut Mößlitz. Schloss Zörbig bildet den krönenden Höhepunkt dieser Runde. Bald darauf wird wieder der Zörbiger Marktplatz mit seinem schönen Rathaus von 1846 und der Postmeilensäule erreicht.

Ausgangspunkt: Bushaltestelle an der Postmeilensäule auf dem Marktplatz in Zörbig. Von Halle (Saale) ZOB mit dem Bus 350 Richtung Zörbig bis Haltestelle Zörbig, Markt (ca. alle 2 Std.). Parken am Markt (Navi: Markt 2, Zörbig).
Anforderungen: Kaum Ausschilderung, außer am Fuhneradweg und nach dem Cösitzer Teich. Die waldarme Wanderung eignet sich nicht für heiße Tage. Die Wiesenwege in der Fuhneaue sind bisweilen etwas undeutlich. Immer wieder geht es kurze Stücke an Straßen entlang. Wenig Bänke und Rastplätze. Für Kinder ist die Tour zu lang und ggf. zu wenig ereignisreich.
Einkehr: Keine auf der Wanderung. In Zörbig gibt es u. a. die Eisdiele Blechschmidt (Mi Ruhetag, zur Lage s. Text).

Tipps: 1) Das Heimatmuseum im Schloss Zörbig ist Di–Fr und an jedem 1. und 3. Wochenende geöffnet. 2) Fernglas zur Vogelbeobachtung mitnehmen.

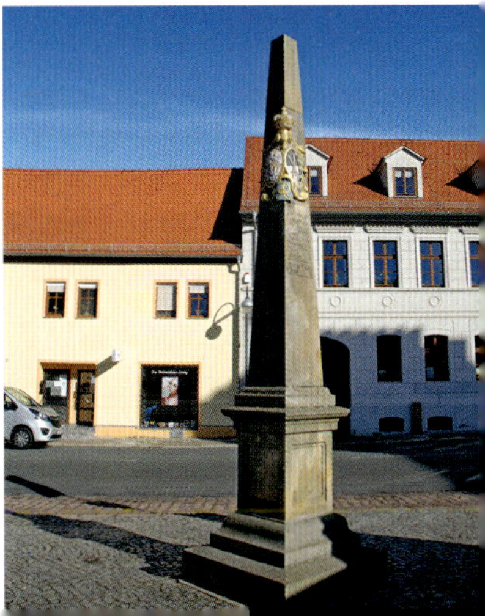

Die Postmeilensäule auf dem Markt in Zörbig ist ein Hingucker. Die kursächsische Distanzsäule (hier eine Kopie) geht auf August den Starken zurück.

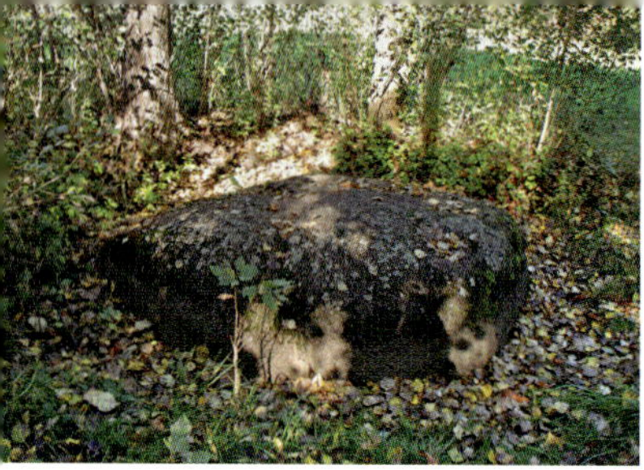

Der Teufelsstein war einst ein heidnischer Kultstein.

Am **Zörbiger Markt** gehen wir ab der **Postmeilensäule** ❶ an der Bushaltestelle gegenüber der Apotheke und neben Haus Nr. 38 in die kleine Straße, die hier Fußgängern vorbehalten ist. Wir laufen immer geradeaus und biegen ca. 10 m vor der Lindenstraße rechts in den Fußweg ein. An der T-Kreuzung halten wir uns links (rechts würde ein kurzer Abstecher zur Eisdiele führen). Wir folgen der Straße über die ehemaligen Gleise und vorbei an der katholischen Kirche. Dann biegen wir rechts in die Thomas-Selle-Straße ein, die kurz darauf in einen Feldweg übergeht. Weiter geradeaus wird Zörbig verlassen. Kurz vor der Straße halten wir uns links und überqueren am Ende des Feldweges vorsichtig die B183. Dann gehen wir weiter geradeaus.

An der T-Kreuzung biegen wir kurz links ein und nutzen dann den ersten Weg rechts. Dieser wird bald leicht geschottert und schwenkt erst nach

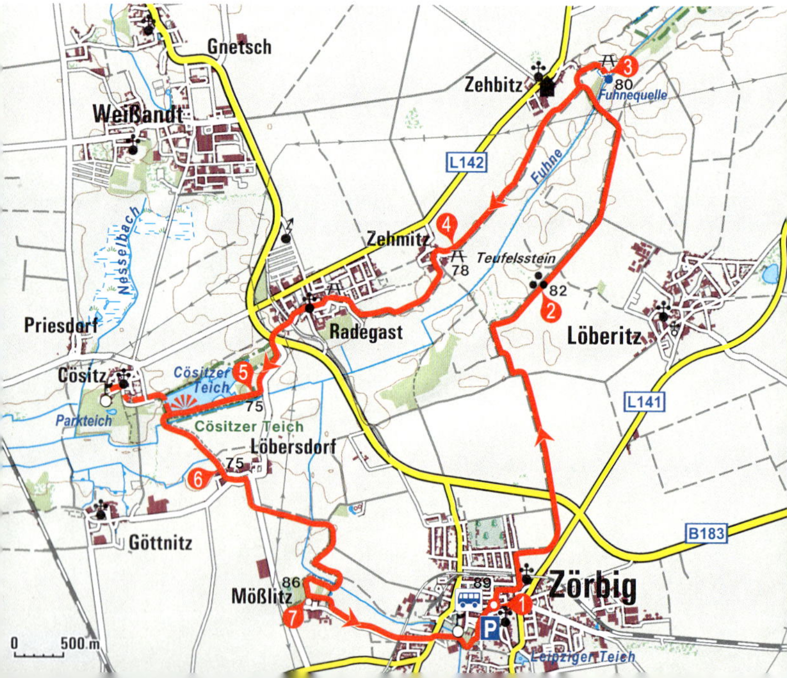

links, dann nach rechts. Das **Landschaftsschutzgebiet Fuhneaue** wird betreten. Nun biegen wir in den ersten Weg schräg rechts ein, der Hauptweg wird verlassen (dieser biegt leicht nach links). Wir kommen nach mehreren Wiesen an einem Kreuz rechter Hand und einem Findling linker Hand vorbei, genannt **Teufelsstein** 2 oder Flinzstein. Das Kreuz wurde 1999 von einer Zörbiger Kolpingfamilie errichtet, die Inschrift »AD 720« weist auf die Zeit der Christianisierung. Wieder geht es an einer Wiese vorbei. An einer originellen Bank halten wir uns geradeaus, ein Feld rechter Hand, so auch am Abzweig. Beim folgenden, wo das Feld endet, wandern wir am Kanaldeckel aber schräg links weiter (leicht links versetzt) und links an der Baumreihe entlang, immer geradeaus. Achtung, an der Kreuzung (die Baumreihe rechter Hand ist hier kurz unterbrochen) halten wir uns schräg links, schräg rechts steht ein Strommast. Erstmals kommen wir über die hier unscheinbare Fuhne. Wer einen Abstecher zur Quelle der Fuhne unternehmen möchte, geht an einem Abzweig geradeaus (Fuhneradweg) und biegt dann in den ersten Weg rechts ein. Vor dem Rastplatz rechts kommt man ins Feuchtgebiet der **Fuhnequelle** 3. Wir kehren zurück zum Rastplatz, dort links, wieder links und dann rechts in den Fuhneradweg.
Ohne Abstecher biegen wir am Abzweig links in den Fuhneradweg ein. Wir folgen immer dem Radweg geradeaus, bis zum nächsten Ort, **Zehmitz** 4. Dort halten wir uns an der T-Kreuzung links und gleich in den ersten Weg wieder links, zwischen zwei Häusern (gegenüber der Nr. 3). An der Kreuzung biegen wir rechts ein. Am Abzweig halten wir uns schräg rechts nach **Radegast**. Im Ort gehen wir an der T-Kreuzung links, bald an einem Spielplatz mit Rastplätzen vorbei. An der T-Kreuzung biegen wir links wieder in den Fuhneradweg ein und laufen am Marktplatz geradeaus weiter. Einen den

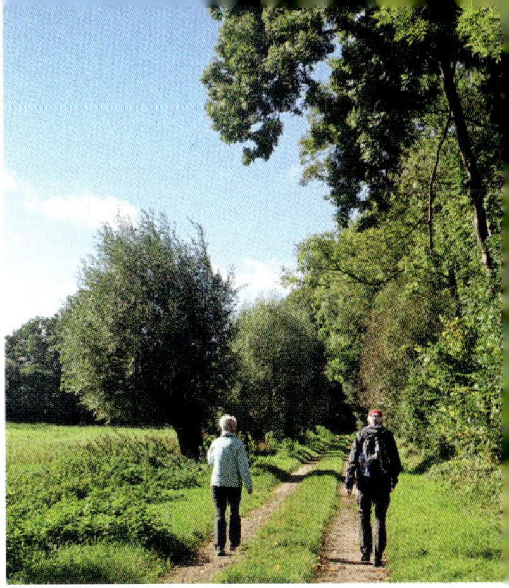

Der wenig benutzte Fuhneradweg eignet sich gut zum Wandern.

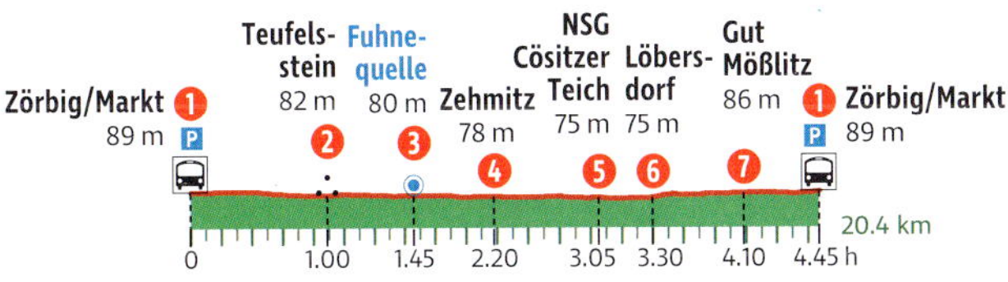

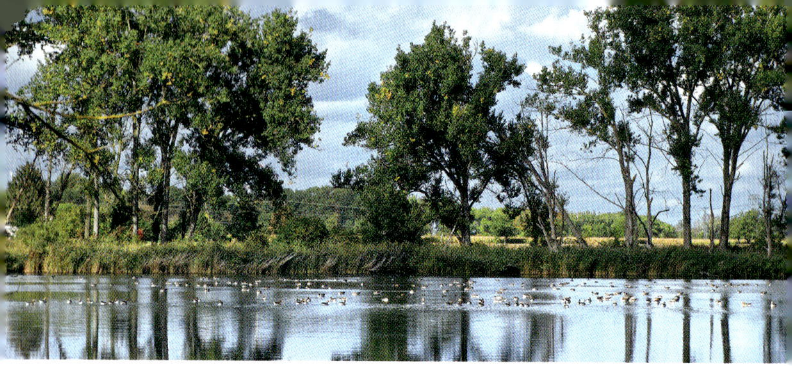

Am Cösitzer Teich leben über 70 Vogelarten, zudem ist er ein Rastplatz für Zugvögel.

Wanderer grüßenden Stein linker Hand, die neoromanische Kirche rechter Hand, laufen wir geradeaus an der Pension Weißes Roß vorbei. Wir halten uns in Richtung Haus Nr. 5, dann davor schräg links. Die kleine Straße geht in einen Fußweg über und schwenkt nach rechts. Wir biegen an der T-Kreuzung links ein. Jetzt geht es geradeaus, auch an der B183, nachdem diese überquert wurde.

Wir folgen der Straße für ca. 700 m. Nach der Linkskurve biegen wir rechts in den ersten Weg ein. Bald ist das **Naturschutzgebiet Cösitzer Teich** 5 erreicht. Die gleichnamige Wasserfläche liegt nun rechter Hand. Die Wasservögel sind kurz darauf zu hören, nur Geduld, weiter vorne kommt ein Aussichtspunkt. Wir wandern immer geradeaus weiter. Wo der Hauptweg nach rechts schwenkt, gehen wir links. Wer mag, geht für einen längeren Abstecher zum Cösitzer Schlosspark rechts, bis zur T-Kreuzung, dort links und geradeaus zum Park. Zurück geht es dann bei der Kurve am Cösitzer Teich an der Gabelung rechts – so vermeidet man den Graben und geht geradeaus über die Brücke (die Tour verlängert sich um ca. 2 km).

Wir durchschreiten einen Graben und halten uns links. An der Brücke sehen wir das erste Wanderzeichen vom roten Balken (DB), das uns mit Unterbrechungen bis kurz vor Zörbig begleiten wird, und überschreiten die Fuhne. Nun geht es schräg links weiter, auf diesem Weg geradeaus für etwa einen Kilometer. In **Löbersdorf** 6 halten wir uns an einer T-Kreuzung links und an einem Anger schräg links. Die Straße schwenkt an einer Wiese nach rechts, auf ein Trafohaus zu. Wir gehen an der Kreuzung vorsichtig ein Stück geradeaus die Straße nach Stumsdorf/Mößlitz entlang, nutzen dann aber den ersten Feldweg schräg links. Die Spitze des Schlossturms ist zu sehen. Wir überqueren eine Brücke über den Strengbach. Die beiden Türme von Zörbig werden sichtbar, der Schlossturm und der Hallesche Turm. An der T-Kreuzung biegen wir rechts ein, so auch an der Gabelung. Der Weg ist nun unbefestigt. Er schwenkt nach links, dann nach rechts und führt über eine Brücke.

Für einen Abstecher zum **Gutspark Mößlitz** biegen wir gleich nach dem Bach an der Schutzhütte rechts ein und halten uns immer geradeaus, bis der Weg nach links schwenkt. Schließlich ist der »Bienenstand« linker Hand zu sehen. Wer sich informieren will, kann an einem Abzweig scharf nach links einbiegen. Ansonsten gehen wir weiter und an der T-Kreuzung links, vorbei am Kräutergarten, dann an den Gutsgebäuden von **Gut Mößlitz** 7. Weiter wandern wir geradeaus und am Ende des Spielplatzes an der Kreuzung nach rechts. Der Weg schwenkt hinter dem Sportplatz nach links, dann geht es geradeaus auf dem Radweg weiter, auch an zwei Abzweigen. Wir kommen über stillgelegte Gleise der Zörbiger Saftbahn nach **Zörbig** und folgen dem Mößlitzer Weg immer geradeaus. An der T-Kreuzung gehen wir links und gleich wieder rechts in den Radweg, hier wird der rote Balken verlassen. Hinter dem Gebäude des Sportlerheims halten wir uns rechts, überqueren eine Brücke und laufen dann geradeaus weiter. Nun heißt es aufpassen, denn am Ende der Gärten biegen wir vor einem Gebäude (Sporthalle) links in den kleinen Weg ein. Auf einem Pfad geht es geradeaus zur Burg und davor rechts (linker Hand führt ein Abstecher zum Burgbrunnen aus dem 15. Jh.). Gleich darauf halten wir uns an der T-Kreuzung links. Wo linker Hand der Haupteingang zu **Schloss Zörbig** liegt, gehen wir die Straße Ratshof geradeaus, an der Gabelung rechts, an einer Kreuzung halb rechts haltend in die Straße Topfmarkt. Das imposante Rathaus wird bald sichtbar, und schon ist links der Marktplatz mit der **Postmeilensäule** 1 wieder erreicht.

Der Bergfried (12. Jh., oberer Teil 16. Jh.) von Schloss Zörbig ist mit seinen 45 Metern Höhe weithin sichtbar.

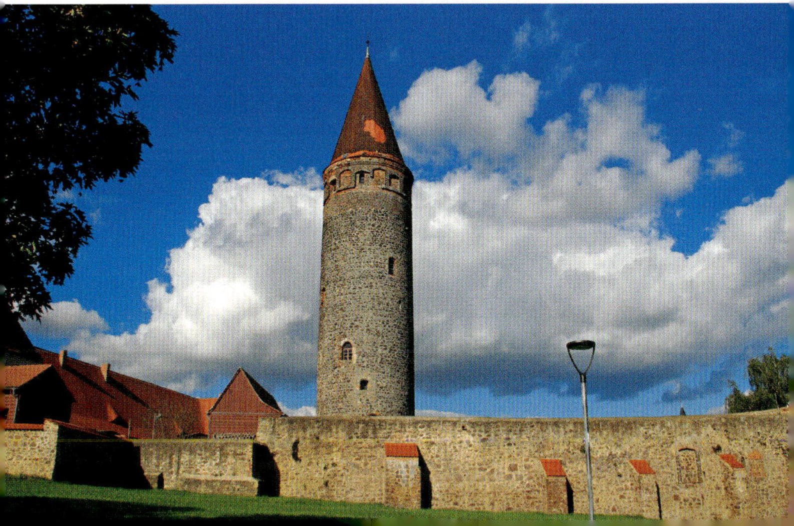

↗ 100 m | ↘ 100 m | 10.1 km

20 Zu den Porphyrhöhen bei Landsberg

2.30 h

Pittoreske Steinbrüche und markante Felskuppen

Wer hätte gedacht, dass sich auf den einsamen, bewaldeten Hügeln westlich von Landsberg, die wie Inseln in der flachen Ackerlandschaft wirken, eindrucksvolle Steinbrüche mit gewaltigen schroffen Felswänden und idyllischen, klaren Seen verbergen? Die Porphyrkuppenlandschaft bei Landsberg ist Landschaftsschutzgebiet. Die der Kleinstadt eigene Porphyrkuppe, der Kapellenberg, wird durch ihre weithin sichtbare Doppelkapelle besonders betont.

Diese bildet den kulturellen Auftakt dieser Runde. Anschließend kommen wir zu den Porphyrkuppen Pfarrberg und Gützer Berg (je 128 m), die bis zu 30 Meter aus der Landschaft herausragen. Auf Letzterem führt unsere Wanderung am Rande des ersten Steinbruchs zu einem Aussichtspunkt u. a. auf Landsberg. Weiter geht es über angenehme Waldpfade zum zweiten See und anschließend zur Kulturkirche Gütz. Entlang des Strengbachs und der Landsberger Stadtmitte geht es zurück zum Ausgangspunkt.

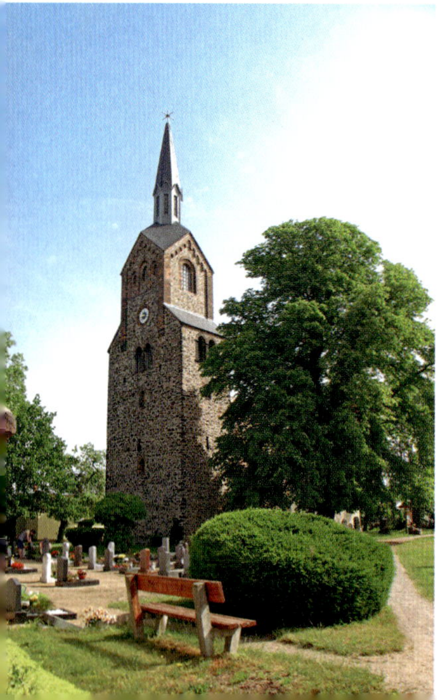

Ausgangspunkt: Bhf. Landsberg. Von Halle (Saale) Hbf. mit der S8 Richtung Dessau oder Lutherstadt Wittenberg (ca. stündlich). Parkplatz anbei (Navi: Am Bahnhof 1, Landsberg). Autofahrer gehen zum ehemaligen Bahnhofskomplex und davor rechts.

Anforderungen: Leichte Wanderung. Treppen hinauf auf den Kapellenberg, breite Wege. Auf dem Pfarrberg und Gützer Berg auch schmale Pfade, wo Trittsicherheit erforderlich ist. Vorsicht mit Kindern beim Steinbruch (Absturzgefahr).

Einkehr: Restaurant Goldener Löwe (tgl. geöffnet) und Imbisse in Landsberg.

Tipp: Führungen in der Doppelkapelle Landsberg (Sa 15 Uhr, So 11 und 15 Uhr, bei Konzert um 15 Uhr Führung erst im Anschluss); Kulturkirche Gütz (Di 9–12 Uhr oder nach Vereinbarung, Tel. +49 34602 20075, kulturkircheguetz.de/objekt).

Um die Kulturkirche Gütz kümmert sich ein engagierter Förderverein.

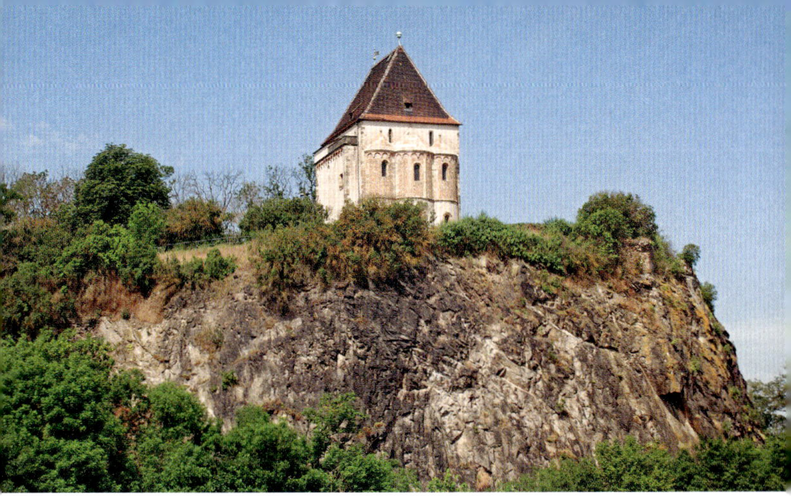

Die spätromanische Doppelkapelle ist der Rest einer ehemaligen Burganlage.

Vom Bahnsteig des **Bahnhofs Landsberg** ❶ wenden wir uns zum ehemaligen Bahnhofskomplex (heute Wohnhaus), gehen rechts daran vorbei und an der T-Kreuzung rechts. Bei der ersten Möglichkeit nehmen wir den Weg links. Nachdem er nach rechts geschwenkt ist, geht es bei Häusern gleich wieder nach links. An der T-Kreuzung biegen wir rechts, dann in die erste Straße links ein (Friedrich-Engels-Straße). An der Bergstraße laufen wir kurz geradeaus weiter, so auch am Kassenhäuschen des Freibads. Rechter Hand wird der Kapellenberg mit imposantem Felsen sichtbar. Am Zaunende steigen wir die Stufen rechts hinauf. Oben gehen wir rechts an der **Doppelkapelle St. Crucis** ❷ vorbei und weiter zum großen Kreuz, wo sich eine hervorragende Aussicht bis zu den Steinbrüchen bietet, die wir später auf dieser Tour besuchen werden.

Dort steigen wir die Stufen hinunter. In den Querweg ist rechts einzubiegen, dann in den ersten Pfad scharf links. Wir steigen zwischen Häusern die Stufen geradeaus hinab. Dann biegen wir links in die Straße ein und gleich rechts in die Karl-Liebknecht-Straße. An deren Ende geht es kurz schräg links, gleich schräg rechts und wieder rechts. Nun durchwandern wir einen kleinen Park. Weiter vorne wird der Park verlassen, und wir nutzen die kleine Straße geradeaus, bis zur Durchgangsstraße, in die links einzubiegen ist (Fußweg vorhanden). Dieser ist bis kurz vor dem Ortsausgang zu folgen.

Ca. 50 m vor dem Ortsausgangsschild biegen wir rechts in den Feldweg ein. Der Weg führt auf einen Hügel zu. Kurz vor dem **Pfarrberg** ❸ schwenkt der Weg nach rechts. Wir halten uns ca. 50 m nach einer Bank, aber spätestens bei Felsplatten links (Achtung, genau aufpassen!) und laufen weiter auf dem Trampelpfad nach oben. Im Wald halten wir uns an einer Kreuzung

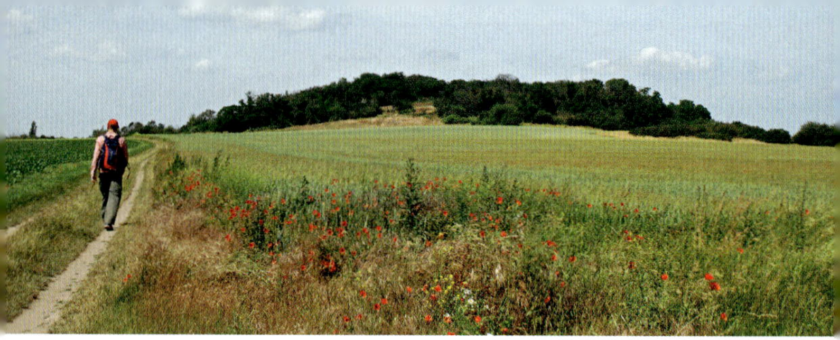

Zum Pfarrberg, der mit seinen flachen Kuppen aus der Umgebung herausragt.

geradeaus. Nach dem Wald geht es an einer T-Kreuzung rechts und an der Gabelung gleich wieder links. Wir wandern immer geradeaus. In Sichtweite einer Straße schwenkt unser Weg nach links, dann halten wir uns rechts und an einer Schranke vorbei zur Straße, in die rechts einzubiegen ist. Geradeaus geht es über die Brücke. Anschließend biegen wir an der Kreuzung (Durchfahrt verboten) rechts ein.

Wir halten uns am ersten Weg links, unmittelbar vor dem alten Fabrikgebäude am **Gützer Berg** ❹, und gehen geradeaus am Zaun weiter in den kleinen Pfad bis zum großen Steinbruch, an dem es links vorbeigeht. Die Doppelkapelle von Landsberg ist bald zu sehen – auch bieten sich tolle Blicke auf den Steinbruch selbst und die Umgebung. Am Ende des Steinbruchs geht es weiter geradeaus. Am breiten Querweg biegen wir rechts ab. Weiter vorne an der T-Kreuzung unternehmen wir links einen kleinen Abstecher zu einem weiteren Steinbruch. Dann kehren wir wieder zurück und laufen weiter geradeaus. Dem Weg ist zu folgen, bis schließlich **Piltitz**, ein Ortsteil von Gütz, an einer Straße erreicht ist. Hier bietet sich links ein Abstecher zum ein paar Schritte entfernt gelegenen Gützer Teufelsstein an (Achtung, kein Bürgersteig). Nach der Besichtigung geht es auf der Landstraße zurück (ohne Abstecher rechts) bis zur Bushaltestelle Gütz.

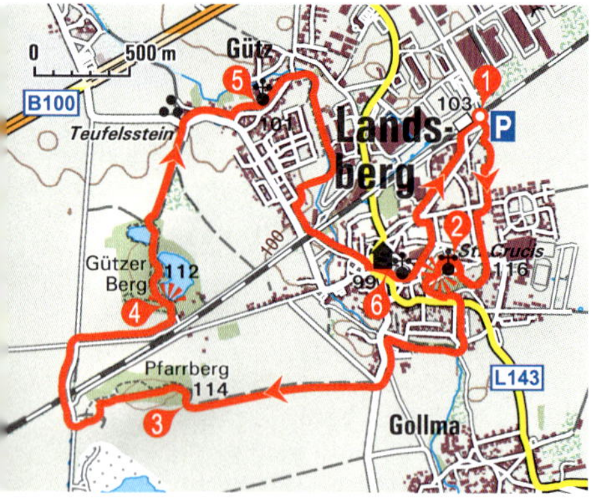

Wir biegen nun links in die F. von Schiller-Straße ein. Bald beachte man linker Hand die **Kulturkirche Gütz** ❺, St. Anna und St. Katharina. Wir folgen der Straße weiter geradeaus, halten uns aber an der Feuerwehr schräg rechts, dann geradeaus. Vor dem Strengbach biegen wir in den Weg rechts ein. In Sichtweite eines Wohngebietes geht es den Pfad schräg links weiter und bei der Gartenanlage leicht links versetzt geradeaus. (Größere Gruppen gehen hier besser rechts bis zur Durchgangsstraße und biegen dort links ein.) An der ersten Möglichkeit halten wir uns schräg rechts und laufen durch die Gartenanlage, weiter vorne links an einem Haus vorbei und an der T-Kreuzung links, gleich wieder rechts und an der Durchgangsstraße links. Auf der Otto-Quandt-Straße geht es nach der Unterführung gleich links, dann geradeaus weiter, über eine Brücke. Wo die Straße der Metallarbeiter links abgeht, halten wir uns schräg rechts (»Kreuzgasse«), an deren Ende rechts und weiter die Hallesche Landstraße links.

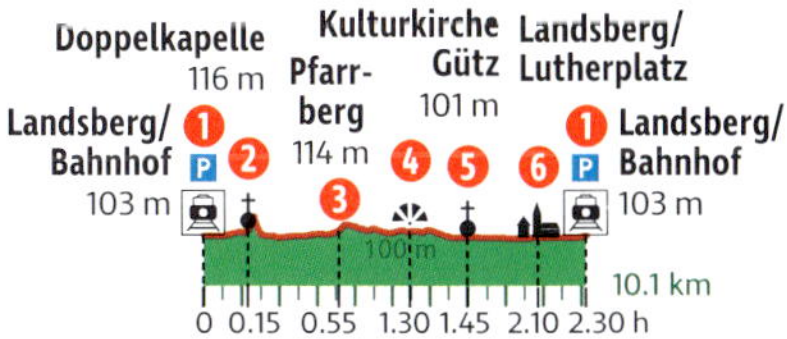

Nun wandern wir immer geradeaus, vorbei am **Lutherplatz** 6 von **Landsberg**, auch da, wo die Durchgangsstraße eine Rechtskurve macht (schräg rechts ist die Postmeilensäule in der Ferne zu sehen). Wir folgen der gepflasterten Straße geradeaus, vorbei an einem kleinen Trafohäuschen aus Backstein rechter Hand, dann geradeaus in den Fuß-/Radweg (Walter-Rathenau-Straße). Geradeaus und vor dem Hügel geht es links in die Hillerstraße. Nun laufen wir abwärts und nutzen unten schräg links die Rudolf-Breitscheid-Straße (scharf rechts zurück lohnt sich ein Blick zum Felsen des Kapellenberges). Unten geht es an der T-Kreuzung links, dann wieder scharf rechts in die Bahnhofstraße. Wir laufen immer geradeaus weiter und folgen schließlich der Straße schräg links. Kurz darauf ist der **Bahnhof Landsberg** 1 erreicht.

Der ehemalige Steinbruch auf dem Gützer Berg ist jetzt ein idyllischer See mit gewaltigen schroffen Felswänden, ein Paradies für Wanderer und Taucher.

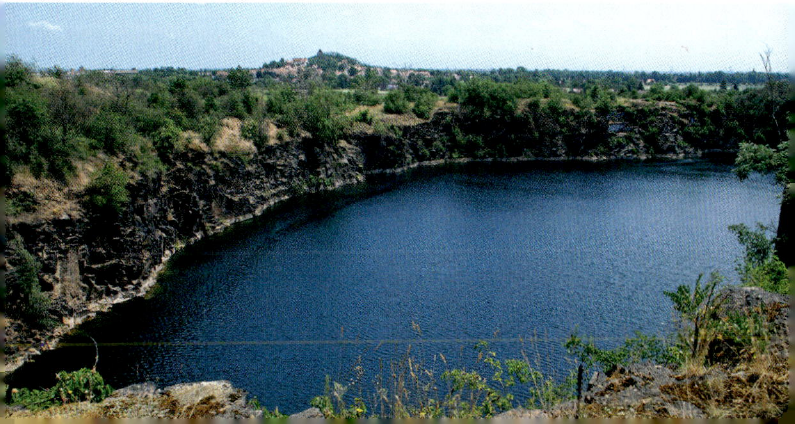

↗ 70 m | ↘ 65 m | 12.1 km

21 Von Döllnitz zum Dieskauer Park

3.00 h

Wilde Natur, Elsteraue und ein Schlosspark

Döllnitz an der Weißen Elster ist seit 1824 nicht nur Brauort der Biersorte »Gose«, sondern auch Storchort. Kein Wunder, denn in der nahe gelegenen Aue ist das ausgedehnteste Schilfgebiet des Saalekreises zu finden.
Zum Auftakt schlagen wir in Döllnitz zweimal einen großen Bogen in die Natur. Anschließend nähern wir uns dem romantischen Dieskauer Park von hinten. 1778 wurde er von Carl Christoph von Hoffmann, Kanzler der Universität zu Halle, nach dem Vorbild des Wörlitzer Parks angelegt. Der Dieskauer Park gehört zu den Gartenträumen Sachsen-Anhalts. Die Wanderung endet im Halleschen Stadtteil Bruckdorf (1950 eingemeindet).

Ausgangspunkt: Döllnitz, Bushaltestelle Mühlenstraße. Von Halle ZOB mit dem Bus 358 (Mo–Fr ca. stündlich, Sa/So alle 2 Std.). Autofahrer parken nahe des Endpunkts (Navi: Zieglerstr. 2, Halle (Saale)) und steigen an der Haltestelle Schmelzerstraße gegenüber der Gaststätte Koi in den Bus 358 ein.
Endpunkt: Halle-Bruckdorf, Bushaltestelle Halle, Schmelzerstraße. Nach Halle ZOB mit dem Bus 358 (Mo–Fr ca. stündlich, Sa/So alle 2 Std.).

Anforderungen: Keine Ausschilderung. Überwiegend deutliche Wege, keine erhöhten Anforderungen an die Orientierung. Viel Ortschaft bei Döllnitz (wird dreimal betreten). Nicht geeignet für heiße Sommertage, außer im Dieskauer Park.
Einkehr: Gasthof Bad in Döllnitz (nur Sa/So tagsüber, sonst nur abends, Mi Ruhetag); Koi Sushi & Grill in Bruckdorf (Mo/Mi/Do 15–17 Uhr geschlossen, Di Ruhetag).

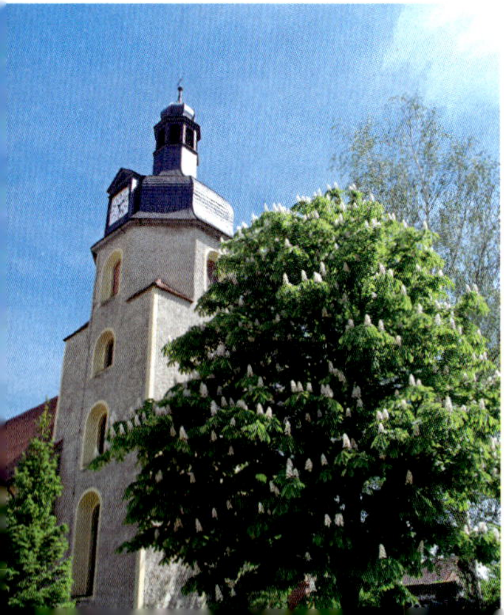

Von der Bushaltestelle Mühlenstraße ❶ in **Döllnitz** wenden wir uns in Richtung Ort und laufen am Platz mit großer Kastanie geradeaus, der Gosestraße folgend, eine Rasenfläche rechter Hand. An der Kreuzung geht es rechts in die Otto-Kreutzmann-Straße, dann die Straße Elstergasse links, erst vorbei am Gasthof Bad, dann am Kulturgarten. Wir halten uns vor der Kirche rechts, den Bauernstein und die Ortschronik rechter Hand, und am Ernst-Thälmann-Platz (wenige einfache Bänke, Festwiese) geradeaus. Vor

Die barocke Kirche (1715) in Döllnitz.

dem Haus Nr. 1 gehen wir rechts, die Alte Mühle rechter Hand, und gleich über die Brücke. Dann wandern wir geradeaus weiter, an der Schranke vorbei.

Das **Naturschutzgebiet Saale-Elsteraue** ❷ wird betreten. Wieder kommen wir über eine Brücke, dann ist links in den Pfad einzubiegen. Gleich geht es an der Gabelung rechts. Wir erfreuen uns an dem schönen Pfad, der links und rechts von Wasserflächen gesäumt wird. Am Ende des Pfades geht es links auf den Damm. Wir gehen in einem großen Linksbogen und genießen die Auenlandschaft. Alte Bäume grüßen rechter, ein Wald linker Hand. Wir bleiben immer auf dem Damm. Die Bunawerke und später die Merseburger Türme werden rechter Hand sichtbar, später in der Ferne auch der Ort Lochau. Nach Überschreiten des Flusses Weiße Elster an einem Hubschütz wird links der Damm verlassen.

An Gärten wird wieder **Döllnitz** betreten. Wir folgen dem Weg und gehen dann die Straße Zur Neuen Siedlung geradeaus. An der Regensburger Straße (Sparkasse) geht es schräg rechts. Nun folgen wir dem Weg immer geradeaus und überschreiten vorsichtig die Durchgangsstraße. Wir laufen nun einen weiten Linksbogen durch den Wald, immer auf dem Hauptweg. Linker Hand ist immer wieder das Gewässer Nasspresse zu sehen. Schließlich geht es an einem Acker entlang und wieder geradeaus über die Durchgangsstraße. Am breiten Weg halten

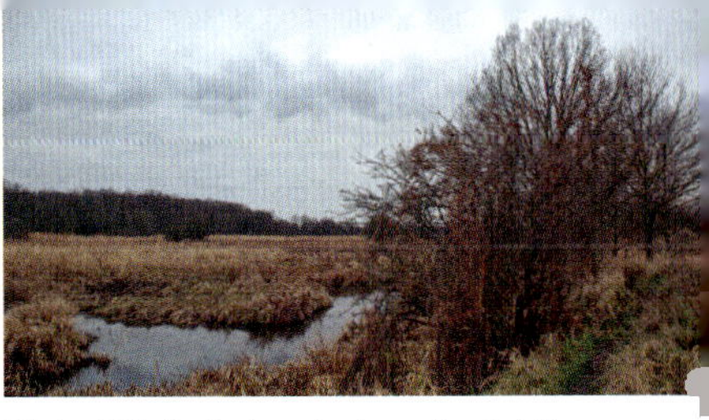

Hinter Döllnitz finden wir ein großes Schilfgebiet mit offenen Wasserflächen.

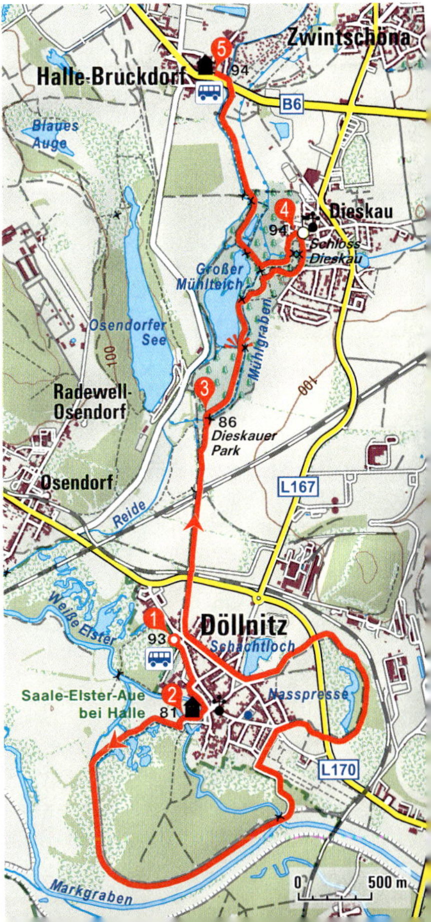

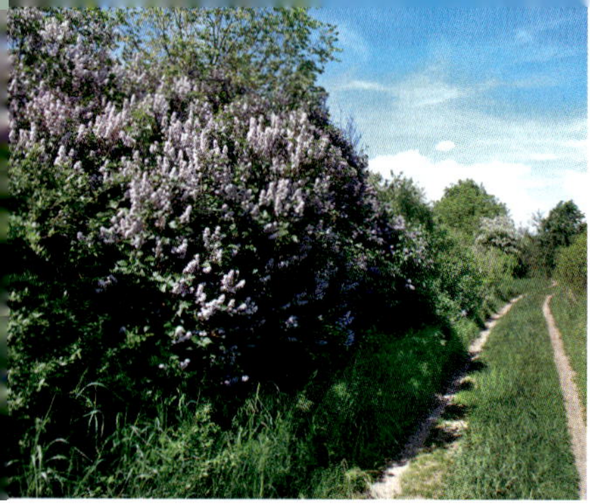

Auf dem Weg zum Dieskauer Park blüht der Flieder.

wir uns schräg rechts. Erneut wird **Döllnitz** betreten. Hier gehen wir geradeaus und biegen an der Kreuzung rechts ein, wieder in den Elsterradweg. Nun halten wir uns für ca. 700 m immer geradeaus, bis vor der Bushaltestelle Döllnitz, Mühlenstraße, schräg rechts in die Kleine Mühlenstraße einzubiegen ist. Die Straße geht am Ende geradeaus in einen Feldweg über. Wieder überqueren wir vorsichtig die Durchgangsstraße, dann ein Gleis. Nach ca. 50 m halten wir uns schräg links. Bald geht es durch eine Bahnunterführung, dann zunächst am Abzweig geradeaus. Der Weg wird unbefestigt. Nun heißt es wieder aufpassen. An der ersten Gabelung bleiben wir links auf dem Hauptweg, aber an der zweiten verlassen wir den Hauptweg und halten uns rechts Richtung Acker, wo der Weg nach links schwenkt. Weiter geradeaus kommen wir bald wieder in den Wald. An einer Bank mit Tisch biegen wir links ein. Hier deutet ein kleines Schild »Es klappert die Mühle« auf die ehemalige Wassermühle hin.
Gleich biegen wir rechts ein und sind nun im **Dieskauer Park** **3**. Wir wandern immer geradeaus weiter, begleitet von alten Eichen und anderen Laubbäumen. Der Mühlgraben liegt rechter Hand. Auch an der Kreuzung (Brücke rechter Hand), wo links der Große Mühlteich lockt (Abstecher), halten wir uns geradeaus. An der folgenden Brücke geht es jedoch nach rechts (geradeaus bietet sich vorher ein Abstecher zu den Stationen Chinesisches Wasserhaus und Älteres Liebespaar an), dann gleich in den ersten Weg links. (Geradeaus würde ein kurzer Abstecher zur Meier-Urne, einem Denkmal für den halleschen Philosophen Georg Friedrich Meier führen.) Wir wandern am Hoffmann-Denkmal, wo eine Bank mit Seeblick zur Rast anhält, geradeaus und folgen dem sich schlängelnden Pfad immer weiter. Schließlich wird linker Hand die Skulptur Blauer Mäander sichtbar. An der Fürst-Franz-Stele halten wir uns schräg links, hinter einer Bank, der Blaue Mäander links von uns. Dann geht es rechts in den etwas breiteren Weg.

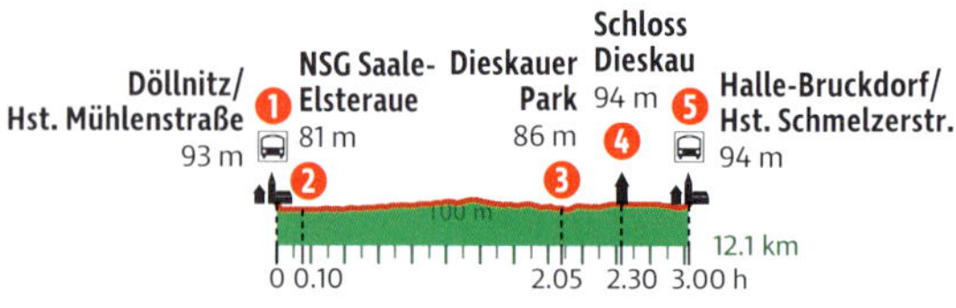

Nach der Teschener Friedenssäule laufen wir schräg rechts hinauf, vorbei am Apoll.

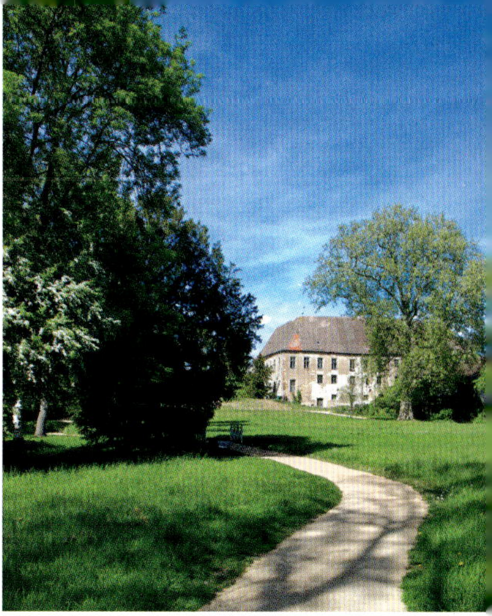

Schloss Dieskau wurde um 1600 errichtet und um 1900 umgebaut.

Vor dem Chinesischen Teehaus, wo sich ein Blick auf den Pleasure Ground bietet, biegen wir links ein und halten uns an der Kreuzung geradeaus. An zwei steinernen Bänken würde es schräg rechts zum Amor-Denkmal gehen. Wir aber wandern hier links und dann immer geradeaus, den Pleasure Ground linker Hand, auf einer kleinen weißen Brücke über den Pritschenteichgraben. An der T-Kreuzung biegen wir links ein, dann geht es gleich für einen Abstecher scharf rechts und nach dem Gebäude erneut rechts, die Kirche linker Hand. An der Hinterseite von **Schloss Dieskau** ❹ lässt sich der Neorenaissancestil gut erkennen. Wir kehren zurück zum Pleasure Ground und gehen nun am Abzweig geradeaus, vorbei an der Flora-Statue. Am Abzweig geht es schräg rechts, wieder rechts vorbei an der Teschener Friedenssäule und dem Blauen Mäander. An der Vater-Hoffmann-Vase geht es rechts, den Lyrischen Baumkreis gleich rechter Hand. Wir überschreiten bald die sogenannte Chinesische Brücke, wo sich ein Blick über den Großen Mühlteich bietet, gehen zunächst geradeaus und an der Gabelung rechts, vorbei an der Skulptur Osttor, dann schräg rechts.

Wir kommen geradeaus durch die Streuobstwiese Pfingstanger. Nun geht es immer geradeaus, die **Reide** bald linker Hand, auch an einer Kreuzung. Wir biegen schließlich links in die Leipziger Chaussee nach **Bruckdorf** ein, überqueren die Reide und erreichen die Bushaltestelle **Halle, Schmelzerstraße** ❺, wo man gegenüber im Koi Sushi & Grill die Wanderung ausklingen lassen und auf den Bus warten kann.

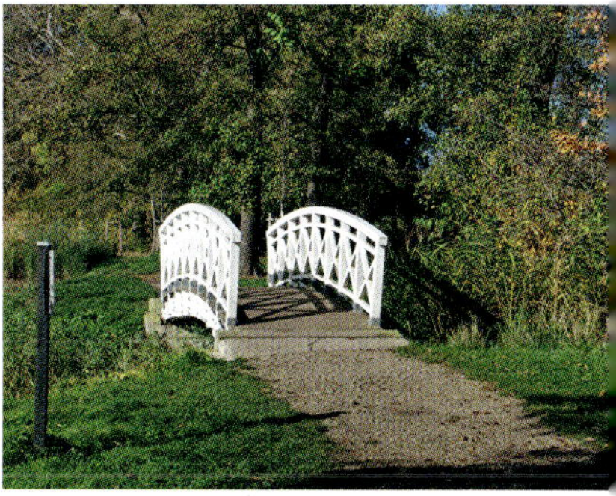

Ende des 18. Jh. wurden mehrere Objekte im »chinesischen Stil« errichtet – hier die sogenannte Chinesische Brücke.

↗ 80 m | ↘ 80 m | 13.5 km

22 Von Raßnitz zum Gut Ermlitz

3.15 h

Von einem See durch Wald und Feld

Die Elster-Luppe-Aue zwischen Halle und Schkeuditz bietet mit ihren Resten an Auwäldern und Wiesen ein vielgestaltiges Wandergebiet. Doch ist die Landschaft zum Hochwasserschutz umgestaltet und sind ihre Gewässer im 20. Jh. zum Teil stark verändert worden. Auf dieser Runde lernen wir einen begradigten Flussabschnitt der Weißen Elster sowie den aus einem Braunkohletagebau-Restloch entstandenen Raßnitzer See kennen, der sich gut in die Auenlandschaft einpasst.

Unser erstes Ziel ist der Aussichtsturm am Raßnitzer See, mit schönem Blick über das Gewässer. Auf dem Damm der Weißen Elster erreichen wir den kleinen Landschaftspark von Gut Ermlitz mit wertvollem Baumbestand. Im zweiten Teil erfreuen uns schöne Graswege bei Röglitz, noch Teil des Landschaftsschutzgebietes Elster-Luppe-Aue, die weite Blicke in die Landschaft gestatten. Am Schluss erwartet uns ein kleiner kultureller Höhepunkt an der barocken Kirche Weßmar: Neben barocken Grabsteinen steht der »Schandstein«. Wer etwas verbrochen hatte, wurde auf diesem dem Spott preisgegeben.

Ausgangspunkt: Raßnitz, Bushaltestelle Raßnitz, Schule. Von Halle (Saale) Hbf. mit der RB in Richtung Merseburg oder der Straßenbahnlinie 5 Richtung Ammendorf bis Ammendorf, dort mit dem Bus 724 Richtung Schkeuditz (ca. alle 3 Std.). Kleiner Parkplatz anbei (nur Sa/So erlaubt, Navi: Thomas-Müntzer-Straße 55C, Raßnitz, Schkopau); ansonsten unter der Woche Parkplatz auch weiter östlich nahe Sportzentrum Weßmar (Navi: Thomas-Müntzer-Straße 60, Weßmar, Schkopau) oder am Raßnitzer See (Navi: Zur Weißen Elster 10, Raßnitz, Schkopau, über die Brücke, dann links).

Anforderungen: Keine Ausschilderung, aber überwiegend breite und deutliche Wege. Undeutlicher Weg allerdings zwischen Röglitz und Weßmar. Ggf. viele Radfahrer auf dem Damm der Weißen Elster.

Einkehr: Keine.

Hinweise: 1) Das Baden im Raßnitzer See ist nur von Mai–August und nur im Nordbereich an der ausgeschilderten Badestelle nahe Aussichtsturm erlaubt. Nacktbaden und Tauchen sind verboten. 2) Der Park beim Herrenhaus Ermlitz wird auch für Events genutzt (Umgehung s. Tourenbeschreibung).

Tipp: Im Winter und im zeitigen Frühjahr Fernglas zur Vogelbeobachtung mitnehmen.

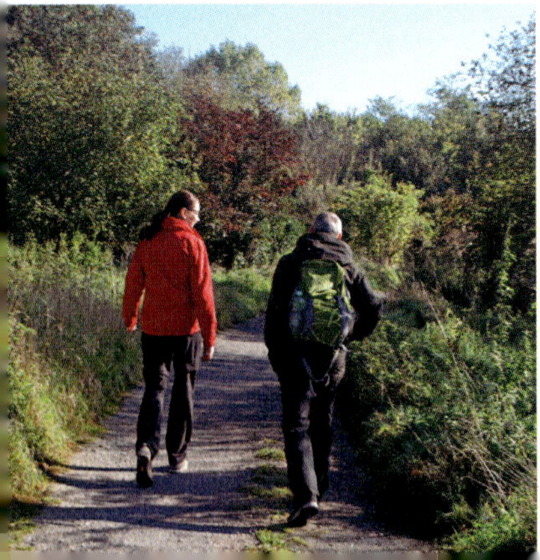

Auf dem Wanderweg am Raßnitzer See.

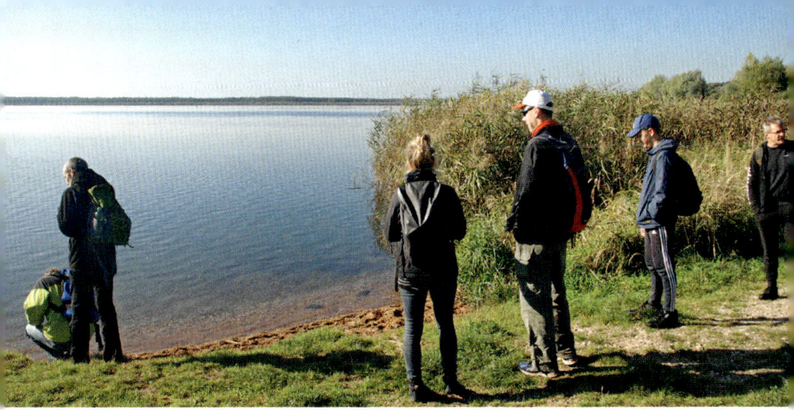

Der Raßnitzer See gehört zu der aus Tagebaurestlöchern entstandenen Seenlandschaft Merseburg-Ost.

Von der Bushaltestelle in **Raßnitz** ❶ nehmen wir am Parkplatz, mit dem Rücken zur Schule, den idyllischen Pfad hinunter. Dieser geht bald in eine kleine Straße über, auf der wir immer geradeaus laufen, auch am Abzweig, wo sie in die Straße Zur Weißen Elster übergeht. An der Gabelung wenden wir uns links hinauf und überqueren die Brücke. Danach halten wir uns geradeaus, der Weg schwenkt nach rechts. Unten wandern wir geradeaus weiter. Vor dem **Aussichtsturm** ❷ wenden wir uns nach links in den Pfad und nutzen gleich den Weg vor dem **Raßnitzer See** links. Beim Rastplatz halten wir uns geradeaus (Durchfahrt verboten), leicht links versetzt. An der Gabelung (Schranke) gehen wir rechts und gleich schräg rechts in den Pfad (wer es bequemer mag, bleibt auf dem Hauptweg), um etwas näher am See zu sein. An einer platzartigen Erweiterung kehren wir am Abfalleimer links zum Hauptweg zurück, in den wir rechts einbiegen.

Nun heißt es aufpassen. Nach ca. 350 m biegen wir in den ersten deutlichen Pfad links ein, der nach kurzer Zeit breiter wird. Hier halten wir uns geradeaus. Wir wandern immer auf dem Hauptweg weiter, eine große Wiese rechter Hand. An einem Abzweig schwenkt unser Weg nach rechts. Wo nach einiger Zeit (ca. 1,5 km) rechts ein breiter Feldweg abzweigt, halten wir uns schräg links. Weiterhin bleiben wir immer auf dem Hauptweg, der sich durch die Aue schlängelt. Am Waldende halten wir uns geradeaus, den Damm linker Hand. Auch an einem Abzweig geht es geradeaus, vorbei an einer Bank. Wir überqueren die Brücke und halten uns dann gleich rechts (Vorsicht, hier können viele Radfahrer

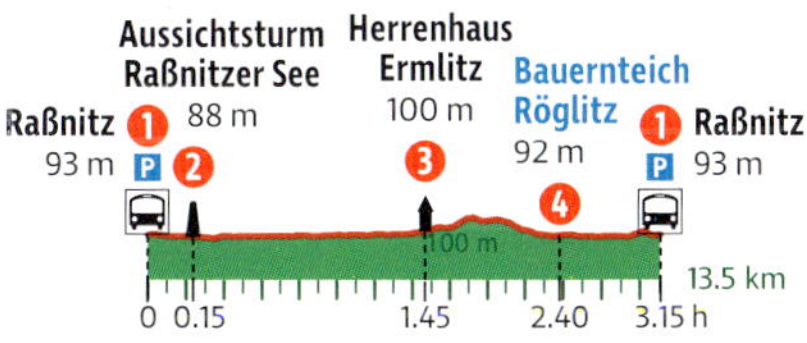

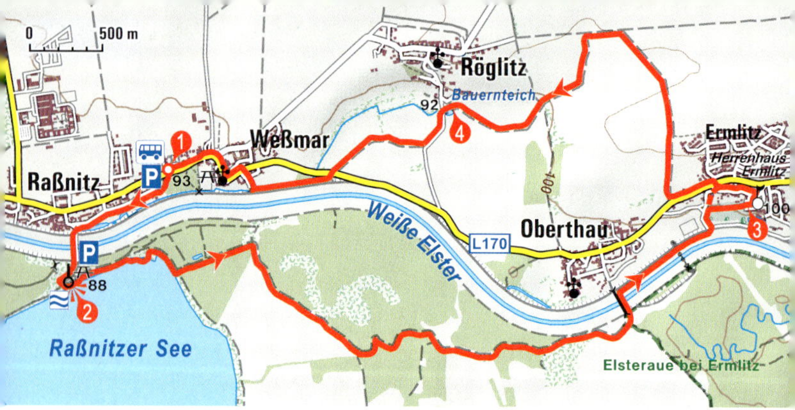

sein). Die weiten Wiesen an der begradigten Weißen Elster dienen auch als Schafweide. Wir überqueren eine Fernwärmeleitung, dann liegt bald ein Sportplatz linker Hand, der wegen der Bäume im Sommer schlecht zu sehen ist. Kurz danach biegen wir vor Bungalows links ein, gleich wird ein kleiner Parkplatz linker Hand passiert.
Wir folgen den Laternen geradeaus, dann gehen wir rechts durch ein Tor in der Backsteinmauer in den kleinen Park. (Sollte hier ein Event stattfinden, dann gehen wir geradeaus weiter und wenden uns weiter oben links zur Durchgangsstraße, dann links.) Wir halten uns geradeaus, rechter Hand sind Streuobstwiesen. Bald wird eine Rundbank um einen Baum erreicht. Unmittelbar vor dem **Herrenhaus Ermlitz** ❸ geht es links durch das weiße Fußgängertor mit Klinke. Wir gehen links am Gebäude vorbei und wenden uns dann links hinauf. Oben an der Straße halten wir uns links, dann immer geradeaus. An der Durchgangsstraße (Schkeuditzer Straße) geht

Am barocken Herrenhaus Ermlitz (18. Jh.) erfreut ein im englischen Stil angelegter Park.

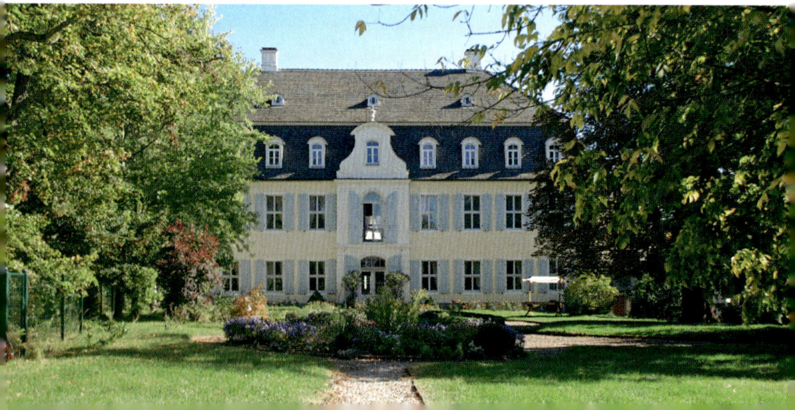

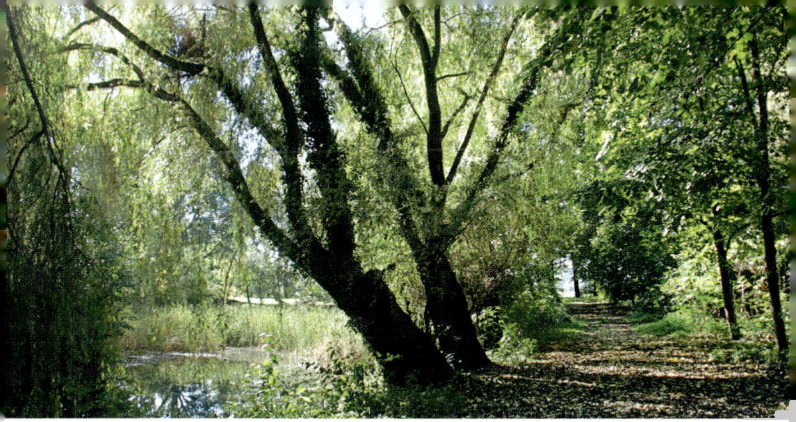

Am Bauernteich wird es romantisch.

es erneut nach links. Am Ortsende biegen wir gegenüber der Freiwilligen Feuerwehr rechts in den breiten Feldweg ein und kommen wieder in das **Landschaftsschutzgebiet Elster-Luppe-Aue**, das nur für den Ort Ermlitz verlassen wurde.

Nun geht es für eine Weile geradeaus hinauf, später wieder hinunter, und der Weg schwenkt nach schräg links. Schließlich geht es an der T-Kreuzung links und in den ersten Weg wieder links, der grasbewachsen hinunterführt. An der Kreuzung wandern wir geradeaus weiter, der Weg schwenkt zweimal nach schräg rechts. Kurz vor **Röglitz** halten wir uns an der Gabelung links, den **Bauernteich** 4 linker Hand. An der T-Kreuzung ist links in die kleine Straße einzubiegen. In der Linkskurve biegen wir schräg rechts (leicht rechts versetzt) in den grasbewachsenen Weg Richtung Hochsitz ein, ggf. am Anfang schwer zu erkennen. Er führt links des Hochsitzes weiter. Achtung, auch hier ist er schwer zu sehen, denn er führt rechts des Feldes schmal und undeutlich weiter.

An der Straße halten wir uns geradeaus (leicht rechts versetzt), gehen bald rechts hoch zum Damm und auf ihm weiter (Achtung, hier können wieder viele Radfahrer sein). Bei **Weßmar**, dessen Kirchturm sichtbar wird, nutzen wir den ersten Abzweig rechts und gehen geradeaus bis zur Durchgangsstraße, in die wir links einbiegen. Links an der Michaeliskirche (18. Jh.) entlang führt ein Abstecher zum barocken Grabstein der Christiana Hänschkel, den Pastorengrabsteinen in der Wand (mit Informationstafeln), dem Schandstein neben dem Kircheneingang und einem Rastplatz. Ohne Abstecher biegen wir vor der Kirche rechts ein. Wir folgen kurz darauf der Straße nach links (Richtung Halle/Lochau). Wir können ab der Kurve den Fußweg links, parallel zur Straße, nutzen. Nach der Brücke laufen wir geradeaus, und Bushaltestelle und Parkplatz in **Raßnitz** 1 werden wieder erreicht.

↗ 30 m | ↘ 30 m | 13.3 km

23 Von Zöschen in die Luppeaue

3.00 h

Park, Feld, Wald und ein See

Diese Tour führt in den besonders naturnahen Südteil der Elster-Luppe-Aue. Die Luppe mäandert hier noch in ihrem natürlichen Lauf. Nördlich von Dölkau ist dichter Hartholzauenwald erhalten. Ansonsten lockern Felder und Feuchtwiesen die Landschaft auf.

Den Auftakt bildet der kleine Brandenstein-Dieck-Park in Zöschen, Rest des von Georg Dieck (1847–1926) geschaffenen Arboretums mit vielseitigem Baumbestand, vom Urweltmammutbaum bis zur Sumpfzypresse. Nahe der Luppe wandern wir zum klassizistischen Schloss Dölkau (Privatbesitz), das vom Nordufer des Schlossteichs besonders schön anzusehen ist. Durch Wald und Feld erreichen wir den Raßnitzer See und kehren durch den historischen Ortskern von Zöschen mit barocker Dorfkirche und altem Rathaus zurück zum Ausgangspunkt.

Ausgangspunkt: Zöschen, Bushaltestelle »An der B181, Leuna«. Von Halle (Saale) Hbf. mit der RB Richtung Weißenfels nach Merseburg, dort in den Bus 131 Richtung Leipzig (ca. alle 2 Std.). Parkmöglichkeiten in der Zöschener Dorfstraße (Navi: Zöschener Dorfstraße 5).
Anforderungen: Wenig Ausschilderung, aber überwiegend breite und deutliche Wege, ab und zu Pfade.
Einkehr: Keine auf der Wanderung. In Wallendorf gibt es den Historischen Weinkeller (tgl. geöffnet); dazu geht man am Raßnitzer See weiter geradeaus und folgt der Ausschilderung (ca. 1,5 km einfacher Weg).

Idyllische Wege führen durch die Luppeaue nördlich von Dölkau.

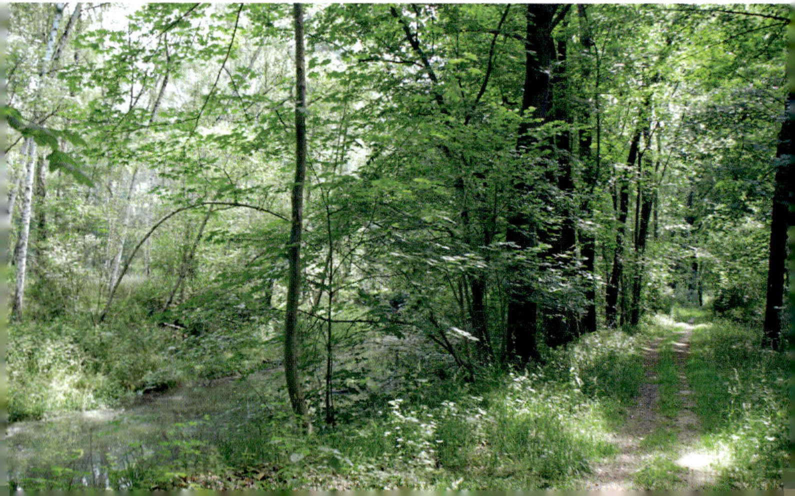

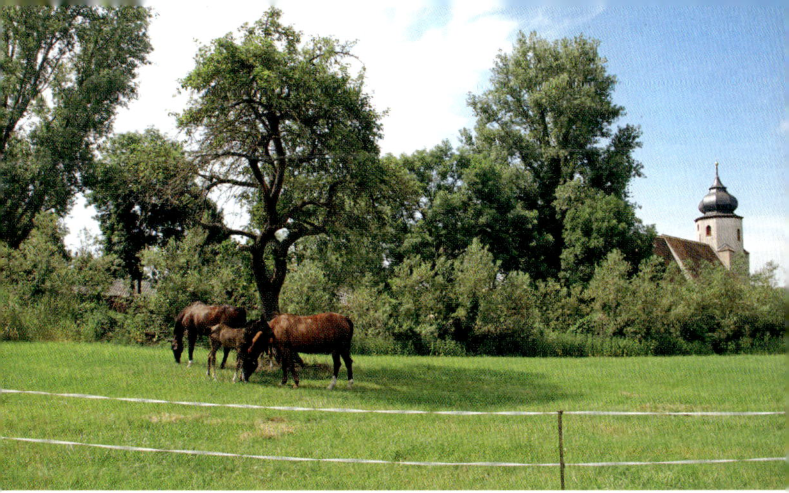

Die Kirche in Zweimen wird im Volksmund auch als »Dom der Elster-Luppe-Aue« bezeichnet. Der schlichte Bau in ländlicher Umgebung strahlt Ruhe aus.

Von der **Bushaltestelle »An der B181«** ❶ in **Zöschen** gehen wir zur Ampel und biegen dann rechts in die Zöschener Dorfstraße ein. Nach dem Dorfplatz wenden wir uns nach dem Haus Nr. 20 nach rechts und überschreiten die Brücke. Dann halten wir uns geradeaus. Rechts an der Alten Turnhalle vorbei betreten wir den **Brandenstein-Dieck-Park**. Linker Hand liegt der Teich. Wir folgen dem Baumlehrpfad. Gleich liegt Nr. 13 rechter Hand und Nr. 1 linker Hand. Nach der Brücke biegen wir links ein. Wir gehen den Pfad immer weiter, der eine Linkskurve macht. Nach einer weiteren Brücke biegen wir links ein. Rechter Hand sind Enten- und Hühnergehege zu sehen. Am Stein Nr. 9 geht es geradeaus und der Park wird wieder verlassen.
An der T-Kreuzung (links liegt die Alte Turnhalle) halten wir uns rechts, gleich der Spielplatz linker Hand. Am Straßenschild »Zöschener Dorfstraße« gehen wir weiter geradeaus über den Parkplatz und rechts am Rastplatz vorbei. Nach einer Brücke über die Luppe ist das **Naturschutzgebiet Luppeaue bei Horburg und Zweimen** ❷ erreicht. Nach der zweiten Brücke kommen wir an eine Kreuzung, wo wir rechts einbiegen, dem Jakobsweg

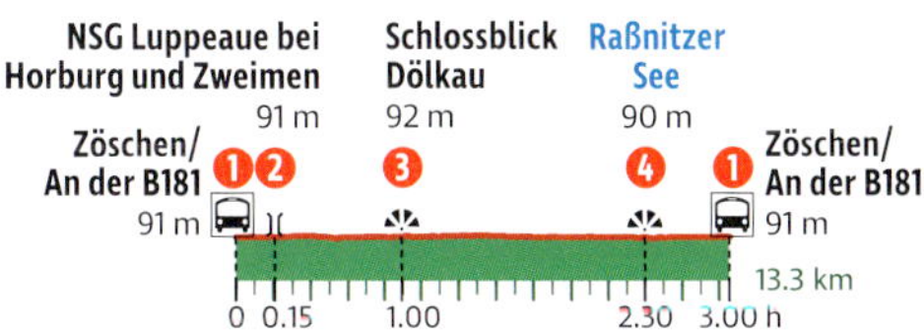

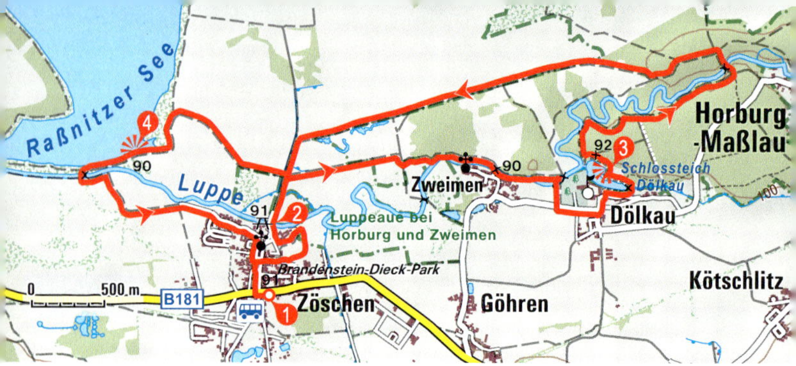

sowie dem Radwanderweg Salzstraße folgend. An der T-Kreuzung halten wir uns kurz rechts und gleich wieder links in den grasbewachsenen Weg. Wir laufen immer geradeaus. Später ist die Kirche von Zweimen rechter Hand zu sehen. An der ersten Brücke geht es vorbei in den Wald, doch an der T-Kreuzung biegen wir rechts ein, um die zweite Brücke zu überqueren. Das **Schloss Dölkau**, das wir nun umrunden wollen, liegt linker Hand. Später wird es besser zu sehen sein. Wir folgen dem Feldweg. An der Straße geht es links, am Schlosstor und an der Bushaltestelle vorbei. Dann ist links einzubiegen. Wir laufen geradeaus weiter und halten uns erst unmittelbar vor dem Tor des alten Gutes kurz rechts und gleich wieder links. Vor dem **Schlossteich** biegen wir rechts ein und folgen dem Pfad. Weiter vorn geht es wieder links über die Brücke. Gleich danach halten wir uns erneut links, um weiter am Teichufer zu gehen. Nach einigen Kurven genießen wir den **Schlossblick** ❸ linker Hand. An einem Abzweig geht es geradeaus.

Erst in Sichtweite des Schlosstores biegen wir scharf rechts ein und folgen an der Gabelung rechts dem Hauptweg. Kurz danach kommen wir wieder über

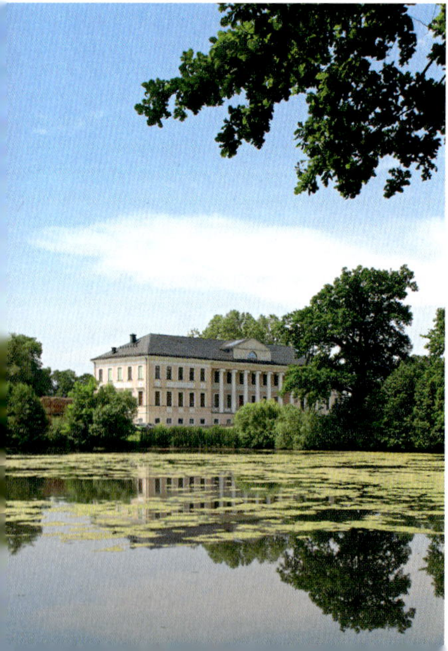

Das klassizistische Schloss Dölkau wurde 1803–1806 errichtet. Hier weilte um 1851 der Komponist Johannes Brahms.

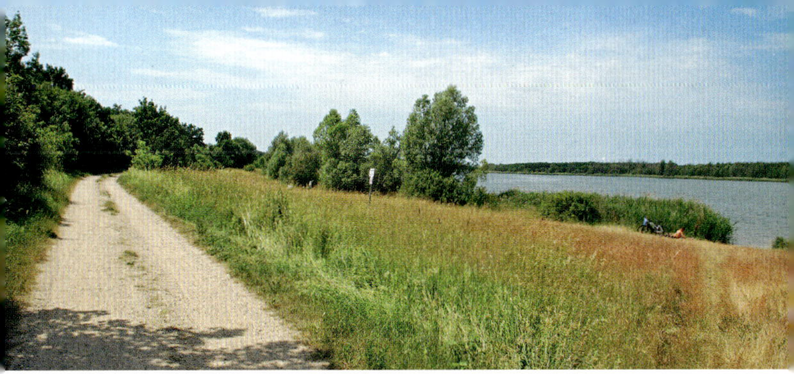

Auch die Südseite des Raßnitzer Sees ist durch Wander- und Radwege gut erschlossen.

eine Brücke. Nun folgen wir für einige Zeit diesem Weg, bald sieht man die Alte Luppe linker Hand. Wir wandern immer geradeaus. Erst an der Kreuzung geht es links (Radweg nach Maßlau), wieder über eine Brücke. Auch an der folgenden Kreuzung halten wir uns links, so auch an der Gabelung. Am Waldrand halten wir uns schräg rechts und wandern für knapp 3 km immer geradeaus, das Naturschutzgebiet Luppeaue linker Hand. An einer T-Kreuzung ist links einzubiegen. An der Kreuzung, die wir schon vom Hinweg kennen, geht es rechts. Weiter vorn halten wir uns am Ende des mit Bäumen bestandenen Feldweges (Jakobsweg) an der Gabelung links (Schild »Radlertreff«). Nach der Rechtskurve genießen wir einen schönen Blick auf den **Raßnitzer See** ❹.

An der Tafel »Ein Nistfloß für die Flussseeschwalbe« halten wir uns schräg links, nehmen den Pfad und überschreiten bald die Brücke, den sogenannten Schaaf-Steig. Dann biegen wir links ein. Unser Weg macht erst eine Rechts-, dann eine Linkskurve. Geradeaus geht es nach **Zöschen**, so für ca. 500 m auch im Ort. Wir gehen rechts an der Kirche vorbei (man beachte rechts das Schild zur Franzosenbraut und zu Dieck), biegen am Dorfplatz links und gleich nach dem Kriegerdenkmal wieder rechts ein. Nun laufen wir die Zöschener Dorfstraße geradeaus zurück zur **Bushaltestelle »An der B181«** ❶.

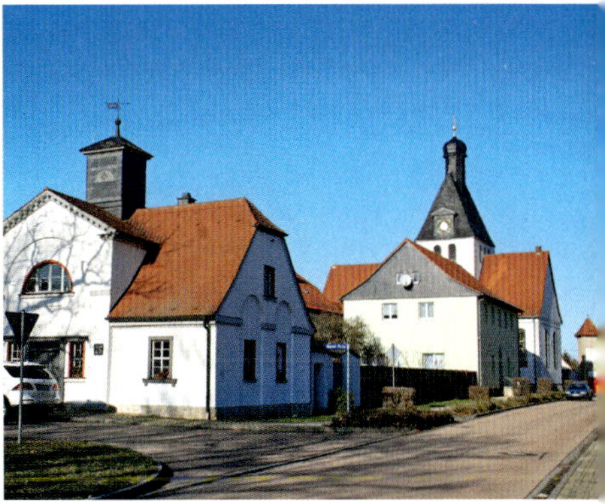

Der historische Dorfkern von Zöschen.

TOP

24 Von Kötzschau nach Merseburg

↗ 80 m | ↘ 90 m | 21.3 km

6.00 h

Bachtäler, Seen und ein Schloss

Die Wenigsten wissen es – südlich und westlich von Merseburg gibt es Naturidylle in Hülle und Fülle, wenn man nur weiß, wo. Inmitten der weiten Ebene zwischen Schladebach und Wallendorf lädt ein Teppich aus Teichlandschaft, Wiesen und Wäldchen zum Wandern ein, im Norden umrandet von Luppeaue und Auwaldrestgehölz Fasanerie bei Merseburg. Im Süden schließt sich die Flussaue zwischen dem Fließgewässer Der Bach und dem Elsterfloßgraben an, der schon 1579–1587 für die Holzflößerei vom Vogtland zu den Salinen in Bad Dürrenberg und Halle angelegt worden war.
Wir wandern auf einem wildromantischen Weg am Elsterfloßgraben nach Schladebach. Anschließend kommen wir an mehreren großen Wasserflächen vorbei. Die ehemaligen Kiesgruben sind heute Angelgewässer. In Wallendorf erreichen wir die Luppeaue und folgen dem Naturlehrpfad Rüsternweg. Über kleine Pfade wird durch Wald und an der Saale entlang Merseburg erreicht, wo die romanische Neumarktkirche St. Thomae, das Schloss, der Dom und weitere Sehenswürdigkeiten locken.

Ausgangspunkt: Bahnhof Kötzschau. Von Halle (Saale) Hbf. (Autofahrer ab Merseburg Hbf., Navi: Bahnhofsplatz 1, Merseburg, Parkplatz Sa/So kostenfrei) mit dem RE Richtung Erfurt oder der RB Richtung Weißenfels bis Großkorbetha, dort mit der RB Richtung Leipzig (ca. stündlich) bis Kötzschau.
Endpunkt: Merseburg Hauptbahnhof. Vom Hbf. mit dem RE oder der RB Richtung Halle (Saale) Hbf. (ca. alle 30 Min.).
Anforderungen: Die lange Tour verlangt Ausdauer. Hoher Anteil an breiten Feldwegen, ansonsten viele kleine Pfade. Langes gerades Wegstück vor Wallendorf. Orientierung schwierig westlich von Wallendorf. Für Kinder und weniger ausdauernde Wanderer bietet es sich an, von Merseburg ZOB am Bahnhofsplatz mit dem Bus 131 Richung Leipzig bis Wallendorf (Luppe) Anker, Schkopau zu fahren und die Wanderung an der Wallendorfer Dorfkirche 5 (Fußweg ab Bushaltestelle) zu beginnen, dann die Mühlstraße links (Tourenlänge 9 km).
Einkehr: Zur Mühle in Kötzschau (Mo/Di Ruhetag); Historischer Weinkeller in Wallendorf (tgl. geöffnet); mehrere Gaststätten in Merseburg.
Tipps: 1) Eisenbahnmuseum am Bhf. Kötzschau (Infos unter eisenbahnfreunde-koetzschau.com). 2) Merseburger Dom (tgl. geöffnet, Infos u. a. zu Führungen unter merseburger-dom.de).

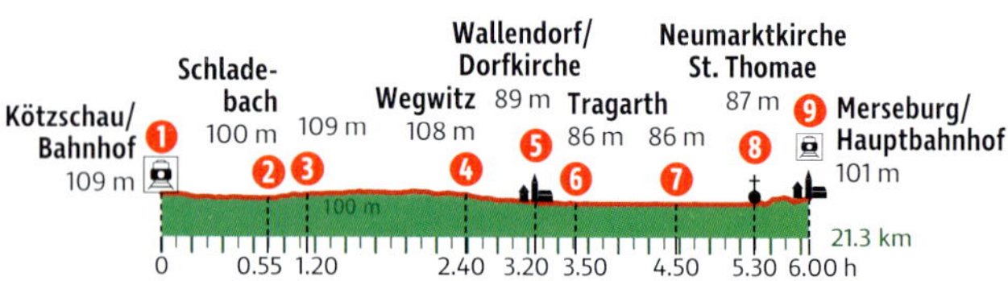

Aus Richtung Halle kommend, gehen wir gegenüber dem **Bahnhof Kötzschau** ❶ zur Schranke und dort rechts (da der Weg geradeaus, rechts der Gleise von der DB verboten ist). **Rampitz** ist schnell erreicht, dort biegen wir an der Kreuzung links ein (Schachtplatz) und gleich wieder links. Die Straße geht am Haus Nr. 13 rechts der Bäume in einen Fußweg über. An der T-Kreuzung halten wir uns rechts. Unser Weg wird bald zum Wiesenweg. Hier erfreuen schöne Blicke über das offene Land. Links geht es durch einen Tunnel, dann geradeaus. Nach ca. 100 m überschreiten wir rechts eine kleine Brücke und biegen gleich links ein. Der Elsterfloßgraben liegt linker Hand, bald auch ein Teich. An einer Gabelung halten wir uns links, dem Graben folgend, dann geradeaus entlang einer Allee. Nun wandern wir immer geradeaus bis zur Straße, den Gasthof Zur Mühle rechter Hand. Hier biegen wir rechts, dann gleich wieder links ein (Schild »Parkplatz zur Grundschule«). An einem Abzweig geht es geradeaus.
Weiter vorn wird unser Weg schmaler, zum Pfad und verläuft bald zwischen Floßgraben und einem weiteren Bach, genannt »Der Bach«. An einem Rastplatz halten wir uns schräg links. An der Straße steuern wir zunächst rechts auf den Ort zu, biegen aber unmittelbar vor **Schladebach** ❷ vor der Garage des Hauses Nr. 22 links in den kleinen Weg ein. An einer T-Kreuzung geht es rechts in Richtung Kirche, davor (und vor einem Rastplatz) links. An der Wallendorfer Straße gehen wir ein Stück geradeaus, dann nutzen

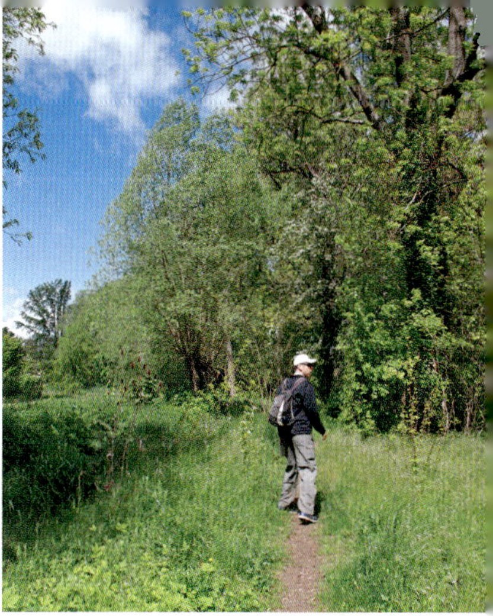

Am Elsterfloßgraben lässt es sich schön wandern.

Der Turm der Dorfkirche zu Schladebach wurde 1511 errichtet, die Kirche 1752 barock umgebaut.

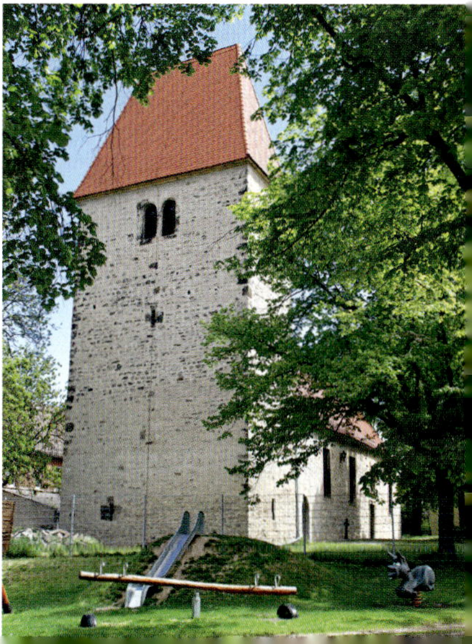

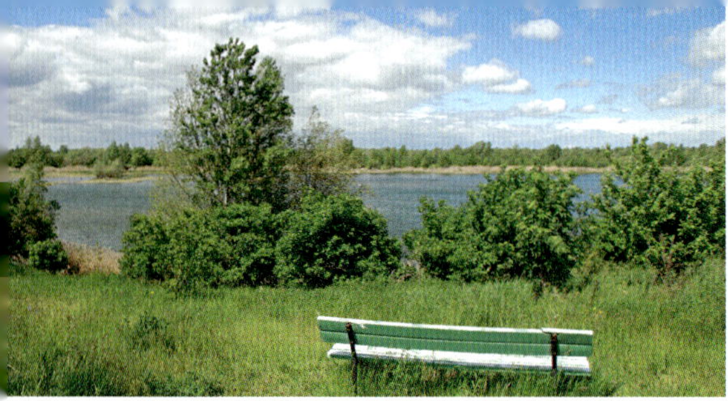

An den Kiesgruben lädt eine einsame Bank zur Pause ein.

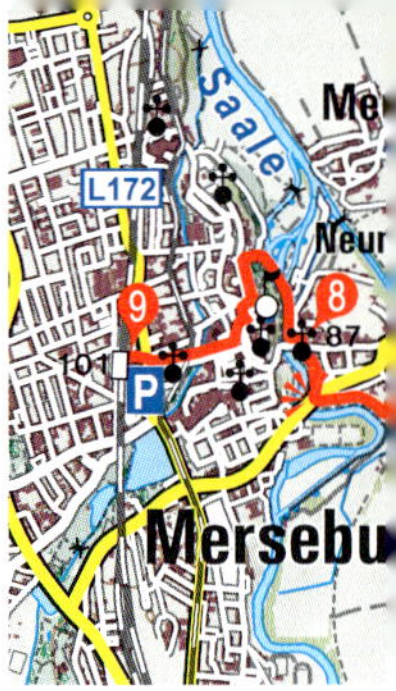

wir schräg rechts die Zöschener Straße und halten uns gleich an der ersten Straße rechts. Der Weg führt am Ortsrand entlang. An der T-Kreuzung biegen wir links ein.

Gleich sind die ersten Teiche der **Kiesgruben Wallendorf-Schladebach 3** erreicht. Am Ende des Feldes halten wir uns rechts (wir bleiben oben), der Weg schwenkt nach links und bald noch einmal nach links. An einer T-Kreuzung geht es rechts, vorbei an einer Bank. Hier bietet sich ein schöner Blick auf den Teich. Wir folgen unserem Weg weiter, vorbei an einem weiteren Teich, bis wir an der T-Kreuzung rechts in den breiten Weg einbiegen. Dann geht es an einem Abzweig schräg links und an der T-Kreuzung rechts. Unser Weg schwenkt scharf nach links ein und dann nach rechts. Die Windmühle von Zöschen wird vorne rechts in der Ferne sichtbar. Wir gehen für ca. 1,5 km geradeaus zwischen Feldern, bis wir an der Kreuzung, wo die Mühle noch besser zu sehen ist, rechtwinklig links einbiegen. An der T-Kreuzung halten wir uns rechts und folgen dem Feldweg, der schließlich nach links schwenkt. In der Ferne wird Wallendorf sichtbar. Wir bleiben immer auf dem Hauptweg.

An der Straße halten wir uns kurz links, dann gleich wieder rechts nach **Wegwitz 4**, einem Ortsteil von Wallendorf. Wir folgen der kleinen Straße immer geradeaus durch den netten Ortsteil, den Wald rechter Hand. Schließlich gelangen wir zu einem kleinen Platz mit Spielplatz, auch einem Rastplatz, wo wir uns an der Gabelung rechts halten. Nach dem letzten Gehöft überqueren wir links die Brücke und biegen gleich wieder links ein. Der **Naturlehrpfad Rüsternweg** ist erreicht, den wir in umgekehrter Richtung, bald von Tafel 16 an, abwärtsgehen. Wir folgen dem schönen Weg immer geradeaus, schließlich vorbei an Kopfwei-

Die Wallendorfer Wassermühle wird bereits 1091 erwähnt.

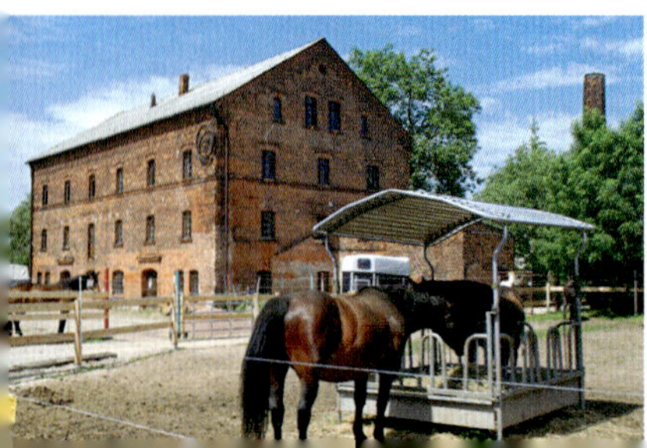

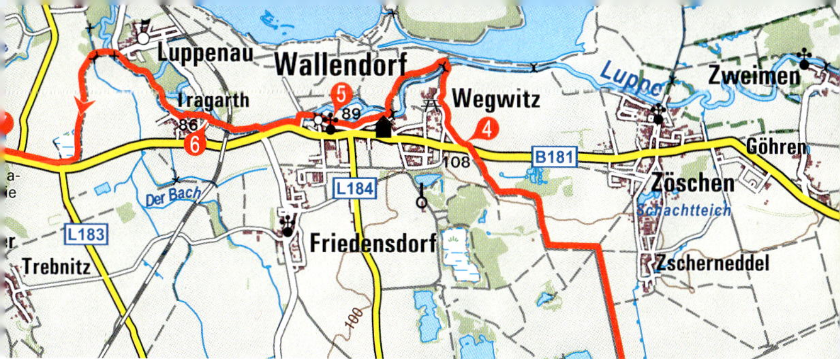
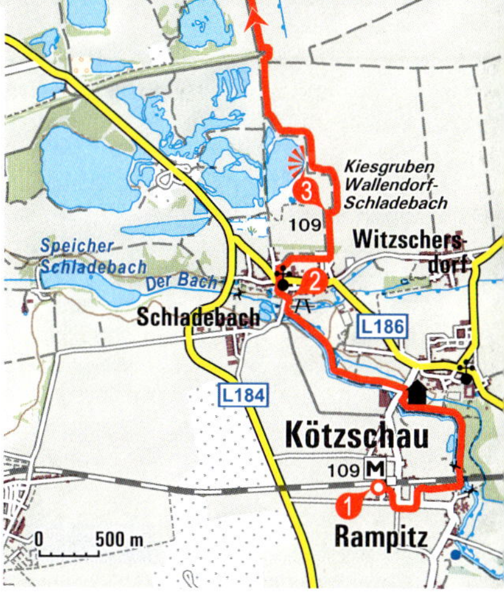

den (Infotafeln) und einem kleinen Teich. Geradeaus geht es über die Brücke und in **Wallendorf** schräg rechts. Auch im Ort laufen wir eine Weile immer geradeaus. Am zweiten Abzweig bietet sich links ein kurzer Abstecher zur Gaststätte Historischer Weinkeller an. Ansonsten folgen wir immer der Mühlstraße geradeaus, vorbei an der **Dorfkirche Wallendorf** ❺. An der Wassermühle gehen wir geradeaus (leicht links versetzt), vorbei am Spielplatz der KiTa. An der T-Kreuzung biegen wir links ein und vor der Durchgangsstraße rechts in den Fußweg.
Ca. 50 m vor der Bushaltestelle biegen wir schräg rechts in den Pfad ein (Achtung, ggf. leicht zu übersehen). Wir folgen immer dem Pfad, der unter einer Brücke hindurchführt. In **Tragarth** ❻ gehen wir geradeaus (leicht rechts versetzt), dann immer geradeaus auf einem kleinen Weg. Schließlich halten wir uns vor dem Spielplatz schräg rechts, dann rechts am Taubenturm mit Mansardzeltdach vorbei, das ehemalige Rittergut rechter Hand. Nach dem Rest eines Tores mit Säulen halten wir uns an der Gabelung rechts, eine Garage rechter Hand. Ab hier ist die Durchfahrt verboten. Nun beginnt ein besonders schöner Weg. Bald wird rechter Hand die Luppe sichtbar. An der Brücke halten wir uns schräg links und weiter vorne am Querweg erneut links. An einem Abzweig (Feld rechter Hand) halten wir uns geradeaus und erreichen an einer Tafel unser Ende des Naturlehrpfades Rüsternweg.
Hier gehen wir geradeaus weiter (leicht links versetzt) in den Fuß-/Radweg rechts der Straße. An der Ampel halten wir uns noch geradeaus, aber

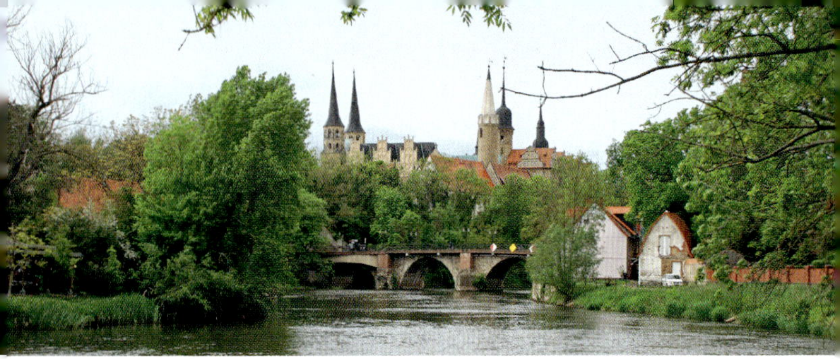

Vom Treidelpfad aus ist das Merseburger Schloss gut zu sehen.

ca. 70 m nach dem Abzweig rechter Hand, der als Abstecher zur Hohen Brücke von 1577 und dem ehemaligen Forsthaus führen würde, überqueren wir vorsichtig links die stark befahrene Straße. Bei dem Wald **Fasanerie** 7 wählen wir den schmalen Weg geradeaus, der bald in einen sich schlängelnden Pfad übergeht, dem wir stets durch das Auwaldrestgehölz folgen. Am Damm halten wir uns rechts. An der Gabelung geht es rechts des Dammes weiter.

An der Straße geht es links über die Brücke nach **Neumarkt**, einem Stadtteil von Merseburg, dann gleich scharf links die Stufen hinunter und unten rechts in den geteerten Weg, auf dem wir immer geradeaus weiterlaufen, auch an einer Brücke. Nun liegen Gärten linker Hand. Achtung, jetzt heißt es aufpassen. In Sichtweite einer Wasserfläche biegen wir bei Nr. 32 scharf rechts in den Treidelpfad ein, die Saale linker Hand. Wir bleiben immer möglichst an der Saale. Schließlich bietet sich ein schöner Blick auf das Schloss. An der romanischen **Neumarktkirche St. Thomae** 8, deren Besichtigung sich lohnt, geht es links über die Brücke.

Anschließend biegen wir rechts ein, die Saale rechter Hand. Wir gehen immer geradeaus, an Skulpturen vorbei und nutzen dann den Aufgang für Radfahrer schräg links. Oben halten wir uns zunächst geradeaus, biegen aber vor dem Brunnen der Orangerie links ein und genießen den Schlossgarten mit schönen Blicken auf das Schloss. Bei Säulen halten wir uns links und nach dem Nollendorff-Denkmal rechts. Wir überschreiten die Brücken, biegen dann wieder rechts ein, vorbei am Parkplatz für Mitarbeiter und am Rabenkäfig links. Links führt ein Abstecher in den Innenhof von **Schloss Merseburg**. Ansonsten verlassen wir geradeaus das Gelände am Tor, den **Dom** linker Hand (Domplatz).

Wir folgen rechts der Domstraße abwärts (schöner Blick zurück), durch das Krumme Tor. Dann geht es geradeaus und die erste Straße rechts (Tilo-von-Trotha-Straße), immer geradeaus weiter. Rechter Hand wird der Eulenturm sichtbar. Unser Weg führt über den Bach Klia, dann vorbei am Heinrich-Denkmal und geradeaus weiter zum **Hauptbahnhof Merseburg** 9.

↗ 80 m | ↘ 80 m | 17.7 km

4.15 h

Von Großkorbetha nach Bad Dürrenberg

25

In der Flusslandschaft der Saale zu Gradierwerk und Kurpark

Die Solestadt Bad Dürrenberg, 2024 Stätte der Landesgartenschau, ist bekannt durch ihr langes Gradierwerk im Kurpark, wo die Sole über Schwarzdornstrauchwände läuft. 1845 wurde hier der bis heute andauernde Kurbetrieb, vor allem zur Behandlung von Atemwegserkrankungen und Rheuma, begonnen. Der sächsische Bergrat Johann Gottfried Borlach stieß 1763 in über 200 Metern Tiefe auf eine Solquelle und gründete 1764 die Saline, die bis 1963 noch der Siedesalzherstellung diente.
Wir wandern in der weiten flachen Auenlandschaft der Saale – im ersten Teil über Wiesen, Weiden und vorbei an einem Saalealtarm. Schon vor Bad Dürrenberg ist der Borlachturm zu sehen – ein weithin sichtbarer Zeuge der historischen Salzproduktion. Unser Rückweg erfolgt durch die wald- und buschreiche ufernahe Flussaue der Saale.

Ausgangspunkt: Bahnhof Großkorbetha. Von Halle (Saale) Hbf. mit der RB Richtung Weißenfels bis Großkorbetha (ca. stündlich). Autofahrer nutzen den Parkplatz im Ort (Navi: Lützener Str. 2, Großkorbetha) und gehen dann die Straße hinunter. Sonntags ist alternativ auch Parken nahe der Gaststätte möglich (Navi: Dr.-Scheele-Str. 6, Großkorbetha), dann der Saalestraße folgen.
Anforderungen: Keine Ausschilderung, aber gute und deutliche Wege, manchmal Pfade, besonders an der Saale entlang. Orientierungssinn südlich von Kirchfährendorf. Tendenz zu »blau«. Mehrere Rastplätze im ersten Teil. Im Teil 2 am Anfang an Saale viele Bänke, später nur noch sporadisch. Für Kinder ist zu wenig geboten, da bietet es sich an, die Tour in Bad Dürrenberg zu beenden.
Einkehr: Gaststätte Saaletal (Mo–Mi Ruhetag, nur am So Mittagstisch) in Großkorbetha; Gasthof Zum Saalestrand (Di Ruhetag) in Kirchfährendorf; Altes Badehaus (tgl. geöffnet), Biergarten Saalehütte (nur So), Kurcafé (Mo/Di Ruhetag) in Bad Dürrenberg; Neptunklause (Mo/Di Ruhetag) südlich von Bad Dürrenberg.
Hinweise: 1) Die Tour lässt sich an der Straßenbahnhaltestelle Bad Dürrenberg, Kurpark gut abkürzen oder auch dort beginnen. Wer nach Großkorbetha zurückwill, nimmt den Zug ab Bad Dürrenberg, dazu am dortigen Kreisverkehr der Bahnhofstraße folgen. 2) Wegen der Landesgartenschau 2024 (aktuelle Infos unter laga-badduerrenberg.de) werden in der Tourenbeschreibung mehrere Varianten des Routenverlaufs in Bad Dürrenberg vorgestellt.
Tipps: 1) Borlachmuseum zur Geschichte des Solebades und der Salzgewinnung (Sa/So geöffnet). 2) Sole-Spa mit verschiedenen Bädern (Infos unter sole-spa.de) in Bad Dürrenberg.

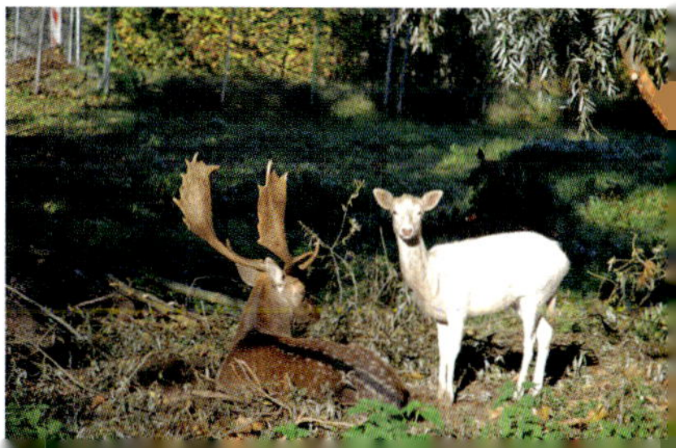

Das Wildgehege am Rande des Kurparks hat eine lange Tradition.

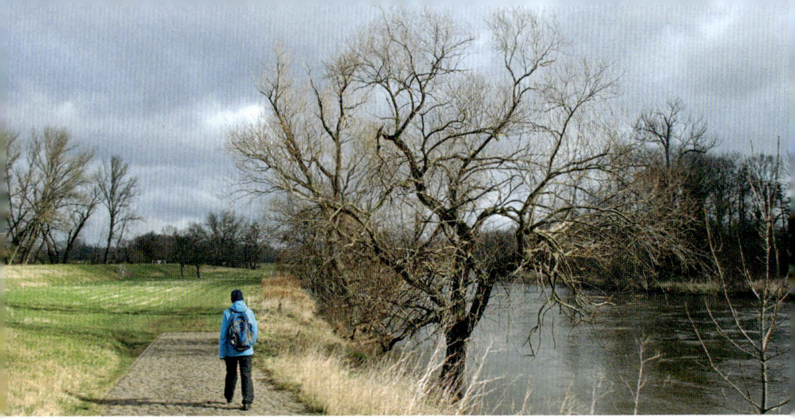

An der Saale hinter Wengelsdorf wird der Weg bald unbefestigt.

Am Ausgang des **Bahnhofs Großkorbetha** ❶ biegen wir rechts ein und nutzen den Weg (Durchfahrt verboten) parallel der Gleise. Bei den ersten Häusern von **Großkorbetha** halten wir uns schräg links. Nun geht es geradeaus bis zur Gabelung, wo wir links in die Kaynaer Straße einbiegen. Am Wasserturm laufen wir geradeaus die Lützener Straße weiter, vorbei an Parkplätzen linker Hand, wo die Wanderung für Autofahrer beginnt. Für alle liegt die Kirche rechter Hand, hinter Häusern. Wir gehen abwärts und immer geradeaus, schließlich aus dem Ort hinaus. Rechter Hand weist ein Schild auf das »Landschaftsschutzgebiet Saaletal«. Ca. 20 m vor einem Rechtskurvenschild biegen wir links ein. Bald deuten Bäume und Büsche rechter Hand auf einen Saalealtarm. An einer Gabelung lässt sich rechts (rechtwinklig) ein Abstecher dorthin unternehmen (Angelgewässer). Wir kehren zurück und halten uns gleich an der Gabelung rechts.
An der Kreuzung mit Trafohaus biegen wir links ein. Nach der Brücke in **Kraßlau** ❷ gehen wir rechts und umrunden rechts den Ort. Anschließend halten wir uns an der T-Kreuzung rechts. Wieder überqueren wir eine Brücke, rechter Hand liegt ein Teich und gleich wird auch ein Rastplatz passiert. Noch geht es kurz geradeaus, dann vor dem Sportplatz von **Wengelsdorf** rechts und weiter auf dem Damm. Bald wird auch die Saale rechter Hand sichtbar, dort locken weitere Rastplätze. Wir wandern weiter an der

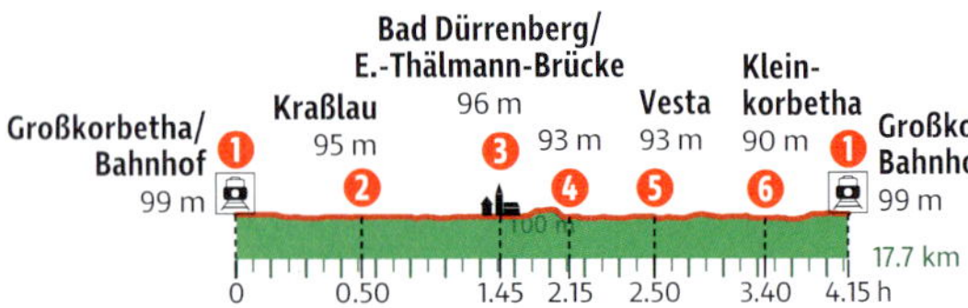

Saale entlang. An einer Gabelung geht es rechts, der Damm wird verlassen. Zunächst wandern wir weiter an der Saale entlang, der Weg ist nun weniger deutlich. Unser Weg führt bald geradeaus über eine Wiese, zwischen Saale und Damm. Nun halten wir uns an zwei Gabelungen rechts, dann bleiben wir an der Saale. Achtung, nach einem weiten Linksbogen biegen wir an einer Kreuzung (rechter Hand steht das Naturdenkmal Eiche) rechts ein und verlassen die Wiese in ein Wäldchen hinein. Die Saale fließt weiterhin rechts von uns. Wir überqueren eine Obstwiese. Rechter Hand wird schon ein Teil des Gradierwerks sichtbar, bald sind Gärten auf der rechten Seite. Ggf. gehen wir an einer Sperrung für Autos vorbei und gleich am Parkplatz des Kanu-Clubs geradeaus. Auch der Borlachturm wird schräg rechts sichtbar.

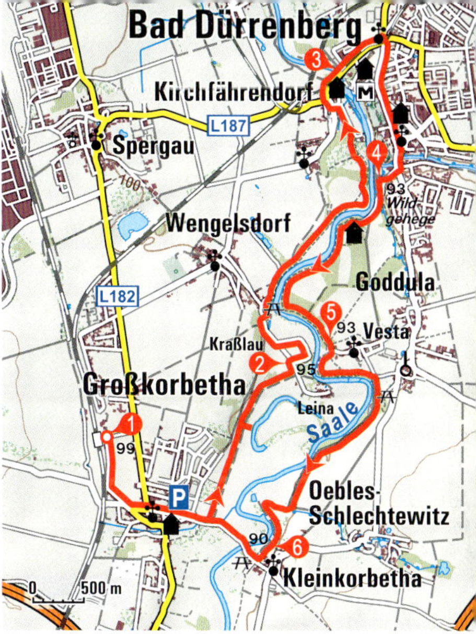

An der Kreuzung biegen wir schräg links ein und erreichen **Kirchfährendorf**. Wir halten uns an der T-Kreuzung (Bushaltestelle linker Hand) rechts, auch an der nächsten (Durchgangsstraße). Vor dem Gasthof Zum Saalestrand wechseln wir auf die linke Straßenseite und überqueren die **Saalebrücke** ❸ (Ernst-Thälmann-Brücke). **Bad Dürrenberg** ist erreicht. Ab hier bieten sich mehrere Möglichkeiten, je nachdem, wann Sie unterwegs sind: *Variante 1 (bis Mitte Oktober 2024):* Hinter der Saalebrücke gehen wir wegen der Landesgartenschau auf dem Fuß-/Radweg links der Straße (Salinestraße) geradeaus hinauf, an der Straßenbahnhaltestelle Kurpark vorbei, bis zur Kirche und dem Kreisverkehr. Dort biegen wir rechts ein. Wer zur Landesgartenschau will, geht rechts durch den Haupteingang und nach der Besichtigung bis zum Ausgang hinten links nahe

Sattes Grün prägt die Saaleauen zwischen Wengelsdorf und Kirchfährendorf.

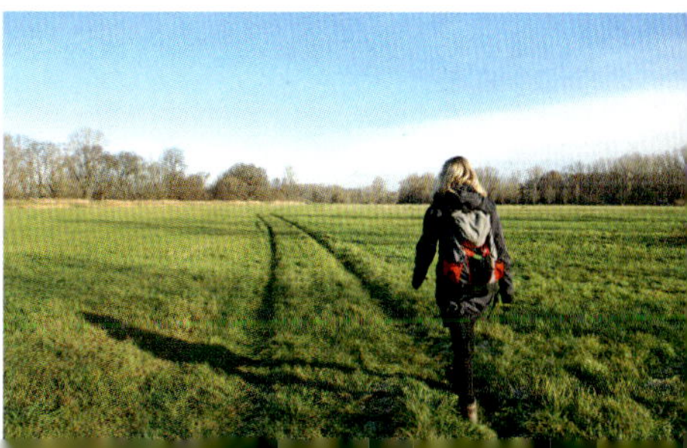

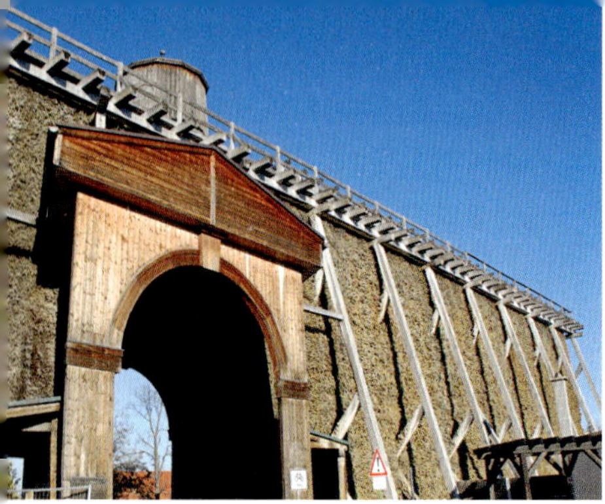

Das Meller Tor in Bad Dürrenberg durch die Gradieranlage ist nach der Partnerstadt Melle in Niedersachsen benannt.

dem Kirchenpavillon (Nr. 40), dann rechts. Alle anderen laufen die Hauptstraße weiter, das Gradierwerk bald rechter Hand. An einer Gabelung folgen wir rechts der Straße Promenade weiter, vorbei am Kur-Café. Nach Ende des Gradierwerks kommen wir an der Sophiestraße vorbei und halten uns am Kirchplatz, wo linker Hand die Kirche St. Laurentius von Keuschberg zu sehen ist, geradeaus in die (scheinbare) Sackgasse, vorbei an der Straße Vorderschanze, wo die Kurparkbesucher zu uns stoßen. Kurz darauf geht die Straße geradeaus in einen Fußweg über.

Variante 2 (nach Oktober 2024): Nach der Brücke biegen wir in die erste Straße rechts ein, laufen den Apothekerberg auf der rechten Seite hinauf und biegen in die erste Straße rechts ein. Kurz darauf steht rechter Hand ein großer Gingkobaum (Naturdenkmal). Wir kommen am Alten Badehaus vorbei. Am Parkplatz biegen wir links ein, linker Hand liegt das Borlachmuseum. Wer abkürzen will, geht einfach immer geradeaus an der Saale lang, auch am Tierpark. Wer den Kurpark sehen will, geht nach dem Museum und vor dem Alten Salzamt die Stufen hinauf und am Parkplatz geradeaus. Bald geht es rechts in den Park. Man beachte u. a. das Palmen- und Vogelhaus und die Kaltinhalierhalle. Hinten links wird der Park am Ausgang wieder verlassen. Danach ist rechts in den Fußweg einzubiegen.

Alle außer denjenigen, die immer an der Saale geblieben sind, gehen den Fußweg weiter und Stufen hinunter. Unten an der Straße biegen wir rechts ein und überqueren bald den Ellerbach. Man beachte hier den Bauernstein links der Straße (mit kleiner Informationstafel). Wir biegen rechts in die Straße Am Persebach ein und halten uns an der Gabelung rechts. Nun geht es leicht abwärts. Nach Überquerung der Brücke ist das **Wildgehege** **4** rechter Hand erreicht. Hier halten wir uns kurz links und gleich wieder rechts. An der T-Kreuzung vor der Saale gehen wir links. Die Abkürzer stoßen hier von rechts dazu.

Wo von scharf links ein Weg zustößt, gehen wir geradeaus. Der Weg tritt ins Freie. An der Gabelung halten wir uns rechts (Schild »Neptunklause«), gleich an einer weiteren Gabelung wieder rechts und ca. 50 m vor der Gaststätte rechts in den Pfad. Wir wandern immer weiter an der Saale lang. Der Weg ist mal breiter, mal schmaler. Auf der anderen Saaleseite sind erst Wengelsdorf, dann Kraßlau vom Hinweg zu sehen. Hinter dem Damm steht

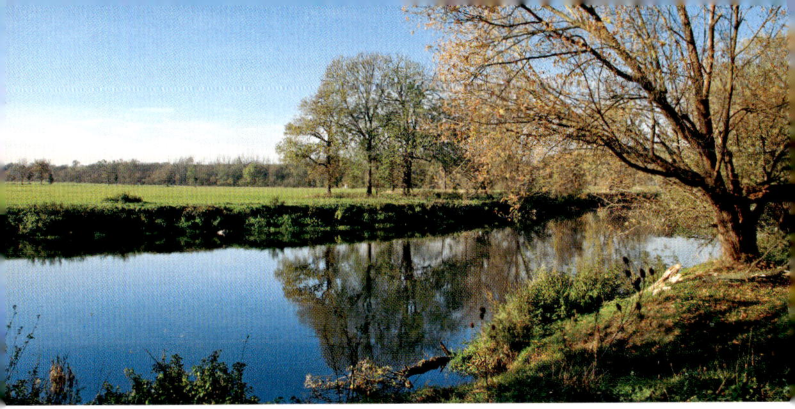

Das Saaletal kurz vor Vesta, hier eine breite und ebene Auenlandschaft mit einzelnen Waldinseln.

ein verfallenes Gebäude, das ehemalige Fährhaus von **Vesta** 5. Wir biegen hinter dem Damm rechts ein, kurz darauf wieder rechts und überqueren den Damm, um geradeaus weiter an der Saale zu wandern. Nach einiger Zeit verläuft unser Weg zwischen Damm und Saale. Wo linker Hand die Baumreihe endet und die Saale nach rechts biegt, gehen wir links hinauf zum Geländer und dort rechts hinunter. Kurz darauf wird der Friedhof der Gemeinden Vesta und Goddula erreicht, ein Rastplatz lockt linker Hand. Weiter ist dem geteerten Weg links entlang der Friedhofsmauer zu folgen, bald ein Blick auf Leina. Später wird in der Ferne Großkorbetha sichtbar, am weißen Wasserturm leicht zu erkennen.

An einer Kreuzung (geradeaus ist die Durchfahrt verboten) biegen wir rechts in den unbefestigten Weg ein. Wo rechts ein Teich ist, halten wir uns links in einen der beiden parallel verlaufenden Wege. Beide führen kurz darauf wieder zusammen, die Saale liegt nun wieder rechter Hand. **Kleinkorbetha** 6 wird erreicht, wir wandern immer geradeaus weiter. Unser Weg wird ab einem Haus befestigt.

An der T-Kreuzung biegen wir rechts ein, an einem Rastplatz vorbei gehen wir über die Brücke. Hier bietet sich noch einmal ein schöner Blick auf die Saale. Wir laufen nun immer geradeaus, auch am Abzweig vom Hinweg vorbei. **Großkorbetha** wird erreicht. Wer einkehren will, hält sich an der Saalestraße links. Alle anderen gehen weiter geradeaus hinauf, auf den weißen Wasserturm zu, wo die Autofahrer parken. Nutzer öffentlicher Verkehrsmittel laufen die Kaynaer Straße weiter geradeaus und weiter vorn auch die Dr.-Scheele-Straße geradeaus. Am Abzweig halten wir uns geradeaus in die (scheinbare) Sackgasse und biegen vor den Gleisen schräg nach rechts ein. Weiter vorn wird linker Hand der **Bahnhof Großkorbetha** 1 erreicht.

Der Nordwesten des Saale-Unstrut-Triaslandes

Die Untere Unstrut durchfließt diese Wanderregion von Memleben bis Laucha. Im Norden fällt die Muschelkalk-Hochfläche der Querfurter Platte stark zum Unstruttal ab. Während die markante Hangkante nach Süden hin dem Weinbau beste Hanglagen bietet, sorgt die mächtige Löß- und Schwarzerdebedeckung im Kerngebiet für fruchtbares Ackerland. Die schwach strukturierte Landschaft wird u. a. aufgelockert durch Restwälder, Streuobstwiesen und grüne Bachtäler, die ein idyllisches Wandererlebnis bieten können (Tour 26).

Die namensgebende Stadt Querfurt liegt am Quernebach, der sich tief in die Querfurter Platte eingeschnitten hat und weiter westlich im nördlichen Ziegelrodaer Forst entspringt, der sich auf einem Buntsandsteinplateau befindet (Tour 27). Diese größte zusammenhängende Waldfläche im Naturpark Saale-Unstrut-Triasland erkunden wir genauer auf den Touren 28–29. Als Naturraum ist sie dem Helme-Unstrut-Buntsandstein-

Das Unstruttal bei Nebra geht in eine Talweitung über, im Hintergund das bewaldete Plateau des Ziegelrodaer Forstes (Tour 29).

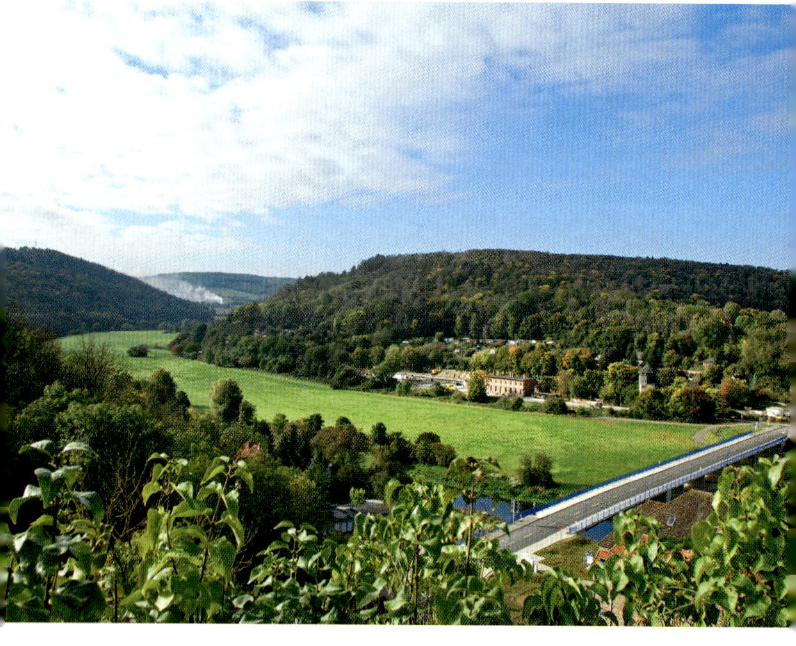

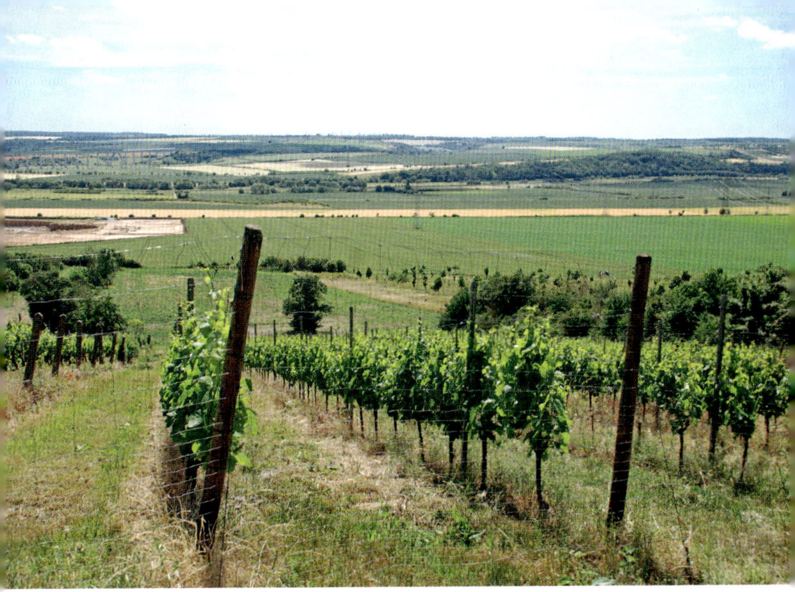

Weinhänge bestimmen das Bild am Nordwestrand des Unteren Unstruttals, hier zwischen Steigra und Reinsdorf (Tour 30).

land bzw. Unterem Unstrut Berg- und Hügelland zuzurechnen. Auf Tour 30 berühren wir ein Randgebiet, indem wir von der Unstrutniederung zur Querfurter Platte bei Steigra hinaufwandern.

Bewaldete Ausläufer des Höhenzugs der Finne lernen wir auf den Touren 31–33 kennen. Im Wechsel mit naturnahen Bachtälern und eher ebenen, ackerbaulich genutzten Flächen ergeben sich abwechslungsreiche Landschaften, ergänzt – wie überall im Naturpark – von pittoresken sonnenexponierten Weinbergen an der Unstrut.

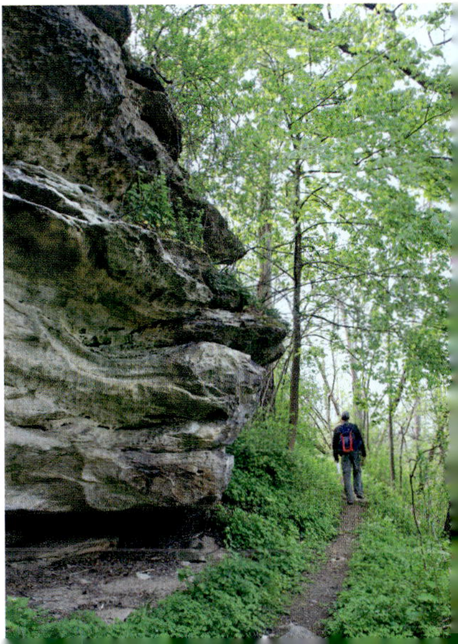

Wegen seiner eindrucksvollen Felsformationen wird das Waldgebiet südlich von Tröbsdorf die »Tröbsdorfer Schweiz« genannt (Tour 31).

↗ 160 m | ↘ 160 m | 19.0 km

4.45 h

26 Mücheln (Geiseltal)

Durch lauschige Seitentäler des westlichen Geiseltals

Das Städtchen Mücheln ist eingebettet zwischen der riesigen Wasserfläche des Geiseltalsees und der Querfurter Platte, deren von Ackerbau geprägte Landschaft sich hier von ihrer schönsten Seite zeigt. Kleine Wäldchen und Streuobstwiesen gliedern das Hinterland der ältesten Stadt im Geiseltal in idyllischen Tälern und auf Höhen, umgeben von fast ebenen Hochflächen. Zunächst wandern wir zum Park St. Ulrich, angelegt im Stil eines englischen Landschaftsgartens. Hier genießen wir eine schöne Aussicht auf den terrassierten Barockgarten, die Stadt Mücheln und das Wasserschloss St. Ulrich, einen Neubarockbau von 1924 mit älteren Bauteilen aus dem 15./16. Jh. Anschließend schlagen wir einen großen grünen Bogen durch die Müchelner Kalktäler: das bewaldete Hesseltal, das Müchelholz und den idyllischen Gleinaer Grund. In St. Micheln erwarten uns die romanische Michaeliskirche und die Geiselquelle. Durch Wald kommen wir nach St. Ulrich, wo wir auf dem Mühlenwanderweg zum historischen Marktplatz von Mücheln mit Renaissancerathaus (1571) und gotischer Jakobskirche (14./15. Jh.) gelangen.

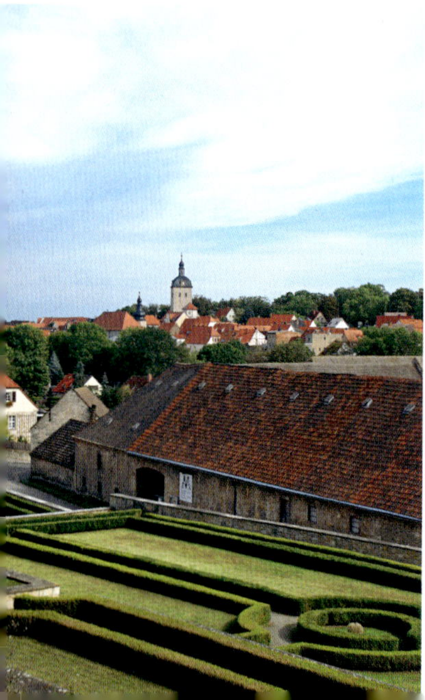

Ausgangspunkt: Haltepunkt Mücheln (Geiseltal) Stadt. Von Halle (Saale) Hbf. mit der RB Richtung Weißenfels bis Merseburg, ab dort mit der RB Richtung Mücheln (Geiseltal) Stadt. Parkplatz anbei (Navi: Eptinger Rain 111, Mücheln).
Anforderungen: Überwiegend deutliche Wege, kurze steile Auf- und Abstiege. Zu ca. der Häfte ausgeschildert (roter Balken, grüner Balken).
Einkehr: Eiscafé Hesse in St. Ulrich (Mo Ruhetag); Steakhaus El Puro im Ratskeller Mücheln (tgl. geöffnet).
Hinweis: Die Tour lässt sich entweder nach dem Schlosspark (Länge nur ca. 5 km) oder in St. Micheln (Länge nur ca. 7 km) abkürzen, wäre dann eine blaue Tour und für Kinder geeignet
Tipps: 1) Führung in St. Micheln (Straße der Romanik) nach Absprache (Tel. +49 34632-23754). 2) Nach der Wanderung Abstecher zur Marina Mücheln am Geiseltalsee, mit mehreren Gaststätten (s. Tourenende).

Blick auf den barocken Teil des Landschaftsparks St. Ulrich und auf Mücheln.

Am runden Platz des **Haltepunkts Mücheln (Geiseltal) Stadt** ❶ geht es rechts die Treppen hinunter zum Kreisverkehr. Dort halten wir uns links der Straße geradeaus am Viadukt entlang (nach der Bushaltestelle könnte man schräg rechts, dann rechts zur Marina). Nach Treppen linker Hand ist in den folgenden Weg mit dem roten Balken links einzubiegen, dem – bis auf Unterbrechungen – für längere Zeit zu folgen ist. Unser Weg führt nach ca. 200 m über eine Straße, geradeaus an Haus Nr. 1 vorbei, dann vorbei an Gartenanlagen. Linker Hand bietet sich ein schöner Blick auf Mücheln. Zweimal halten wir uns mit dem Wanderzeichen an einer Gabelung rechts. An einer Kreuzung laufen wir mit dem roten Balken schräg links die Straße weiter und biegen an der nächsten links ein (Parkhohle).

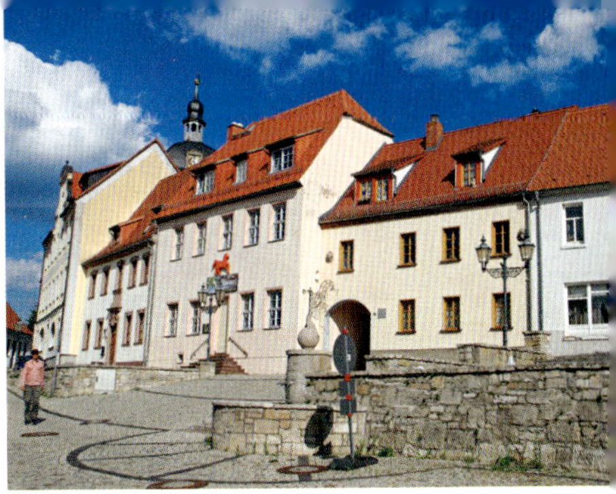

Der denkmalgeschützte Marktplatz in Mücheln ist stufenförmig angelegt.

Wir nutzen dann die nächste Möglichkeit rechts, um in den **Landschaftspark St. Ulrich** ❷ zu gelangen (für Reiter verboten). An der Gabelung halten wir uns links und an der T-Kreuzung gleich wieder links, dann rechts. Der rote Balken führt uns in Serpentinen abwärts, vorbei am Teehaus, dann links. Abermals eröffnet sich ein hübscher Ausblick auf Mücheln – und noch besser sogar bei einem Abstecher links zum Aussichtspunkt, wo auch der Barockgarten von oben gut zu sehen ist sowie das Wasserschloss St. Ulrich. Ohne Abstecher geht es schräg rechts weiter, ein weiterer Abstecher würde links zu einem zweiten Schlossblick führen. An der Kreuzung gehen wir mit dem roten Balken geradeaus. Danach wandern wir immer geradeaus weiter und biegen ca. 100 m vor dem Parkende an einer Bank schräg links in einen Weg ein (roter Balken), der wieder aus dem Park herausführt. Wir wandern ein Stück geradeaus weiter und steigen dann über Treppen links hinunter zur Straße. Wer die 5-km-Kurzrunde machen will, geht hier links und vor der Bachbrücke, die Apelmühle rechter Hand, wieder links.

Alle anderen folgen der Straße kurz rechts hinauf und halten sich gleich wieder links, dann immer geradeaus. Unser Weg mündet in einen geteerten, an der Gabelung halten wir uns mit dem roten Balken schräg rechts in den oberen Weg. Am Abzweig geht es mit dem grünen Balken geradeaus, der rote Balken wird hier verlassen. Wer abkürzen möchte, folgt ihm aber hier links bis zur Geiselquelle (s. u.).

An einer Kreuzung wandern wir schließlich geradeaus, an einem Rastplatz vorbei, zum Hesseltal. An der Gabelung halten wir uns links, betreten das **Mücheltholz** ❸ und folgen dem grünen Balken und dem Naturlehrpfad (mit

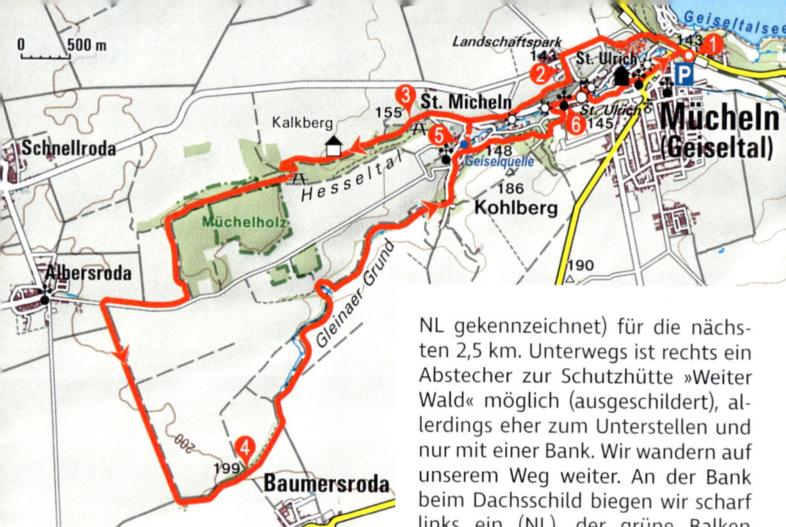

NL gekennzeichnet) für die nächsten 2,5 km. Unterwegs ist rechts ein Abstecher zur Schutzhütte »Weiter Wald« möglich (ausgeschildert), allerdings eher zum Unterstellen und nur mit einer Bank. Wir wandern auf unserem Weg weiter. An der Bank beim Dachsschild biegen wir scharf links ein (NL), der grüne Balken weist allerdings geradeaus weiter. An einem Rastplatz geht es rechts weiter. Unser Waldweg führt immer geradeaus bis zum Waldrand, der einen weiten Blick über die Querfurter Platte gestattet. Hier nutzen wir nun den Weg links am Waldrand entlang in südlicher Richtung bis zur wenig befahrenen Landstraße, wo wir uns rechts halten. Nach ca. 1 km, kurz vor Albersroda, biegen wir links in den breiten Feldweg ein. Der schöne baumbestandene Weg führt in südlicher Richtung durch die ebene Ackerlandschaft.

Nach ca. 2,5 km biegen wir an der T-Kreuzung links ein. An der nächsten Kreuzung geht es geradeaus. Wir befinden uns jetzt im baumbestandenen **Gleinaer Grund** ❹. An der nächsten T-Kreuzung biegen wir links in einen befestigten Weg ein. An der Gabelung halten wir uns rechts, am folgenden Abzweig dann schräg links. Hier beginnt ein besonders idyllischer Weg. Nach seinem Ende umgehen wir den Damm links und laufen auf der anderen Seite hinunter, am rechten Feldrand entlang, an der Gabelung rechts zum alten Steinbruch, dann immer in bisheriger Richtung weiter.

Bei den ersten Häusern von **St. Micheln** geht es vor der Bushaltestelle links

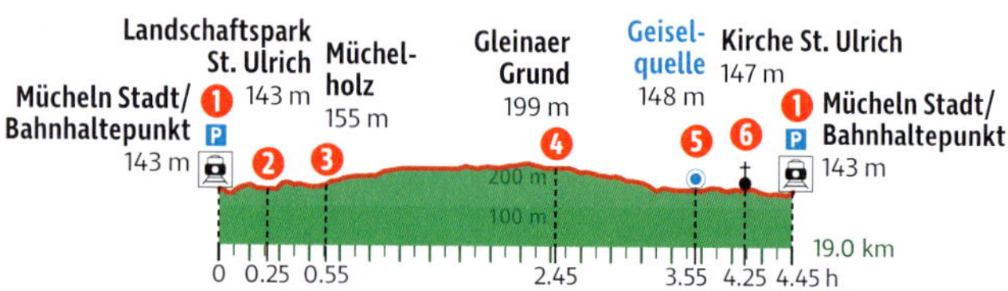

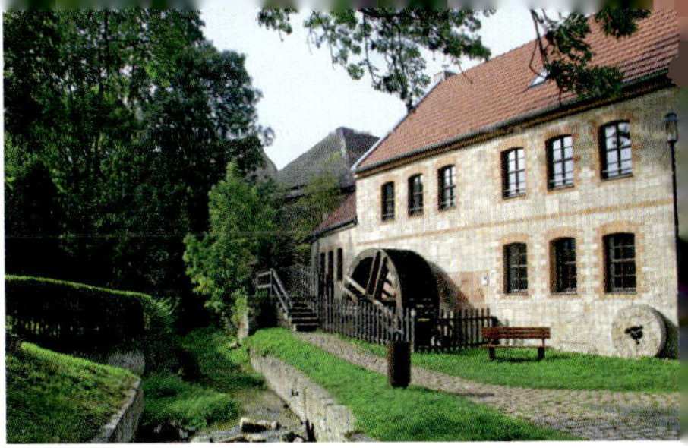

DIe ehemalige Gutsmühle wurde 2019 saniert und unter dem Namen Kreativmühle (Begegnungsort, Ferienwohnungen) neu eröffnet.

Richtung Kirche, an der Kreuzung geradeaus. Bald führt ein Abstecher links hinauf zur Michaeliskirche (um 1200 entstanden). Ohne Abstecher biegen wir hier scharf rechts mit dem grünen Balken ein, an der T-Kreuzung links und nach Haus Nr. 3 an der Gabelung rechts in den kleinen Pfad, an der nächsten T-Kreuzung links und an der Kreuzung geradeaus zur **Geiselquelle** 5 mit Kneippanlage. Anschließend laufen wir, den Teich linker Hand, wieder mit dem roten Balken, vor zur Hauptstraße, in die wir links einbiegen. An der Gabelung gehen wir rechts hinauf (Sackgasse, Am Springberg).

Oben halten wir uns geradeaus in den unbefestigten Weg, gleich an der Gabelung links und an der folgenden rechts. Nach einer Weile erreichen wir immer auf dem Hauptweg weiter einen befestigten Weg, wo wir links einbiegen und kurz danach scharf rechts. Der rote Balken geleitet uns kurz darauf wieder nach scharf links, wird aber an der T-Kreuzung links verlassen. Gleich ist das schlichte Denkmal an die Völkerschlacht 1813 (schwache Inschrift 1813/1913 in einem Kreis auf der Rückseite) erreicht, an dem wir links vorbeigehen und dann immer geradeaus. Weiter vorne halten wir uns an einer Kreuzung scharf links. An der Straße geht es erneut links, aber gleich nach der Bushaltestelle rechts, Richtung Albersroda.

Nun werden wir vom gelben Balken begleitet und biegen gleich nach der Brücke, gegenüber der Apelmühle, rechts ein. Wir befinden uns nun auf dem Mühlenwanderweg an der Geisel. Rechts geht es über die Brücke, dann links der barocken Kirche **St. Ulrich** 6 (1795 fertiggestellt) weiter. Wir wandern weiter geradeaus, dem gelben Balken nach. Achtung, bald geht es schräg links weiter, vorbei an der Rückseite des **Wasserschlosses**. Rechter Hand fließt die Geisel. Die **Gutsmühle** linker Hand wird erreicht. Wieder überqueren wir rechts eine Brücke. Die Geisel nun linker Hand, vorbei am Born. Bald lädt das Eiscafé Hesse rechter Hand zur Einkehr ein. Wir halten uns hier in die kleine Pflasterstraße geradeaus, die Wegzeichen werden verlassen. An einem Platz (Topfmarkt) geht es schräg links und der Markt wird erreicht. Man beachte das schöne Rathaus von 1571. Wir laufen geradeaus in die Straße »Auf der Gerade«, dann schräg rechts, am Oeltor und Oelberg jeweils geradeaus und vor dem Viadukt rechts hinauf zum **Haltepunkt Mücheln (Geiseltal) Stadt** 1.

Wer noch einen Abstecher zur Marina Mücheln machen und die Tour mit schönem Blick auf den Geiseltalsee in einer der Gaststätten ausklingen lassen möchte, geht dorthin wie zu Beginn der Wanderung beschrieben.

TOP

27

↗ 170 m | ↘ 170 m | 23.7 km

6.00 h

Von Querfurt zum Hermannseck

Bachtal, Quellen, Wald, Streuobstwiesen und eine große Burg

Lange idyllische Täler gliedern die hügelige Landschaft westlich von Querfurt. Tief greifen sie in den Ziegelrodaer Forst hinein, wo u. a. zwischen der Lautersburg und Lodersleben mehrere Quellen die Querne speisen. Der hier noch natürlich fließende Bach gab der Stadt Querfurt ihren Namen (»Furt über die Querne«).

Ab Querfurt verläuft unser Weg längere Zeit immer parallel der Querne. Über das Mönchstal, an dessen Ende einst das Kloster Marienzell stand, verlassen wir die Stadt. Am Ende des nächsten Ortes erreichen wir Schloss Lodersleben mit seinem lang gestreckten Landschaftspark (18. Jh.). Vorbei an Erlenborn, Rotem Born (1561), wo schon Martin Luther eine Rast eingelegt haben soll, und Sandborn (1735) erreichen wir die Lautersburger Teiche. Die ehemaligen Klosterteiche erinnern an ein Kloster (1120 gegründet und 1146 aufgegeben) und die Lautersburg (vermutl. 10. Jh.). Durch Wald erreichen wir das Naherholungszentrum Hermannseck, 1900 als Vergnügungspark angelegt, mit Wildpark sowie den Klapperborn, eine 1843 erschlossene Quelle. Der Rückweg erfolgt über die Trift, ein idyllisches Tal mit alten Obstbäumen und Leimbach mit seiner Kirche zum Querfurter Stadtwald. Der krönende Abschluss der Tour ist die an die Straße der Romanik angegliederte Burg Querfurt, eine der größten und besterhaltenen mittelalterlichen Burgen Europas.

Schloss Lodersleben, eine barocke Zweiflügelanlage (um 1750), ist heute Pension.

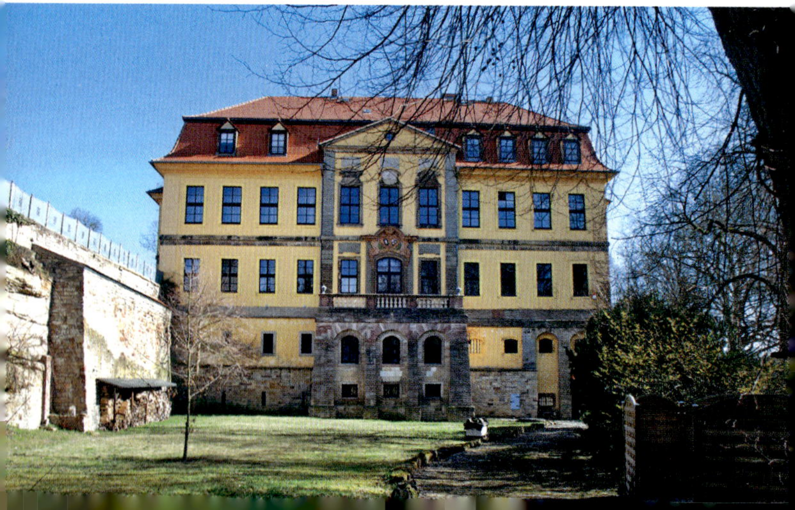

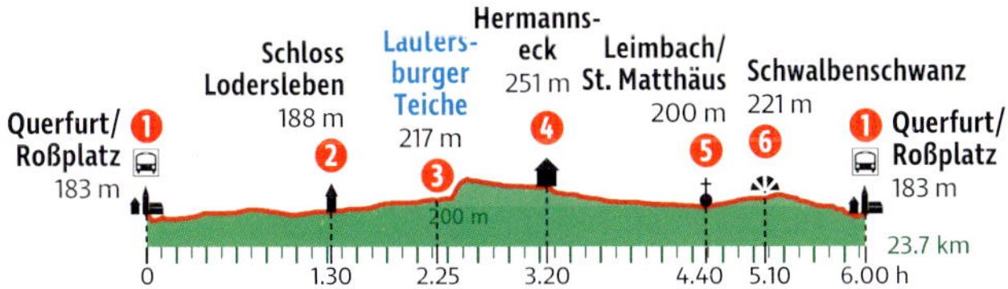

Ausgangspunkt: Querfurt, Roßplatz. Von Merseburg mit dem Bus 728 Richtung Querfurt bis Haltestelle Roßplatz bzw. Grundschule (ca. alle 2 Std.), oder mit der RB Richtung Querfurt nach Querfurt Hbf., dort in den Bus 700 Richtung Eisleben bis Querfurt, Roßplatz (ca. alle 2 Std.). Von Halle (Saale) ZOB gibt es auch Mo–Sa den Bus 312 Richtung Querfurt bis Roßplatz bzw. Grundschule (ca. alle 2 Std.). Parkplatz am Roßplatz (Navi: Roßplatz, Querfurt).
Anforderungen: Viele Rastplätze. Deutliche Wege, außer bei den Lautersburger Teichen (ggf. sind im Hochsommer hier alle Pfade etwas zugewachsen und schwer zu erkennen). Schwierige Orientierung im Ziegelrodaer Forst. Mehrere kurze steile Aufstiege. Diese lange Tour erfordert Ausdauer. Wenig Ausschilderung.
Einkehr: Kartoffelhaus Thaldorf (Mo Ruhetag); Jägerhütte im Hermannseck (Mo/Di Ruhetag); Historisches Burg Café (Do/Sa/So geöffnet) in der Burg Querfurt; Taverne El Greco (Mo Ruhetag) und La Sosta (Mo Ruhetag) in Querfurt.
Tipps: 1) Besichtigung der Dorfkirche St. Matthäus in Leimbach (nach Voranmeldung, Tel. +49 34771/28232, Frau Regina Kreitel). 2) Die Tour früh beginnen, damit man am Schluss noch Burg Querfurt besichtigen kann (April–Okt. 10–18 Uhr, Nov.–März 10–16 Uhr, Mo Ruhetag, aktuelle Infos zu evtl. Renovierungen unter burg-querfurt.de) sowie das Bauernmuseum Alte Burgschäferei (April–Okt. 10–18 Uhr, Mo Ruhetag).

Von der Bushaltestelle am **Roßplatz** ❶ in **Querfurt** (bzw. Querfurt, Grundschule) oder dem Parkplatz vor der Schule überqueren wir den Zebrastreifen. Dann gehen wir kurz links, über die Brücke und gleich rechts, nun dem Himmelsscheibenradweg nach. Kurz darauf ist das Hotel Querfurter Hof linker Hand zu sehen. Wir laufen immer geradeaus weiter, den Bach Querne rechter Hand. Auch am Matzplatz halten wir uns geradeaus, in die Straße Hinterm Wehr (Sackgasse), die den inneren Stadtmauerring bezeichnet. Wir gehen an zwei Abzweigen geradeaus, die Burg linker Hand, weiter auf dem Radweg. Weiter vorn gehen wir am Freibad (dahinter ist ein Wehrturm zu erspähen) vorbei, den Radweg verlassend, nun durch den Thalgarten, den Ententeich rechter Hand. Jenseits der Brücke lädt das Kartoffelhaus Thaldorf zur Einkehr ein.
Doch noch vor der Brücke biegen wir links in den Wasserweg ein und an der Gabelung rechts in den Brunnenherrenweg (Himmelsscheibenradweg), vorbei am Braunsbrunnen (1935) und an Rastplätzen. Am Ende des Festplatzes halten wir uns geradeaus. Wir gehen geradeaus durch das **Mönchstal** weiter, auch an einem Staudamm, weiter geradeaus am rechten Waldrand. Nach einem kleinen Waldstück geht es am Abzweig rechts über die ehe-

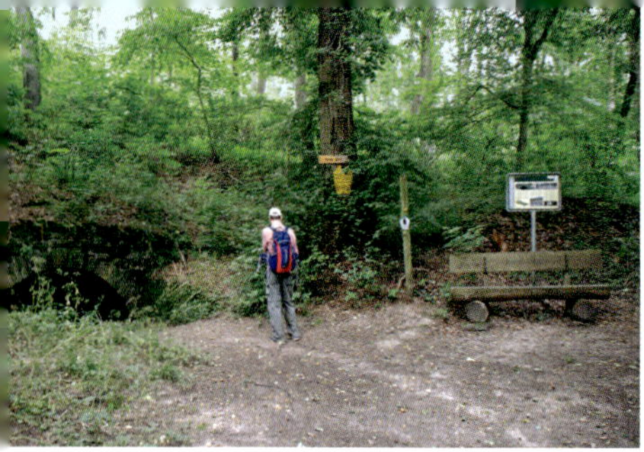

Am Roten Born informiert eine Tafel.

malige Bahnlinie. Wir kommen nach Überquerung der Querne und kurz nach einer Bank (mit Informationstafel zum ehemaligen Kloster Marienzell) zu einem breiteren Weg, wo wir mit Blick auf den Weinberg St. Bruno (ehemaliger Klosterweinberg) scharf links in den Fuß-/Radweg einbiegen (fast um 180 Grad) und dem Geo-Trail folgen.

Nach einer Weile schwenkt unser Weg vor der Straße nach links. Am Abzweig gehen wir schräg links, immer auf dem Hauptweg. Wir überqueren den Bach Querne, und **Lodersleben** wird erreicht. Wir laufen immer geradeaus weiter, an einigen Abzweigen vorbei. Auch an der Hauptstraße geht es geradeaus, dann schräg links in die Wilhelm-Pieck-Straße, links an der Bushaltestelle vorbei. Für ca. einen halben Kilometer geht es nun geradeaus, der Bach Querne begleitet uns rechter Hand. Bei einer Brücke ist ein Abstecher zu Spielplatz und Rastplatz möglich. Schließlich biegen wir links in die Parkstraße ein. Wieder wandern wir links des Baches. An der Straße Trümpelberg halten wir uns geradeaus. Rechter Hand erblicken wir **Schloss Lodersleben** 2, wohin hier rechts und gleich links ein Abstecher führt (nicht zu besichtigen). Wir durchschreiten nun den Schlosspark. Am Haus der Vereine Lodersleben (Rastplatz) gehen wir links vor dem Teich entlang, zur Wanderkarte, rechts über die Brücke und danach links. Die Querne ist wieder rechts von uns.

An der Kreuzung halten wir uns mit dem grünen Balken geradeaus. Kurz darauf wird links die Quelle Erlenborn erreicht. Unser Weg wird nun als Pfad fortgesetzt. Am Waldrand macht unser Weg eine Linkskurve. Der **Ziegelrodaer Forst** wird betreten. Gleich wird die Quelle Roter Born passiert. Nun wandern wir immer geradeaus, ab und zu von dem grünen Balken begleitet. An der T-Kreuzung geht es links in den Forstweg. Nach ca. 700 m halten wir uns an einem Abzweig schräg rechts, über die Querne und biegen hinter dem Teich in den ersten Weg links ein. Schräg links liegt der Sandborn (1735) mit Rastplatz. Wir folgen dem linken Weg an der Quelle weiter. An einer Gabelung geht es links und am breiten Forstweg rechts.

Nach ca. 60 m nutzen wir den ersten Pfad schräg links und kommen über eine Brücke. Der erste der **Lautersburger Teiche** 3 wird erreicht. Wir folgen dem Pfad rechts und kommen über eine weitere Brücke. Gleich vor der nächsten Brücke geht es nach links, nun zwischen den beiden Teichen. Wir halten uns zur linken Bank und gehen von dort aus geradeaus weiter bis zur nächsten Brücke. Danach biegen wir in den Querweg links ein. Der erste Teich liegt nun linker Hand. An der Kreuzung mit einem in die Jahre gekommenen Rastplatz geht es geradeaus zu den Hütten (Waldschule). Danach nutzen wir schräg rechts den grasbewachsenen unmarkierten Weg, der nach oben führt.

Nun heißt es aufpassen. Weiter oben halten wir uns an einer Gabelung rechts und an der nächsten links. Jetzt geht es eine Weile immer geradeaus, begleitet von vielen Eichen, später auch Buchen. An der T-Kreuzung halten wir uns kurz rechts in den Forstweg und gleich wieder links. Achtung, nach ca. 300 m ist am ersten Abzweig scharf links abzubiegen. Ab hier geht es immer geradeaus. In Sichtweite des Waldrands, ca. 10 m davor, halten wir uns rechts. Wir wandern immer geradeaus weiter, bis wir einen Forstweg erreichen, in den wir links einbiegen. Kurz darauf ist linker Hand ein Rastplatz am »Feuchtbiotop in Tongrube« mit mehreren Informationstafeln. Wir folgen dem Forstweg weiter, vorbei am »Motorcycleclub Ninetytwo Querfurt« und dem Forsthaus Hermannseck. An der Straße geht es kurz rechts (Vorsicht!), nach ca. 60 m wieder links in den Wanderweg. Am geteerten Weg geht es rechts und gleich wieder links.

Linker Hand ist die Jägerhütte am **Hermannseck** 4 erreicht. Wir wenden uns rechts zum Damwildgehege und laufen in einem Rechtsbogen zunächst links am Zaun entlang. An der Gabelung gehen wir links zu Rastplatz und Denkmal für den Königlichen Oberförster Carl Friedrich Gottlob Köstler. Hier halten wir uns geradeaus, so immer weiter. Am Teich gehen wir geradeaus und über die Brücke, wo sich rechts die Steinskulptur »Uhu« erspähen lässt. Nach dem Klapperborn ist scharf links einzubiegen, vorbei an einem weiteren Rastplatz linker Hand.

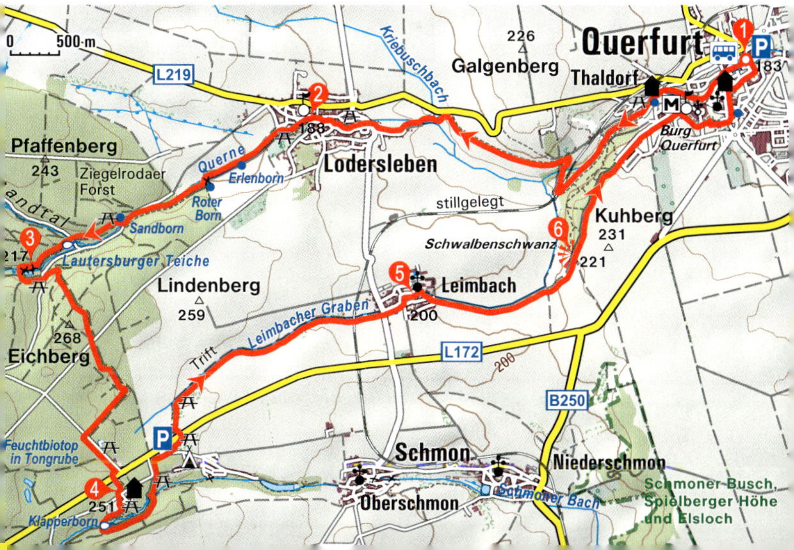

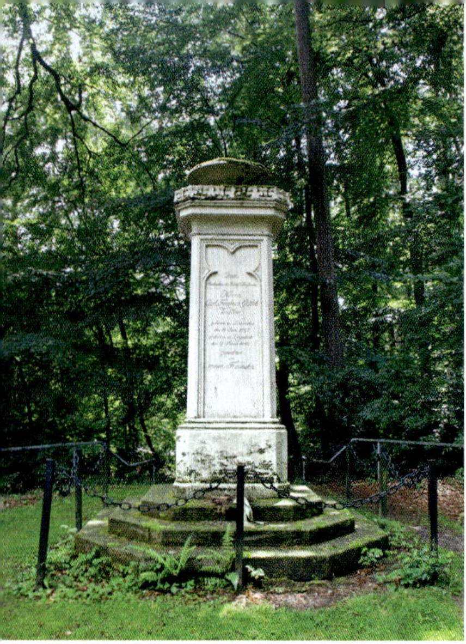

Denkmal für den Oberförster Köstler am Hermannseck.

Immer wandern wir nun geradeaus, vorbei am Mittelteich. Nach dem nächsten Teich, dem Geistbrückenteich, überqueren wir links die Brücke und folgen dem Weg bis zu einer Kreuzung, ein Rastplatz rechter Hand, wo wir geradeaus weiterwandern. Ca. 50 m vor der Straße biegen wir schräg rechts ein, dann überschreiten wir den Parkplatz rechter Hand. Am Ende des Bussteigs (Rastplatz) überqueren wir schräg links die Straße und nutzen links den rechtwinklig abbiegenden Weg, genannt »Trift«. Bald ist rechter Hand ein Rastplatz erreicht. Wir folgen diesem idyllischen Weg, begleitet von Streuobstwiesen, für ca. 3 km weiter.

Nach dem Steinbogen der Bahnbrücke wird rechter Hand die Leimbacher Bockwindmühle (1760) sichtbar, Wahrzeichen des Dorfes. In **Leimbach** halten wir uns weiter geradeaus, nun links des Leimbacher Grabens, gleich beachte man das hübsche Bauernhaus (Dorfstr. 3). An der Gabelung geht es links, immer auf der Dorfstraße. Am Kriegerdenkmal (auf der Rückseite ist ein Kriegsengel mit einem zu Boden gerichteten Schwert als Relief) halten wir uns schräg links. Nun kommen wir an der **Dorfkirche St. Matthäus** 5 mit romanischen Grundmauern und frühgotisch aufgestocktem Ostturm vorbei, dann am Kulturhaus Leimbach, einem ehemaligen Herrenhaus (1793) mit barocker Freitreppe. Hier wenden wir uns nach rechts in den kleinen Park zu einer großen Linde mit Rundbank, dann schräg links zu einer Brücke mit Steinbogen. Davor gehen wir links, am Bach entlang und durch ein Tor. Wir biegen kurz rechts und gleich wieder links ein.

Wir verlassen Leimbach am Leimbacher Graben und auf dem Himmelsscheibenradweg und folgen

Der Aussichtspunkt Schwalbenschwanz.

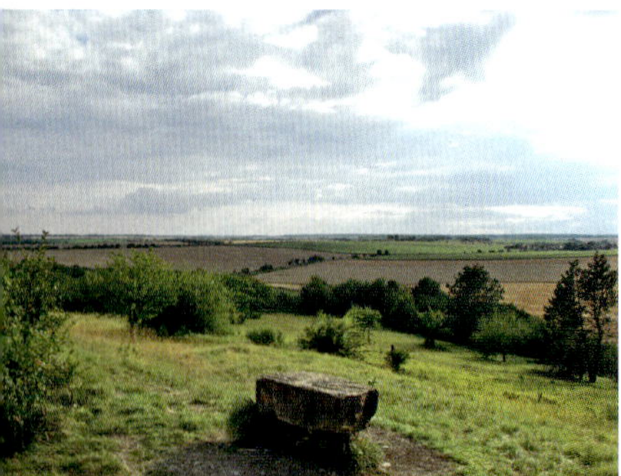

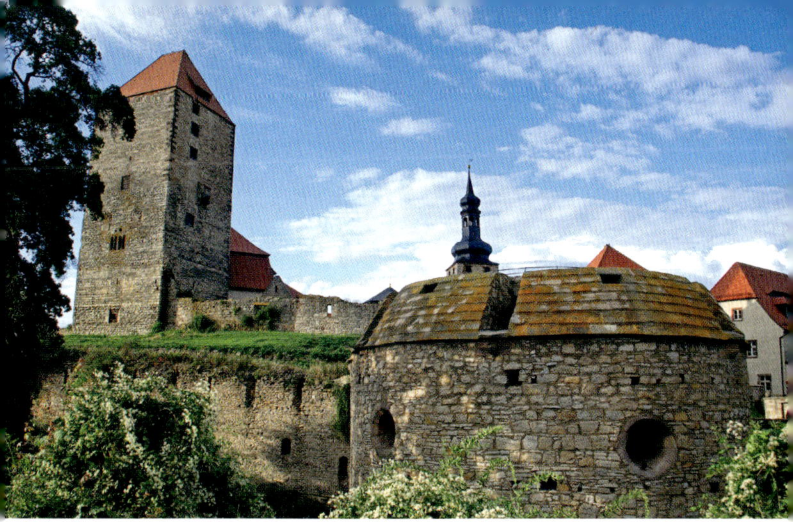

Die imposante Burg Querfurt ist unbedingt einen Besuch wert. Im 16.–19. Jh. wurde sie mehrfach verändert und weist einen unregelmäßigen Grundriss auf.

dem geteerten Weg immer geradeaus. Wir kommen zu einer Weggabelung, wo wir uns geradeaus (leicht rechts versetzt) halten. Weiter oben wird linker Hand der **Aussichtspunkt Schwalbenschwanz** ❻ erreicht. Hier schauen wir noch einmal auf einen Großteil des heutigen Wandergebietes. Ohne Abstecher gehen wir immer geradeaus durch den Stadtwald »Die Fichten«, rechter Hand der unbewaldete Kuhberg.
Auch in **Querfurt**, das an einem Spielplatz linker Hand betreten wird, laufen wir immer geradeaus, ebenfalls an einer Kreuzung (mit Trafohaus), bis zu einer Gabelung, wo wir uns rechts in den oberen Weg halten. Gleich an Haus Nr. 15 informiert uns die Tafel »Johannes Schlaf« über den Dichter, Zeichner und berühmten Sohn der Stadt (mit »Dingsda« ist Querfurt gemeint). Vor der **Burg Querfurt** geht es rechts hinauf, vorbei am Bauernmuseum **Alte Burgschäferei**. Am Eingang wandern wir weiter geradeaus, am linken Wiesenrand entlang, mit Blick auf die Kirche St. Lamperti (gängig auch Lamberti). Unser Weg schwenkt nach rechts. An der Kreuzung biegen wir gleich links ein, vorbei am Maulbeerbaum. Die Straße hat mittelalterlichen Touch. An der Querstraße halten wir uns links und folgen der Straße weiter, vorbei an schönen alten denkmalgeschützen Häusern und auf das imposante Rathaus zu. Danach schwenkt unsere Straße nach rechts, vorbei an der Taverne El Greco. Am Platz halten wir uns schräg rechts, vorbei an der Gaststätte La Sosta. Anschließend nutzen wir die dritte Straße (Roßplatz) links und gelangen wieder zurück zu Bushaltestelle am **Roßplatz** ❶ und zum Parkplatz.

↗ 200 m | ↘ 200 m | 6.6 km

28 Von Wangen zum Fundort der Himmelsscheibe

2.00 h

Durch Wald und Feld zu einem bedeutenden Kultort

Die Himmelsscheibe von Nebra ist einer der bedeutendsten archäologischen Funde des 20. Jhs. in Deutschland und gilt als die bislang älteste konkrete Darstellung astronomischer Phänomene weltweit. Seit 2013 ist sie UNESCO-Weltdokumentenerbe, ausgestellt im Landesmuseum für Vorgeschichte in Halle. Seit 1999 zwei Raubgräber sie auf dem Mittelberg im Ziegelrodaer Forst fanden, ist viel getan worden, um Besucher anzulocken. Von Kleinwangen wandern wir erst auf Feldwegen, dann durch Wald hinauf zum Fundort. Unweit lädt der Aussichtsturm (30 m) zur Besteigung ein. Zwei Ringgräben und Wälle grenzten den kultischen Bezirk ab. Anschließend begleiten uns mehrere Kunstinstallationen von 2021, eine gestalterische Verbindung zwischen Fundort und Besucherzentrum, mit dem Motto »Landart – zwischen Welt und Kosmos« zum Besucherzentrum Arche Nebra. Gelbfarben im Nichts schwebend wird hier die goldene Sonnenbarke auf der Himmelsscheibe angedeutet.

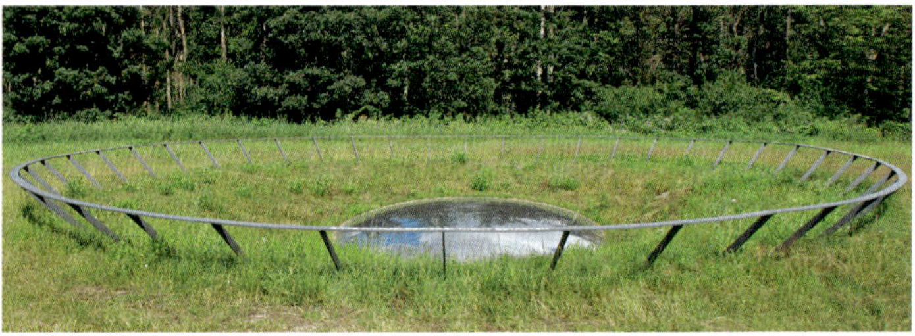

Der Fundort der Himmelsscheibe ist mit einer sich spiegelnden leicht gekrümmten Scheibe des »Himmelsauges« gekennzeichnet.

Ausgangspunkt: Bahnhaltepunkt Wangen (Unstrut) in Kleinwangen. Von Naumburg (Saale) Hbf. mit der RB Richtung Wangen (Unstrut) (ca. stündlich). Autofahrer nutzen einen der Parkplätze im Ort (Navi: An der Steinklöbe 14, Wangen, die Tour verkürzt sich um ca. 0,5 km, oder An der Steinklöbe 16, Wangen, die Tour verkürzt sich um ca. 0,7 km). Wer bei An der Steinklöbe 14 geparkt hat, geht mit dem Rücken zum Parkplatz die Straße hinauf zur Kreuzung und dort geradeaus in die gepflasterte Straße, ebenso die anderen Autofahrer.
Anforderungen: Ausgeschildert (Wanderzeichen gelber Punkt). Z. T. geht es steil den Mittelberg hinauf. Die Wege können im Sommer etwas zugewachsen sein.
Einkehr: Waldschlösschen (mit Biergarten, tgl. ab 12 Uhr) in Kleinwangen.
Tipp: Besucherzentrum Arche Nebra, dort auch Audioguide erhältlich (im Winter Mo Ruhetag, 2023 z. T. wegen Umbau geschlossen, aktuelle Infos unter himmelsscheibe-erleben.de).

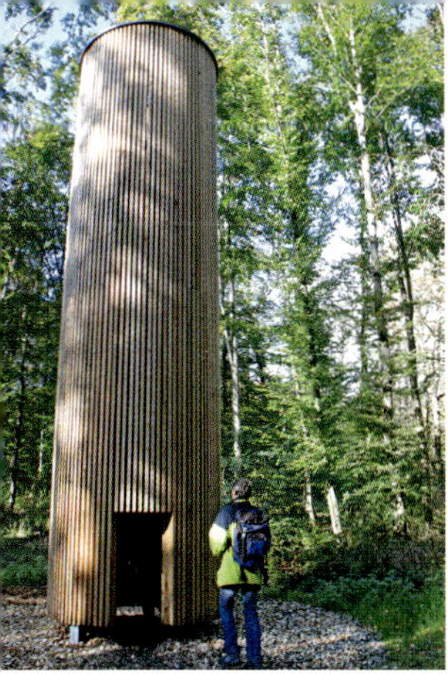

Eine der modernen Kunstinstallationen ist der Waldpavillon.

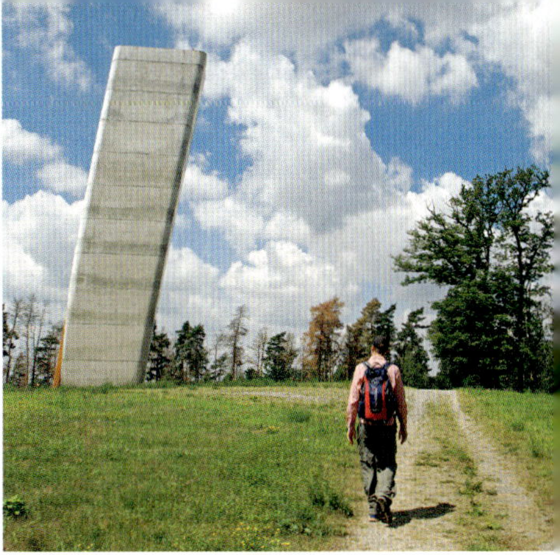

Der Aussichtsturm auf dem Mittelberg lohnt den Aufstieg.

Am **Haltepunkt Wangen (Unstrut)** ❶ in Kleinwangen gehen wir zum Ausgang, dann rechts. Achtung, mit dem Rücken zur Brücke laufen wir die Straße immer geradeaus. An der T-Kreuzung ist links einzubiegen. An der nächsten Kreuzung halten wir uns vor dem Parkplatz rechts, nun mit dem Wanderzeichen gelber Punkt, der uns den Großteil der Wanderung begleiten wird. Die Pflasterstraße geht bald in einen Feldweg über. Wir wandern immer geradeaus weiter und kommen an einer wasserwirtschaftlichen Anlage vorbei. In den ersten Weg, der links am Waldrand entlang führt, biegen wir bei Wegweisern schräg links ein und passen auf, dass wir schon nach 50 m wieder rechts den aufwärts führenden Pfad nicht verpassen. Für über 1 km wandern wir immer geradeaus auf dem Hauptweg, auch oben auf dem **Mittelberg** ❷, den **Aussichtsturm** auf der linken, den **Sonnenscheiben-Fundort** auf der rechten Seite.

Nach der Besichtigung geht es wieder abwärts, der Weg ist hier geteert. Linker Hand beachte man das Kunstwerk »The Sky«. Bald biegen wir schräg links zu einem weiteren Kunstwerk ein, dem **Waldpavillon** ❸, der wie eine große hölzerne Tonne anmutet. Hier wandern wir weiter geradeaus und folgen dem Pfad. Diesem

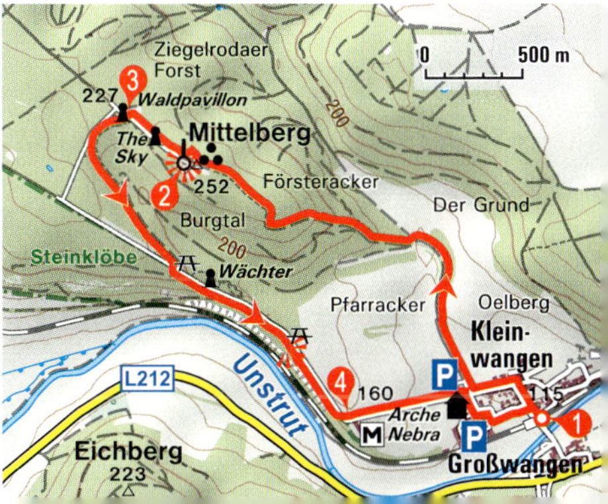

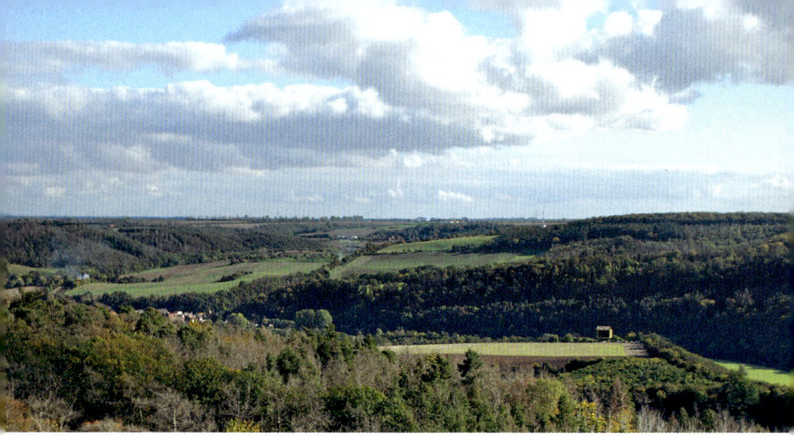

Das Panorama vom Aussichtsturm auf dem Mittelberg belohnt den Aufstieg.

bleiben wir geradeaus treu, nach einem Abzweig wird der Pfad breiter. Unten biegen wir am Rastplatz links in den geteerten Weg ein. Kurz danach ist linker Hand das dritte Kunstwerk »Wächter« zu bewundern. Wir folgen dem geteerten Weg weiter, vorbei an einem Rastplatz mit Aussicht auf Wangen. Bald wird in einer Linkskurve die **Arche Nebra** 4 erreicht. Wir folgen auch hier dem geteerten Weg weiter, begleitet von Kirschbäumen links und rechts. **Kleinwangen** wird erreicht. Die Gaststätte Waldschlösschen liegt rechter Hand und linker Hand der große Parkplatz. Wer dort nicht geparkt hat, biegt an der Kreuzung rechts ein (An der Steinklöbe), vorbei an weiteren Parkplätzen rechter Hand. Vor dem Busparkplatz geht es links. Wir folgen der kleinen Straße, die erst nach rechts, dann nach links schwenkt und kommen an einem Spielplatz vorbei mit einem weiteren Parkplatz. Nach dem Sportplatz biegen wir rechts ein, und der **Haltepunkt Wangen (Unstrut)** 1 ist wieder erreicht.

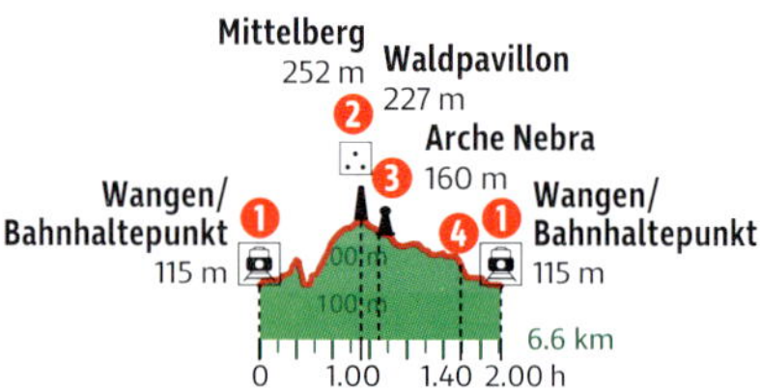

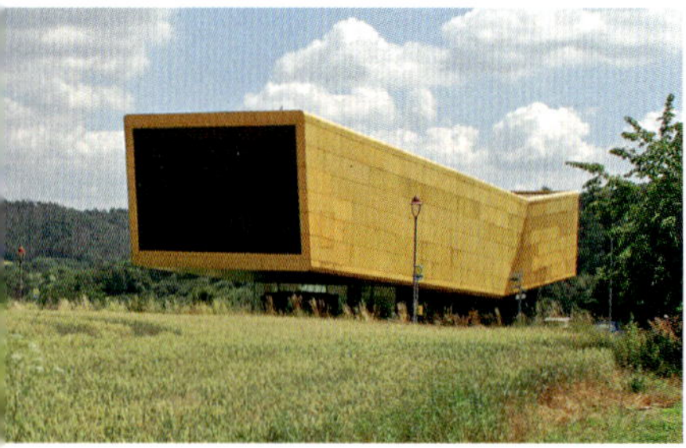

Die Arche Nebra soll die Sichel auf der Himmelsscheibe andeuten.

Von Nebra nach Wangen

Felsen, lauschige Täler und weite Blicke

Nebra ist heute vor allem durch den Fund der Himmelsscheibe von Nebra im nahe gelegenen Ziegelrodaer Forst bekannt. Doch auch der Buntsandstein verdient Beachtung, der in der Umgebung von Nebra bereits im 12. Jh. abgebaut wurde. Aus Nebraer Sandstein entstanden u. a. der Reichstag und das Brandenburger Tor in Berlin, die Hamburger Börse und das Weimarer Schloss. Die hoch über der Unstrut gelegene Stadt ist selbst durch ihre vielen Sandsteinbauten geprägt.
Von der Unstrutbrücke fällt dem Wanderer der steile rechte Talhang aus Buntsandstein ins Auge, der zu den Ausläufern der Finne gehört. Wir steigen auf zur Burgruine (12./13. Jh.) und zum Schloss (1874) und wandern kurz darauf direkt an den beeindruckenden Felswänden entlang. Später gelangen wir an Obstwiesen und Wäldern vorbei über den Ort Wippach nach Wangen. Der Rückweg erfolgt teils durch Wald, teils am Waldrand rund um den Bock (241 m). Überall bieten sich weite Aussichten in die reich gegliederte Landschaft.

Ausgangspunkt: Nebra Bahnhof. Von Naumburg (Saale) Hbf. mit der RB Richtung Wangen (Unstrut) bis Nebra (ca. stündlich). Kleiner Parkplatz anbei (Navi: Am Bahnhof 1A, Nebra/Unstrut, dann in die Straße Bahnhof). Auch Rückfahrt von Wangen nach Nebra mit der RB Richtung Naumburg möglich (ca. stdl.).
Anforderungen: Anspruchsvolle Tour, eher für erfahrene Wanderer. Trittfestigkeit auf dem Unteren Steinbruchweg. Die Stufen am Tourenende sind schadhaft. Viele grasbewachsene Wege, die feucht oder zugewachsen sein können. Wenige Bänke und Rastplätze. Vor Wippach ca. 1 km an der B250 entlang. Tendenz zu »schwarz«. Abschnittsweise markiert.
Einkehr: Pizzeria Roma (Mo Ruhetag) in Nebra; in Kleinwangen Abstecher zum Waldschlösschen (tgl. ab 12 Uhr).
Tipps: 1) In Wangen Abstecher zur Arche Nebra (im Winter Mo Ruhetag, 2023 z. T. wegen Umbau geschlossen, aktuelle Infos unter himmelsscheibe-erleben.de) oder die Tour 28 noch anschließen (6,5 km mehr). 2) Für Autofahrer bietet es sich an, anschließend das Kloster Memleben zu besuchen (im Sommer tgl. geöffnet, im Winter nur Außenanlage und Krypta Mo–Fr, Navi: Thomas-Müntzer-Straße 46, Memleben/Kaiserpfalz).
Hinweis: Aufgrund eines Felssturzes im Juli 2022 könnte der Untere Steinbruchweg ggf. gesperrt sein. Auskunft erteilt der Geo-Naturpark Saale-Unstrut-Triasland e.V., info@naturpark-saale-unstrut.de, Tel. +49 34461 220-86. Im Text wird auf eine Umgehung hingewiesen. Die Tour verkürzt sich auf ca. 12,5 km und wird dadurch auch einfacher.

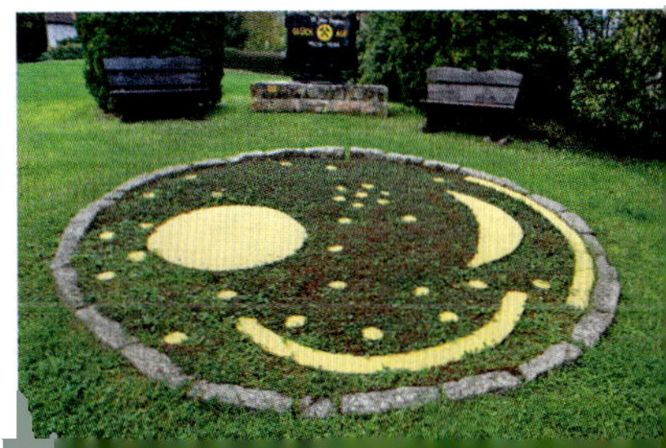

Der Rastplatz in Großwangen mit Himmelsscheibe ist über einen kurzen Abstecher zu erreichen.

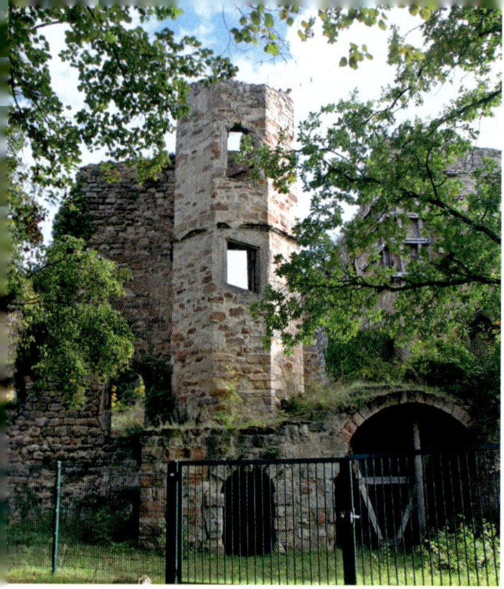

Die spätromanische Burgruine Nebra steht neben dem Schloss.

Vom **Bahnhof Nebra** ❶ gehen wir am Wasserturm, der zum Artenschutz als Domizil von bedrohten Vogelarten und Fledermäusen dient, vorbei und vor zur Schranke, dann rechts über die Unstrutbrücke. Schon von hier aus ist eine rote Steinwand rechter Hand hoch über dem Unstruttal sichtbar. An der ehemaligen Schlossmühle, einem großen Sandsteingebäude linker Hand, folgen wir der Straße in einem Linksbogen, dann weiter geradeaus. Kurz bevor links eine Straße abgeht, biegen wir rechts in die Straße Am Schlossberg ein (Ferienwohnung). Kurz darauf geht es Stufen hinauf und dann rechts. Zunächst halten wir uns geradeaus. Bald gehen wir links, mit dem Wanderzeichen TT (für Trias-Tor), durch ein kleines Tor in der Mauer, dann gleich wieder rechts. Wo wir einen ersten Blick auf das Schloss erhaschen können, halten wir uns sofort rechts und erneut rechts. Nach Stufen wenden wir uns schräg rechts zum Aussichtspunkt über das Unstruttal und davor links zur Ruine der **Burg Nebra** ❷. Anschließend geht es rechts zum **Schloss**, vor ihm links und an der prächtigen Neorenaissance-Fassade vorbei, dann rechts. Wir nutzen schräg links die Straße Schlosshof und laufen geradeaus vor zum Markt, wo sich ein Blick auf die Kirche St. Georg lohnt. Vor dem Heimatmuseum biegen wir rechts in die Hauptstraße ein (Breite Straße). Wir laufen an einem Parkplatz und der Pizzeria vorbei bis zur Berggasse, wo rechts einzubiegen ist.

Schloss Nebra ist heute ein Hotel.

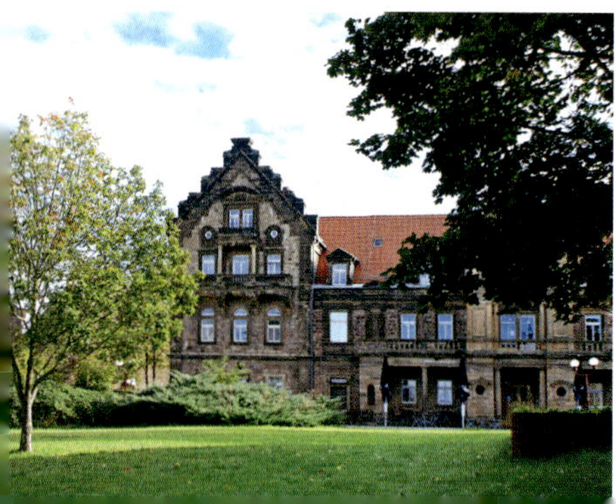

Unser Weg schwenkt erst nach links, dann nach rechts. Daraufhin halten wir uns schräg links, mit dem grünen Diagonalbalken in Richtung Großwangen. An der folgenden Gabelung wählen wir den rechten Pfad, etwas tiefer gelegen und ohne Markierung.

Wir befinden uns nun auf dem Unteren Steinbruchweg. (Ist dieser gesperrt, so geht es an der Gabelung links, an der T-Kreuzung rechts, an der Gablung links, an der folgenden rechts und immer geradeaus bis zum Aussichtspunkt Breite Platte.) Wir folgen immer dem Hauptpfad. Wir kommen an den Felsen vorbei, die wir schon von der Brücke aus bewundert haben, sowie an mehreren ehemaligen Steinbrüchen. Auch hier bleiben wir dem Hauptweg treu. Schließlich führt dieser aufwärts. Weiter oben biegen wir scharf links ein, mit dem grünen Diagonalbalken und dem blauen Balken Richtung Breite Platte. Vor einer Felswand halten wir uns links. Oben wird linker Hand der **Aussichtspunkt Breite Platte** ❸ erreicht, die gelbe Arche Nebra ist gut zu sehen, ansonsten ist die Aussicht etwas zugewachsen. Ohne Abstecher biegen wir an der Kreuzung rechts ein (wer den Ausweichweg gegangen ist, links) und noch vor der Straße erneut rechts, ohne Markierung.

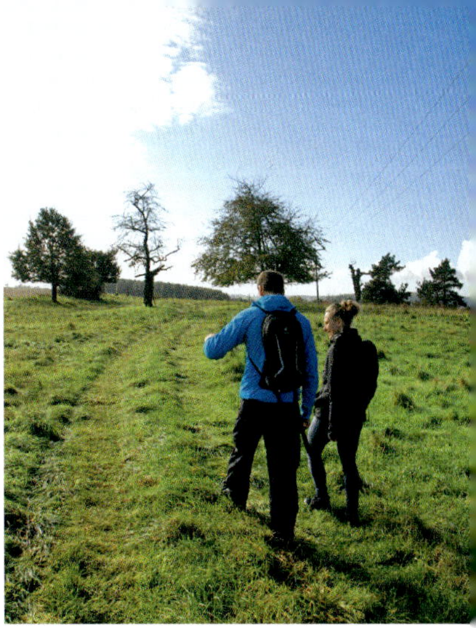

Auf grasbewachsenem Weg wandern wir zwischen Breiter Platte und Wippach.

Der grasbewachsene angenehme Weg an Obstbäumen vorbei führt leicht aufwärts. An einem Strommast biegen wir schräg links ein. Nach ca. 1 km wird die hier relativ wenig befahrene B250 erreicht, in die wir schräg rechts einbiegen und der wir abwärts folgen. Ca. 100 m vor dem Ortseingangsschild ist linker Hand ein Kreuz aus dem 15. Jh. in einer Mauer zu entdecken. In **Wippach** ❹ biegen wir kurz in die Orlastraße ein, aber gleich vor einem Gebäude rechts, wieder abwärts. Der nette Weg schwenkt nach links. An einem Abzweig halten wir uns schräg links, dann nutzen wir den ersten Weg rechts, nun wieder markiert, mit dem grünen Diagonalbalken und dem blauen Balken. Wir wandern immer geradeaus weiter. Schräg rechts

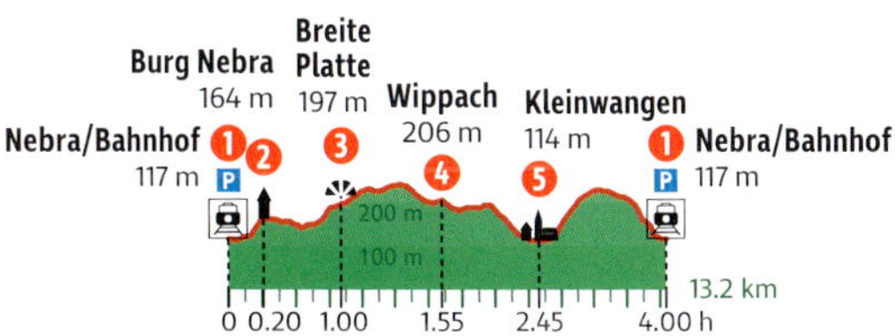

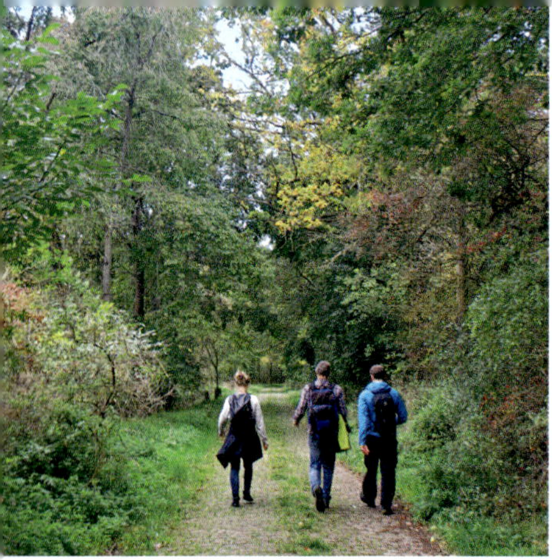

Kurz vor Größwangen wird unser Weg befestigt.

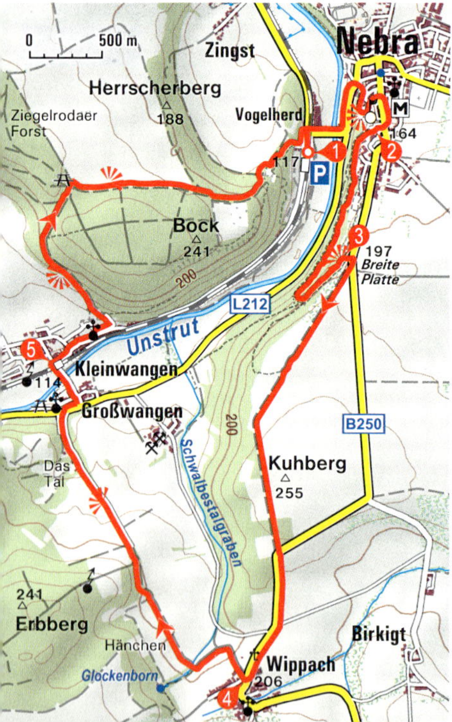

sind die gegenüberliegenden hellen Nebraer Sandsteinbrüche am Bock gut zu erkennen, linker Hand der helle Aussichtsturm vom Fundort der Himmelsscheibe. Unser Weg geht an einem Abzweig in eine Pflasterstraße über. Wieder werden Turm und die Arche Nebra sichtbar. Wir laufen weiterhin abwärts.

Kurz nach einer Brücke wird **Großwangen** erreicht. An der Durchgangsstraße geht es rechts (links führt ein Abstecher zu Kirche und Bänken). Dann biegen wir links in die Straße Am Dorfplatz mit dem Wanderzeichen grünes Kreuz ein. Geradeaus überschreiten wir die Brücke, dann geradeaus über die Gleise am Haltepunkt Wangen. Wir erreichen **Kleinwangen** **5**, für einen Abstecher zum Waldschlösschen geht es geradeaus und an der T-Kreuzung links. Ohne Abstecher ist rechts in die Einbahnstraße einzubiegen. Bald ist sie mit dem grünen Diagonalbalken gekennzeichnet, der uns nun ein Stück begleiten wird, obgleich nur sporadisch ausgeschildert. An der Gabelung halten wir uns rechts, vorbei am Kriegerdenkmal. Danach geht es die kleine Straße geradeaus, vorbei an der Kirche linker Hand (man beachte einen Grabstein von 1598 in der Mauer). Achtung, an der Gabelung gehen wir links hinauf (Am Bockberg), die Straße wird verlassen.

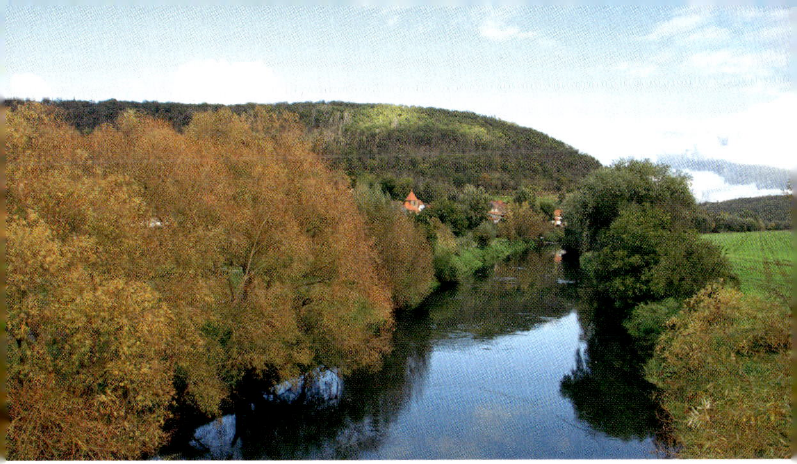

Die Unstrut, hier bei Wangen, ist ein 192 km langer Nebenfluss der Saale.

Weiter vorn biegt unser Weg links ab, und es geht nun steiler aufwärts, vorbei am Friedhof linker Hand. An der Kreuzung geht es geradeaus und an einer Gabelung rechts, nun für längere Zeit geradeaus. Später ist linker Hand die gelbe Arche Nebra zu sehen. Wir laufen immer geradeaus weiter, schließlich durch den Wald. An einem Forstweg halten wir uns schräg rechts, dann wandern wir geradeaus weiter. Oben sind ein **Rastplatz** links und eine Informationstafel des Geo-Trails über die Querfurter Mulde erreicht. Es lohnt sich, die Tafel anzusehen, denn bald werden wir das dort beschriebene Panorama, basierend auf den unterschiedlichen zugrunde liegenden Gesteinen, genießen können. Dazu geht es hier nach rechts, am Waldrand entlang, später begleitet vom grünen Diagonalbalken. Wir wandern immer geradeaus weiter. Linker Hand bieten sich schöne Blicke ins Unstruttal (geradeaus allerdings auf die ICE-Trasse) und auf die Vitzenburg, wie auf der Tafel von vorhin.

Schließlich geht es an einer T-Kreuzung rechts. Der grüne Diagonalbalken leistet hier zur Orientierung gute Dienste, denn gleich biegen wir an der Gabelung mit ihm links ein. Wir laufen abwärts und an der folgenden Gabelung rechts, jetzt steil abwärts. Auch an der T-Kreuzung am Waldrand halten wir uns rechts. Gleich nach einem grünen Tank halten wir uns mit den Wanderzeichen TT und grünen Diagonalbalken rechts, die Steinwand rechter Hand. Hier gab es einst einen Steinbruch. Kurz danach ist links einzubiegen. Wir folgen immer dem Hauptpfad und dem grünen Diagonalbalken. Der Pfad führt schließlich (unregelmäßige) Stufen hinunter. An Häusern geht es geradeaus und an der Straße links. Wir überqueren rechts die Gleise und kommen, uns erneut rechts haltend, zurück zum **Bahnhof Nebra** ❶.

↗ 170 m | ↘ 190 m | 10.4 km

30 Von Karsdorf nach Steigra und Reinsdorf

3.00 h

Eine Weinbergwanderung zu einem Rasenlabyrinth

Zwischen Karsdorf und Reinsdorf öffnet sich das Unstruttal in einer weiten Aue. Nördlich und westlich schließen sich sonnige Hänge der Querfurter Platte an, die sich bis Freyburg erstrecken. Ihr Untergrund aus Muschelkalk und Oberem Buntsandstein bietet nicht nur seltenen Pflanzen, sondern auch dem urkundlich bereits 1207 erwähnten Weinbau gute Bedingungen. Die ICE-Trasse passt sich hier relativ gut in die Landschaft ein und lenkt von dem Zementwerk ab.

Zunächst steigen wir die Karsdorfer Hänge hinauf, an Weinbergen und der Aussicht über die Bahnlinie vorbei, nach Steigra. Der Ort punktet mit etwas Besonderem: einem historischen Rasenlabyrinth, meist »Trojaburg« oder auch »Schwedenring« genannt. Möglicherweise deuten diese Namen auf schwedische Soldaten im Dreißigjährigen Krieg (1618–1648), die das Labyrinth nach Anlagen in ihrer Heimat errichtet haben könnten. Auf dem Rückweg passieren wir die idyllischen Weinberge der Steigraer Hahnenberge.

Der Weinberg »Karsdorfer Hohe Gräte« gehört zu den besten Weinlagen der Region.

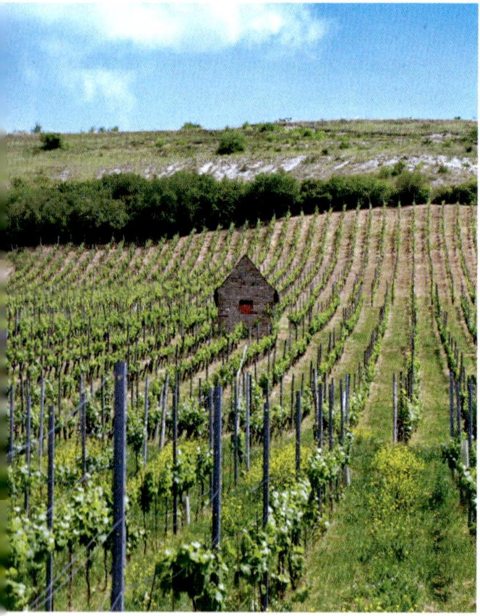

Ausgangspunkt: Haltepunkt Karsdorf. Von Naumburg (Saale) Hbf. mit der RB Richtung Wangen (Unstrut) (ca. stündlich). Autofahrer fahren bis Reinsdorf, nutzen den kleinen Parkplatz beim Haltepunkt (Navi: Siedlung am Umspannwerk, Reinsdorf) und fahren mit der RB Richtung Naumburg (Saale) Ost bis Karsdorf (ca. stündlich).
Endpunkt: Haltepunkt Reinsdorf. Mit der RB Richtung Naumburg (Saale) Ost bis Naumburg (Saale) Hauptbahnhof (ca. stündlich).
Anforderungen: Zu ca. zwei Dritteln ausgeschildert (folgt teilweise dem Weinweg). Unwegsame bzw. steile Abschnitte hinter Karsdorf und Steigra, wo Trittsicherheit erforderlich ist.
Einkehr: Zum Ritter Sankt Georg (Di Ruhetag, Mo/Mi/Do nur abends) in Steigra.
Tipp: Wer am Schluss in Reinsdorf noch Zeit hat, kann sich unter der Woche auch beim Lebensmittelgeschäft »Zum Alten Konsum« (Di/So Ruhetag, Sa nur bis 10 Uhr) mit Speis und Trank eindecken.

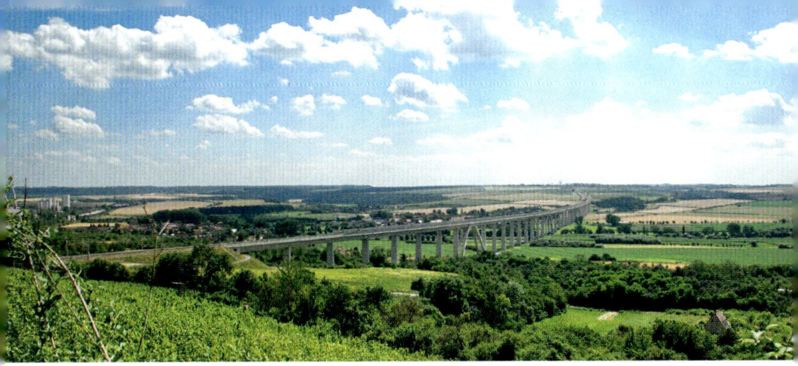

Wein und ICE-Trasse prägen die Landschaft zwischen Karsdorf und Reinsdorf.

Vom **Haltepunkt Karsdorf** ❶ wenden wir uns zur Schranke und überschreiten diese links. Kurz darauf ist mit den Wanderzeichen grünes Quadrat und gelber Balken in die erste Straße links einzubiegen. Wir folgen der Rechtskurve und biegen am Ende des Firmengebäudes rechter Hand links in den Weg ein. Kurz darauf liegt eine Solaranlage linker Hand. Ca. 50 m vor deren Zaunende biegen wir rechts und gleich wieder links ein. Kurz darauf wird unser Weg geteert fortgesetzt. Bald bietet sich ein Blick auf das Viadukt. Am Abzweig biegen wir mit den Wanderzeichen rechts ein, Richtung Hohe Gräte.

Wir überqueren geradeaus vorsichtig die Durchgangsstraße und halten uns gleich am Abzweig rechts, die Weinlage Karsdorfer Hohe Gräte linker Hand. Unser Weg schwenkt nach links und führt aufwärts. An zwei Abzweigen gehen wir geradeaus, nun in einen grasbewachsenen Weg. Weiter oben kommen wir wieder an einem Weinberg rechter Hand vorbei. Nach einem Hochsitz gehen wir vor einem weiteren Weinberg links hinauf, stetig bergan. Der Weg kann hier stellenweise schlecht sein. Wir wandern immer weiter geradeaus. Fast oben angekommen, tritt der Weg ins Freie. Ab hier kann es auch stellenweise etwas zugewachsen sein. Linker Hand bieten sich schöne Blicke ins Tal. Schließlich durchschreiten wir mit den Wanderzeichen ein Tor, dessen Riegel ggf. hochgedrückt werden muss. Nachdem wir es wieder verschlossen haben, geht es kurz darauf nach schräg links. Bald wenden wir uns an einer offenen, d. h. von Büschen unbewachsenen Stelle nach links zu einem **Aussichtspunkt** ❷, von dem man über die ICE-Trasse blickt, die in den Osterbergtunnel hineinführt.

Dann folgen wir unserem Weg weiter geradeaus. An der Kreuzung biegen wir

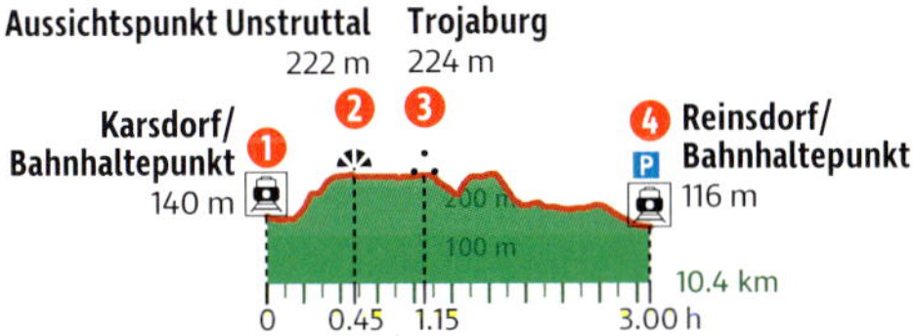

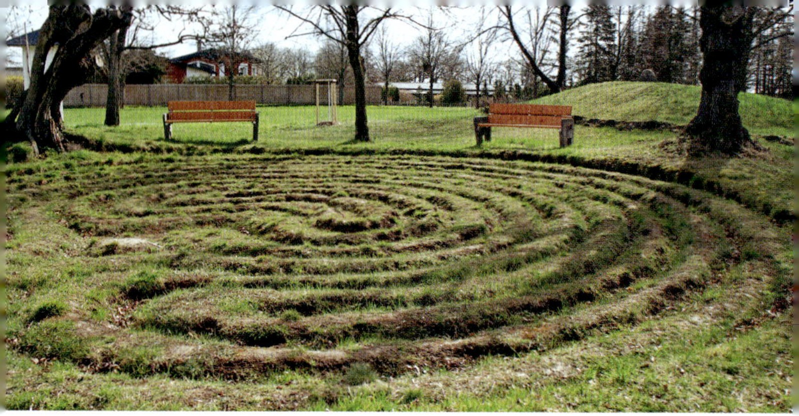

Das Rasenlabyrinth Trojaburg ist im Winter besonders gut zu erkennnen. Infotafeln stehen anbei.

mit dem grünen Quadrat rechts ein. Wir kommen an einem Haus vorbei und halten uns an der T-Kreuzung links. Gleich danach liegt ein Sportplatz linker Hand und **Steigra** wird erreicht. Wir gehen immer geradeaus, dann an der Durchgangsstraße über den Zebrastreifen, links am Teich und der Bushaltestelle vorbei. Hier geradeaus wird das Wanderzeichen verlassen. Unsere Straße schwenkt nach schräg rechts. Nun halten wir uns vor der Gaststätte links, weiter vorne schräg rechts, auf die Kirche zu. Hier lockt auch ein Rastplatz. Wir gehen links an der Kirche vorbei, dann immer geradeaus. Erst an der Straße Rosental halten wir uns schräg rechts, dann wieder schräg links in die Straße an der B180. Am Parkplatz und ca. 50 m vor dem Ortsausgangsschild geht es rechts über die Bundesstraße für einen Abstecher zur **Trojaburg** 3, einem Rasenlabyrinth. Wir kehren anschließend zum Parkplatz zurück und gehen dann geradeaus.
Am Ende der kleinen Straße halten wir uns geradeaus, rechts vorbei am Naturdenkmal Scha(r)flinde, einer ca. 500-jährigen Sommerlinde, wo früher Gerichte stattfanden, geradeaus und dann schräg links. Nun heißt es aufpassen, denn kurz darauf geht es an einer Kreuzung scharf rechts in den Wald hinunter, immer auf dem Hauptpfad weiter. Unten biegen wir scharf links in einen Hohlweg ein. Später weitet sich der Weg. An einer Gabelung halten wir uns rechts und gehen gleich schräg rechts hinauf. Bald wird es steil, aber dies ist nun der letzte Anstieg auf dieser Tour. Nach dem Waldende halten wir uns schräg rechts, dann immer geradeaus. Nach einem Stromkasten ist an der T-Kreuzung scharf links einzubiegen und gleich am Abzweig geradeaus. Unser Weg macht einen Rechtsbogen. Linker Hand wird der Blick auf das Viadukt frei, diesmal von der anderen Seite. An zwei Abzweigen geht es geradeaus, in den oberen Weg. Bald biegen wir an einer T-Kreuzung links in den befestigten Weg ein.

Diesem folgen wir weiter und halten uns daher an der Gabelung links hinunter. Wir kommen an einem kleinen Weinberg vorbei und gehen stetig abwärts. An einem Abzweig stößt das Wegzeichen grünes Quadrat von links wieder zu, dem wir nun geradeaus folgen. Gleich halten wir uns an einer Gabelung links, auf einen Strommast zu. Nun bietet sich ein weiter Blick ins Tal, die Stadt Nebra lässt sich schräg links sehen. Wieder kommen wir an Weinbergen vorbei. Schließlich halten wir uns an einer Gabelung mit anschließender T-Kreuzung links und an der folgenden T-Kreuzung rechts. Man beachte die kleinen Hänge rechter Hand mit ihrem Kalkstein. Nach einiger Zeit geht es an einer Kreuzung geradeaus. Nun wandern wir an Kirschbäumen vorbei. An der T-Kreuzung biegen wir mit dem grünen Quadrat links ein. Schräg rechts bietet sich wieder ein schöner Blick auf Nebra mit Kirche. Wir schreiten immer geradeaus hinunter. Unser Feldweg geht schließlich in eine Pflasterstraße über. Nach den Gleisen halten wir uns rechts zum **Haltepunkt Reinsdorf** 4 bzw. zum Parkplatz. Geradeaus ginge es in ca. 5 Min. zum Lebensmittelgeschäft »Zum Alten Konsum«.

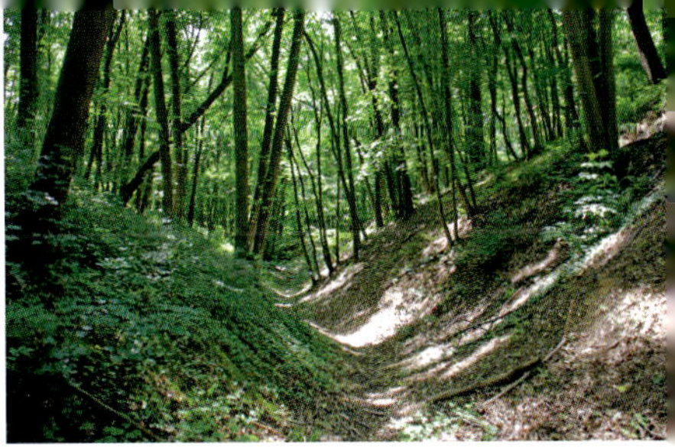

Im Wald abwärts hinter Steigra muss man genau aufpassen.

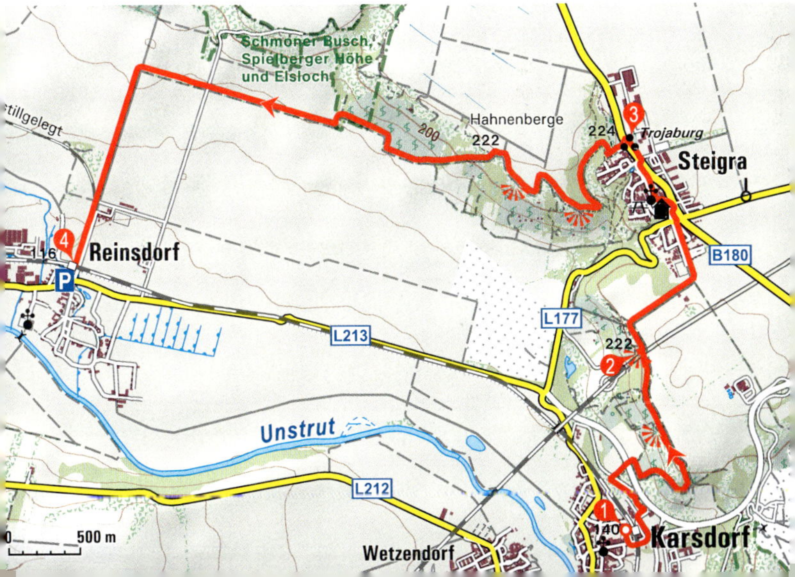

TOP

31 Rund um Tröbsdorf

↗ 230 m | ↘ 250 m | 13.6 km

3.45 h

Wiesen, Bachtäler und schöne Aussichten auf das Unstruttal und ein Schloss

Die Landschaft bei Tröbsdorf gehört zu den schönsten des unteren Unstruttales. Am gegenüberliegenden Flussufer erhebt sich majestätisch Schloss Burgscheidungen (17./18. Jh.) mit seinem im italienischen Stil gehaltenen historischen Park auf hohem Sporn. Nach Südwesten hin erstreckt sich das bewaldete Bibertal mit kanzelartigen Vorsprüngen an den Felshängen, auch Tröbsdorfer Schweiz genannt.

Von Tröbsdorf steigen wir zur sagenumwobenen Teufelskanzel auf. Dann folgen wir dem Bibertal, dem längsten der Finnetäler, nach Thalwinkel, wo wir nach dem Aufstieg nach Bergwinkel über ein Plateau das Blindetal erreichen. Das tief eingeschnittene Waldtal führt selten Wasser. Wieder in der Höhe, erwartet uns bei der Neidecke die schönste Aussicht der Wanderung mit Blick auf Schloss Burgscheidungen. Der idyllische Dorfkern Tröbsdorfs und der romantische Treidelpfad an der Unstrut runden die Tour ab.

Ausgangspunkt: Bushaltestelle in Tröbsdorf. Von Naumburg (Saale) Hbf. mit der RB nach Laucha (Unstrut), von dort mit dem Bus 610 bis Bushaltestelle Tröbsdorf (Burgscheidungen), Rufbus, (bis 1 Std. vor Abfahrt anmelden, Tel. +49 391-5363180, ca. alle 2 Std.). Autofahrer parken entweder in Kirchscheidungen in der Nähe des Haltepunkts (Navi: Zum Bahnhof 25) und fahren mit dem Rufbus nach Tröbsdorf oder nutzen in Tröbsdorf den Parkplatz an der Straße nach Kirchscheidungen (Navi: Am Mühlberg 1, Tröbsdorf/Laucha). Die Tour ist dann um ca. 2 km kürzer, verpasst wird aber ein sehr schöner Weg am Fluss.

Endpunkt: Haltepunkt Kirchscheidungen. Zurück mit der RB Richtung Naumburg (Saale) Ost fahren (ca. stündlich).

Anforderungen: Anfangs ausgeschildert mit dem grünen Balken. Mehrere kurze steile Stellen, z. B. steil hinunter nach der Neidecke. Weg bei der Teufelskanzel und später nach einer Brücke vor Thalwinkel etwas abschüssig, Trittsicherheit erforderlich.

Einkehr: Zum Grünen Tal in Tröbsdorf (Mo–Do Ruhetag, nur am So Mittagstisch); Landgasthof Thalwinkel in Thalwinkel (nur Sa/So nach Voranmeldung, Tel. +49 34465 20448).

Hinweis: Park und Schloss Burgscheidungen sind bis auf Weiteres geschlossen.

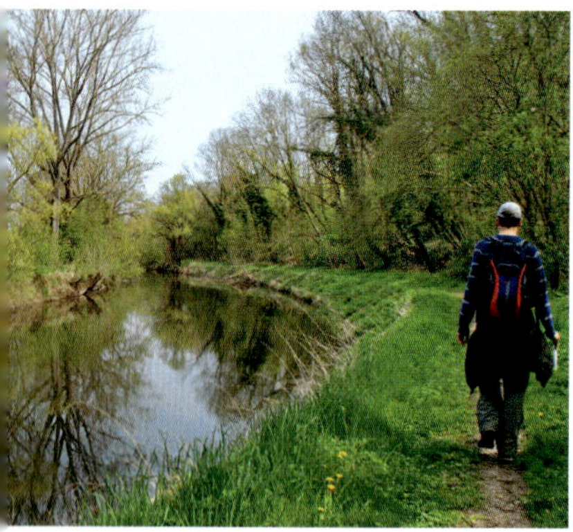

Der Treidelweg bildet einen schönen Abschluss der Tour.

Von der **Bushaltestelle Tröbsdorf** 1 wenden wir uns in Richtung Gaststätte und nutzen dazu den Fußweg links der Straße. Nach der Brücke mit steinernem Geländer wenden wir uns rechts zum Parkplatz mit Wandertafel, wo die Wanderung für manche Autofahrer beginnt.

Am Ende des Parkplatzes geht es links steil die Stufen hinauf. Später laufen wir ebener und an Felsen entlang, vorbei an der **Teufelskanzel** 2 mit kleinem Rastplatz. Wir folgen weiterhin dem Hauptweg, bis an einem Abzweig scharf rechts einzubiegen ist. Unten an der T-Kreuzung halten wir uns an einem weiteren Rastplatz links. Bald sehen wir den Biberbach rechter Hand. Wir folgen immer dem Talweg. Nach ca. 1,5 km kommen wir an einer großen Eiche (Naturdenkmal) linker Hand vorbei, kurz darauf an einem Wohnhaus (Alte Papiermühle) rechter Hand. Wir folgen weiter dem Talweg, auch an einer Brücke (unterer Weg). Der etwas abschüssige Weg kann nach Regenfällen rutschig sein.

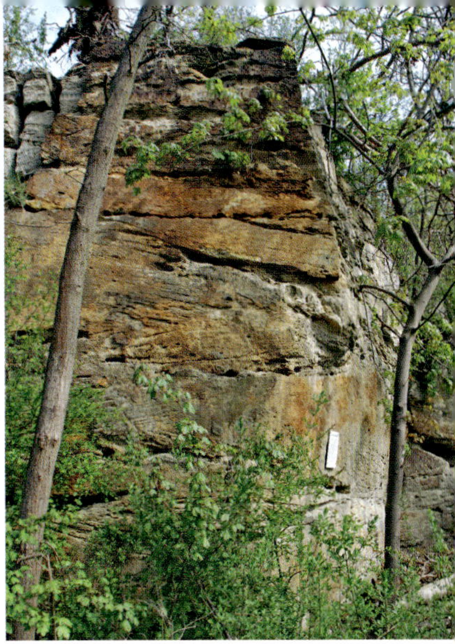

Die Teufelskanzel. Der Teufel soll diesen Felsblock geworfen haben.

An der Wiese gehen wir geradeaus weiter, der Weg kann hier undeutlich sein. Bald wird der nächste Ort rechter Hand sichtbar. Wir gehen weiter geradeaus und nutzen nach der Pegelmessstation rechts die Brücke. In **Thalwinkel** 3 biegen wir an der T-Kreuzung links ein. Vor der Gaststätte geht es rechts in die Bergstraße (Richtung Bergwinkel) und gleich nach dem ersten Gebäude links, hinauf zum Kriegerdenkmal, wo eine Bank zur Rast vor dem folgenden Aufstieg einlädt. Hinter dem Denkmal folgen wir dem Pfad weiter, immer stets aufwärts durch den Wald. Oben ist vor dem Feld rechts einzubiegen. Der schöne Weg geleitet nach **Bergwinkel** 4, wo wir zunächst geradeaus weitergehen, an der Kreuzung jedoch links ein-

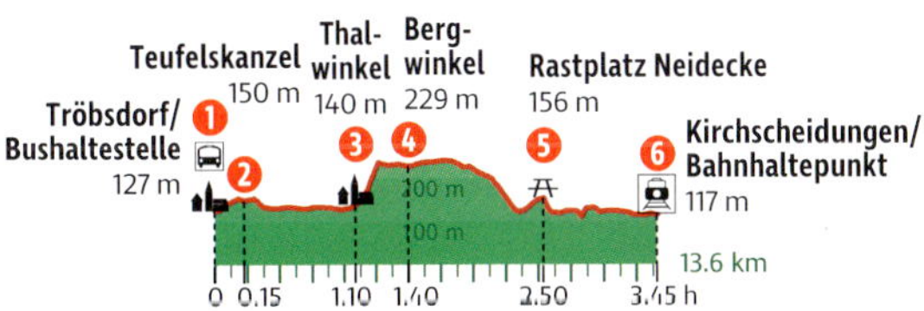

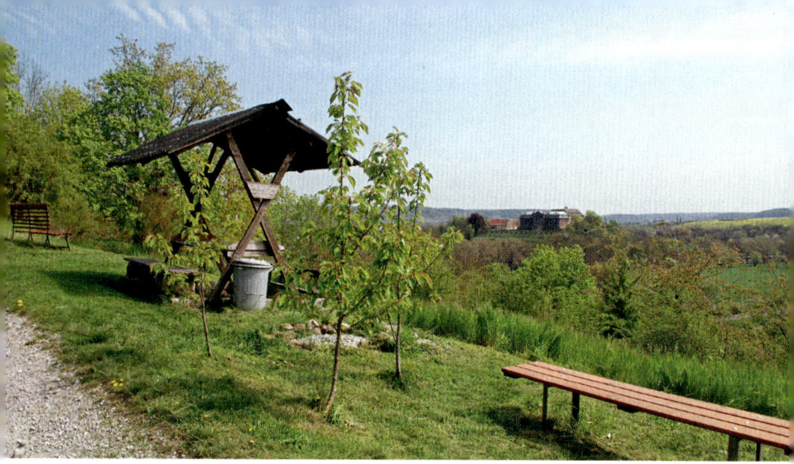

Rastplatz Neidecke. Um den Namen rankt sich eine Sage von zwei Brüdern, die man hier nachlesen kann.

biegen. Wir folgen der ruhigen Straße aus dem Ort. Rechter Hand lässt sich das Unstruttal erspähen. An der Kreuzung verlassen wir geradeaus die Straße. Unser Weg schwenkt vor dem Wald nach rechts. Vor dem Schild »Privatgrundstück« biegen wir links ein und schreiten geradeaus hinunter bis zu einer Gabelung, wo wir rechts einbiegen, weiter abwärts. Kurz darauf

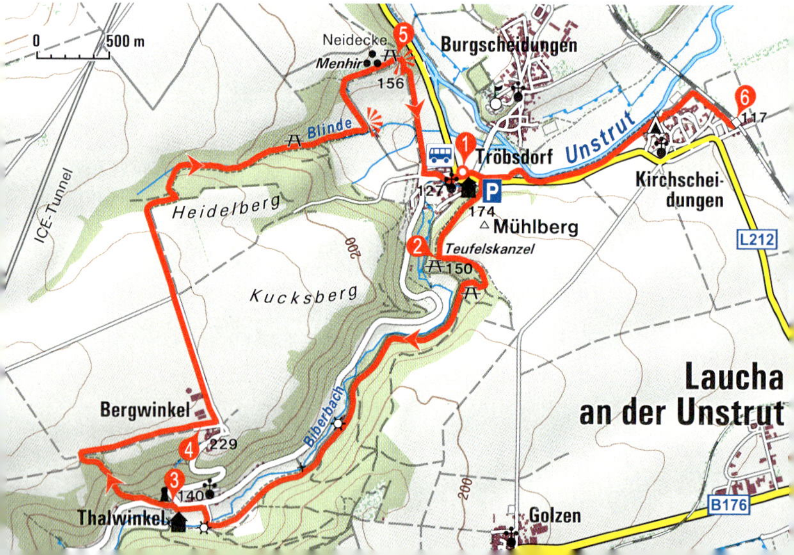

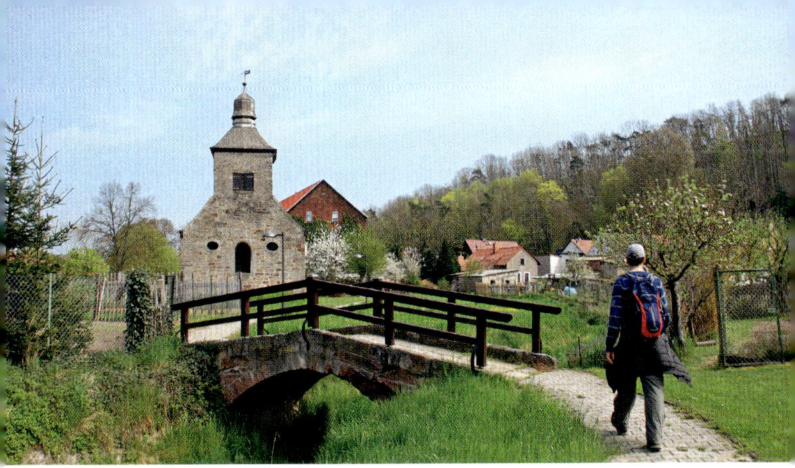

Zurück nach Tröbsdorf. Die spätgotische Dorfkirche wurde im 18. Jh. barock erneuert.

ist das Blindetal erreicht. Felsen grüßen linker Hand. Ca. 250 m nach einem Rastplatz linker Hand halten wir uns an der Gabelung links. Bei einer alten Brücke führt der Weg kurz steil hinauf.

Hier biegen wir links ein. Unser Weg führt stetig aufwärts, rechter Hand ist Schloss Burgscheidungen zu sehen. Wir erreichen den **Rastplatz Neidecke** 5. Hier bietet sich ein besonders schöner Blick auf das Schloss und ins Tal. Oberhalb des Rastplatzes steht ein Menhir (Hünenstein) am Feldrand, der aber nur weglos zu erreichen ist. Ansonsten gehen wir am Rastplatz schräg rechts. Der Pfad schwenkt gleich nach rechts und führt steil abwärts, teilweise aber unterstützt von Stufen. Unterwegs steht eine Bank. Unten halten wir uns geradeaus.

Tröbsdorf wird an einem Trafohäuschen rechter und einem Friedhof linker Hand erreicht. Wir biegen in die zweite Straße links ein und folgen kurz der breiteren Straße geradeaus. Rechts geht es über die Brücke und gleich links, die Freiwillige Feuerwehr (Brauhausscheune) rechter Hand. Hier wird es idyllisch. Wir überqueren dann wieder links eine Brücke und halten uns nach der Kirche links, dann rechts. An der Gaststätte biegen wir wieder rechts in die Straße ein und folgen ihr bis zum Parkplatz, wie anfangs beschrieben.

Dann laufen wir noch vorsichtig für ca. 200 m an ihr entlang und biegen in den ersten Weg links ein. Vor der Unstrut geht es nach rechts in den schönen Treidelweg am Fluss entlang. Am Campingplatz halten wir uns zunächst geradeaus, biegen aber an der geteerten Gabelung links ein. Vor der Bahnlinie schwenkt der Weg nach rechts. An der ersten Gabelung halten wir uns links, an der nächsten rechts. An der T-Kreuzung geht es links zum **Haltepunkt Kirchscheidungen** 6.

↗ 290 m | ↘ 290 m | 12.5 km

32 Bad Bibra

3.45 h

Eine ruhige Runde durch Wald und Bachtäler zu einem Kurpark

Der staatlich anerkannte Erholungsort, einst dank seiner Heilquellen als Kurort der Herzöge von Sachsen-Weißenfels berühmt, liegt eingebettet in einer Talweitung der Biber. Nach Westen hin schließen sich mehrere schattige Bachtäler an.

Von Bad Bibra wandern wir durch das Naturschutzgebiet Forst Bibra und auf dessen höchste Erhebung, die Stockmann-Höhe (288 m). Nach dem Abstieg erwartet uns ein Kleinod der Romanik mit der um 1220 entstandenen Margaretenkirche Steinbach. Durch das überwiegend bewaldete Steinbachtal gelangen wir über Wallroda in ein weiteres Bachtal, das des lauschigen Saubachs, vorbei an den beiden Viadukten 12-Apostel-Brücke und Schnecktalbrücke, 1912–1914 für die 1993 stillgelegte Finnebahn erbaut. Zudem laden mehrere legendenumwobene Quellen zur Rast ein. Den krönenden Abschluss bildet der Kurpark Bad Bibra mit mehreren Kneippbecken und dem Gesundbrunnen, Wahrzeichen der Stadt.

Ausgangspunkt: Bad Bibra, Bushaltestelle Bad Bibra, Neubaublock. Von Naumburg (Saale) Hbf. mit der RB Richtung Saalfeld bis Bad Kösen. Dort in den Bus 604 Richtung Bad Bibra bis Bad Bibra, Neubaublock (Mo–Fr ca. alle 2 Std., Sa/So beides Bedarfshalte, Anmeldung 2 Std. vorher unter Tel. +49 391 5363180). Zurück mit dem Bus 611 Richtung Laucha nach Laucha (Mo–Fr ca. stündlich), Sa/So alle 2 Std. als Rufbus + Bedarfshalt, Anmeldung 2 Std. vorher unter Tel. +49 391 5363180). In Laucha mit der RB Richtung Naumburg (Saale) Ost nach Naumburg (Saale) Hbf. (ca. stündlich). Parken am Straßenrand im Bereich der Bushaltestelle, z. B. Zur Hattstadt (Navi: Zur Hattstadt, Bad Bibra).
Anforderungen: Deutliche Wege, aber sporadische Ausschilderung. Viel Auf und Ab. Holpriger Weg im Steinbachtal.
Einkehr: Eiscafé Piccolo (nachmittags, nur im Sommer) in Bad Bibra; in Steinbach gibt es das Gasthaus Steinbach. (250 m Abstecher, Mo–Mi Ruhetag).
Hinweis: Die Steinbacher Kirche ist Mai–Okt. am Sa/So offen, ansonsten nach Anmeldung bei der Bad Bibraer Tourist-Information (Tel. +49 34465 701912).
Tipp: Kneippbecken am Ende der Tour (ggf. Handtuch einpacken).

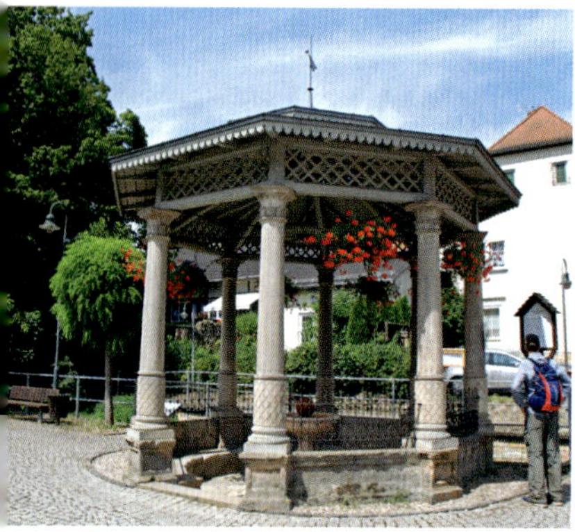

Der Gesundbrunnen in Bad Bibra. Herzog Christian wurde hier 1727 von einem Augenleiden geheilt und ließ den Brunnen neu einfassen.

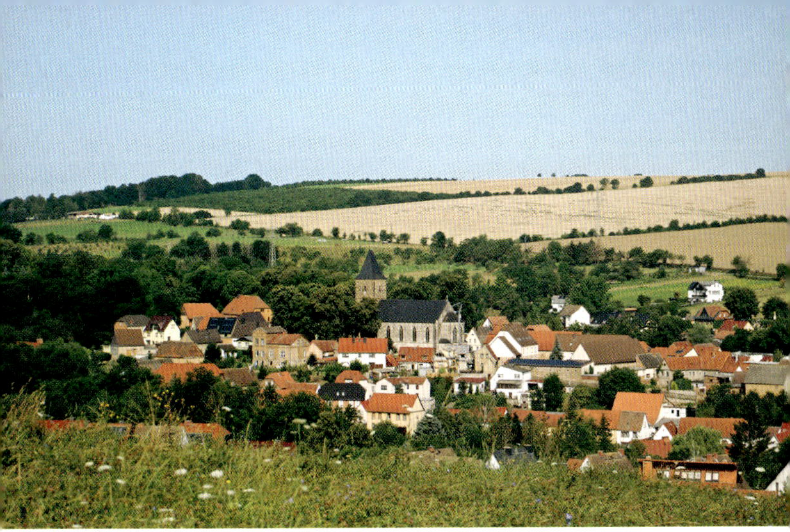

Blick auf Bad Bibra. Die kleine Stadt ist umgeben von Höhen, Ausläufern der Finne und weiten Wäldern.

Von der **Bushaltestelle** ❶ in **Bad Bibra** gehen wir, mit dem Rücken zur Bibertaler Käsescheune, die Straße hinauf und halten uns am Abzweig nach Querfurt und Nebra links in die Straße Herztor. Unten überqueren wir die kleine Brücke und biegen rechts ein, den Spielplatz linker Hand. Nach ca. 200 m gehen wir schräg links hinauf. Oben (das Gebäude der Verwaltungsgemeinschaft An der Finne linker Hand) geht es kurz rechts und gleich in die erste Straße links, die bald durch eine Unterführung hindurchführt. Wir laufen weiter geradeaus und am Ende der Straße eine kleine Treppe hinauf, dann links. Kurz geht es wieder abwärts, nach einem Abzweig wird der Ort verlassen. Unser Weg schwenkt rechts hinauf. Weiter oben geht es an der T-Kreuzung rechts.

An einer großen Esche wandern wir schräg links weiter. Rechter Hand bietet sich bald ein schöner Blick auf Bad Bibra. An der Kreuzung geht es links, nun steil hinauf. Nach dem Rastplatz biegen wir gleich rechts in den

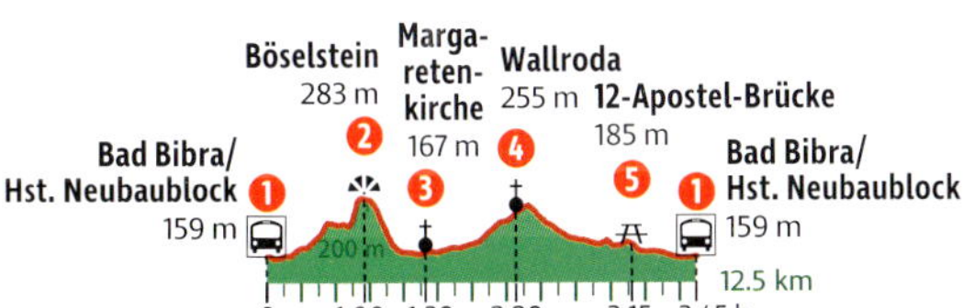

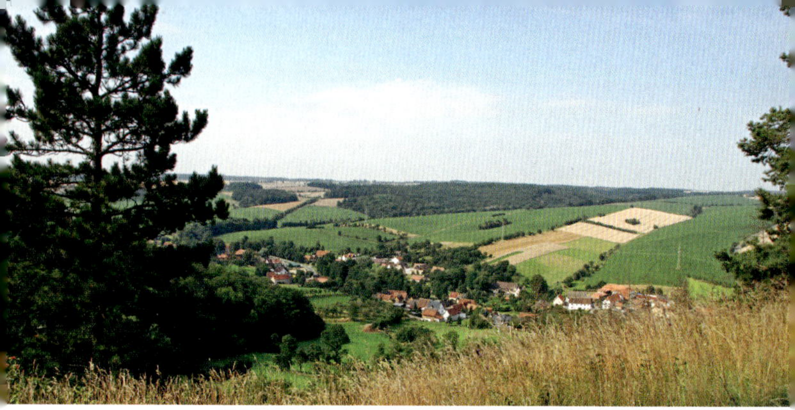

Blick von der Himmelsleiter hinunter ins Tal auf Bad Bibra.

Pfad ein. Wir sind nun auf einem Hangweg, der später nach links schwenkt. Nach ca. 1 km geht es am Abzweig links, Stufen die **Himmelsleiter** hinauf. Immer wieder lohnt sich der Blick zurück für die Aussicht, besonders oben am Rastplatz. Davor biegen wir links ein und gelangen zu einer weiteren Aussicht auf dem **Böselstein** ❷. Wir folgen dem Weg weiter. Am Ende einer Wiese halten wir uns kurz links, dann gleich rechts in den unmarkierten Weg (hier steht das Schild »Krawinkel/Böselstein«). Nun wandern wir abwärts. Weiter unten halten wir uns am Abzweig geradeaus. Später geht es am linken Wiesenrand weiter. Der Weg wird gleich wieder deutlicher.
Bald laufen wir rechts hinunter und im Ort **Steinbach** geradeaus. An der Durchgangsstraße geht es rechts (nach links erreicht man das Gasthaus Steinbach) und vor der Brücke rechts in den kleinen geteerten Weg. Nach ca. 500 m nutzen wir links die hölzerne Brücke und biegen an der Straße kurz links ein, dann wieder rechts, mit dem Wanderzeichen gelber Punkt, dem nun eine Weile zu folgen ist. Die **Margaretenkirche** ❸ ist erreicht. Nun folgen wir dem Weg am Steinbach immer geradeaus. Ca. 250 m nach einem Teich wird die Bachseite gewechselt. Dazu gehen wir an der Gabelung rechts und nach der Brücke links. Gleich halten wir uns an der Gabelung rechts. Nun wandern wir immer parallel zum Bach. Der erst etwas beschwerliche Weg wird mit der Zeit immer besser. Ab einer wasserwirtschaftlichen Anlage geht es wieder hinauf, und der nächste Ort wird

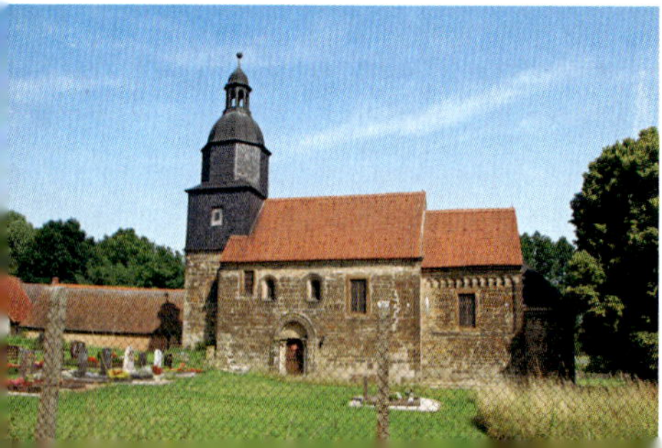

Die Steinbacher Margaretenkirche gilt als Kleinod der Romanik.

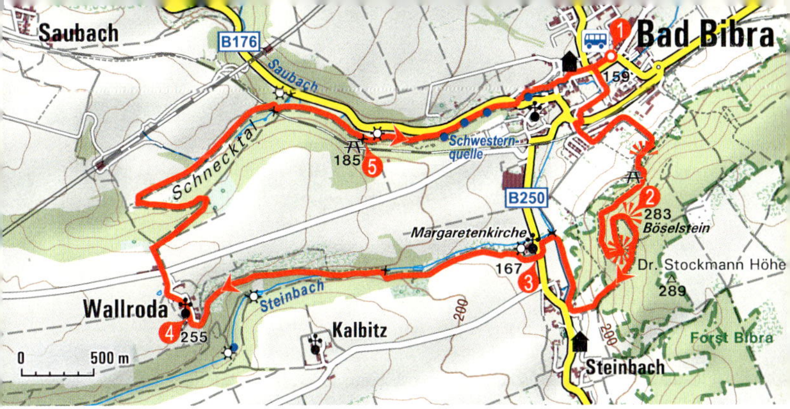

erreicht. In **Wallroda** gehen wir kurz geradeaus, dann biegen wir an der T-Kreuzung rechts und am Abzweig erneut rechts ein. Die **Dorfkirche** 4, ursprünglich romanisch und 1601 umgebaut, liegt linker Hand. An der Gabelung geht es links, links am Teich vorbei, nun aufwärts. Weiter oben halten wir uns an der Freiwilligen Feuerwehr rechts, dann an der Gabelung links. Geradeaus übequeren wir die Durchgangsstraße, und der Ort wird verlassen.

An der Kreuzung halten wir uns rechts (unmarkiert, der gelbe Punkt wird vorläufig verlassen) und gleich an der Gabelung links, erneut abwärts. Nach ca. 450 m biegen wir scharf links ein und unten rechts. Das Schnecktal ist erreicht. Bald sehen wir wieder das Wanderzeichen gelber Punkt. Unser Weg führt wieder in den Wald. Wir kommen schließlich unter der **Schnecktalbrücke** hindurch, biegen kurz danach rechts ein und an der T-Kreuzung nach Stufen wieder links, erneut unter ihr hindurch. Wir halten uns immer geradeaus und passieren zwei Sehenswürdigkeiten, wo auch mehrere Rastplätze zu finden sind: die **12-Apostel-Brücke** 5 und die Friedenshöhe (ohne Aussicht). Danach halten wir uns an einer Gabelung links in den unteren Weg. Nun wandern wir erst an der Schwesternquelle, dann am Heilandsbrunnen (mit Rastplatz und Barfußpfad) vorbei. Unser Weg führt immer rechts des Baches weiter.

Am Ende des unbefestigten Weges in **Bad Bibra** geht es geradeaus und kurz die Straße ebenso geradeaus. Möglichst bald biegen wir links in den kleinen Kurpark ein. Wir halten uns links des Kneippbeckens und überqueren den Bach. Dann folgen wir dem Bach immer geradeaus, bald vorbei am Gesundbrunnen (rechter Hand ist ein weiteres Kneippbecken) und weiter geradeaus. An der Straße wird die Bachseite gewechselt. Schließlich gehen wir am Supermarkt kurz links, über die Brücke, dann gleich rechts weiter. Die Straße immer geradeaus werden bald die **Bushaltestelle** 1 und Parkmöglichkeiten erreicht.

↗ 170 m | ↘ 170 m | 10.8 km

33 Von Laucha auf den Ennsberg

3.00 h

Eine ruhige Wanderung auf einem Höhenzug und in schönem Tal

Laucha ist bekannt für seine Glockengießerei, in der bis 1911 auf nur 100 Quadratmetern über 5000 Glocken gegossen wurden, hat aber auch schöne Natur zu bieten. Die Unstrut bildet um die Kleinstadt einen weiten Talkessel, der im Süden durch die bewaldeten Hänge zwischen Ennsberg, Plößnitz und Krawinkel begrenzt wird, Teil des Bibraer Plateaus. Am Nordwestrand ist das Borntal tief in die Muschelkalkplatte eingeschnitten. Viele seltene Pflanzen wie Orchideen, Leberblümchen, Silberdistel und Schlüsselblumen gedeihen hier.

Sanft ansteigend verlassen wir Laucha auf einem Feldweg, bevor es den Ennsberg steil hinauf geht. Unser Weg auf der lang gestreckten Hochfläche führt nördlich Hirschrodas an einem Weinberg vorbei, später an der spätromanischen Kirche von Plößnitz, ohne den Ort zu berühren. Der Rückweg über das idyllische Borntal bildet einen der Höhepunkte dieser Tour. Lauchas gut erhaltene Stadtmauer begleitet uns wieder zum Ausgangspunkt.

Ausgangspunkt: Laucha, Bahnhof. Von Naumburg (Saale) Hbf. mit der RB Richtung Wangen bis Laucha (Unstrut) Bahnhof (ca. stündlich). Parkplatz anbei.
Anforderungen: Steile Abschnitte auf den Ennsberg hinauf und später hinter Plößnitz hinab, dort etwas abschüssige Pfade, Trittsicherheit erforderlich, für Kinder ggf. gefährlich. Dort kann auch der Weg im Hochsommer etwas zugewachsen sein. Holprig auch auf dem Weg zwischen Hirschroda und Plößnitz. Überwiegend ausgeschildert.
Einkehr: Schützenhaus Laucha (Mo Ruhetag) in Laucha; dort abseits der Route auch die Schifferklause Laucha (im Sommer Mi Ruhetag, im Winter Di/Mi Ruhetag, Winterpause Jan.–März).
Tipp: In Laucha das Glockenmuseum (April–Okt., Mo/Di Ruhetag) und das Renaissance-Rathaus von 1563 mit schöner Freitreppe (nahe Bahnhof).

Das Bibraer Plateau ist sanft gewellt.

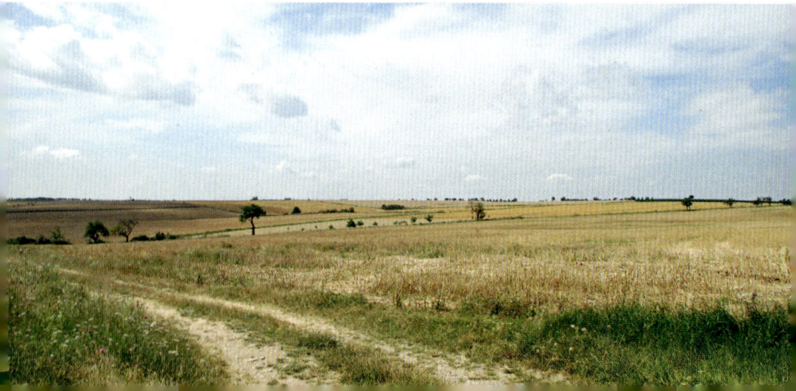

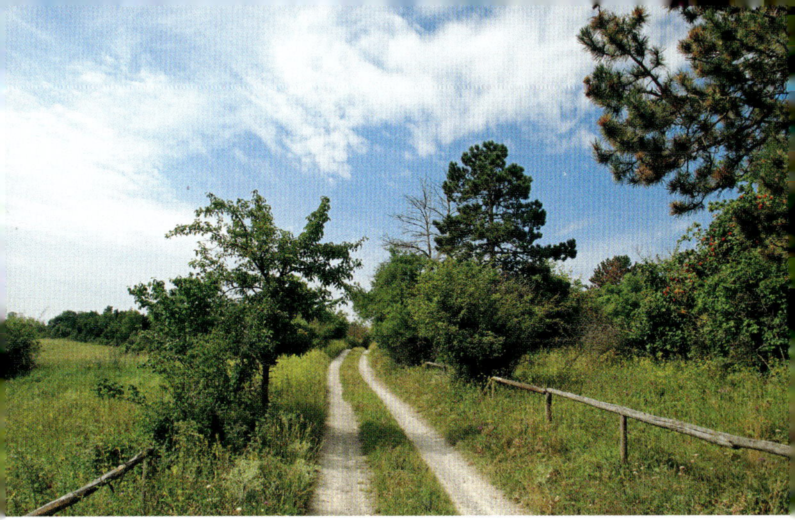

Auf dem Ennsberg gedeihen neben Orchideen und Diptam auch seltene Pilze.

Vom Gleis 1 und 2 am **Bahnhof Laucha** ❶ gehen wir zur Unterführung und biegen auf der anderen Seite links ein, die Gleise nun linker Hand. An der Straße halten wir uns kurz nach rechts, dann gleich links in den Feldweg mit dem Wanderzeichen grüner Balken. Linker Hand grüßen Weinberge und die Fliegerschule Laucha. Am Fuße der vor uns liegenden Erhebung bleiben wir zunächst weiter auf dem Hauptweg. Nun heißt es aufpassen. Ca. 20 m vor einem Wanderzeichen biegen wir in den schmalen Pfad schräg rechts nach oben ein. Ein grünes Quadrat, das leicht zu übersehen ist, zeigt den Weg, dem wir nun aufwärts folgen, z. T. wird es steil. Vor Gärten schwenkt unser Pfad rechts hinauf. Weiter oben halten wir uns an der T-Kreuzung rechts und folgen dem grünen Viereck. Nun bleiben wir immer auf dem Hauptweg. Nachdem der Weg oben nach links geschwenkt ist, grüßen pittoreske Wiesen rechter und linker Hand auf dem **Ennsberg** ❷. Eine Straße wird erreicht, in die wir kurz nach rechts einbiegen. Wir nutzen aber schon den nächsten Abzweig mit dem Wanderzeichen gelbes Kreuz nach links. Der Feldweg schwenkt nach rechts. Wo das gelbe Kreuz bei einem Weinberg nach links abbiegt (Richtung Hirschroda), gehen wir weiter geradeaus. Wir kommen an einem Gebilde vorbei, das wie eine Apollo-Kapsel auf einer Säule wirkt. Bald darauf schwenkt unser Weg nach links und führt abwärts.

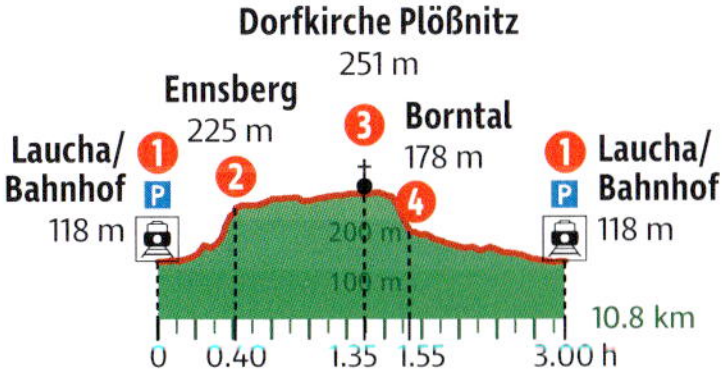

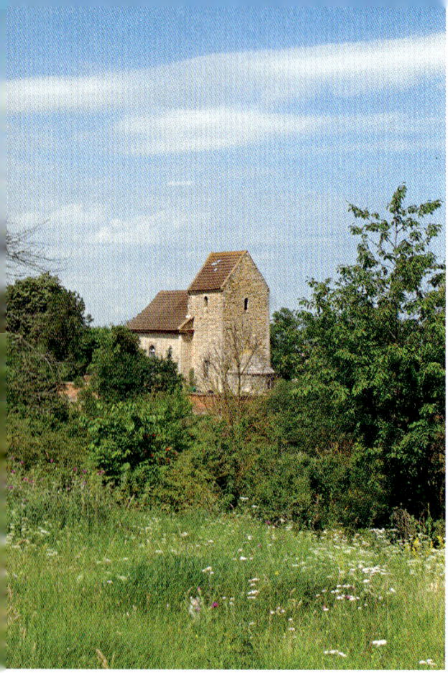

Der Höhepunkt in der Dorfkirche Plößnitz ist jedes Jahr der Himmelfahrts-Gottesdienst, zu dem Besucher aus allen Orten der Umgebung kommen.

Schon in der Linkskurve biegen wir rechts ein, der Hauptweg wird verlassen. Wir bleiben für einen guten Kilometer auf dem schönen Weg, der im Sommer mehr das Gefühl vermittelt, auf einer Wiese zu laufen. Schließlich stößt von rechts ein Weg zu. Ab hier ist auch unser Weg mit dem gelben Punkt gekennzeichnet, der uns nun bis zum Ende der Wanderung begleiten wird.

Die Kirche von Plößnitz wird sichtbar. Ihre Wände sind aus Schaumkalk, der im Borntal gewonnen wurde, das wir später noch erkunden wollen. Wir überqueren die Straße und biegen danach schräg rechts ein. Für längere Zeit können wir mehr oder weniger zuverlässig dem gelben Punkt folgen. Gleich geht es an der Kreuzung links, die **Dorfkirche Plößnitz** 3 rechter Hand. An einem Abzweig halten wir uns mit dem gelben Punkt geradeaus. Wir betreten das **Naturschutzgebiet Forst Bibra** und bleiben immer auf dem Hauptpfad. Der Weg führt am Hang entlang, erst leicht abwärts, im Wald dann steiler. Das Gelände ist hier etwas abschüssig.

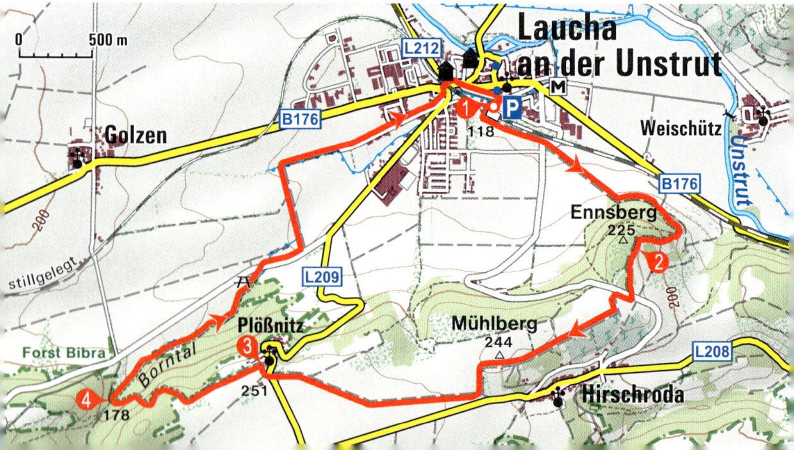

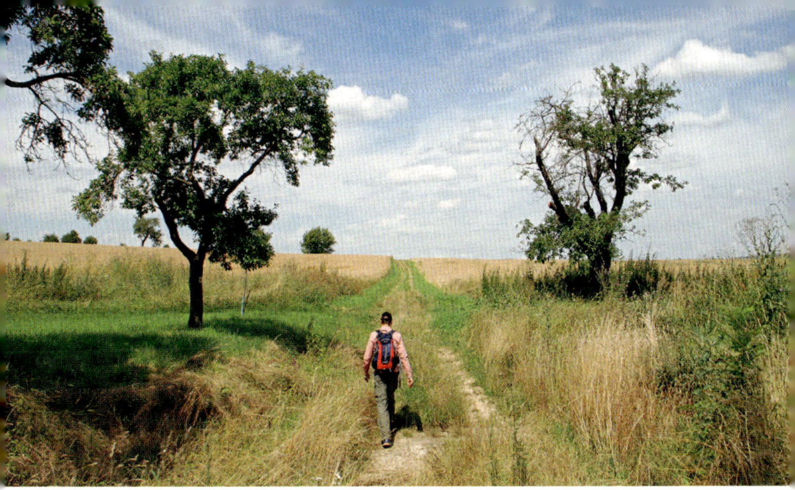

Auf dem Weg nach Laucha geht es nochmal sanft aufwärts.

Unten biegen wir an Pfosten rechts in das **Borntal** 4 ein. An der Gabelung halten wir uns rechts, wieder mit dem gelben Punkt. Wir passieren Streuobstwiesen und folgen immer dem Hauptweg, der in etwa geradeaus weiterführt. Nach einiger Zeit wird kurz vor der Straße mit Bank und Tisch das Naturschutzgebiet verlassen. An der Straße geht es rechts über die Brücke, dann die Straße weiter. Zeitweise kann man auch auf einem Fußweg parallel laufen. Nach der nächsten Brücke biegen wir mit dem gelben Punkt links ein. Wir folgen dem Feldweg bis zu einer T-Kreuzung, wo wir uns rechts halten.

Die ersten Häuser von **Laucha** werden erreicht. Wir gehen immer geradeaus bis zu einer T-Kreuzung, wo wir links einbiegen. Die Gleise werden überquert. Auf der anderen Straßenseite ist das Schützenhaus, rechter Hand das pittoreske Stadttor. Dort halten wir uns schräg rechts in den Fußweg, nun begleitet vom gelben Punkt und grünen Balken. Am Kriegerdenkmal biegen wir rechts zum **Bahnhof Laucha** 1 ein.

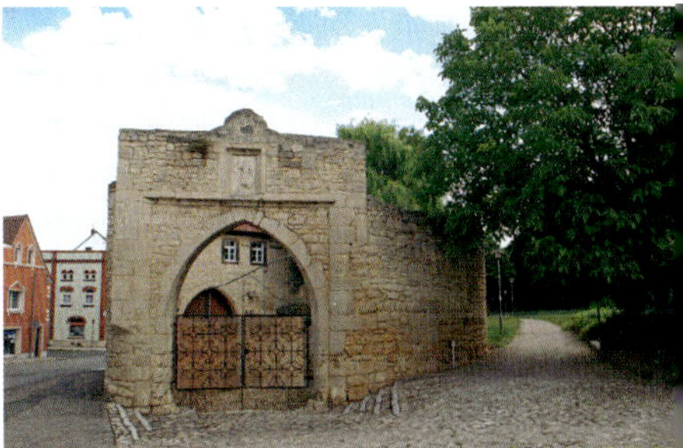

Das Stadttor in Laucha. Auch die Stadtmauer ist gut erhalten.

Im Herzen des Saale-Unstrut-Triaslandes

Das Kernland des Naturparks erstreckt sich an der Saale von Bad Sulza bis Weißenfels und an der Unstrut von Naumburg bis kurz nach Freyburg. Hoch über den Flusstälern und tief in das Binnenland hinein bestimmen Weinberge, tiefer Wald und weite Wiesen das Bild. Immer wieder sind malerische Weinberghäuschen zu sehen. Der Künstler Max Klinger, der an der Unstrut einen Weinberg als Erholungs- und Arbeitsort besaß, nannte die Umgebung auch »Großjenaer Toscana«, da ihn die hügelige Weinberglandschaft an Italien erinnerte (Tour 41).

Die Weinbergterrassen bei Freyburg sind ein beliebtes Fotomotiv (Tour 42).

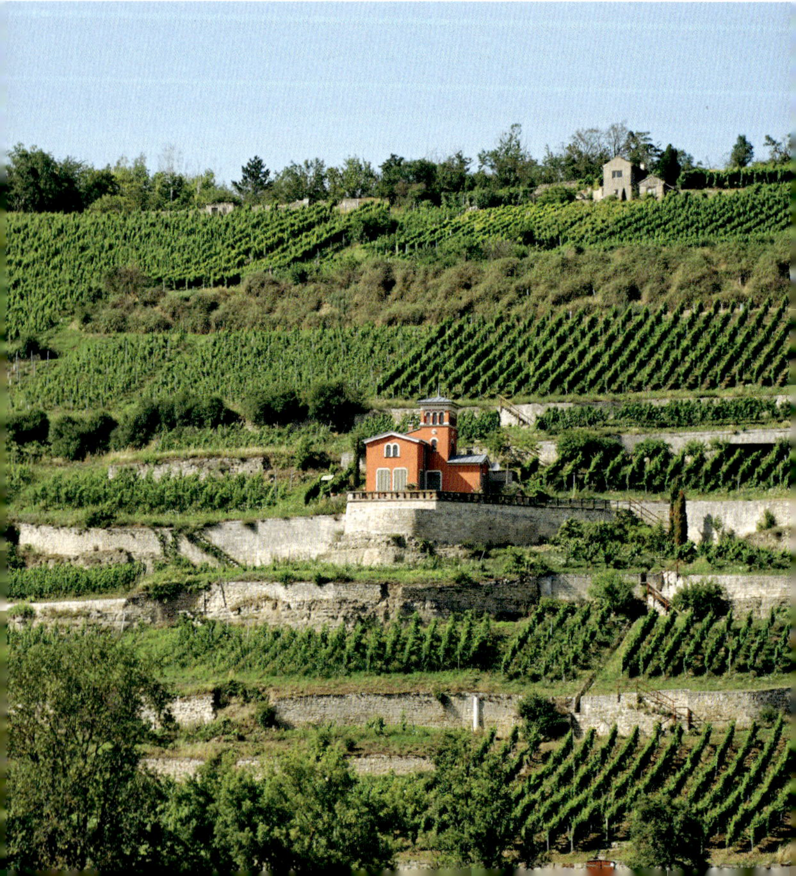

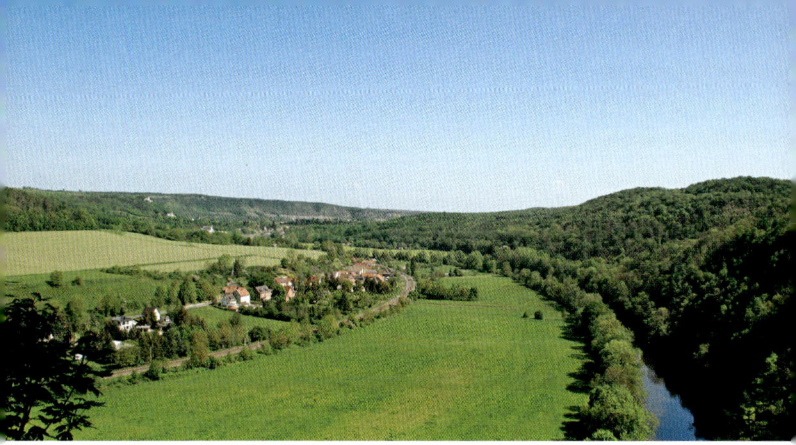

Blick ins Saaletal von der Rudelsburg (Tour 38). Hier entstanden Lieder wie »An der Saale hellem Strande« (Franz Kugler, 1826) und »Dort Saaleck, hier die Rudelsburg« (Allmers, 1863).

Doch ist die Gegend nicht nur von landschaftlicher Schönheit, sondern auch von einer hohen Dichte an Burgen und Kirchen geprägt, die sie zu einer bedeutenden hochmittelalterlichen Kulturlandschaft an Saale und Unstrut machen. 2018 wurde der Naumburger Dom UNECSO-Welterbe (Tour 39). Zu den Höhepunkten gehören auch die Altstädte von Naumburg (Tour 39) und Freyburg (Tour 42), das Schloss Neuenburg (Tour 42), der Blütengrund mit dem Steinernen Bilderbuch (Tour 41), die Schönburg (Tour 44), Goseck mit Schloss und Sonnenobservatorium (Tour 43), das Romanische Haus in Bad Kösen und die Rudelsburg (Tour 38).

Aber auch das Umland hat einiges zu bieten. Weitbekannt sind die Toten Täler für ihre Orchideenwiesen, anbei der Rödel mit Wildpferden (Tour 40) und die Eckartsburg (Tour 36). Weniger bekannte Kleinode sind das Gotische Haus in Burgheßler (Tour 35) und die Ruine Toppendorf bei Balgstädt, das auch ein Wasserschloss aufweist (Tour 34). Das alles wird in diesem Führer erwandert.

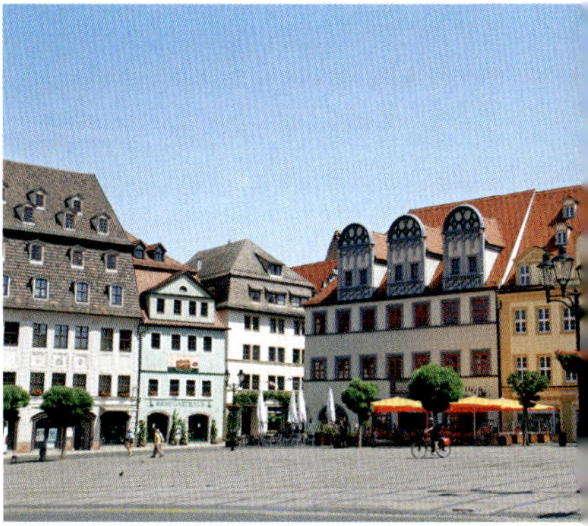

Der Naumburger Marktplatz ist eines der Schmuckstück der Stadt (Tour 39).

↗ 220 m | ↘ 220 m | 14.3 km

34 Von Balgstädt nach Hirschroda

3.45 h

Weite Blicke ins Unstruttal

Balgstädt an der Mündung des Hasselbaches in die Unstrut wurde bereits 775 als »Balgestat« erwähnt und war einst Königshof und Urkundenort der Kaiser Otto I., Otto II. und König Heinrichs I. Hell leuchtet das barocke Wasserschloss. Auf der anderen Flussseite beherrscht die Silhouette der Klosterkirche Zscheiplitz das Bild.

Wir steigen auf der Alten Poststraße hinauf zur romantischen Ruine Toppendorf, von der sich weit über das Unstruttal blicken lässt. Vorbei am Naturschutzgebiet Hirschrodaer Graben erreichen wir am Rand des Bibraer Plateaus das Straßendorf Hirschroda. Der Rückweg erfolgt über den Hayn, auf dessen Trockenrasen viele seltene Pflanzen gedeihen. Auf dem letzten Stück bieten sich schöne Blicke auf die Kalkhänge des Unstruttals und in der Ferne auf Freyburg mit seinen Weinbergen.

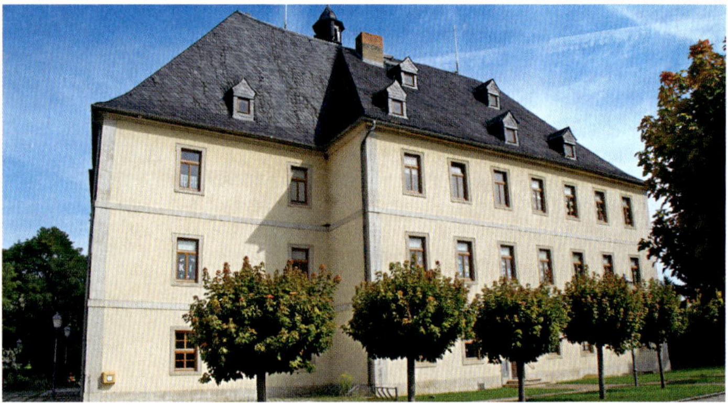

Schloss Balgstädt, eine dreigeschossige Zweiflügelanlage (um 1650) wurde 1746–1751 barock umgebaut.

Ausgangspunkt: Haltepunkt Balgstädt. Von Naumburg (Saale) Hbf. mit der RB Richtung Wangen bis Balgstädt (ca. stündlich). Kleiner Parkplatz anbei (Navi: Bahnhofsweg 5, Balgstädt).
Anforderungen: Überwiegend ausgeschildert (Wanderzeichen gelber Punkt), unmarkierte Route zwischen Balgstädt und Ruine Toppendorf. Überwiegend deutliche Wege, außer auf dem Hayn, ab und zu Steigungen.
Einkehr: Nur am Ende der Wanderung in Balgstädt Moness (Café täglich geöffnet).
Tipp: Nach der Wanderung ist es nicht weit nach Freyburg (eine Station mit der Unstrutbahn, s. Tour 42) mit sehenswerter Altstadt.

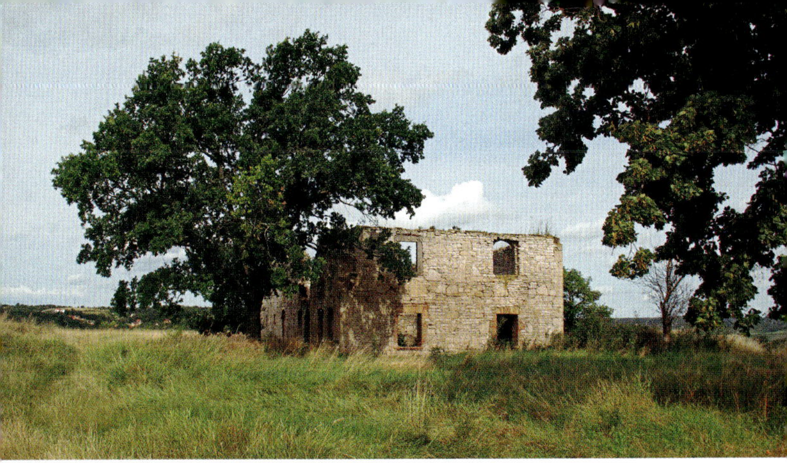

Die Ruine Toppendorf war einmal ein Vorwerk. Hier bieten sich schöne Aussichten.

Vom Gleis des **Haltepunkts Balgstädt** ❶ wenden wir uns zum Ausgang und nehmen den ersten Weg rechts. Das ist der Fußweg gegenüber vom Parkplatz, hier mit einem gelben Kreuz gekennzeichnet. Wir überqueren die kleine Brücke und halten uns an der großen Kastanie weiter geradeaus (leicht rechts versetzt), schon wird das gelbe Kreuz verlassen. Gärten liegen linker Hand. An der Unterführung halten wir uns links, ab hier folgen wir vorläufig dem gelben Punkt. Gleich ist in den ersten Weg rechts einzubiegen, das Schloss liegt nun linker Hand. Wir überqueren eine kleine Brücke und biegen am Spielplatz (mit Rastplatz) links ein. Am Abzweig geht es geradeaus und rechts am **Schloss Balgstädt** vorbei.

Wir laufen weiter geradeaus und an der T-Kreuzung rechts. Dann ist schräg links in die Burkersrodaer Straße einzubiegen, der gelbe Punkt wird vorläufig verlassen. Der Straße folgen wir geradeaus, auch über die Durchgangsstraße. Nach einem Abzweig geht sie weiter geradeaus in einen Feldweg über. Später schwenkt dieser nach rechts, dann wieder leicht nach links. Anschließend nutzen wir den Abzweig nach rechts und gelangen bald zur Ruine des **Vorwerks Toppendorf** ❷. Hier bietet sich eine großartige Aussicht.

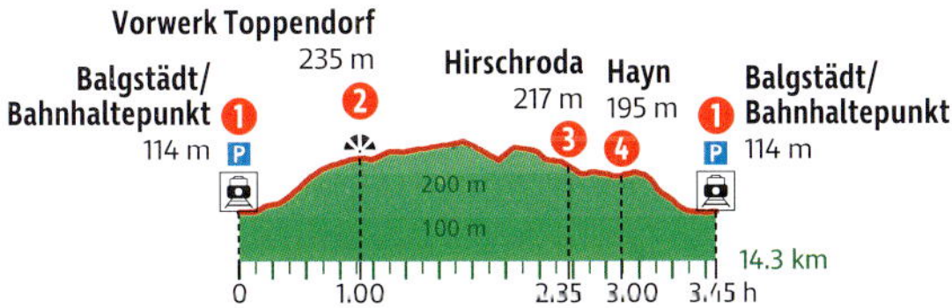

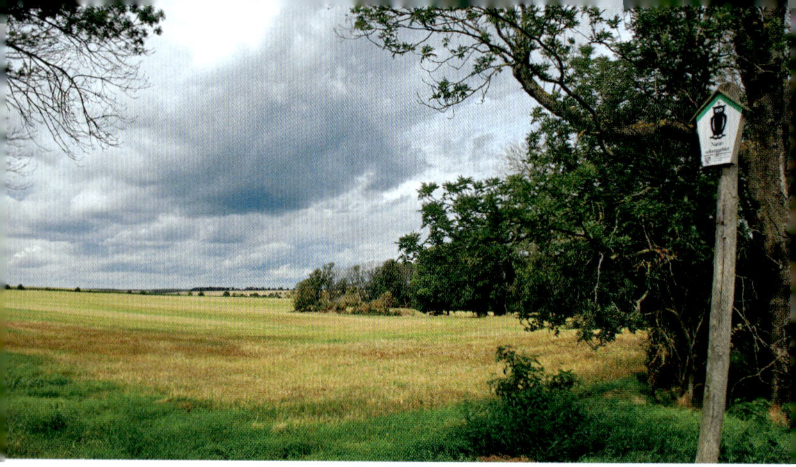

Das Naturschutzgebiet Hirschrodaer Graben wird von Restbeständen alter Traubeneichen-Hainbuchenwälder geprägt.

Wir kehren wieder zurück und gehen an der T-Kreuzung rechts, ab hier erneut mit dem gelben Punkt. Obstbäume säumen den Weg, der ab einem Abzweig breiter wird. Nach ca. 2,5 km biegen wir am Abzweig mit dem gelben Punkt rechts ein. Sanft geht es abwärts. Der Weg schwenkt erst nach links, dann nach rechts. An einem kurzen Stück durch Wald kommen wir durch das **Naturschutzgebiet Hirschrodaer Graben**, dann wieder an Feldern vorbei. Kurz nach dem höchsten Punkt biegen wir rechts ein. Geradeaus blicken wir auf die Freyburger Weinberge und den Dicken Wilhelm von Schloss Neuenburg (Tour 42). Am Hochsitz geht es geradeaus, aber am folgenden Abzweig links. Der Weg schlängelt sich, wir halten uns immer an das Wanderzeichen. An einer Scheune wird **Hirschroda** 3 erreicht. An der Hauptstraße halten wir uns rechts, an der Gabelung ebenso.
Wir folgen der Straße, passieren Bänke linker Hand. Wir biegen schließlich links in die Straße nach Laucha ein, weiterhin dem gelben Punkt folgend. An der Gabelung halten wir uns rechts und verlassen die Straße. Wir bleiben immer geradeaus auf dem Hauptweg. Nach einem Feld ist an einem Abzweig der **Hayn** 4 erreicht. Wir biegen rechts ein (wer es bequemer mag, geht mit dem grünen Punkt geradeaus). An der Gabelung halten wir uns links. Wir folgen immer dem schönen, im Sommer ggf. leicht zugewachsenen Pfad und genießen zwischendurch rechter Hand eine schöne Aussicht. Unser Pfad trifft wieder auf den breiteren Weg. Wir wandern hier geradeaus und unser Weg tritt ins Freie, wo sich schöne Blicke auf die Muschelkalksteinhänge linker Hand und auf Freyburg bieten. Bald kommen wir an einem Weinberg rechter Hand vorbei. Unten wenden wir uns links zur Durchgangsstraße, gehen dort kurz rechts, gleich wieder links und links am Café

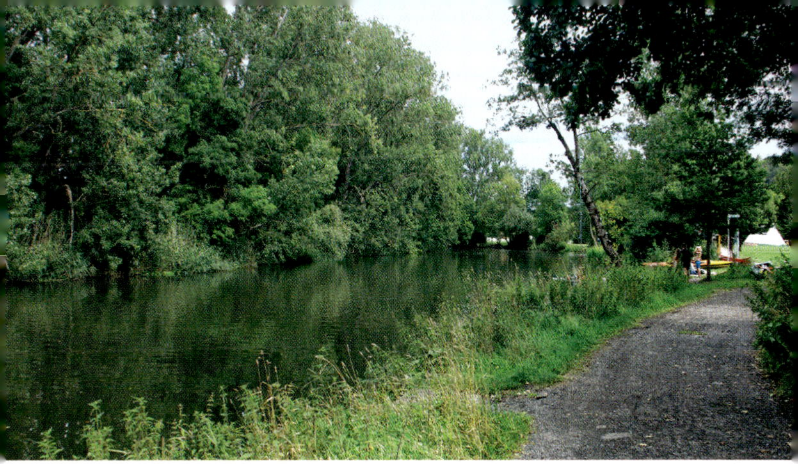

An der Unstrut entlang ist bald wieder der Ausgangspunkt erreicht.

Moness vorbei. Wir überqueren links die Gleise der Unstrutbahn. Unser Weg schwenkt kurz darauf nach rechts, die Unstrut linker Hand. Am Abzweig zur Unterführung gehen wir geradeaus, das Wanderzeichen gelber Punkt wird verlassen. Wir überqueren nun zwei kleine Brücken, dann halten wir uns rechts, nun wieder mit dem gelben Kreuz. Nach der Unterführung wird links gleich wieder der **Haltepunkt Balgstädt** ❶ mit Parkplatz erreicht.

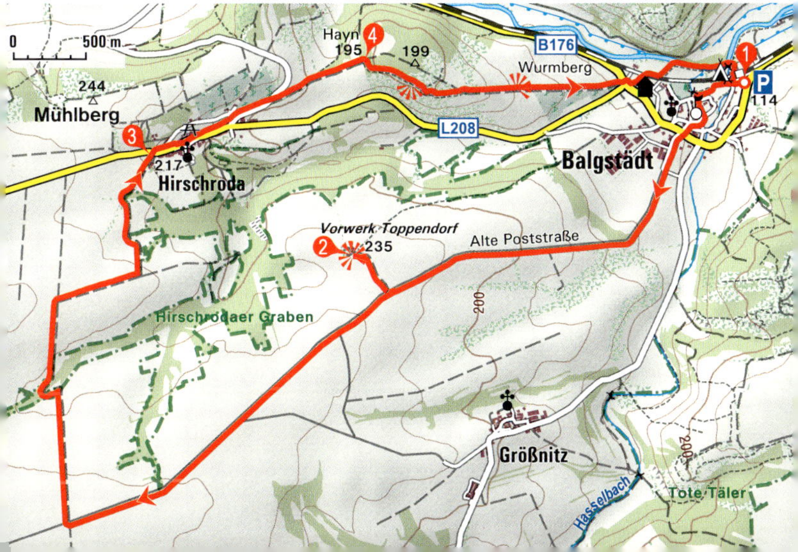

↗ 190 m | ↘ 190 m | 11.5 km

35 Von Klosterhäseler nach Burgheßler

3.15 h

Eine ruhige Runde in einem abgeschiedenen Winkel

Klosterhäseler und Burgheßler liegen abgeschieden im Hasselbachtal. Ersteres ist nach einem ehemaligen Zisterzienser-Nonnenkloster (nach 1239 gegründet) benannt. Erhalten ist heute noch die frühgotische Krypta, mit Orgelbaumuseum. Die barocke Dorfkirche daneben stammt von 1766. An das unscheinbare ehemalige »Schloss« schließt sich ein Ende des 18. Jh. im englischen Stil angelegter kleiner Park an, der den Auftakt dieser Runde bildet. Der hübsche Ort Burgheßler mit interessanten Skulpturen wird erst über den idyllischen Lerchenberg, dann durch Wald erreicht. Die Hauptattraktion dürfte das Gotische Haus (um 1500) sein, einer der wenigen vollständig erhaltenen spätmittelalterlichen Bauten der Gegend. Über Burgberg und Burkersroda, höchstgelegener Ort an der Finne, kehren wir nach Klosterhäseler zurück.

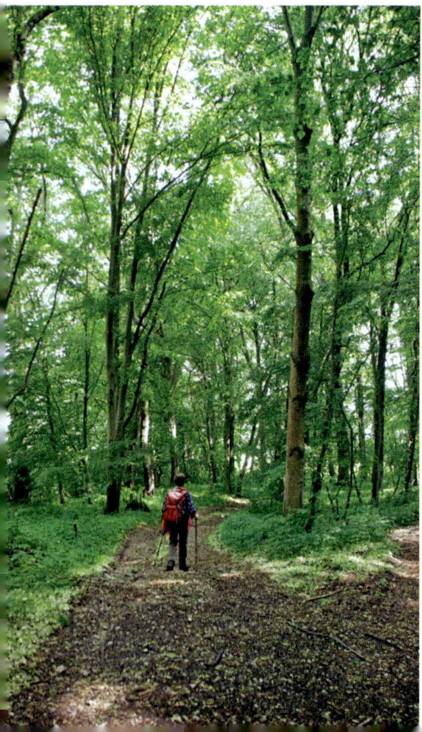

Ausgangspunkt: Klosterhäseler, Bushaltestelle »An der Poststraße«. Von Bad Kösen mit dem Bus 604 Richtung Bad Bibra, zurück Richtung Naumburg (Mo–Fr alle 2 Std., je ein Bus am Sa/So, knappe Verbindung am So). Kleiner Parkplatz anbei (Mo–Fr Parken nur für 2 Std., Navi: Dorfplatz, Klosterhäseler); weitere Parkmöglichkeiten in der Umgebung.

Anforderungen: Steiler Anstieg vor dem Lerchenberg, später ab Burgheßler. Erhöhte Anforderung an die Orientierung vor und auf dem Lerchenberg sowie im Metzenholz. Ruhige Tour, für Kinder ggf. zu wenig ereignisreich.

Einkehr: Zur Windmühle (nur So geöffnet) zwischen Burkersroda und Klosterhäseler.

Tipps: 1) Orgelbaumuseum Klosterhäseler in der Krypta der Schlosskirche (nach Voranmeldung unter orgelbaumuseum-klosterhaeseler@gmx.de oder Tel. +49 34463 27123). 2) Anbei Verkauf von lokalen Bio-Weinen (nach Voranmeldung Tel. +49 1575 0761790, weingut-walther.de).

Im Metzenholz lässt es sich gut wandern.

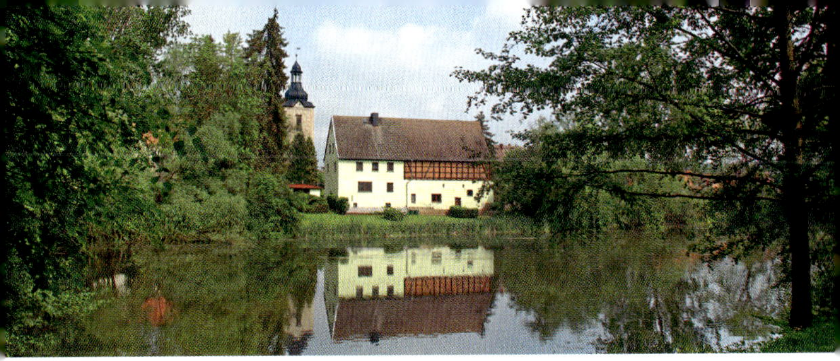

Der Schlossteich ist Teil des ehemaligen Schlossparks. Im Hintergrund die barocke Dorfkirche von 1766.

Von der **Bushaltestelle 1** in **Klosterhäseler** wenden wir uns zum Dorfplatz, die Kirche schräg links, wo an einem kleinen Parkplatz die Wanderung für Autofahrer beginnt. Wir folgen kurz der Straße hinauf und gehen links die Stufen hinauf, dann rechts zu einem weiteren kleinen Parkplatz. An der großen Eiche führt links ein Abstecher zum unscheinbaren »Schloss« mit Orgelbaumuseum und Krypta. Ansonsten verdient auch der Turm Beachtung, anbei der Weinhandel. Wir kehren zurück zur Eiche, wo wir links in den geteerten Weg einbiegen. Dann nutzen wir den ersten Weg rechts, der grasbewachsen am Schlossteich linker Hand vorbeiführt. An der T-Kreuzung biegen wir rechts ein und kurz danach wieder schräg rechts und gleich geradeaus (schräg rechts über die Wiese würde ein Abstecher zu den Gräbern derer von Haeseler führen). Am Querweg halten wir uns schräg rechts und gleich wieder links (Hasselbach-Radwanderweg).
Weiter vorn heißt es aufpassen. Nach der Linkskurve geht es in der folgenden Rechtskurve geradeaus steil hinauf, immer weiter auf dem Höhenpfad, der zwischendurch undeutlich wird. Im Zweifel halten wir uns an einer Gabelung rechts. Schließlich geht es an einer T-Kreuzung rechts und an der Kreuzung links, wo gleich rechter Hand ein Feld kommt. Wir befinden uns nun auf dem mit Kirschbäumen bestandenen Lerchenberg und wandern hier immer geradeaus. Schließlich geht es am betonierten Querweg rechts weiter und am Waldrand links, dem **Metzenholz 2**. Wir bleiben für über 1 km immer auf dem Hauptweg, der bald in den Wald hineinführt. Nach

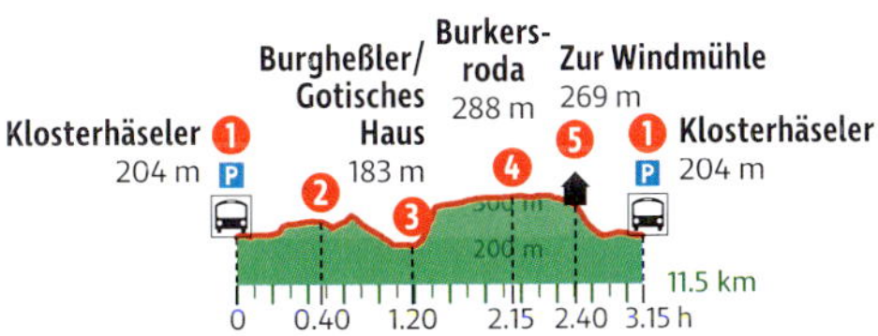

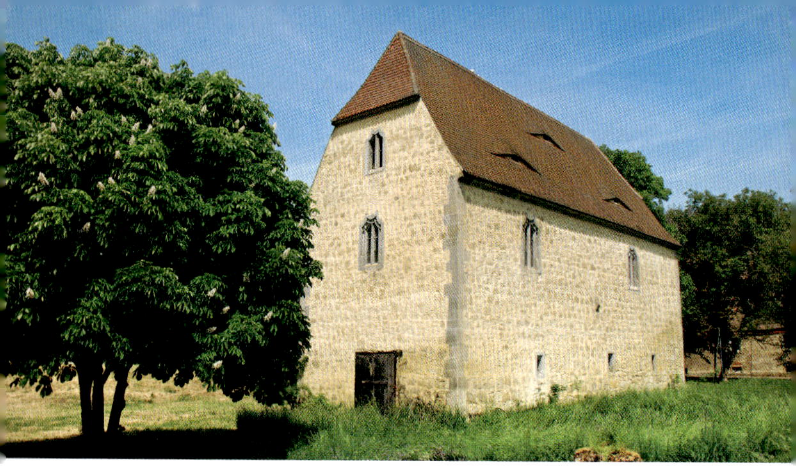

Das Gotische Haus ist Zentrum für frühe Musik. Hier finden Konzerte auf historischen Musikinstrumenten statt.

einiger Zeit mündet von rechts ein gleichwertiger Weg ein, wo wir geradeaus gehen. An einer Kreuzung gehen wir schräg links und am Waldrand geradeaus.

Hier bietet sich ein schöner Blick auf den Burgberg, den wir später besteigen wollen. Der Weg schwenkt nach rechts, die Brücke lassen wir links liegen und wandern immer geradeaus weiter. In **Burgheßler** überqueren wir geradeaus die Straße und folgen der Straße Der Kirchweg, ein Rastplatz mit einer kleinen Skulptur liegt linker Hand. Unser Weg schwenkt nach links und führt am **Gotischen Haus** 3 vorbei. Nach der Überquerung einer kleinen Steinbrücke halten wir uns links und an der Straße (mit Informationstafel zum Gotischen Haus) rechts. Wir folgen der Straße und biegen am Abzweig nach Naumburg scharf nach rechts ein.

In den ersten Weg biegen wir scharf nach links ein und vor dem Kriegerdenkmal gleich in den ersten Weg rechts in die ehemalige Lindenallee. Steil geht es aufwärts, bald vorbei an einem Rastplatz und nun immer geradeaus. Schließlich schwenkt unser Weg weiter oben nach rechts und tritt ins Freie. Wir wandern zwischen Wald und Feld und halten uns an einer Gabelung rechts (links ist ein Hochsitz). Dann geht es immer geradeaus. Der Weg ist angenehm und grasbewachsen.

An der fünfstrahligen Kreuzung biegen wir links ein in den bald mit Pflaumen- und Kirschbäumen bestandenen Weg. In **Burkersroda** 4 gehen wir am Silo vorbei und an der Kreuzung geradeaus, an der Bushaltestelle vorbei. Wir biegen in die nächste Straße links (Teichgasse, Teich rechter Hand) ein, dann rechts in die Hauptstraße ab, das Brunnenhaus bald rechter Hand. Unser Weg führt rechts an der Kirche vorbei. Am Querweg halten wir

uns rechts und biegen gleich links in den grasbewachsenen Weg ein. Am folgenden Querweg geht es rechts hinunter. Auf dem Teerweg laufen wir immer geradeaus und genießen die weite Sicht. Ca. 100 m vor der Gaststätte **Zur Windmühle** ❺ biegen wir am Ende der Wiese linker Hand links ein, unser Weg führt weiter abwärts und im Frühsommer auch an Orchideen vorbei. An einer Kreuzung geht es geradeaus und kurz darauf über den Pleisbach. Wir passieren links die wenig pittoresken Henglein-Werke und biegen dann in die Straße links ein.
In **Klosterhäseler** nehmen wir die zweite Straße rechts, die Krautgasse. Nach dem Haus Nr. 95 biegen wir links ab und gehen auf dem grasbewachsenen Weg über eine kleine Brücke. An der Hauptstraße wenden wir uns nach links zum Parkplatz und zur **Bushaltestelle** ❶.

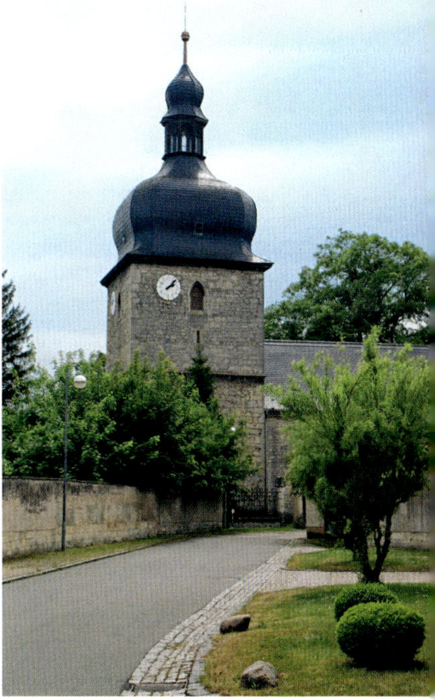

Die Dorfkirche in Burkersroda.

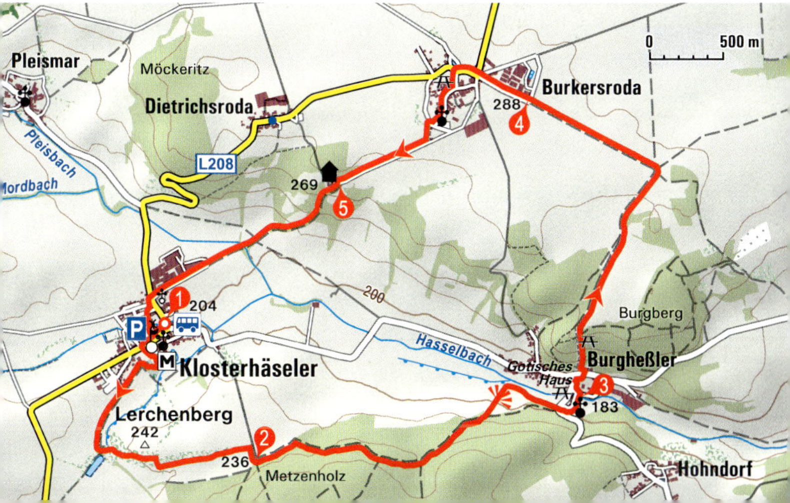

↗ 270 m | ↘ 270 m | 13.2 km

36 Rund um Eckartsberga

4.00 h

Eine abwechslungsreiche Wanderung zu einer Burg

Eckartsberga, im engen Talkessel gelegen, ist umgeben von bewaldeten Höhen. Oberhalb der Kleinstadt erhebt sich die Ruine der Eckartsburg. Auf dem Höhenrücken der Finne, der schöne Blicke in das südlich gelegene Thüringer Becken gestattet, gelangen wir nach Marienthal, wo uns ein kleiner Schlosspark, ursprünglich als englischer Landschaftspark angelegt, und ein ehemaliges Kloster erwarten, das spätere Schloss Marienthal, heute Ferienbetrieb. Durch Wald wird der nächste Höhepunkt, die 1830–31 errichtete Holländer-Windmühle, erreicht. Kurz ins Thüringische kommen wir im Reisdorfer Holz und an den Finne-Hängen bei Auerstedt, wo wir bei den Vier Napoleonslinden weite Aussichten genießen. Die Ruine der Eckartsburg bildet den krönenden Abschluss der Tour.

Ausgangspunkt: Eckartsberga, Bushaltestelle Eckartsberga, Hauptstraße. Von Naumburg City-Busstop mit dem Bus 601 Richtung Herrengosserstedt (Mo–Fr ca. alle 2 Std., ungünstig am Wochenende). Parken im Mattstieg (Navi: Mattstieg 18, Eckartsberga).

Anforderungen: Relativ viele Rastplätze unterwegs. Kurze steile Auf- und Abstiege. Mix aus deutlichen und undeutlichen Wegen, z. B. ab der Windmühle. Holprig im Forst vor Marienthal, schwer zu sehender Abzweig vor dem Freizeitpark. Folgt teilweise dem Wanderzeichen rotes Dreieck (Finnewanderweg), das aber nicht konsequent durchgeschildert ist.

Einkehr: Imbiss beim SunGolf im Freizeitpark (im Sommer tgl. geöffnet); Burgschänke auf der Eckartsburg (wie die Burg vorübergehend geschlossen); Gaststätte Finneland in Eckartsberga (nach Anmeldung, Tel. +49 34467 20565).

Hinweise: 1) Schloss Marienthal kann nur von außen betrachtet werden. 2) Die Eckartsburg ist derzeit wegen Bauarbeiten geschlossen (Stand März 2023, aktuelle Infos unter kulturstiftung-st.de/burgen-schloesser-dome/eckartsburg).

Tipp: Wer mit Kindern unterwegs ist, sollte Zeit für den Freizeitpark in Eckartsberga miteinplanen (Infos unter freizeitspass-eckartsberga.com).

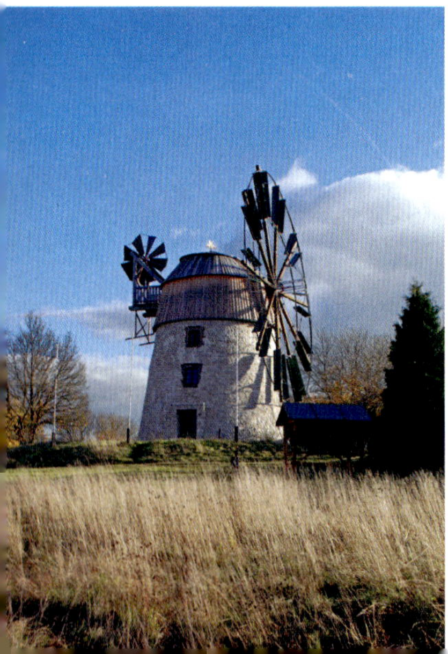

Die Holländer-Windmühle ist schon von Weitem ein toller Blickfang.

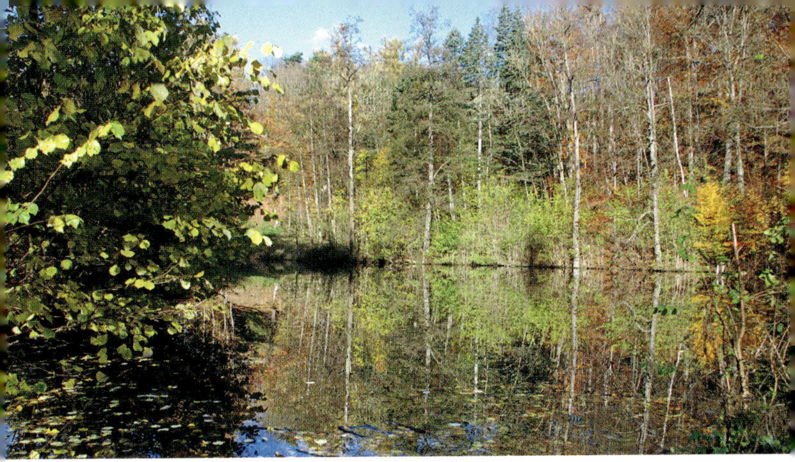

Der Klosterteich im Schlosspark Marienthal erinnert an das bereits 1525 im Bauernkrieg aufgegebene Kloster.

Die Wanderung beginnt an der **Bushaltestelle Eckartsberga, Hauptstraße** ❶. Wir steigen die Stufen hinauf, halten uns oben rechts und an der Kreuzung, die Gaststätte linker Hand, geradeaus. Autofahrer gehen die Straße hinauf zur Kreuzung, die Gaststätte rechter Hand und biegen schräg links ein. Alle halten sich an der nächsten Straße schräg links und am Abzweig geradeaus. Nun heißt es aufpassen. Gegenüber von Haus Nr. 9/9a/9b geht es am Parkplatz rechts hinauf in den grasbewachsenen Weg, unmarkiert und als Weg nicht auf den ersten Blick erkennbar. Auf ihm wandern wir immer geradeaus weiter. Es wird steil und wir steigen schließlich Stufen hinauf.
Ab der sogenannten Liebeslaube ist der Finnewanderweg ausgeschildert (rotes Dreieck), in den wir links einbiegen. Für längere Zeit folgen wir nun diesem Wanderzeichen. An der T-Kreuzung hält man sich schräg rechts hinauf, an der nächsten T-Kreuzung geht es schräg links. Bald gelangen wir auf eine freie Fläche. Weiter geradeaus kommen wir an zwei Bänken mit Aussicht linker Hand vorbei. Hier bietet sich ein weiter Blick über das

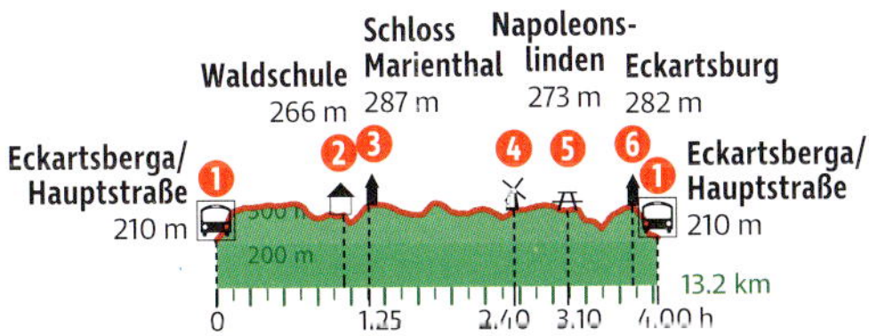

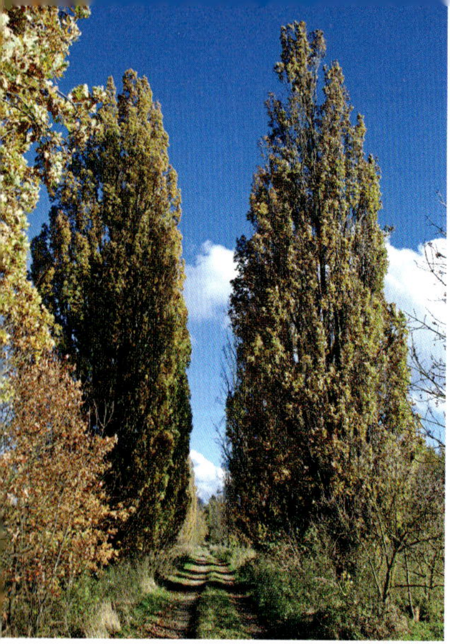

Thüringer Becken. Wir bleiben nun weiter auf der Höhe. Am Rastplatz geht es schräg links, dann geradeaus in den Wald. Wir befinden uns weiter auf dem Finnewanderweg, unser Weg führt durch schönen Mischwald. An der Gabelung halten wir uns rechts und am nächsten Abzweig links. Nun wird der Weg holprig und je nach Jahreszeit matschig.
In Sichtweite eines Hochsitzes verlassen wir vorläufig den Finnewanderweg, indem wir uns schräg rechts (Achtung, der Abzweig ist schwer zu sehen) und an der T-Kreuzung rechts halten (alternativ kann man auch noch ein Stück vorlaufen

Marienthal wird auf einem mit Säuleneichen gesäumten Weg verlassen.

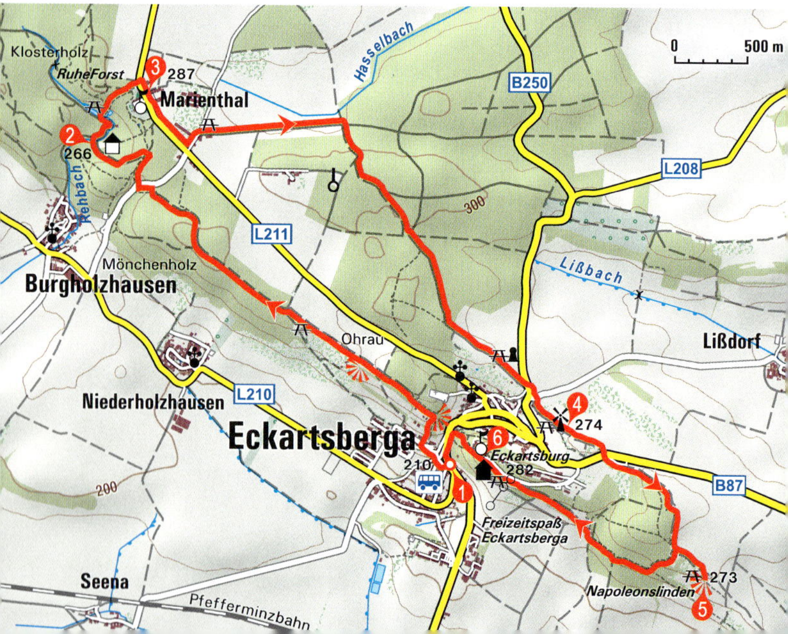

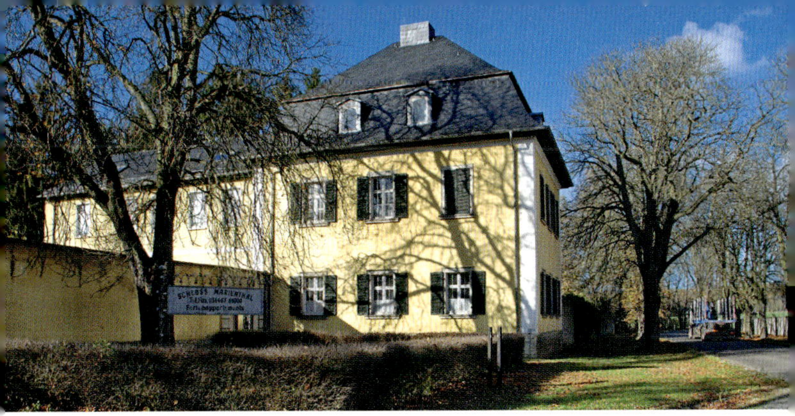

Schloss Marienthal geht auf ein Zisterzienser-Nonnenkloster zurück.

und dann erst in den breiten Weg nach rechts einbiegen). An der Straße biegen wir kurz links ein. Nach ca. 150 m gehen wir in einer Linkskurve rechts hinauf (Achtung, schwer zu sehen), dann beim Querweg scharf links den breiten Forstweg hinunter. Weiter unten führt rechts ein Abstecher zur **Schutzhütte Waldschule** 2. Kurz darauf biegen wir an der T-Kreuzung rechts ein. Vor dem ersten Teich, dem Klosterteich, halten wir uns rechts. Bald steht ein Bunker rechter Hand. Vor dem zweiten Teich, dem Kapellenteich, ist am Rastplatz rechts abzubiegen in den unteren Weg, der zunächst sanft aufwärts führt. Ein weiterer Teich, der Pferdeteich, liegt rechter Hand, dahinter stehen große Buchen. Später wird der Weg steiler. Oben geht es geradeaus aus dem Park hinaus (scharf links liegt ein Friedwald).

An der Straße biegen wir rechts ein. Gleich ist das **Schloss Marienthal** 3 rechter Hand erreicht. Dann gehen wir im Ort an der Straße entlang auf dem Fußweg auf der linken Seite geradeaus weiter, vorbei an Bushaltestelle und Schautafel (Hasselbach-Radwanderweg). Kurz vor Ortsende ist an der Kreuzung links einzubiegen (Radweg), hier stehen die ersten Säuleneichen. An der nächsten Kreuzung halten wir uns rechts, weiterhin mit dem Hasselbach-Radwanderweg und dem Wanderzeichen gelbes Dreieck, den Spielplatz und den Rastplatz linker Hand. Der weiterhin mit eindrucksvollen Säuleneichen bestandene Weg führt geradeaus zum Wald, an dessen Rand wir rechts einbiegen, der Radweg wird verlassen.

Der Weg ist jetzt sporadisch mit dem Wanderzeichen hellgrüner Punkt markiert. Es geht nun wieder aufwärts. Nach einer Rechtkurve wird geradeaus der Funkturm sichtbar. Dorthin wandern wir aber nicht, sondern halten uns vielmehr am Abzweig links und später an der Gabelung rechts. An der Kreuzung gehen wir mit dem grünen Punkt schräg rechts und an der Gabelung links, dann immer geradeaus. Unser Weg mündet schräg links in einen anderen. An einem weiteren Funkturm gelangen wir ins Freie, die

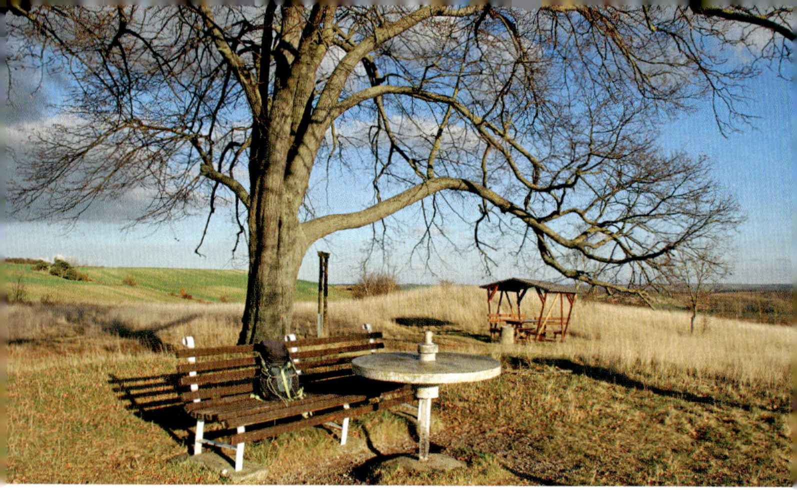

Rastplatz bei den Napoleonslinden, die an die Schlacht bei Auerstedt 1806 erinnern.

Burg wird sichtbar. Wir wandern weiter immer geradeaus. Uns bieten sich weite Blicke, auch auf die Windmühle. Wir kommen vorbei an der kleinen Brandsäule linker Hand und gleich darauf an einem Rastplatz.
Wir erreichen eine Straße, wo wir erst rechts, dann gleich links (Richtung Lißdorf) einbiegen, und gleich wieder rechts in die Straße. Kurz danach wird die **Holländer-Windmühle** 4 mit Rastplatz erreicht. Hier wandern wir geradeaus weiter. Kurz vor der Querstraße geht es kurz nach rechts zum Gustav-Adolf-Gedenkstein, dann die kleine Treppe hinunter, über die Straße und schräg links in den Feldweg. Am Parkplatz laufen wir geradeaus weiter. Bald genießen wir eine schöne Weitsicht. Der Weg wird undeutlich. Wir bleiben immer auf dem Hauptweg, der schließlich einen Rechtsbogen macht und an einer wasserwirtschaftlichen Anlage vorbei führt, erst schräg links, dann schräg rechts, nun am Waldrand. Der Hauptweg biegt nach links (für später merken wir uns schon einmal den Weg geradeaus hinunter in den Wald mit dem Wanderzeichen rotes Dreieck).
Wir unternehmen nun einen Abstecher zu einem besonders idyllischen Rastplatz. Dazu folgen wir zunächst dem Hauptweg nach links und halten uns am Abzweig schräg rechts. Hier genießen wir an einem Rastplatz oder einer Bank unter den sogenannten **Vier Napoleonslinden** 5 eine schöne Aussicht ins weite Land. Wir kehren zurück zum Abzweig und biegen dort mit dem roten Dreieck links ein. Gleich schwenkt der Weg nach rechts. An einem Abzweig biegen wir mit dem roten Dreieck rechts ab, bald an der T-Kreuzung wieder rechts. Unser Weg schwenkt nach links. An einem Abzweig geht es geradeaus, abwärts. Weiter unten gehen wir an der T-Kreuzung rechts. Das Wanderzeichen rotes Dreieck ist hier lückenhaft.

Nun heißt es aufpassen. Denn gleich an der kleinen Kreuzung ist in den Pfad links einzubiegen, der zunächst wenig vertrauenserweckend wirkt. Steil geht es aufwärts, ohne Wanderzeichen. Geradeaus nehmen wir den Wiesenweg, auf einen Zaun zu, dann geht es rechts an einer Obstplantage entlang. Am geteerten Weg halten wir uns geradeaus, der Kräutergarten mit Rastplatz linker Hand. Daneben liegt die Minigolfanlage, wo wir uns schräg links halten, auch vorbei an der Sommerrodelbahn.

Wir kommen zur **Eckartsburg** 6. Davor beachte man rechter Hand die Muschelkalkschichten. Anschließend gehen wir links der Burg weiter und am Ende geradeaus. Bald macht unser Weg einen Rechtsbogen. Nun heißt es aufpassen. Nachdem wir das Gefühl haben, zu zwei Drittel im Kreis gegangen zu sein, den Burgturm rechter Hand, geht es scharf nach links ein paar Stufen hinunter. Dann wandern wir stetig abwärts, zwischenzeitlich wird es steil. Unten halten wir uns in **Eckartsberga** vor einem Haus rechts. Wir überqueren schräg links die Straße. Autofahrer nutzen gleich die kleine Straße gegenüber und beachten rechter Hand am Haus Nr. 206a das Sühnekreuz mit Schwerteinzeichnung. Sie biegen an der Kreuzung links ein, an der folgenden rechts und erreichen den Mattstieg. Busnutzer folgen der Durchgangsstraße bis zur **Bushaltestelle Eckartsberga, Hauptstraße** 1. Auf der anderen Straßenseite ist hoch oben nochmal der Turm der Eckartsburg zu sehen.

Die Eckartsburg wurde 998 von Ekkehard I. von Meißen zum Schutz des Reiches und der Handelsstraßen erbaut.

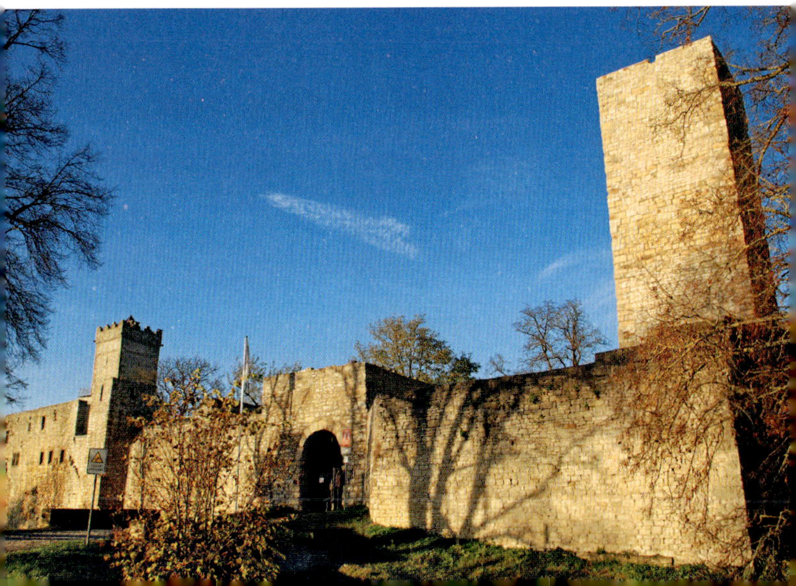

↗ 220 m | ↘ 220 m | 11.4 km

37 Bad Sulza

3.15 h

Vom Gradierwerk zu schönen Aussichten und einem Weinberg

Bad Sulza mit seinen Solquellen und dem Gradierwerk gehört mit Bad Kösen und Bad Bibra zum »Bäderdreieck« im Saale-Unstrut-Triasland. Außerdem ist es Weinstadt – die Muschelkalkhänge am Ende des engen Ilmtals bieten gute Böden für den Sulzaer Weinbau. Auf Bad Sulzaer Gebiet fand 1806 die napoleonische Schlacht bei Auerstedt statt.

Vom Weintor genießen wir den Blick auf das Gradierwerk und die Sonnenburg, 1907 im romantisierenden Stil errichtet. Nach dem Aufstieg erreichen wir an Obstbäumen entlang Sonnendorf mit Weingut. Über das Lanitztal wird der Tamselberg erreicht, Teil der Finne, an deren Weinlage der »Auerstedter Tamsel« gedeiht. Der Rückweg erfolgt am Kunstgraben entlang durch den romantischen Kurpark.

Ausgangspunkt: Hauptbahnhof Bad Sulza. Von Naumburg (Saale) Hbf. mit der RB Richtung Eisenach oder mit dem RE Richtung Erfurt bis Bad Sulza. Parkplatz P1 an der Ilmbrücke (Navi: Wunderwaldstr. 10, Bad Sulza) oder alternativ am Bahnhof (Navi: Am Hauptbahnhof 1, Bad Sulza).
Anforderungen: Viel Auf und Ab. Orientierungssinn nötig im Bereich des Tamselbergs. Etwas monotone Strecke zwischen Emsenteich und Kurpark.
Einkehr: Imbiss zur Alten Dampflok (Do Ruhetag); Grill-Imbiss Alte Saline (So Ruhetag); Restaurant-Café Am Schwanenteich (tgl. geöffnet). Alle in Bad Sulza.
Tipps: 1) Technikmuseum im Bahnhof Bad Sulza (Do Ruhetag), Saline- und Heimatmuseum (Mi/Sa geöffnet). 2) Gradierwerk mit Wandelgang und Zerstäuberhalle (im Sommer Fr Ruhetag, Mo/Di nur nachmittags, im Winter Mi/Sa/So, außer bei Frost). 3) Thüringer Weingut Sonnenburg Bad Sulza (tgl. tagsüber geöffnet, So nur bis 12 Uhr).
Hinweis: Die Sonnenburg ist keine Gaststätte mehr und nicht mehr zugänglich (Privatbesitz).

Nahe dem Thüringer Weintor in Bad Sulza bietet sich ein schöner Blick auf Gradierweg und Sonnenburg.

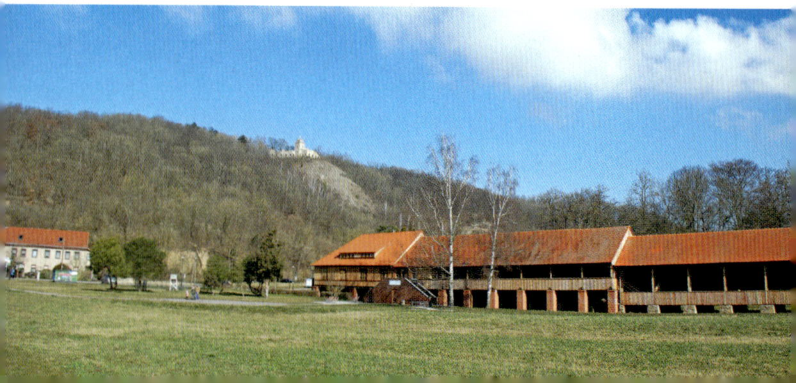

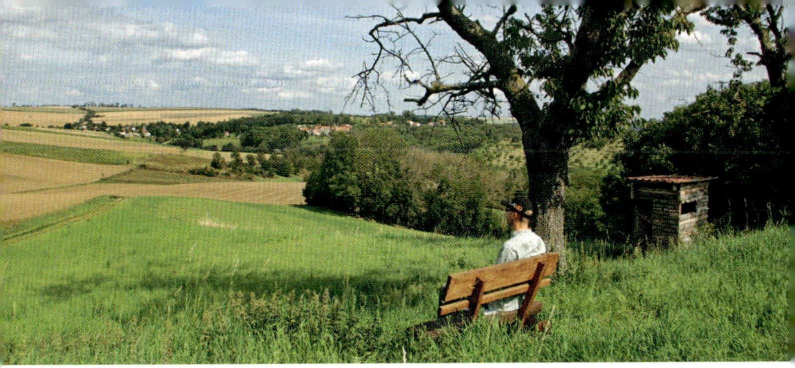

Kurz vor dem Tamselberg lässt sich noch einmal eine Rast einlegen, mit Blick zurück nach Sonnendorf.

Die Wanderung beginnt am **Hauptbahnhof Bad Sulza** ❶. Am Ausgang gehen wir vor zur Hauptstraße und biegen dort rechts ein, vorbei am Saline- und Heimatmuseum. Wir überqueren links die Ilm-Brücke. Am Parkplatz P1 rechter Hand beginnt die Tour für Autofahrer. Wir gehen an der Bushaltestelle vorbei und biegen am Thüringer Weintor rechts ein. Hier bietet sich ein schöner Blick auf die Sonnenburg und die Saline. Wir erreichen wieder kurz die Straße, biegen aber nach der Ilmbrücke rechts ein. Vor dem Gradierwerk halten wir uns links. Wir biegen rechts in die kleine Straße ein, die erst nach links, dann nach rechts schwenkt. Wir kommen an einem Parkplatz für Caravans vorbei und halten uns schräg links, nun vorläufig dem orange markierten Wanderweg Nr. 4 »Sonnenkuppe« nach und über den Bahndamm. Wir halten uns nach der Überquerung der Gleise links (bald Stufen). Der Weg führt in Serpentinen hinauf. Fast oben biegen wir am Abzweig links ein und folgen der Ausschilderung weiter, an einer Gabelung rechts. An der T-Kreuzung geht es rechts.

Vor dem Parkplatz biegen wir mit dem Wanderweg Nr. 4 links Richtung Lanitztal ein. Am ersten Abzweig halten wir uns ohne Markierung rechts. Wir wandern immer geradeaus, an einer Kreuzung leicht rechts versetzt, bis **Sonnendorf** ❷. Wir gehen vor bis zur T-Kreuzung, das Weingut linker Hand, und biegen links ein. Am Ende der Dorfstraße folgen wir dem unbefestigten Weg schräg rechts. Unten geht es an einer Gabelung geradeaus, über den Lißbach und oben scharf links. Unser Weg führt teilweise am Bach entlang. An einer Gabelung halten wir uns wieder unmarkiert rechts, so auch nach der Tafel »Lebensraum Streuobstwiese« an der folgenden. Gleich geht es an der Gabelung links hinauf. Weiter oben wandern wir links der Bank weiter. Hier empfiehlt sich eine Rast mit Blick zurück nach Sonnendorf. Weiter vorne halten wir uns an der Gabelung rechts.

Der **Tamselberg** ❸ wird erreicht und nun heißt es aufpassen. Am Feld halten wir uns kurz rechts, dann gleich geradeaus, der Hauptweg wird

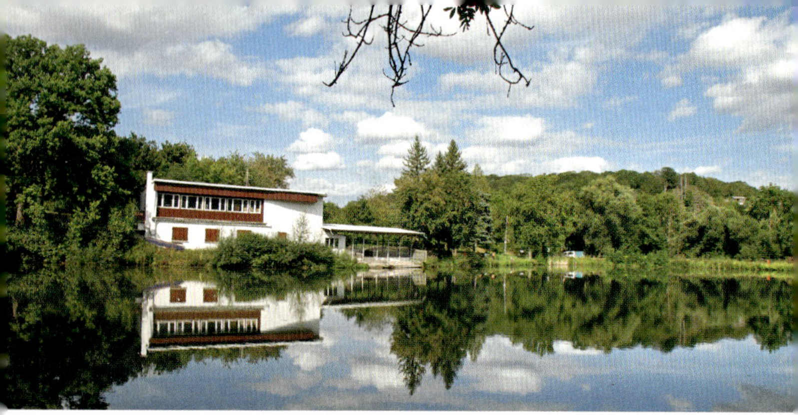

Der Emsenteich wird auch zum Angeln genutzt.

verlassen. Wir wandern nun geradeaus auf dem Weg mit Baumreihe. Bald bietet sich ein schöner Blick auf Auerstedt. An der Kreuzung biegen wir vor einem gelben Gaspfahl links ein. An der T-Kreuzung halten wir uns rechts. An einem Abzweig (rechts steht ein Schild vom Wanderweg Nr. 8 Richtung Emsenteich) geht es scharf links hinunter, vorbei an einem Rastplatz. An der T-Kreuzung ist links in den Teerweg einzubiegen. Bald liegt der Weinberg linker Hand. An der Tafel »Tamsel« halten wir uns rechts zu einem Rastplatz am **Emsenteich** 4 (bei matschigem Boden ist es besser, geradeaus auf dem Hauptweg weiterzugehen, ebenso für größere Gruppen, um die Angler nicht zu stören). Wir wandern zwischen zwei Teichen und dann an der T-Kreuzung links. Immer laufen wir geradeaus weiter.
Am Ende des größeren Teils des Emsenteiches gehen wir zur Straße und dort rechts, weiter am Bach entlang. Am Abzweig laufen wir geradeaus, weiter am Bach und dann durch einen Tunnel. Hier beginnt eine kleine Durststrecke. Wir laufen immer geradeaus hinauf und oben an der T-Kreuzung links. Nach Ende des Friedhofs nutzen wir schräg rechts den unbefestigten Weg. Wer bequem auf Asphalt gehen will, kann auch der Straße parallel folgen. Wer den Pfad gewählt hat, geht an einer Gabelung schräg links hinunter. Unten überqueren wir die Straße und halten uns schräg links in die Sophienstraße.

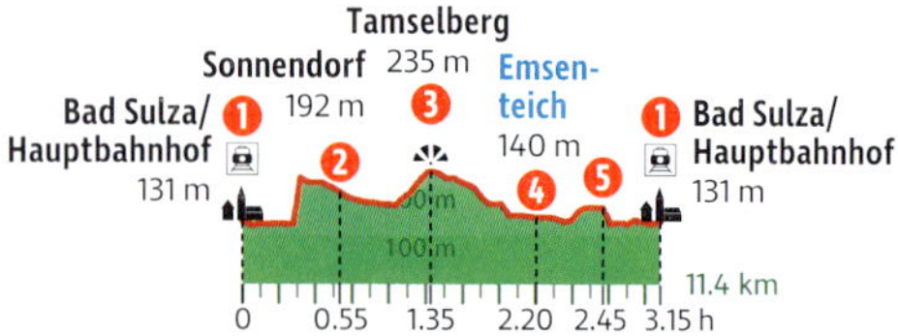

Der **Kurpark 5** von **Bad Sulza** wird erreicht. An der Gaststätte Am Schwanenteich gehen wir rechts hinunter und vor dem Teich links bis zur Trinkhalle. Nun laufen wir grob geradeaus weiter, unter einer Bahnlinie hindurch, dann immer geradeaus am Kunstgraben entlang. Weiter vorn kommen wir wieder durch eine Bahnunterführung. Auch an der nächsten Brücke gehen wir geradeaus (trotz des Schildes zum Hbf.), so auch an der Radstube. In Sichtweite der Straßenbrücke über die Ilm halten wir uns schräg rechts. Autofahrer halten sich vor der Brücke links zum Parkplatz, Nutzer öffentlicher Verkehrsmittel überqueren diese. An der Naumburger Straße geht es rechts, dann in die erste Straße links zurück zum **Hauptbahnhof Bad Sulza 1**.

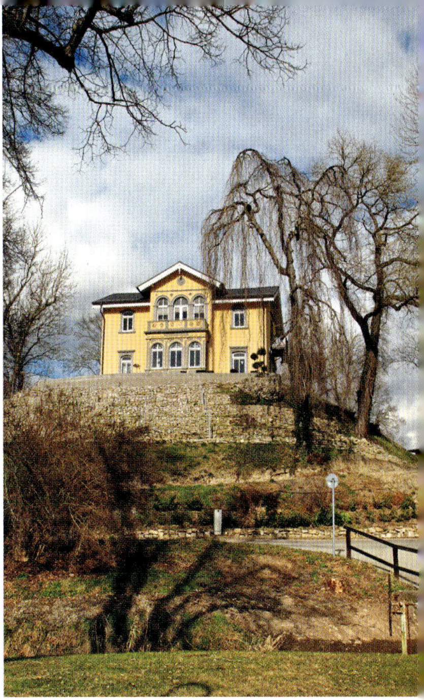

Um die Kuranlagen entstanden um 1900 schöne Villen, hier vom Kurpark aus gesehen.

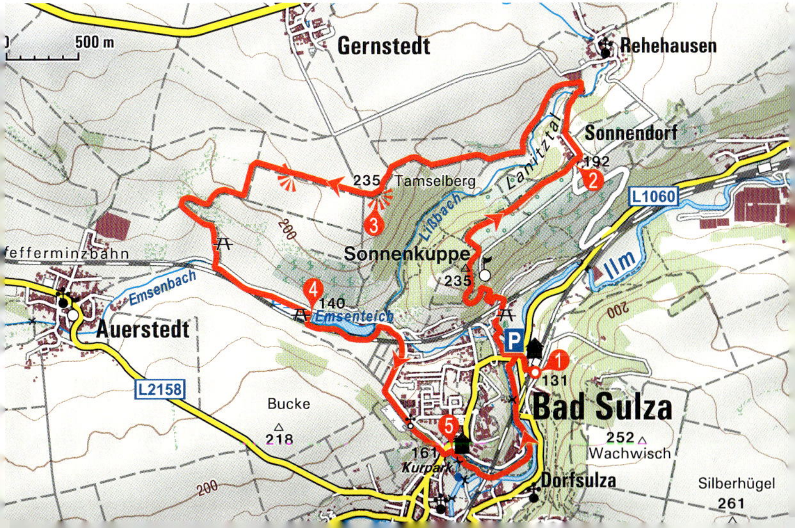

TOP

↗ 320 m | ↘ 320 m | 9.6 km

38 Von der Rudelsburg nach Bad Kösen

3.15 h

Schöne Aussichten, Wälder und eine Burgruine

Diese abwechslungsreiche Tour hat einiges zu bieten. Hoch über einer Verengung des Saaletals thronen die Burgen Saaleck und Rudelsburg, die beide zu den Klassikern unseres Wandergebietes gehören, ursprünglich Schutzburgen der Handelsstraßen im Saaletal. Die kleinere Burg Saaleck, von der die beiden Bergfriede erhalten sind, wurde erstmals 1140 erwähnt, die Rudelsburg 1171. Letztere wurde im Dreißigjährigen Krieg stark zerstört und im 19. Jh. restauriert. Hier schrieb Franz Kugler 1826 das bekannte Lied »An der Saale hellem Strande ...«.

Als Auftakt fahren wir mit dem Schiff auf der Saale, bevor wir zu den beiden Burgen aufsteigen. Auf lauschigen Wegen, überwiegend durch Wald, steigen wir gemächlich hinab nach Bad Kösen. Das ursprüngliche Flößerdorf nahm im 18. Jh. seinen Aufschwung als Solebad und erhielt 1859 den Status eines Kurbades. Ab 1730 wurde hier Salz gewonnen. Sehenswert sind die alten Anlagen der Soleförderung (Salinetechnische Anlagen): das 320 Meter lange Gradierwerk und das Kunstgestänge mit dem Borlachschacht. Eines der ältesten Wohnhäuser ist das Romanische Haus aus dem 11./12. Jh., heute Heimatmuseum mit einer Ausstellung zu Käthe-Kruse-Puppen. Käthe Kruse gründete 1912 ihre Puppenwerkstatt in Bad Kösen. Durch den Unteren Kurpark gelangen wir wieder zum Ausgangspunkt.

Von einem Aussichtspunkt bietet sich ein herrlicher Blick auf die Rudelsburg (links) und Burg Saaleck (rechts) mit ihren beiden romanischen Bergfrieden.

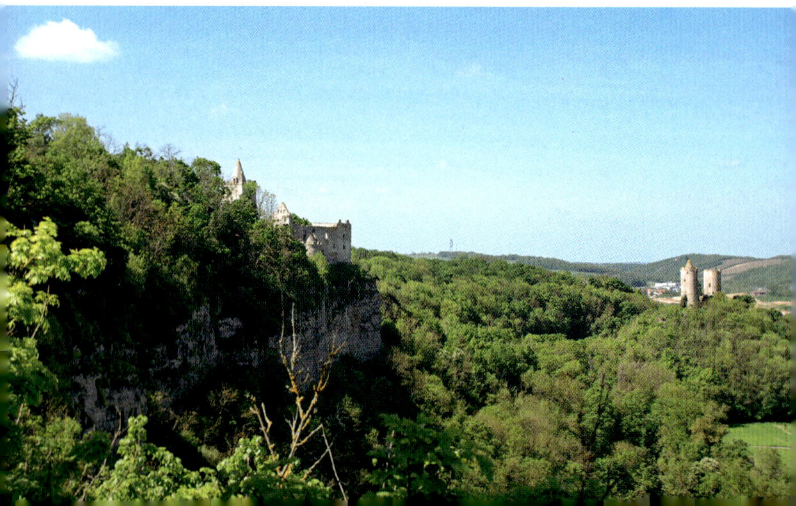

Ausgangspunkt: Bad Kösen, Anleger der Saale-Schiffahrt am Kurpark. Vom Hbf. Naumburg (Saale) mit der RB Richtung Saalfeld oder Eisenach (ca. alle 30 Min.) zum Bahnhof Bad Kösen; von dort 5 Min. Fußweg zum Anleger. Kostenpflichtiger Parkplatz anbei (Navi: Parkstraße 9, Bad Kösen). Weiter mit dem Motorschiff zur Rudelsburg (Infos unter saaleschifffahrt.de).
Anforderungen: Steiler Anstieg hoch zur Burg Saaleck, kürzerer hoch zur Rudelsburg, später zwischendurch noch einmal Stufen. Daher nicht für Leute geeignet, die Anstiege scheuen (Tendenz zu »rot«). Ansonsten leichte Tour. Mix aus Waldwegen und -pfaden, Forstwegen und befestigten Wegen. Ca. zur Hälfte ausgeschildert. Nach der Gespensterbuche und beim Galgenberg erhöhte Anforderung an die Orientierung.
Einkehr: Imbiss Karina's Blockhütte (nur im Sommer, Mo Ruhetag) am Anleger unterhalb der Rudelsburg; Burgrestaurant Rudelsburg (Mo Ruhetag) auf der Rudelsburg; mehrere Gaststätten in Bad Kösen, z. B. Loreley (Mi Ruhetag) nahe dem Gestänge oder Imbiss an der Mühle (nur Sa/So) nahe Unterer Kurpark und Bahnhof.

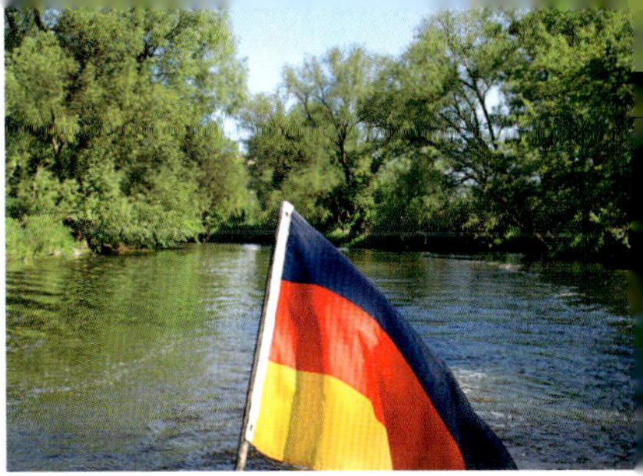

Den Auftakt bildet eine Schifffahrt auf der Saale.

Tipps: 1) Gleich mit dem ersten Schiff zur Rudelsburg, um größeres Gedränge auf den Wegen zu vermeiden. 2) Ausstellung in Burg Saaleck (nur Sa/So). 3) In Bad Kösen: Inhalieren am Gradierwerk (ausgeteilt werden Plastik-Umhänge, unter die auch ein Wanderrucksack passt); Museum Romanisches Haus (Mo Ruhetag).

Wir beginnen die Tour mit einer Schifffahrt auf der Saale ab **Bad Kösen**. Wer mit der Bahn angereist ist, erreicht den Anleger vom Bahnhof Bad Kösen aus, indem er sich zur Straße wendet und diese am Zebrastreifen überquert. Dann geht es geradeaus die Kastanienallee entlang und an deren Ende links in die Parkstraße, die Parkplätze rechter Hand. Beim Kurmittelzentrum Kösalina, unmittelbar vor dem Gebäude des Imbisses, ist rechts gleich der **Anleger der Saale-Schifffahrt** ❶ erreicht. Wir fahren nun für ca. eine halbe Stunde bzw. 3 km auf der Saale flussaufwärts und genießen unterwegs den Blick auf Felsen und die beiden markanten Burgen.
Kurz nach dem Aussteigen am **Anleger Rudelsburg** ❷ erwarten uns Karina's Blockhütte und einige Rastplätze. Links am Imbiss vorbei sehen wir schon unser erstes Ziel. An einem Abzweig halten wir uns geradeaus. Wo der Hauptweg nach rechts schwenkt, nutzen wir geradeaus den Pfad. Bald geht es Stufen hinauf. Nun wird es steil. Oben halten wir uns an einer Bank rechts in Richtung Turm und wandern immer geradeaus. Bald bietet sich vorne am Aussichtspunkt links ein Abstecher hinein in die **Burg Saaleck** ❸ an, mit Ausstellung. Ansonsten genießen wir die Aussicht.
Anschließend kehren wir auf demselben Weg ein Stück zurück, an einem Abzweig vorbei und geradeaus zur Bank, an dieser links vorbei (den Hin-

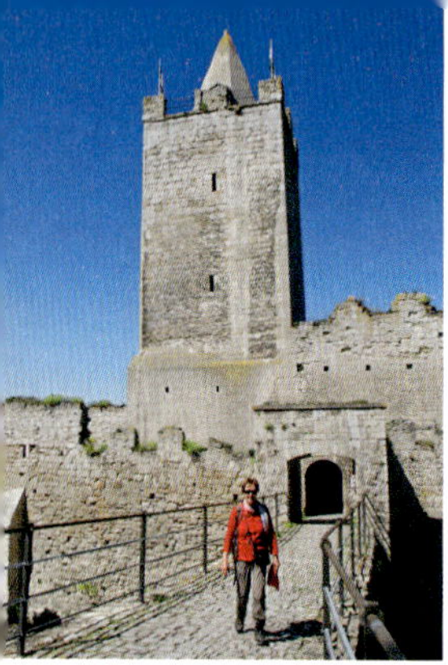

Die Rudelsburg ist wohl die bekannteste Burg an der Saale.

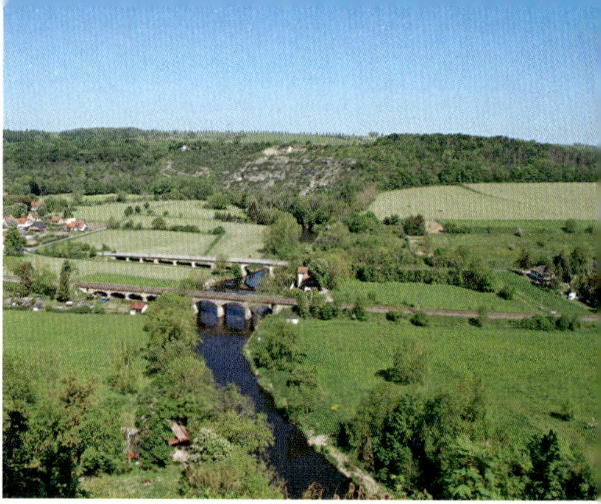

Von der Rudelsburg bietet sich ein schöner Blick ins Saale-Tal. Im Hintergrund sind die Muschelkalkfelsen des Steilhangs Himmelreich zu sehen.

weg vom Schiffsanleger mit den Stufen lassen wir links liegen). Weiter unten folgen wir kurz der Straße geradeaus weiter. Nach dem »Canyon« (mit Leitplanke), dem eiszeitlichen Erosionstal **Kunoklamm**, gehen wir mit mehreren Wanderzeichen schräg links die Stufen hinauf und immer geradeaus. Wir kommen vorbei an einem Blick auf die Rudelsburg und halten uns kurz darauf links, wo die Brücke zu sehen ist. Nun gibt es mehrere Möglichkeiten, das Gelände zu erkunden. Eine davon ist, unter der Brücke hindurchzugehen, dann links um die **Rudelsburg** 4 herum zu tollen Aussichten ins Saaletal. Nachdem wir fast einmal herumgegangen sind, geht es an der Brücke links zu einem Abstecher in den Innenhof der Burg mit Gastronomie. Dann überschreiten wir die Brücke.
Mit dem Rücken zum Brückenbeginn steigen wir links die Stufen hinauf zum Gefallenendenkmal 1870/71, gehen links daran vorbei und zum Jung-Bismarck-Denkmal. Wir folgen nun der kleinen Straße weiter. Gleich steht das Kaiser-Wilhelm I.-Denkmal linker Hand. Weiter laufen wir auf der Teerstraße und bald links zum Aussichtspunkt. Sowohl die Burgen als auch Bad Kösen sind hier zu sehen. Nun gehen wir die Mauer entlang ein kurzes Stück hinunter. Vor dem Löwendenkmal biegen wir ohne Markierung rechts ab, links am Rastplatz vorbei und steigen wenige Stufen hinauf. An der T-Kreuzung ist links einzubiegen. Nun folgen wir für längere Zeit dem Wanderzeichen gelber Punkt, dem Rudelsburg-Rundweg. Es geht wieder leicht aufwärts. Schließlich tritt der Weg ins Freie.
An einer Kreuzung (bei Freiroda) ist links einzubiegen. Nun wandern wir immer geradeaus, auch am Waldrand, wo das **Naturschutzgebiet Saale-Ilm-Platten** bei Bad Kösen betreten wird. Erst nach ca. einem halben Kilometer ist an einer Kreuzung mit dem gelben Punkt rechts in den Pfad

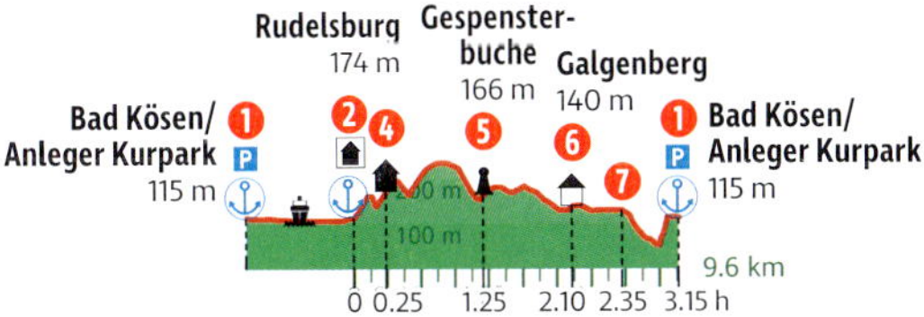

einzubiegen. Schließlich geht es erneut Stufen hinunter und gleich wieder hinauf. Anschließend wandern wir an der Kreuzung geradeaus weiter, bald wird der Gedenkstein an die **Gespensterbuche** ❺ rechter Hand passiert. Auch hier halten wir uns geradeaus, mit dem gelben Punkt, kurz aufwärts. Nun heißt es aufpassen, denn nach ca. 300 m geht es an der Gabelung rechts in den kleineren Weg, der gelbe Punkt wird verlassen. Wir folgen dem schönen Pfad immer geradeaus.

An der Straße mit Rastplatz nutzen wir geradeaus den Forstweg, für über 1 km. Am ersten deutlichen Abzweig rechter Hand wandern wir weiter geradeaus, aber am folgenden linker Hand ist scharf links einzubiegen. Viele Buchen säumen den Weg. Immer geht es geradeaus auf dem Hauptweg weiter. An einer Schranke wird der Wald verlassen. Wir biegen hinter ihr links ein, der Weg schwenkt gleich nach rechts. An der T-Kreuzung vor der Saale-Klinik geht es links in den Teerweg. Geradeaus über die Straße betreten wir am Schild des Landschaftsschutzgebietes Saaletal das Areal des **Galgenbergs**, nun geht es wieder aufwärts. An der **Schutzhütte** ❻ halten wir uns schräg links. Erneut heißt es aufpassen. Wir kommen an mehreren Abfalleimern vorbei und biegen ca. 20 m vor einem weiteren Abfalleimer an zwei Ahornbäumen rechter Hand schräg links in den grasbewachsenen Weg ein, auf Weinberge zu. An der Kreuzung biegen wir links ein (geradeaus und rechts verläuft der Wanderweg gelbes Kreuz).

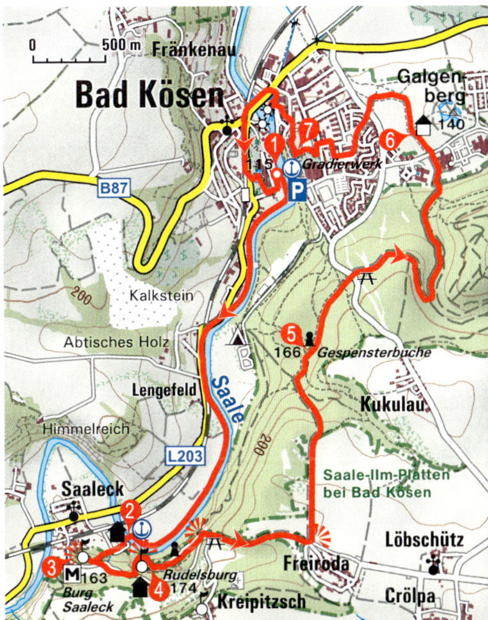

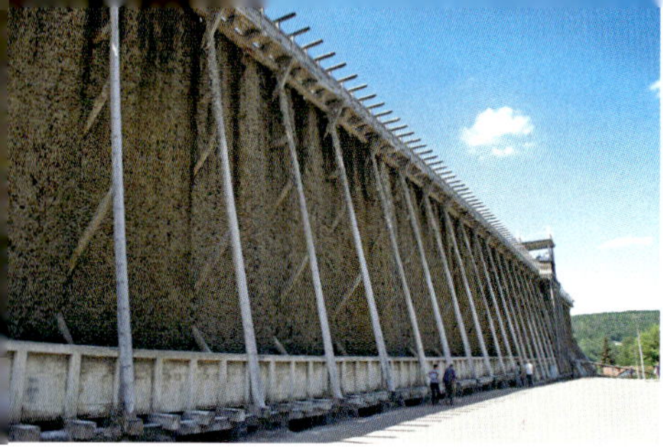

Am Gradierwerk Bad Kösen lässt sich die salzhaltige Luft einatmen.

Am nordöstlichen Rand von **Bad Kösen** überqueren wir die Straße geradeaus in einen Fußweg, so auch an der nächsten, erneut leicht aufwärts. Dann kommen wir links an Garagen vorbei. An der Straße gehen wir geradeaus und am kleinen Parkplatz schräg rechts in den Fußweg. Gleich an der T-Kreuzung biegen rechts und an der Straße links ein. Vor einem schönen Haus mit Dachgiebel, die Nr. 12, geht es links, dann in den ersten Weg rechts in den Park. Wir durchschreiten bald geradeaus das **Gradierwerk** 7 und biegen danach gleich rechts ein. Am Ende des Werkes halten wir uns rechts (hier ist der Eingang zum Inhalieren) und wieder links. Wir gehen am Turm des Borlachschachtes rechts davon hinunter, am Gestänge entlang und kommen vorbei am **Romanischen Haus** rechter Hand.

Nun ist erhöhte Aufmerksamkeit gefordert. Unten gehen wir über die Brücke, weiter vorne rechts und am Fachwerkhaus (Ankleidehaus) wieder über eine Brücke am Fachwerkhaus, geradeaus über eine weitere. Dann biegen wir links ein und kommen erneut links über eine Brücke, vorbei an der Unteren Wasserkunst. Geradeaus überschreiten wir nun die Autobrücke, am besten auf der linken Seite. Bei der Unterführung geht es schräg links auf dem Fußweg in den Kurpark (scharf links zum Imbiss). Dazu laufen wir am Zebrastreifen vorbei und halten uns schräg links (also in den rechten der beiden Wege), dann immer geradeaus. Linker Hand liegt zuerst die Trinkhalle, dann das ehemalige Kurhaus. Unser Weg schwenkt nach schräg links zum Teich. Bahnreisende laufen hier geradeaus, den Teich linker Hand, und am Parkende schräg rechts zurück zum Bahnhof Bad Kösen. Wer das Auto beim Anleger geparkt hat, biegt vor dem Teich links ab und rechts über die Brücke. Am Ende der ehemaligen Badeanstalt links und an der Parkstraße nochmal links erreicht man den Parkplatz beim **Anleger der Saale-Schifffahrt** 1.

Im Kurpark Bad Kösen naht das Ende unserer Wanderung.

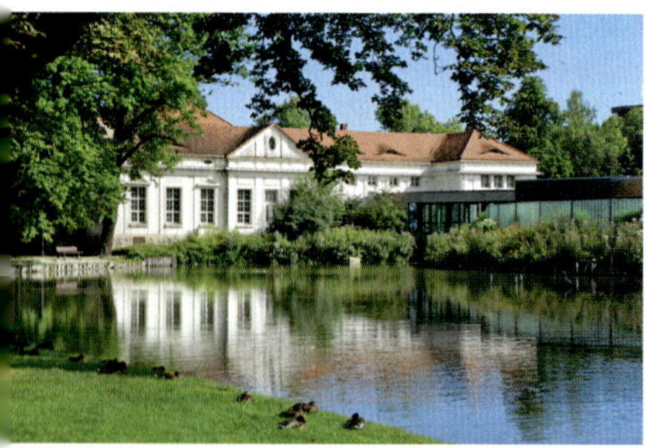

Naumburg und Schulpforte

Durch schöne Natur zu einer Fürstenschule und zur berühmten Domstadt

Kultur und Natur – auf dieser Runde ist beides gleichermaßen vertreten. Ab Almrich wandern wir im kühlen Bachtal der Kleinen Saale, im 12. Jh. von den Zisterziensermönchen angelegt, an der Klopstockquelle vorbei zur Landesschule Schulpforte, heute ein Internat für Hochbegabte. Sie geht auf das 1137 gegründetes Zisterzienserkloster Sancta Maria ad Portam zurück. Ab 1543 war sie eine der drei sächsischen »Fürstenschulen« mit berühmten Schülern wie Fichte, Klopstock und Nietzsche. Durch Wald erreichen wir den Bismarckturm mit großartiger Aussicht ins Saaletal, von denen uns noch weitere auf unserem großen Bogen südlich Naumburgs erwarten.
Pittoreske Villen geleiten uns zur Altstadt. Am Marktensemble aus Spätgotik und Renaissance beeindrucken besonders die Stadtkirche St. Wenzel (1517–23), das Rathaus (1517–28) und das Stadtmuseum »Hohe Lilie« (ca. 1400, Umbau 1526). Herrenstraße und Steinweg mit repräsentativen Wohn- und Geschäftshäusern aus dem 16.–20. Jh. führen uns zur Krönung der Runde: dem Naumburger Dom St. Peter und Paul, Wahrzeichen der Stadt und UNESCO-Welterbestätte.

Ausgangspunkt: Naumburg (Saale) Hbf. Von Halle (Saale) mit dem RE Richtung Jena oder mit der RB Richtung Saalfeld (ca. alle halbe Stunde). Großer Parkplatz am Bahnhof (Navi: Hauptbahnhof oder Roßbacher Str., Naumburg).
Anforderungen: Steile Abschnitte hinter Schulpforte. Weg zum Bismarckturm etwas abschüssig, Trittsicherheit erforderlich. Durch Naumburg auf befestigten Wegen. Teilweise ausgeschildert.
Einkehr: Etliche Gaststätten am Marktplatz in Naumburg.
Tipps: 1) Vinothek Schulpforte, Verkaufsstelle des Landesweinguts Kloster Pforta, am Eingang (tgl. geöffnet). 2) In Naumburg: Stadtmuseum »Hohe Lilie« (Mo Ruhetag) und Naumburger Dom (tgl. geöffnet).

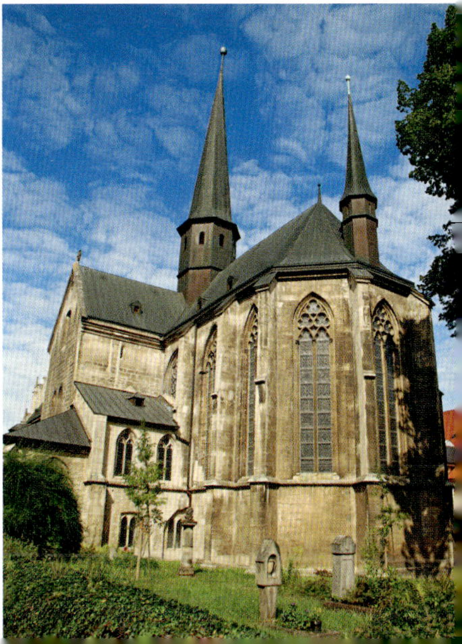

Die Klosterkirche mit gotischem Umbau des Chors (bis ca. 1300).

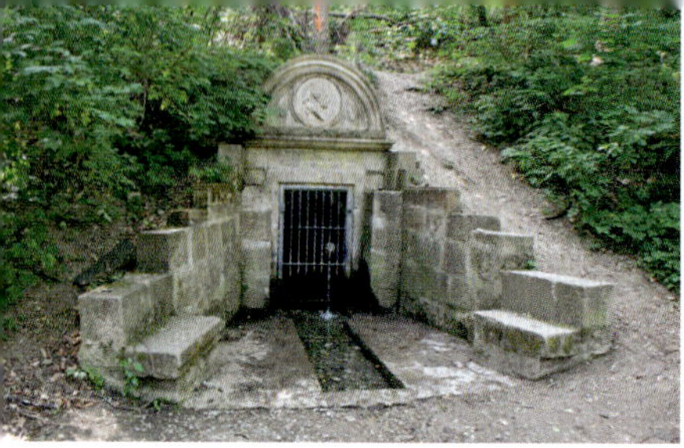

Die Klopstockquelle diente vermutlich den Mönchen des Zisterzienserklosters zur Trinkwasserversorgung.

Vom **Naumburger Hauptbahnhof** ❶ wenden wir uns zum Parkplatz und laufen an seiner linken Seite den Fußweg entlang. In die erste Straße ist links einzubiegen. Wir gehen vor bis zur Hauptstraße, überqueren diese und biegen rechts ein (Wanderzeichen gelbes Kreuz, nicht über die Brücke!). An zwei Abzweigen geht es geradeaus und an der Kreuzung links. Nun folgen wir immer dem geteerten Weg, ein Altarm der Saale rechter Hand. An der folgenden Kreuzung biegen wir mit dem roten Dreieck rechts in den netten schmalen Fußweg ein.

Bald bietet sich ein Blick auf **Almrich**. Der Ort wird geradeaus an einem Abzweig betreten. An der T-Kreuzung biegen wir links ein, der Weg schwenkt gleich nach rechts. An der kleinen Straße geht es unmarkiert links, dann geradeaus über die Durchgangsstraße und die Stufen hinauf. Oben halten wir uns rechts, so auch an zwei Gabelungen. Unser Weg schwenkt nach rechts und führt wieder abwärts. Noch vor der Durchgangsstraße biegen wir links in den Fußweg ein, wieder begleitet vom Wanderzeichen rotes Dreieck. Wir bleiben immer unten am Bach Kleine Saale. Der schöne Weg geleitet uns zur **Klopstockquelle** mit Rastplatz.

Wir folgen weiter dem roten Dreieck an der Kleinen Saale. An einer Brücke geht es geradeaus durch ein Tor. Das Gelände von **Schulpforte** ❷ wird betreten, wir wandern weiter geradeaus. Vor den Gebäuden halten wir uns links (rechts führt ein Abstecher zum Gotischen Haus). Wir gehen links an der ehemaligen Turnhalle vorbei, dann rechts, Friedhof und Kirche rechter Hand. Wir verlassen das Gelände durch das Torhaus (man kann sich auch noch weiter umsehen). Gleich geht es links, vorbei an der Vinothek. Nun wird es kurz steil.

Rechts neben dem Torhaus (1854–1860) befindet sich die Vinothek.

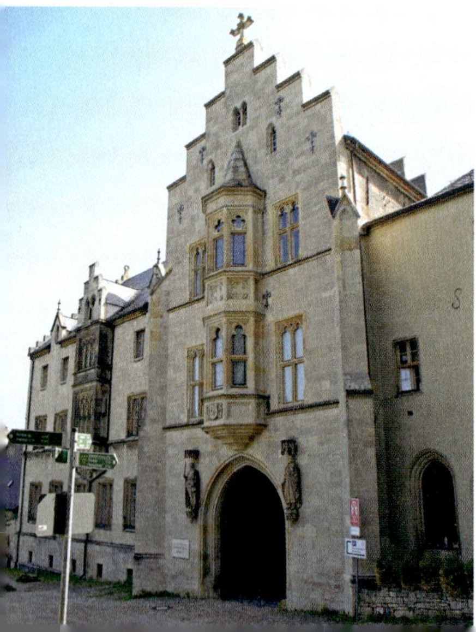

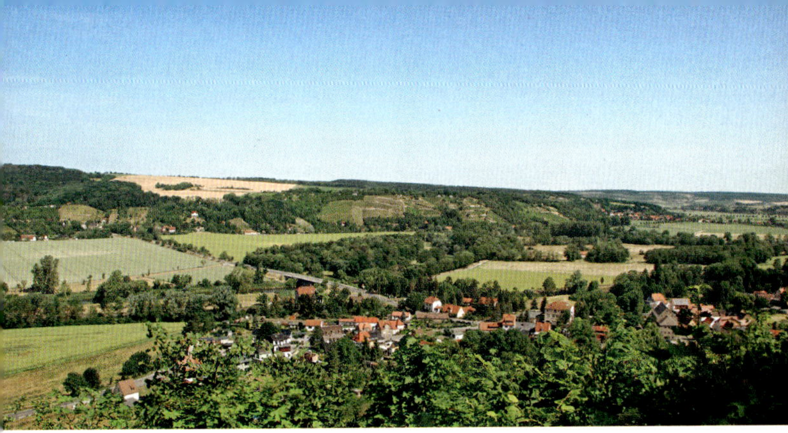

Vom Aussichtspunkt am Bismarckturm lässt sich das Saaletal gut überblicken.

Oben halten wir uns links, dann geradeaus. Nach Ende der Mauer gehen wir an der Kreuzung schräg rechts hinauf, mit dem gelben Punkt. Wieder wird es etwas steil und der Weg erfordert Trittsicherheit. Wir kommen an der Grotte, einer Ausbuchtung im Kalkfelsen rechter Hand, vorbei. Oben halten wir uns am Abzweig geradeaus. Am Gebäude biegen wir links zum Aussichtspunkt am **Bismarckturm** 3 ein. Anschließend kehren wir wieder zurück und folgen dem Teerweg hinunter.
An der T-Kreuzung biegen wir rechts in den breiten Weg ein (ohne Wanderzeichen), dessen Untergrund noch altes Pflaster erkennen lässt. An einer Kreuzung geht es schräg links, die Wiese rechter Hand. Dann wandern wir geradeaus, nun mit Bäumen rechter Hand, anschließend in den Wald. An der Kreuzung gehen wir geradeaus und bleiben der Richtung treu. An einer Gabelung halten wir uns links und am Ende des Pfades rechts zur Straße, der wir nach links folgen. Unsere kleine Straße schwenkt nach rechts, dann ist links einzubiegen. An der Kreuzung geht es geradeaus, das Schwimmbad rechter Hand. Dahinter macht die Straße eine Linkskurve, wir nehmen den unbefestigten Weg geradeaus. Wo der Hauptweg nach links schwenkt, nutzen wir geradeaus den grasbewachsenen Weg, bald abwärts. Der Weg schlängelt sich und führt anschließend immer am Feld entlang.

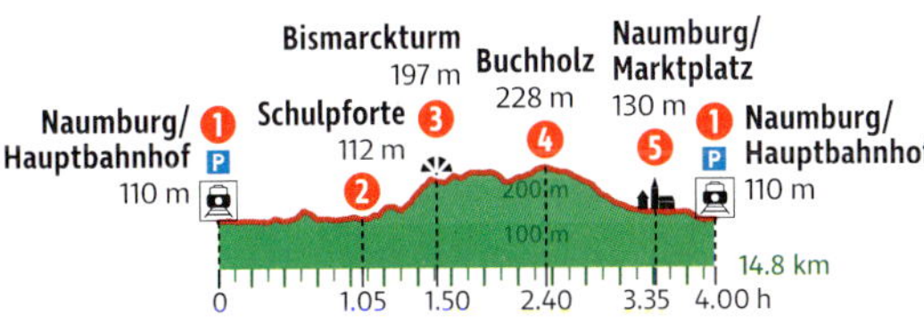

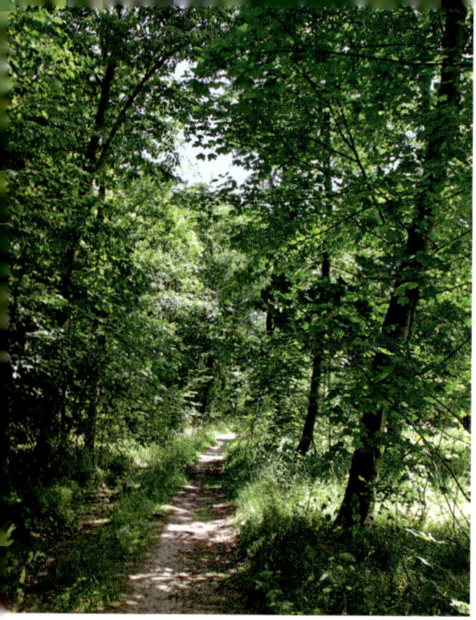

Im Buchholz, der grünen Oase Naumburgs.

Wir gelangen zur B88, überqueren sie und wandern geradeaus weiter. Im **Buchholz** ❹ ist wieder mit dem gelben Punkt in den ersten Weg links einzubiegen. Wir wandern immer geradeaus, parallel zum Waldrand. Am Waldende biegen wir links ein. Unser Weg führt an einem Rastplatz vorbei und geht dann gleich in einen mit Kirschbäumen gesäumten Feldweg über. An einer Kreuzung hält man sich rechts, ohne Markierung. Es bietet sich gleich ein schöner Blick auf Naumburg. An der T-Kreuzung geht es links nach unten, immer geradeaus und gegenüber von Haus Nr. 68 rechts in die Gartenanlage.

Unten an der T-Kreuzung biegen wir links ein und folgen geradeaus

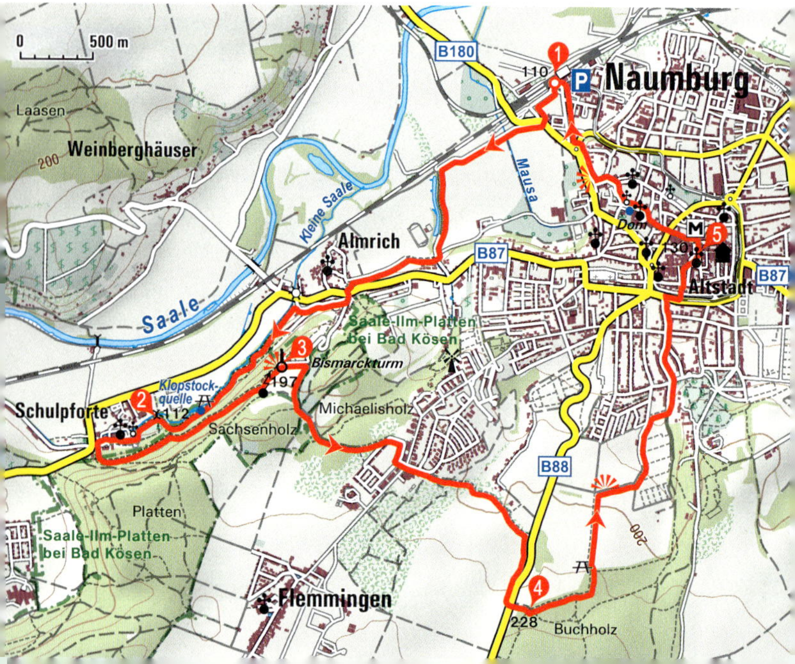

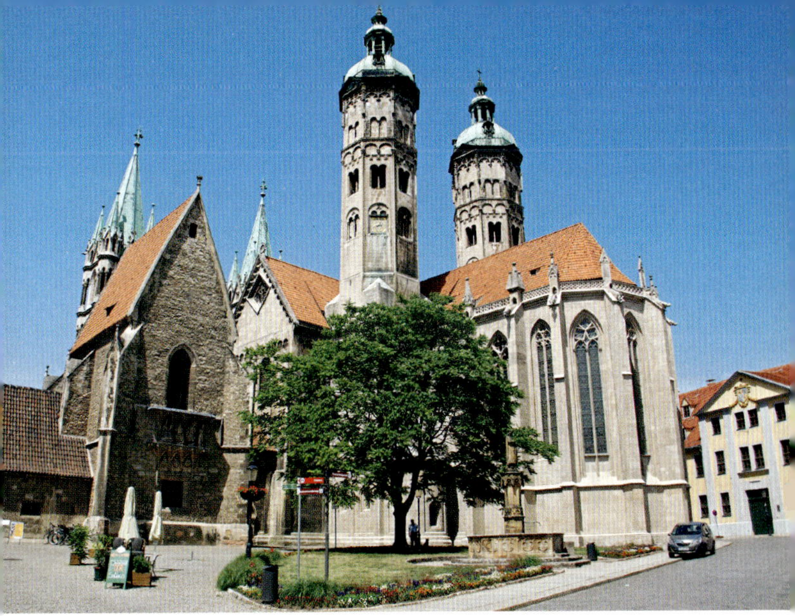

Der Naumburger Dom, ein bedeutendes Kulturdenkmal des Hochmittelalters.

der Straße nach **Naumburg** hinein. An der Kreuzung mit Brunnen geht es schräg links in die Buchholzstraße, an schönen Villen vorbei, immer geradeaus. Später überqueren wir den Wenzelsring (Durchgangsstraße) an einer Ampel. Dann geht es geradeaus (leicht links versetzt) und rechts durch den kleinen Park. Kurz an der Mauer entlang laufen wir vor zum Salztor (Wasserkunst), links hindurch und geradeaus weiter. Am Parkhaus halten wir uns geradeaus (leicht rechts versetzt). An der Fußgängerzone geht es rechts, dann immer geradeaus. vorbei an der Kirche St. Wenzel zum **Naumburger Marktplatz** ❺. Wir wenden uns nach schräg links und biegen nach dem Rathaus am Ende links in die Herrenstraße ein (Fußgängerzone). Immer geradeaus wird der **Naumburger Dom** erreicht.

Ohne Abstecher zum Dom wenden wir uns zum Ekkehardsbrunnen und halten uns dann schräg links, vorbei an der Domprobstei. Wir gehen geradeaus bis zur Kreuzung, dort biegen wir rechts ein. Am Georgentor halten wir uns schräg links und an der Gabelung wieder links, am Oberlandesgericht vorbei. An der T-Kreuzung biegen wir rechts ein und gehen den Bauernweg hinunter. Am Kreisverkehr gehen wir geradeaus und biegen kurz danach schräg rechts in den Markgrafenweg ein, der uns zurück bis zum **Hauptbahnhof** ❶ geleitet. Autofahrer gehen hier links zurück zum Parkplatz.

TOP

40

↗ 260 m | ↘ 260 m | 12.7 km

Zu den Toten Tälern und auf den Rödel

3.45 h

Orchideen und Wildpferde

Diese Wanderung gehört zu den schönsten im Saale-Unstrut-Triasland. Ein Touristenmagnet sind die weiten Orchideenwiesen mit sechzehn verschiedenen Arten, vor allem Helm-, Purpur- und Knabenkraut. Ihre Blütenpracht zieht im Mai und Juni Pflanzenliebhaber von nah und fern an die Hänge mit den Trockenrasen, wo sich im zeitigen Frühjahr auch ausgedehnte Bestände der Gemeinen Küchenschelle bewundern lassen. Im Herbst erfreuen Astern und Enzian den Wanderer. Das Naturschutzgebiet heißt »Tote Täler«, da sich der Sage nach vor ca. 1000 Jahren die Bevölkerung vor kriegerischen ungarischen Reitern versteckt gehalten haben soll.

Von Kleinjena steigen wir auf den Rödel, wo sich weite Blicke in die Umgebung bieten. Durch naturnahen Buchenwald nähern wir uns dem Orchideenpfad. Anschließend erwartet uns ein weiterer Höhepunkt: die ganzjährige Weide der Konik-Pferde (Konik Polski), Nachfahren der letzten europäischen Wildpferde, ursprünglich in Mitteleuropa weit verbreitet und auch hier heimisch. Durch Wald und an Wiesen vorbei wandern wir wieder hinunter nach Kleinjena.

Ausgangspunkt: Haltepunkt Kleinjena (Bedarfshalt). Von Naumburg (Saale) Hbf. mit der RB Richtung Wangen (Unstrut) oder Roßleben (ca. stündlich). Bei der Hinfahrt ist die Haltewunschtaste zu drücken und bei Rückfahrt sollte man darauf achten, dass man vom Lokführer am Bahnsteig Kleinjena gesehen wird. Parken in Kleinjena am Spielplatz (Navi: Friedrich-Schulze-Straße 2).

Anforderungen: Teilweise ausgeschildert. Der Naturlehrpfad am Anfang der Tour ist in die Jahre gekommen und der Weg durch den Buchenwald vor dem Orchideenpfad in schlechtem Zustand. Wer lieber bequem wandert, geht nach Großwilsdorf rechts, s. u. Wenig Bänke und Rastplätze.

Einkehr: Nur am Tourenanfang-/ende in Kleinjena der Gasthof Zum Fäßchen (Do/Fr nur abends, Sa/So Mittagstisch).

Hinter Großwilsdorf geht es auf Feldwegen weiter.

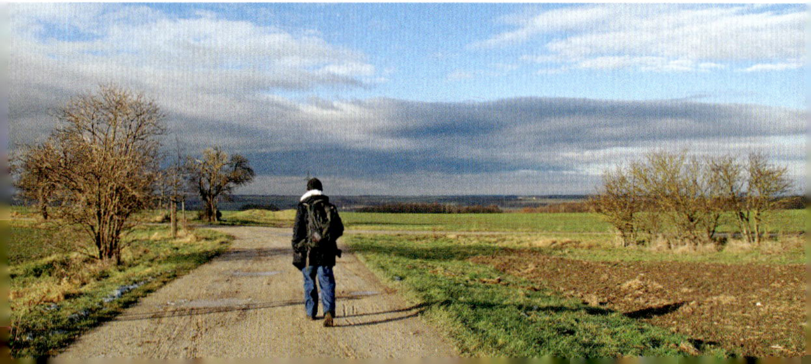

Vom **Haltepunkt Kleinjena** ❶ wenden wir uns in Richtung Bahnübergang und halten uns dort schräg links, vorbei an der Bushaltestelle. Gleich biegen wir in die Friedrich-Schulze-Straße links ein. Wir kommen vorbei an Parkbuchten und einem Spielplatz linker Hand (hier beginnt die Tour für Autofahrer), rechter Hand ist die Gaststätte. Wir laufen am Abzweig geradeaus, weiter die Straße hinauf. Dann biegen wir links in die Morgengasse ein und gehen bei Haus Nr. 6 links die Stufen hinauf, vorbei an der Informationstafel Kapellenberg. Weiter oben geht es geradeaus. Ein Blick zurück zur Kirche lohnt sich. An der Straße (davor ist rechter Hand eine Tafel zur Stammburg der Ekkehardiner) halten wir uns links und wenden uns vor der Bushaltestelle schräg rechts in den unbefestigten Weg, der im Sommer willkommenen Schatten bietet.

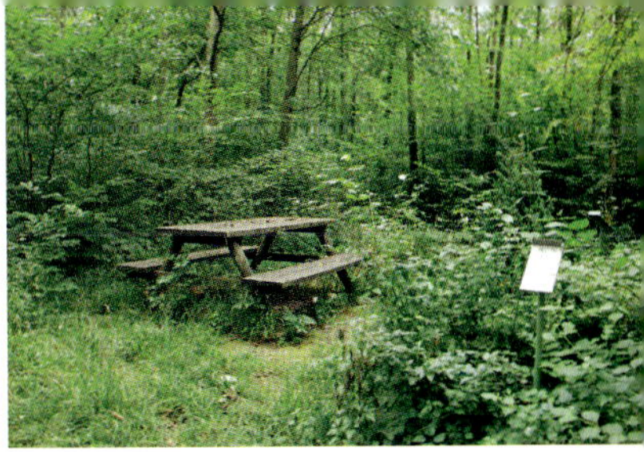

Der Rastplatz am alten Naturlehrpfad ist der letzte für einige Zeit.

Wir erreichen nach ein paar Minuten wieder eine Straße, wo wir gleich mit den Wanderzeichen »Jakobsweg Variante« und dem gelben Kreuz wieder schräg rechts einbiegen. Dann geht es geradeaus, durch eine Schranke. Wir bleiben nun für einige Zeit auf diesem Weg. Reste eines älteren Naturlehrpfades begleiten uns. Immer wandern wir geradeaus, der Anstieg ist gemäßigt. An einer großen Kreuzung geht es schräg links, weiterhin dem Jakobsweg und gelbem Kreuz folgend (weitere ältere Tafeln stehen linker Hand), rechter Hand ist ein Rastplatz. Weiterhin wandern wir immer geradeaus.

Beim ersten Haus von **Großwilsdorf** ❷ geht es geradeaus. In einer leichten Linkskurve wird der Hauptweg verlassen, denn wir gehen mit den Wanderzeichen (und einem großen Männchen am Baum) geradeaus. Nach einer Wiese rechter Hand halten wir uns schräg links und gleich an der Straße rechts. Weiterhin folgen wir dem gelben Kreuz und dem Jakobsweg. Am Platz geht es an der Wanderkarte geradeaus, dann schräg links. Am Parkplatz nutzen wir den Feldweg geradeaus, noch mit Jakobsweg und gelbem Balken. An der großen fünfstrahligen Kreuzung halten wir uns schräg rechts (ohne Wanderzeichen). Wer gerne bequem geht, biegt hier nach

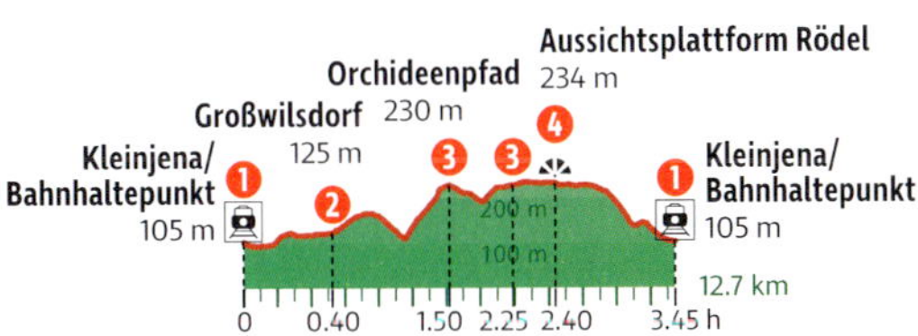

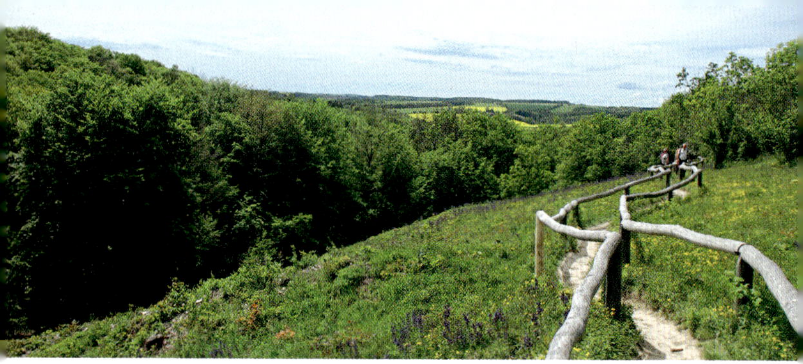

Der Orchideenpfad (unbedingt auf dem Weg bleiben und keine Pflanzen pflücken!) führt durch ein Gelände, auf dem im Mai und Juni viele verschiedene Orchideenarten, vor allem Knabenkraut und Ragwurz, zu sehen sind.

rechts ab und stößt bei der T-Kreuzung mit Informationstafel kurz vor dem Orchideenpfad wieder auf die Route (ca. 1,5 km weniger), verpasst aber einiges an schöner Natur.

Bäume begleiten uns kurz linker Hand, zunächst auf einem Feldweg. Aber bald halten wir uns geradeaus in den grasbewachsenen Weg. Hier bieten sich weite Blicke in die Landschaft. Wir wandern leicht abwärts, dann geradeaus in den Wald. Wir kommen an einer Wiese (mit Glück sind hier die ersten Orchideen zu sehen) und einem kleinen Hochsitz rechter Hand vorbei, weiter abwärts. Nun heißt es aufpassen. Nach ca. 800 m ist fast unten, an einem verblichenen NSG-Schild, rechts in den Pfad einzubiegen, leicht nach oben, begleitet von Geländerresten. Der schöne Weg führt wieder leicht aufwärts durch naturnahen Buchenwald. Eventuell liegen hier Baumstämme auf dem Weg, doch ist es hier sehr idyllisch. Achtung, vor einem Hochsitz schwenkt unser Weg nach links, weiter einer Schlucht folgend.

Unser Weg tritt schließlich wieder ins Freie. Hier wird er ggf. undeutlich. An einer Gabelung geht es schräg rechts und an der T-Kreuzung links in den breiten Weg. An der T-Kreuzung (Informationstafeln) biegen wir nochmals links ein. Nach kurzer Zeit ist links an einem kleinen Naturschutzgebietsschild und einem hölzernen Geländer der Einstieg zum **Orchideenpfad 3** erreicht. Wir gehen die Runde. Nach einiger Zeit wird ein Wäldchen durchwandert. Anschließend gehen wir an der Holzschranke am Waldrand rechts, über ein Feld und an der T-Kreuzung rechts in den Feldweg, der gleich einen Linksbogen macht. Wir kommen wieder am Einstieg zum **Orchideenpfad 3** und an den Informationstafeln von vorhin vorbei und halten uns hier geradeaus. In der Rechtskurve biegen wir links ein.

Durch das Tor gelangen wir auf den Rödel. Wir gehen zunächst geradeaus. Links hinten ist die Fliegerschule zu sehen. Zur Orientierung dienen bald Holzpfeiler mit roten Spitzen. An der Gabelung geht es rechts, weiter am rechten Zaun entlang. Nach einer leichten Rechtskurve durchschreiten wir einen Elektrozaun (wieder schließen!) und die **Aussichtsplattform Rödel** 4 ist erreicht. Nachdem wir die Tafeln gelesen haben, gehen wir links durch das Tor (oder alternativ zurück zum Elektrozaun, dann rechts) und dann an der Kreuzung rechts wieder durch ein Tor (unmarkiert), am Abzweig schräg links. Wir nutzen dann den ersten Weg rechts (Schild Richtung Roßbach DB). An einem älteren Rastplatz geht es geradeaus vorbei, jetzt unmarkiert. Kurz darauf halten wir uns am Waldende schräg links und wandern nun zwischen Feldern. Gleich ist die Spitze vom Dicken Wilhelm (Tour 42) linker Hand zu sehen, im Winter auch das ganze Schloss Neuenburg. Anschließend grüßt nach Feldende ein Weinberg rechter, eine Wiese linker Hand. Wir laufen immer geradeaus weiter.

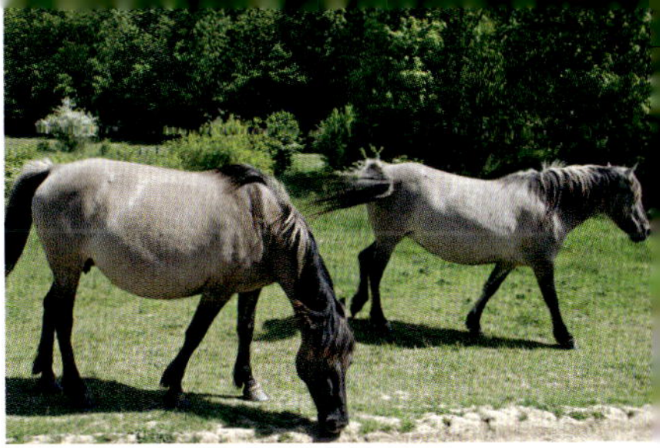

Die Wildpferde auf dem Rödel können auch zutraulich sein.

Unser Weg wird als schattiger Hohlweg fortgesetzt. Wo er ins Freie tritt, genießen wir den Blick auf Naumburg und biegen vor dem breiteren Weg rechts ein. Unten halten wir uns schräg links. Auch nach der Scheune geht es schräg links, abwärts. **Kleinjena** wird erreicht. Wir laufen geradeaus, so auch nach der Linde mit Rastplatz, die Friedrich-Schulze-Straße weiter, der wir weiter folgen und die nach links schwenkt. Bald sind die Parkbuchten, die Gaststätte und der Spielplatz erreicht. Nutzer öffentlicher Verkehrsmittel biegen vorn schräg rechts ein. Vorbei an der Bushaltestelle ist bald wieder der **Haltepunkt Kleinjena** 1 erreicht.

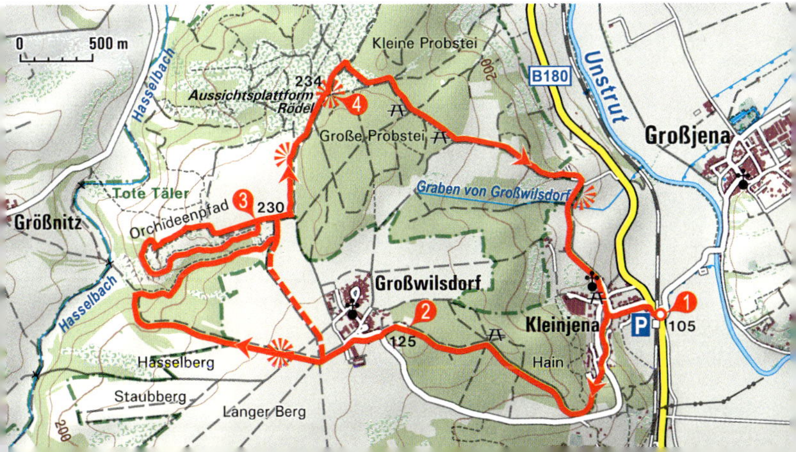

↗ 60 m | ↘ 60 m | 7.3 km

41 In den Naumburger Blütengrund

1.45 h

Zum Max-Klinger-Weinberg, Steinernen Bilderbuch und an Unstrut und Saale entlang

Die kurze Rundwanderung nimmt vieles mit, was typisch ist für die Region – Weinberge, malerische Flusslandschaften und nette Dörfer. Im Blütengrund mündet die Unstrut in engem Tal in die Saale. Ihren Namen hat sie von der Blütenpracht der Obstbäume im Frühjahr in diesem Wiesengrund. Von Kleinjena ist schnell das Unstruttal bei Großjena erreicht. Unser erstes Ziel ist der bekannte Max-Klinger-Weinberg, wo Sommerhaus, Radierhäuschen und Grabstätte des Künstlers zu sehen sind. Klinger lebte ansonsten in Leipzig, der hektischen Großstadt, und suchte hier Ruhe. So arbeitete er hier von 1903–1920 und malte viele Landschaftsaquarelle, nicht nur Radierungen und Zeichnungen. Weiter geht es zum imposanten Steinernen Bilderbuch, einem ca. 150 Meter langen Bildrelief mit 12 biblischen Szenen. Nach der Überfahrt über die Saale geht es auf ruhigen Wegen nach Roßbach, wo die gotische Kirche St. Elisabeth, im 13. Jh. erbaut und nach der hl. Elisabeth von Thüringen (1207–1231, lebte 1224–1226 auf der Neuenburg bei Freyburg) benannt, einen Blick wert ist. In Roßbach lässt sich die Tour auch mit einem Glas Unstrut-Wein ausklingen, denn es ist nicht mehr weit bis Kleinjena, wo weitere Dorfidylle und Einkehr zu finden ist.

Ausgangspunkt: Haltepunkt Kleinjena (Bedarfshalt). Von Naumburg (Saale) Hbf. mit der RB Richtung Wangen (Unstrut) oder Roßleben (ca. stündlich). Bei der Hinfahrt ist die Haltewunschtaste zu drücken und bei der Rückfahrt sollte man darauf achten, dass man vom Lokführer am Bahnsteig Kleinjena gesehen wird. Parken in Kleinjena am Spielplatz (Navi: Friedrich-Schulze-Straße 2).

Anforderungen: Flach, fast nur befestigte Wege. Eher ein Spaziergang. Viel Ausschilderung. Gut für Anfänger.

Einkehr: Max-Klinger-Weinberg Café (Mo Ruhetag); Straußwirtschaften Santa Harita und Silly´s (nur saisonal bei schönem Wetter) an der Fähre; Camp Bistro mit Biergarten (im Sommer tgl. geöffnet) auf dem Campingplatz Naumburg; Gutsausschank Weingut Fröhlich-Hake (tgl. geöffnet, im Winter So Ruhetag) in Roßbach; Zum Fäßchen (Do/Fr nur abends, Sa/So Mittagstisch) in Kleinjena.

Hinweis: Fähre im Blütengrund (tgl. April–Nov.), geringe Gebühr. Wenn niemand zu sehen ist, rufen Sie laut »Fährmann hol' über!«.

Tipp: Museum im Max-Klinger-Haus (April–Okt., Mo Ruhetag).

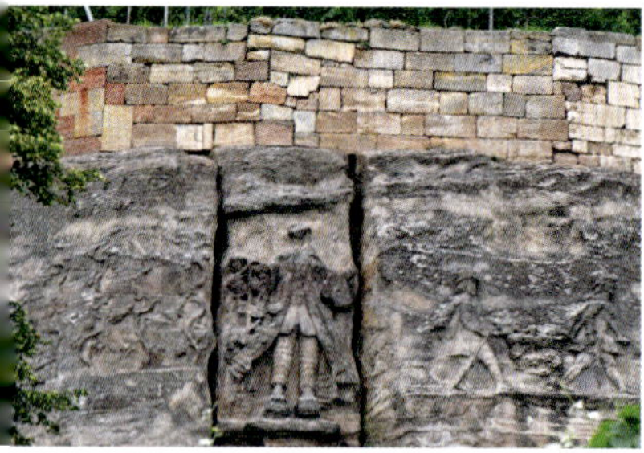

Relief am Steinernen Bilderbuch, Hier das Motiv »Noah als erster Weinbauer«.

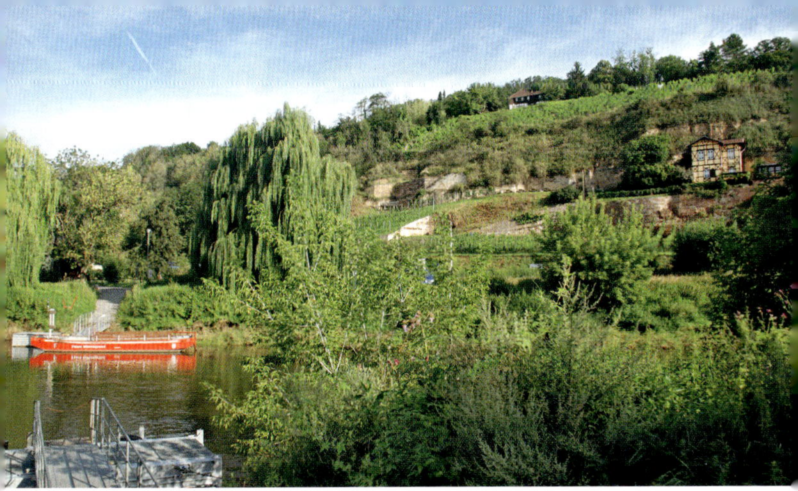

Nach dem Übersetzen mit der Fähre sind die Weinberge noch einmal schön zu sehen.

Vom **Haltepunkt Kleinjena** ❶ wenden wir uns zur Überführung und überschreiten rechts die Gleise. Wir nutzen den Fußweg geradeaus, überqueren die Straße und biegen gleich mit dem blauen Balken links in den Fuß-Radweg ein. Wir bleiben auf ihm, immer rechts der Straße, vorbei an einem Parkplatz rechter Hand. Wir überschreiten die Brücke und biegen dann rechts in den **Blütengrund** ein (Großjena liegt linker Hand). Wir folgen dem geteerten Weg. An einem Abzweig geht es geradeaus, so auch am nächsten (mit Bank). Dann schreiten wir an einer Gabelung links auf einem geteerten Weg aufwärts, rechts die Stufen hinauf zum Radierhäuschen, dann weiter links hinauf zum Museum, rechts zur Grabstätte und zum Café auf dem **Max-Klinger-Weinberg** ❷.

Danach kehren wir auf demselben Weg zurück, nur am Ende des Weinbergs dann links, die Stufen hinunter. Unten biegen wir links ein. Bald ist das **Steinerne Bilderbuch** linker Hand zu sehen. Dort kommen wir auch an einem Rastplatz mit Infotafeln vorbei und halten uns am Abzweig geradeaus. Wir wandern geradeaus weiter. Am Fährwindenhaus führt links ein Abstecher zu den Straußwirtschaften Santa Harita und Silly's. Ansonsten nutzen wir hier die **Fähre im Naumburger Blütengrund** ❸ zur Überfahrt über die Saale.

Auf der anderen Seite biegen wir gleich rechts in den Radweg ein (geradeaus ginge es zu einer Einkehrmöglichkeit auf dem Campingplatz), vorbei an einer Tafel

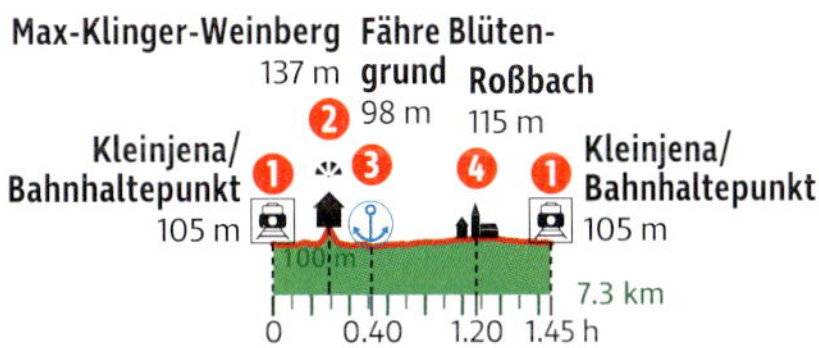

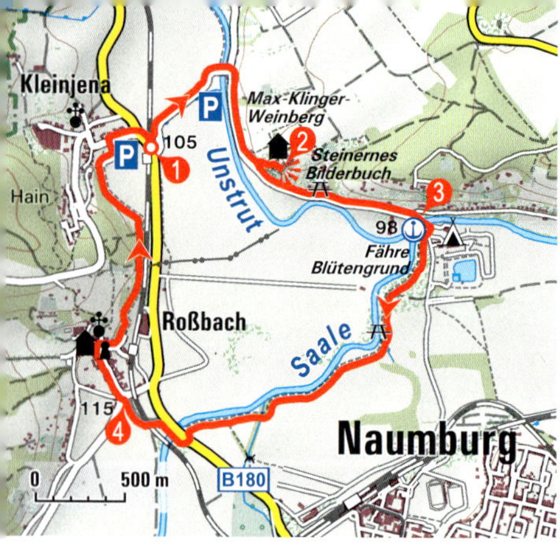

des Anglervereins. Wir halten uns immer geradeaus und bleiben auf dem geteerten Weg. Rechter Hand ist das Hotel Kunis Wasserschlösschen zu sehen. Vor einer Brücke (kein Bach sichtbar) ist ein Rastplatz, wir halten uns weiter geradeaus. Nach einer Weile ist nach einer leichten Rechtskurve rechts der Max-Klinger-Weinberg sichtbar, mit etwas Glück auch der Dicke Wilhelm von Schloss Neuenburg. Über eine weitere Brücke wird der Bach Mausa überschritten.

Wir unterschreiten die Straßenbrücke und biegen am Abzweig links ein, dann scharf links in den Fußweg, wechseln die Straßenseite und gehen den Fußweg auf der rechten Seite weiter. Wir überschreiten die Saalebrücke, die Kirche von Roßbach ist zu sehen. Gleich nach der Brücke ist links einzubiegen (Jakobsweg). Es geht unter der Bahnbrücke hindurch, der Weg schwenkt nach rechts. Wir kommen an einem kleinen Rastplatz mit Sportplatz vorbei. An der Straße in **Roßbach** ❹ halten wir uns kurz links. Gleich geht es rechts in die Dr.-J.-F.-Röhr-Straße. Das Geburtshaus des Theologen Johann Friedrich Röhr (1777–1848) liegt gleich rechter Hand. Nach dem Rastplatz biegen wir am Kriegerdenkmal schräg rechts ein. An der T-Kreuzung führt links ein Abstecher zum Weingut Fröhlich-Hake. Ohne Abstecher geht es an der T-Kreuzung rechts und am Abzweig geradeaus, nun mit dem Wanderzeichen blauer Balken. An einem weiteren Abzweig wandern wir schräg links weiter. Bald wird der Ort verlassen.

Mit weitem Blick in die Landschaft auf dem Rückweg nach Kleinjena.

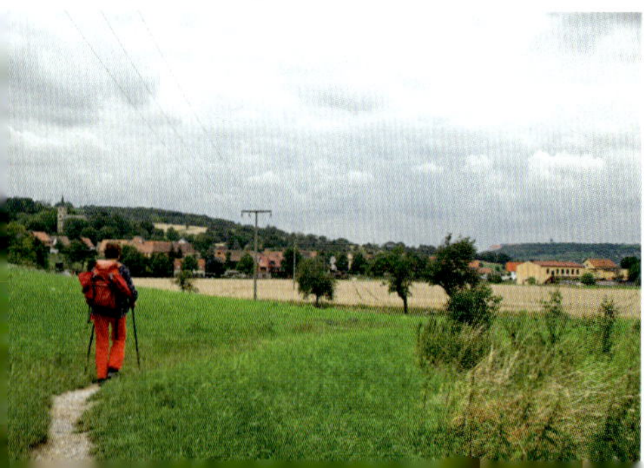

Unser Weg schwenkt nach links. Der nächste Ort, **Kleinjena**, wird sichtbar. An der Freiwilligen Feuerwehr biegen wir rechts ab und an der Straße am Spielplatz wieder rechts. Die Gaststätte liegt linker Hand, der Parkplatz der Autofahrer rechts. Ansonsten ist in die Eislebener Straße rechts einzubiegen. Vorbei an der Bushaltestelle geht es zurück zum **Bahnhaltepunkt Kleinjena** ❶.

↗ 380 m | ↘ 380 m | 11.0 km

3.45 h

TOP 42

Rund um Freyburg

Eine große Burg, Wein und weite Blicke

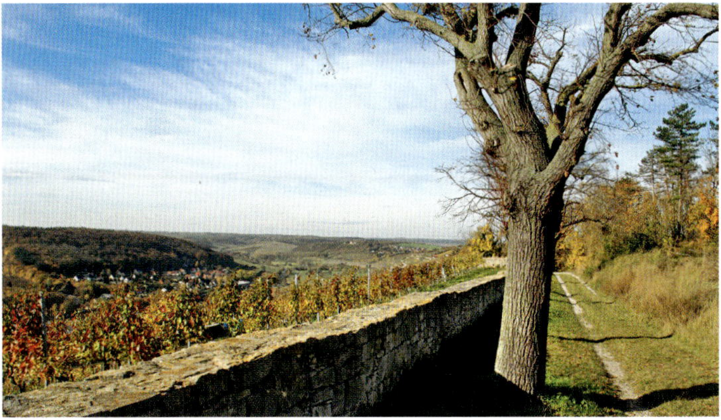

Oberhalb der Weinberge lassen sich schöne Blicke ins Unstruttal genießen.

Freyburg vereint alles, was das Saale-Unstrut-Triasland so attraktiv macht. Malerisch zwischen Fluss und Weinbergen gelegen, mit schöner Altstadt und Marienkirche, punktet die Stadt auch mit einer der stattlichsten Burganlagen Deutschlands. Das hoch über dem Unstruttal gelegene pittoreske Schloss Neuenburg wurde ab dem 11. Jh. als seinerzeit größte Burg von den Thüringer Landgrafen errichtet und später zum Wohnschloss erweitert. Heinrich von Veldeke vollendete hier die »Eneit« (1184–88), das erste ritterlich-weltliche Versepos in mittelhochdeutscher Sprache. Besonders sehenswert sind die Doppelkapelle, der Fürstensaal, das Weinmuseum und der romanische, doch mit barocker Haube versehene Bergfried »Dicker Wilhelm«. Der stattliche und markante Turm ist weit in der Region sichtbar, so auch von vielen anderen Touren in diesem Buch aus. Freyburg ist auch für den Rotkäppchen-Sekt und für Turnvater Jahn (Friedrich Ludwig Jahn) bekannt. Der Begründer der deutschen Turnbewegung lebte hier bis zu seinem Tod 1852.

Von der Wein- und Sektstadt steigen wir auf zur Burg, wo wir reizvolle Aussichten ins Unstruttal genießen. Vorbei an Weinbergen wandern wir nach Zscheiplitz zu altem Kalkofen und ehemaligem Kloster, schon im späten 11. Jh. errichtet. Der Rückweg erfolgt auf dem Weinlehrpfad, der mit schönen Blicken auf Weinberge und Weinberghäuschen überwältigt.

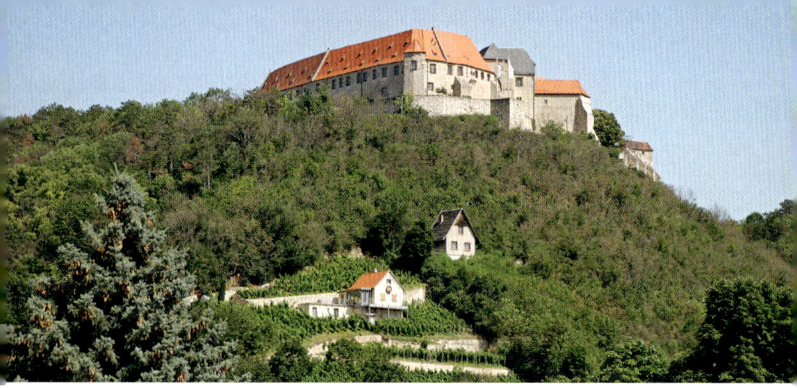

Schloss Neuenburg vom Bahn-Haltepunkt aus, wo wir uns schon einmal auf den Aufstieg einstellen können.

Ausgangspunkt: Haltepunkt Freyburg. Von Naumburg (Saale) Hbf. mit der RB Richtung Wangen (Unstrut) oder Roßleben (ca. stündlich). Kleiner Parkplatz anbei (Navi: An der Schleuse 2, Freyburg). Weiterer Parkplatz in der Bahnhofstraße (Navi: Bahnhofstraße 8). Alle, die dort parken, wenden sich zur Burg und gehen schräg links und an der T-Kreuzung links, dann rechts über die Brücke.
Anforderungen: Viel Auf und Ab. Gute Ausschilderung. Mix aus kleinen Pfaden, breiten Wegen und am Schluss auch geteerten Wegen von der Zeddenbachmühle nach Freyburg zurück.

Einkehr: Burgwirtschaft Schloss Neuenburg (tgl. geöffnet) in Freyburg; Gasthaus Pretzsch (Di/Mi Ruhetag) und Straußwirtschaft Weingut Pawis (Sa/So ab 13 Uhr) in Zscheiplitz; Straußwirtschaft Anthoni (April–Juni/Aug.–Okt., Fr nur abends, Sa ganztags) nahe der Zeddenbachmühle; zahlreiche weitere Gaststätten in Freyburg.
Tipps: 1) Friedrich-Ludwig-Jahn-Museum in Freyburg (im Sommer Mo, im Winter Mo/Di Ruhetag). 2) Museum im Schloss Neuenburg (Mo Ruhetag, Dicker Wilhelm Mo Ruhetag, nur im Sommer geöffnet).

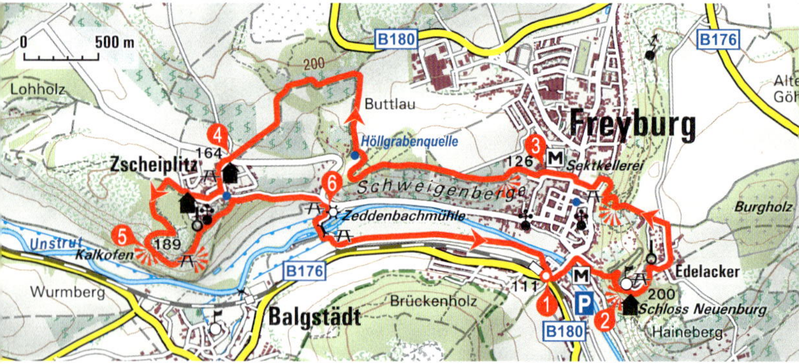

Vom **Haltepunkt Freyburg** ❶ wenden wir uns Richtung Burg und zur Stadtseite. Dazu halten wir uns links und gehen über die Brücke. Gleich an der Kreuzung wandern wir geradeaus. Dann ist rechts in die Schlossstraße einzubiegen, mit dem Wanderzeichen grünes Quadrat. Wir kommen am **Jahn-Museum** vorbei. Dann biegen wir rechts ein und nutzen den Wanderweg zum Schloss Neuenburg, der mit dem gelben Kreuz gekennzeichnet ist (aber wer gerne bequemer, jedoch länger geht, nimmt links die kleine Pflasterstraße). Gleich biegen wir wieder links ein, die Stufen hinauf. Weiter oben gehen wir kurz weiter geradeaus in die Pflasterstraße und die ersten Stufen wieder rechts hinauf. Oben halten wir uns geradeaus. Hier ist die erste Mauer des Schlosses zu sehen. Kurz darauf durchschreiten wir ein Tor. Links führt ein Abstecher zu Museumsladen, Kernburg und Museum von **Schloss Neuenburg** ❷.

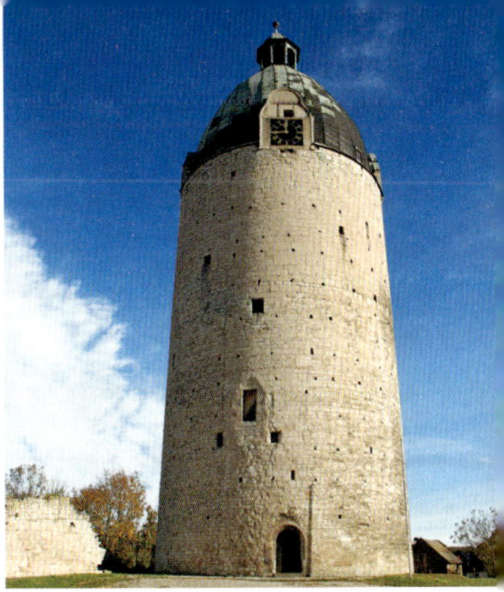

Der Dicke Wilhelm ist als Landmarke weithin sichtbar.

Ohne Abstecher geht es durch das zweite Tor, dann schräg links in Richtung des Turmes Dicker Wilhelm. Die Gaststätte liegt linker Hand. Vor dem nächsten Tor geht es links. Wir kommen nun am Turm vorbei und gehen weiter zum gepflasterten Weg, in den wir schräg links einbiegen. Wir folgen dem mit Wanderzeichen grünes Quadrat gekennzeichneten Weg immer weiter und biegen an der Kreuzung links in den schmalen Fußweg zwischen Bäumen ein, mit den Wanderzeichen grüner Balken und grünes Dreieck. Weiter geht es geradeaus, zwischen dem Weinberghotel (Tafel 22 vom Weinlehrpfad) und dem Parkplatz **Edelacker**. An einem Abzweig wandern wir mit dem grünen Balken und grünen Quadrat geradeaus. Wir befinden uns nun oberhalb eines Weinbergs linker Hand (Tafel 21). Am Abzweig laufen wir geradeaus, weiter mit dem grünen Quadrat. Doch dann steigen wir die Stufen links hinunter ohne Wanderzeichen, abwärts in kleinen Serpentinen. Bald bietet sich eine Aussicht auf die Freyburger Kirche. Dann folgen wir den Serpentinen immer weiter hinab, weiter unten im Zweifel dem Wanderzeichen grünes Quadrat nach.
Unten am Caravan-Parkplatz (Tafel 20) von **Freyburg** halten wir uns schräg links. Vor dem Platz mit Rastplatz ist rechts einzubiegen, mit den Wanderzeichen gelber Balken und gelbes Quadrat. Wir kommen vorbei an der Jahn-Ehrenhalle. An der T-Kreuzung geht es rechts, dann gleich links in die Sektkellereistraße. Geradeaus steuern wir auf die **Sektkellerei** ❸ von

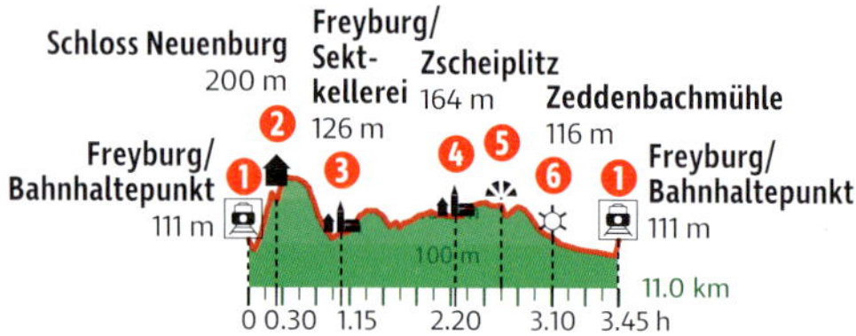

Rotkäppchen zu. Unmittelbar vor ihr laufen wir am Abzweig geradeaus in Richtung Tor. Davor ist links mit dem gelben Balken in die Gartenstraße einzubiegen, außerdem findet sich hier das Wanderzeichen blauer Balken. Unser Weg schwenkt nach rechts und steigt steil an. Weiter oben geht es am Weinberg geradeaus. Scharf links lohnt sich ein Blick zurück auf Naumburg und Freyburg. Nun wandern wir für ca. 1 km immer geradeaus weiter. Der Höhenweg gestattet linker Hand ab und zu Blicke ins Unstruttal. Wir bleiben immer auf dem Hauptweg. Nachdem es wieder abwärts gegangen ist, halten wir uns an einer Gabelung mit den Wanderzeichen gelber und blauer Balken rechts und kommen in den Wald, wo wir uns am Abzweig links halten, weiter den Wanderzeichen folgend. Linker Hand wird kurz darauf eine Quelle ohne Wasser passiert. Achtung, nun heißt es aufpassen, denn kurz darauf ist scharf rechts einzubiegen. Die Wanderzeichen sind hier leicht zu übersehen. Nun führt unser Weg wieder hinauf. Oben tritt er ins Freie, wir wandern weiter geradeaus. Am ersten Abzweig geht es mit den Wanderzeichen links, nun zwischen Weinbergen. Wir genießen den Blick auf Zscheiplitz und wandern immer den Wanderzeichen nach. Nach der Kurve kommen wir wieder an einem Weinberg vorbei.

Wir folgen weiter unserem Weg und halten uns an einem Abzweig geradeaus. Bald grüßt erneut ein Weinberg linker Hand. In **Zscheiplitz** 4 geht es geradeaus (»An den Gärten«). Wir passieren die Gaststätte, halten uns geradeaus und an der Kreuzung mit Brunnen rechts die Straße hinauf. Man läuft nun in einem großen Bogen um das ehemalige Kloster herum. Der Turm liegt linker Hand. Wir folgen dem Geopfad geradeaus die Straße weiter. Bei einem Parkplatz (Holzbank) führt links ein Abstecher zum Weingut Pawis, einer weiteren Einkehrmöglichkeit. Wir folgen der Straße weiter schräg rechts (Geopfad). Nach der Bushaltestelle ist gleich links einzubiegen. Bald schauen wir wieder auf Weinberge rechter Hand. Kurz danach biegen wir links ein (Richtung Kalkofen).

Vor Zscheiplitz führt der Weg durch die Weinberge.

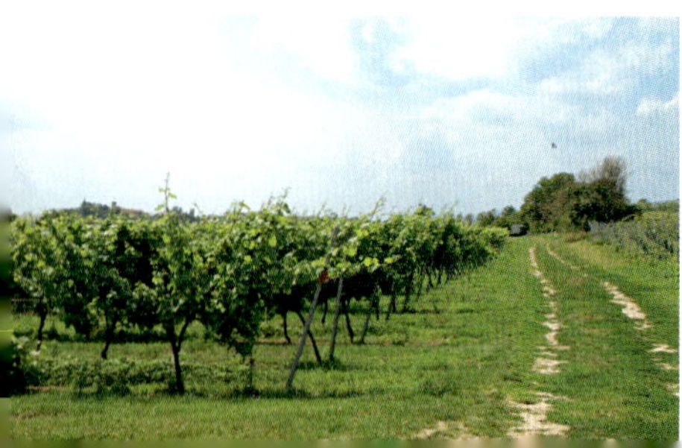

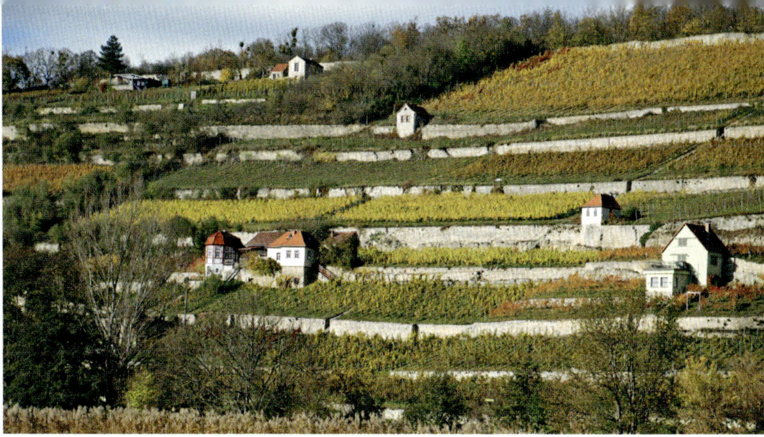

Auf dem Rückweg bieten sich wunderschöne Blicke auf Weinhänge und -häuschen.

Der Weg schlängelt sich. An einem Abzweig halten wir uns schräg rechts, folgen dem Geopfad und dem Wanderzeichen blauer Balken, dann gleich wieder rechts. Wir passieren einen historischen **Kalkofen** 5 und genießen hier einen schönen Blick auf Balgstädt und das weite Tal. Bald kommt ein weiterer Rastplatz rechter Hand mit Aussicht auf Freyburg. An einem Abzweig halten wir uns geradeaus Richtung Mauer. Gleich führt links ein Abstecher zu einer Aussichtsplattform, wo auch die Klosterkirche gut zu sehen ist, die ansonsten gleich linker Hand liegt. Dort gibt es wieder Bänke mit Aussicht. Geradeaus gehen wir hinunter und nach den Stufen weiter geradeaus. Bald ist in **Zscheiplitz** wieder die Kreuzung mit Brunnen erreicht. Hier ist rechts einzubiegen, mit den Wanderzeichen blauer Balken und grüner Diagonalstrich. Nun wandern wir abwärts und immer geradeaus. Wieder bietet sich geradeaus ein Blick auf Weinberge. Weiter unten ist linker Hand der Aufschluss von Zeddenbach. Am Rastplatz wird eine Straße erreicht, der wir kurz geradeaus folgen. Bei der Straußwirtschaft Anthoni biegen wir rechts ein und erreichen die **Zeddenbachmühle** 6.
Am Ende des Gehöfts geht es links und wir überqueren die Brücke. Dann biegen wir links ein und folgen dem geteerten Weg, vorbei an einem Rastplatz. Nun wandern wir wieder auf den Dicken Wilhelm zu. Linker Hand sind Weinberge zu sehen, geradeaus Schloss Neuenburg und Freyburg. Unser Weg ist breit genug für Weinlehrpfad und Radweg. Bald geht es auch auf die Neuenburg zu. Unser Weg führt weiter vorn an Gärten vorbei. Weiterhin genießen wir den Blick auf die Neuenburg und den Dicken Wilhelm. Vor einem Gebäude geht es rechts hinauf, der Radweg wird verlassen. Gleich ist der **Haltepunkt Freyburg** 1 erreicht. Autofahrer, die in der Bahnhofstraße geparkt haben, gehen am Haltepunkt vorbei und an der Kreuzung geradeaus (Sackgasse).

↗ 220 m | ↘ 220 m | 14.3 km

43 Von Leißling nach Goseck

4.00 h

Saaletal, Sonnenobservatorium und Schloss

Goseck ist bekannt durch sein Sonnenobservatorium, das als das älteste der Welt gilt (ca. 4800 v. Chr.). 1991 wurde es bei Luftaufnahmen entdeckt und 2005 rekonstruiert. Zudem punktet Goseck mit seinem Schloss. Ursprünglich Burg, dann Benediktinerkloster, wurde es ab 1539 zum Renaissanceschloss umgestaltet. Die Schlosskirche geht auf eine bereits 1053 geweihte Klosterkirche zurück, von der noch das Querhaus und die Krypta erhalten sind.

Von Leißling aus wandern wir im Saaletal. An Wiesen, Obstbäumen und einem Weinberg vorbei genießen wir weite Blicke, bis wir vor Eulau rechts in den Wald einbiegen. Hier locken im zeitigen Frühjahr Leberblümchen. Oben geht es vorbei am Hebammenwald, der für würdevolle Geburt und Natur als Lebensgrundlage steht. Anschließend wandern wir zum prähistorischen Sonnenobservatorium und auf schönen Waldpfaden zum Schloss Goseck. Dann geleiten tolle Panoramawege zum Aussichtspunkt Igelsberg. Über Lobitzsch geht es zurück zur Saalebrücke und nach Leißling.

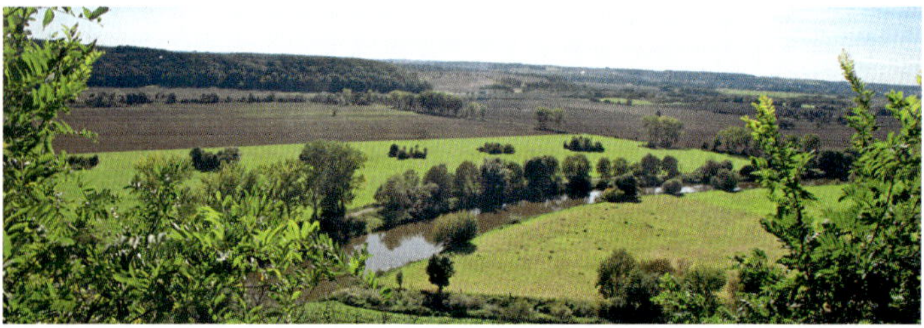

Vom Aussichtspunkt Igelsberg lässt es sich schön ins Saaletal schauen.

Ausgangspunkt: Haltepunkt Leißling. Von Halle (Saale) Hbf. mit der RB Richtung Saalfeld oder von Naumburg Richtung Halle (Saale) bis Leißling. Kleiner Parkplatz auf der anderen Seite von Leißling (Navi: Bahnhofstraße 32, dann Ort über Gleise verlassen, dann rechts zum Parkplatz).

Anforderungen: Überwiegend ausgeschildert, außer kurz nach dem Sonnenobservatorium und zwischen Igelsberg und Löbitzsch. Wanderzeichen nicht immer gut zu sehen. Gute Wege, ab und zu Pfade. Mäßige Steigungen. Erhöhte Anforderungen an die Orientierung zwischen Sonnenobservatorium und Kaiserblick. Ggf. Bäume auf dem Weg beim Aufstieg ab Eulau.

Einkehr: Schlossschenke Goseck (April–Okt. tgl.); Gaststätte Thüringer Pforte (Fr–So) in Leißling in Bahnhofsnähe.

Tipps: 1) Buschwindröschen und Leberblümchen im zeitigen Frühjahr.
2) Schloss Goseck (April–Okt. tgl. geöffnet, Infos unter schlossgoseck.de) mit Informationszentrum zum Sonnenobservatorium (April–Okt. Mo/Di Ruhetag, Infos unter himmelswege.de).

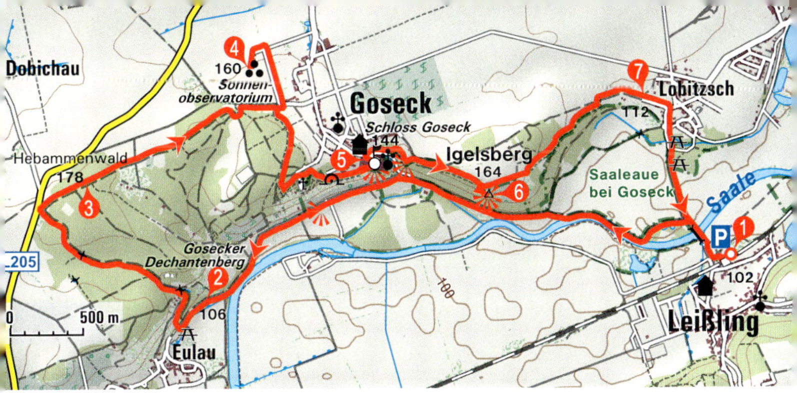

Vom **Haltepunkt Leißling** ❶ wenden wir uns zum Parkplatz (nicht zum Ort). Mit dem Rücken zur Schranke gehen wir geradeaus, zunächst mit den Wanderzeichen rotes Dreieck (Finnewanderweg) und gelbem Punkt. Wir überschreiten die Fährbrücke (linker Hand ist ein Rastplatz) und nehmen dann den ersten Weg links, nun nur noch mit dem gelben Punkt. Bald geht es an der **Saale** entlang. Nach einer Weile halten wir uns an der T-Kreuzung links, weiterhin mit dem Wanderzeichen. Der Weg ist nun geteert, man beachte die alte Mauer rechter Hand. Weiter vorne wird Schloss Goseck sichtbar. Am Fuße der Schlossanlage halten wir uns an der Gabelung links in den Saale-Radweg, leicht abwärts. Der gelbe Punkt wird hier verlassen.

Das Schloss zeigt sich nun rechts oben. Bald werden die ersten Wanderzeichen grüner Punkt sichtbar. Unser Weg wird begleitet von Streuobstwiesen und Felsen, es bieten sich weite Blicke auf Eulau und die Landschaft. Wir kommen an einem Weinberg, dem **Gosecker Dechantenberg** ❷, rechter Hand vorbei, anschließend lohnt sich auch ein Blick

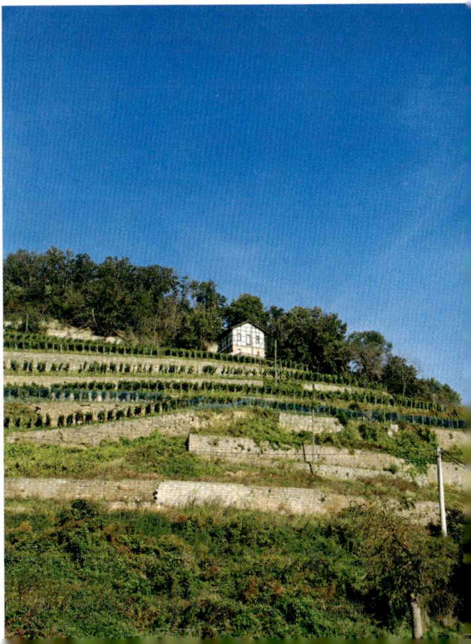

Am Gosecker Dechantenberg wird seit 1080 Wein angebaut.

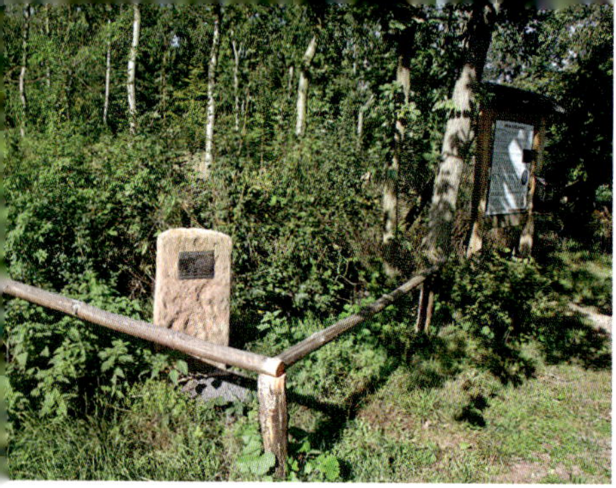

Durch das Pflanzen klimarobuster Bäume im Hebammenwald wird den katastrophalen Folgen der Umweltzerstörung entgegengewirkt.

zurück. Bald bietet sich für eine Kuriosität rechts beim Schild »Siedichgrund – Silbergrund« ein Abstecher in den Pfad an, denn gleich ist rechts der »3-Mark-Stein« erreicht. Wir bleiben ansonsten weiter geradeaus auf dem breiteren Weg, begleitet vom grünen Punkt. An einem Damm bietet sich ein Blick auf Eulau, es geht weiter geradeaus.

Direkt vor **Eulau** biegen wir an einem Rastplatz vor dem Sportplatz scharf rechts ein, mit dem grünen Punkt. Wieder ist linker Hand eine alte Mauer zu sehen. An einem Abzweig halten wir uns geradeaus und weiter an die Markierung grüner Punkt. An der Gabelung geht es links, am linken Wiesenrand entlang. Bald sind im zeitigen Frühjahr Leberblümchen und Buschwindröschen zu sehen. Wir bleiben immer auf dem Hauptweg durch schönen Wald. Oben ist an der T-Kreuzung rechts einzubiegen. Dann wandern wir immer geradeaus, vorbei am **Hebammenwald Goseck 3**. An einer Kreuzung geht es geradeaus, kurz darauf ein Weinberg rechter Hand.

An der Kreuzung mit Bänken rechter Hand biegen wir mit dem gelben Balken links ein und gleich an der T-Kreuzung, wo sich geradeaus der Blick auf das Observatorium bietet, rechts. Wir nutzen für einen Abstecher mit dem Wanderzeichen gelber Balken links den Pflaumenweg. Weiter vorne biegen wir links zum **Sonnenobservatorium Goseck 4** ein. Nach der Besichtigung gehen wir ein Stück zurück, dann wieder rechts in den Pflaumenweg und an der T-Kreuzung rechts. Achtung, jetzt heißt es aufpassen, denn nach ca. 50 m geht es am Ende eines Gartenzaunes links in den Pfad, ohne Wanderzeichen. Wer den Abstecher nicht unternommen hat, passt ebenfalls genau auf und biegt dann ca. 50 m vor dem Pflaumenweg rechts ein. Wir müssen weiterhin gut achtgeben, denn nun wandern wir auf Pfaden mit

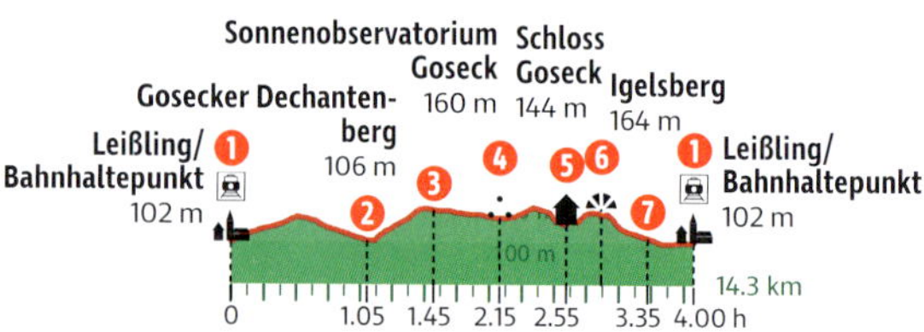

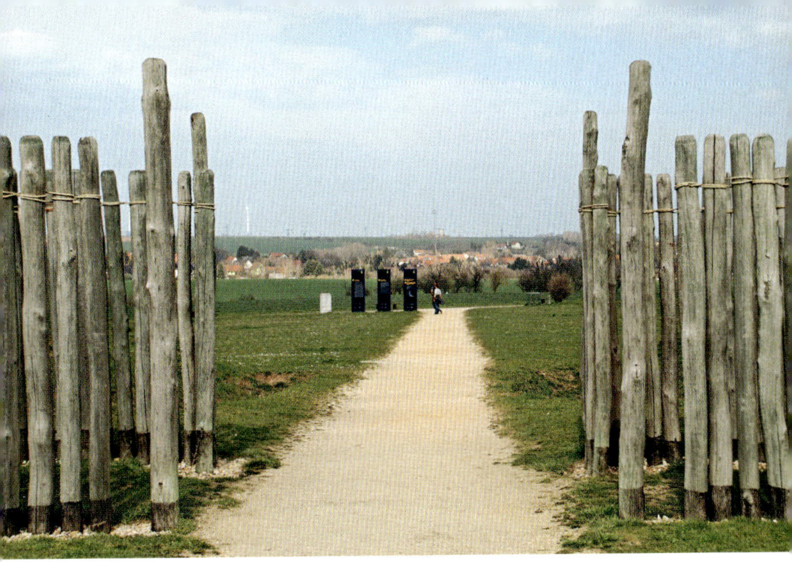

Im Sonnenobservatorium dienten die Tore von der Mitte aus als Visiere zur Sonnenbeobachtung.

vielen Abzweigen und Gabelungen weiter. Am Waldrand geht es an der Gabelung links, auf dem Hauptweg, an der Kreuzung geradeaus und kurz danach an der Gabelung rechts, an der folgenden links. An einer Kreuzung mit zwei Bänken halten wir uns geradeaus und an der folgenden kurz links in den geteerten Weg, dann gleich rechts. Ab hier ist unser Weg wieder mit dem grünen Punkt und gelbem Balken markiert, die uns nun eine Weile begleiten. Wir nutzen mit beiden Wanderzeichen den ersten Weg schräg links und biegen vor dem Aussichtspunkt **Kaiserblick** (leider etwas zugewachsen, im Sommer kaum noch Aussicht) links ein. Ab hier müssen wir erneut aufpassen. An einem Abzweig halten wir uns schräg rechts zum Friedhof, davor links, gleich rechts zum Eingang der Kapelle, dann geradeaus und an ihm vorbei. Nach Stufen wandern wir geradeaus weiter. Unser Weg führt bald scharf rechts hinunter, dann zweimal links, immer den Wanderzeichen nach. Wieder kommen wir an einem Aussichtspunkt vorbei, wo wir weiter geradeaus laufen. Linker Hand sind Steinwände zu sehen.

Am **Schloss Goseck** 5 gehen wir durch das Tor (rechter Hand sind wieder Bänke mit Aussicht). Wir wenden uns links zum großen Gingkobaum, zu Gaststätte und Museum. Das Gelände verlassen wir links. Nach dem Ausgang halten wir uns scharf rechts, zunächst noch mit den Wanderzeichen gelber und grüner Punkt sowie gelber Balken. Nur Letzterer begleitet uns auf den ersten Weg schräg links.

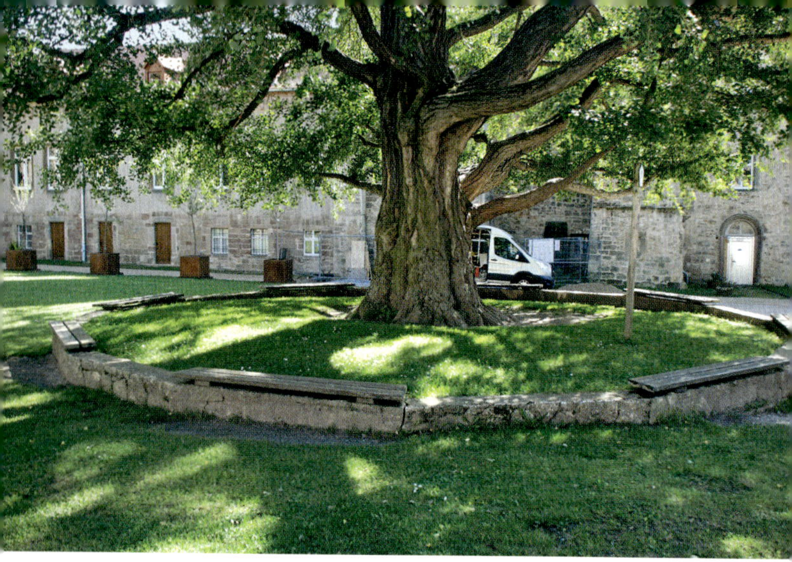

Der große Gingkobaum im Schlosshof Goseck bietet sich für eine Rast an.

Wir wandern nun auf einem schönen Hangweg. In einer Linkskurve bietet sich erneut eine tolle Aussicht, auch auf das Schloss. Erst halten wir uns an einem Abzweig geradeaus, dann am nächsten schräg rechts, immer Richtung Igelsberg. Wo der gelbe Balken scharf links einbiegt, gehen wir am Abzweig rechts. Der gelbe Balken wird hier verlassen. Gleich bietet sich an einer Gabelung schräg rechts ein Abstecher zum **Aussichtspunkt Igelsberg** 6 an. Wir kehren zurück und biegen an der Gabelung scharf rechts ein. Der Weg ist grasbewachsen und führt an Obstbäumen vorbei, leider ist ein Teil davon abgestorben. An der Kreuzung halten wir uns geradeaus in den Wiesenpfad (temporär könnte ein Schafzaun den Weg versperren, dann einfach links um ihn herumgehen). Weiter unten halten wir uns kurz schräg rechts, dann links und an der Gabelung rechts. Dann ist immer geradeaus dem Hauptweg zu folgen. Wo von links ein anderer Weg dazustößt, folgen wir unserem Weg nach rechts.

In **Lobitzsch** 7 geht es zunächst geradeaus, später an der T-Kreuzung rechts. Wir folgen der Straße hinunter und halten uns an einem Rastplatz geradeaus. Bald wird linker Hand ein zweiter Rastplatz erreicht (etwas weiter vom Weg auf einer Wiese). Auch hier wandern wir geradeaus weiter, jetzt wieder mit dem roten Dreieck. Kurz darauf erreichen wir die Fährbrücke vom Hinweg, die wir erneut nutzen. Bald sind Parkplatz und **Bahnhaltepunkt** 1 in **Leißling** erreicht.

↗ 260 m | ↘ 260 m | 12.2 km

3.30 h

Von Leißling zur Schönburg

Auf schönen Wegen zur Burg

Schon von Weitem ist der Turm der Schönburg zu sehen. Von der trapezförmig angelegten, im Kern romanischen Burg, einst Sommersitz der Bischöfe von Naumburg (12. Jh.), lassen sich herrliche Blicke ins Saaletal genießen. Die Schönburg steht auf einem Felsen aus Buntsandstein, der auch im gleichnamigen Ort an einer Wand gut sichtbar ist und in einer Abfolge von 90-Meter-Schichten Einblicke in die Erdgeschichte gestattet.
Von Leißling wandern wir durch den schönen Wald des Mönchsholzes hinauf. Schon auf dem Plateau werden erste Blicke auf die Schönburg sichtbar, die uns bald immer näherkommt. Nach der Besichtigung geht es auf schönen Wegen über Wald und Feld nach Possenhain und über Rödgen zurück zum Ausgangspunkt.

Ausgangspunkt: Haltepunkt Leißling. Von Halle (Saale) Hbf. mit der RB Richtung Saalfeld oder von Naumburg Richtung Halle (Saale) bis Leißling. Kleiner Parkplatz auf der anderen Seite von Leißling (Navi: Bahnhofstraße 32, dann Ort über Gleise verlassen, dann rechts zum Parkplatz).
Anforderungen: Überwiegend ausgeschildert (erst rotes Dreieck, dann weißes G, dann gelber Balken), deutliche Wege. Viel Auf und Ab. Steiles Stück Treppen hinauf zu Beginn der Tour. Keine Bänke zwischen Schönburg und Rödgen.
Einkehr: Burgschänke Schönburg (Mo/Di Ruhetag); Gaststätte Thüringer Pforte (Fr–So) in Leißling nahe des Haltepunkts.
Tipp: Besteigung des Bergfrieds der Schönburg (Gebühr 1,50 Euro).

Blick von der Schönburg. Den Bergfried kann man besteigen.

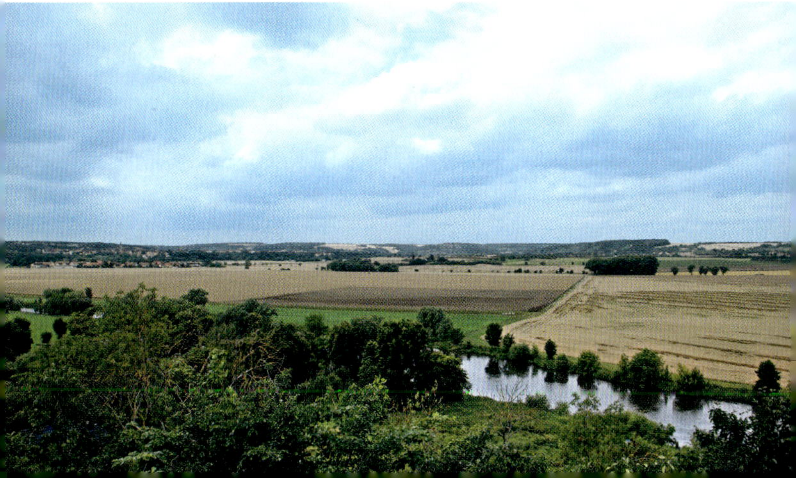

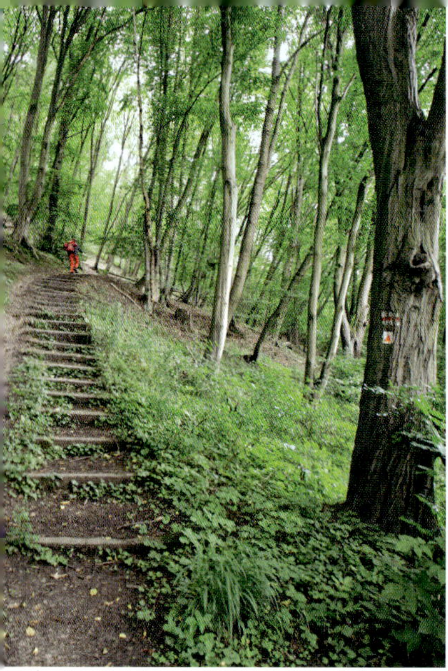

Hinter Leißling geht es erst mal Stufen hinauf, aber danach wird es leichter.

Aus Richtung Halle am **Haltepunkt Leißling** ❶ auf Gleis 2 ankommend, gehen wir hinunter zur Unterführung, biegen unten links ein und halten uns dann an der T-Kreuzung rechts. Am Bahnübergang (die Autofahrer stoßen von rechts zu) geht es links in die Bahnhofstraße. Wir passieren die Gaststätte, biegen dann gleich nach rechts ab und überschreiten eine Brücke. Der kleine Weg geleitet vorbei an der Freiwilligen Feuerwehr. An der Straße halten wir uns kurz rechts, dann gleich wieder links. Der Weg führt nun auf der anderen Bachseite entlang und geht in eine Straße über. Gegenüber dem Schild »Kurze Straße« biegen wir links ein. An der T-Kreuzung halten wir uns kurz links und vor dem ersten Haus rechter Hand biegen wir rechts in den Fuß-/Radweg ein.

Nun gilt für einige Zeit das rote Dreieck (Finnewanderweg) als Leitzeichen. Nach dem Klostergraben (mit Informationstafel) lockt ein Rastplatz rechter Hand. Wir wandern geradeaus und im Wald schräg rechts. Gleich geht es links die Stufen hinauf. Wir folgen dem roten Dreieck und überqueren geradeaus einen breiten Weg, der wie eine Rodelbahn wirkt, weiter aufwärts. Fast oben (kurz vor dem Feldrand) stößt von scharf links ein Weg zu. Wir folgen unserem Pfad weiter, das Feld linker Hand. Dann bringt uns dieser wieder vom Feld weg. An einem kleinen Platz mit Bänken biegen wir schräg links ein. Der Weg führt ins Freie, geradeaus geht es wieder in den Wald, das **Mönchsholz**. An der Gabelung halten wir uns rechts, dann gleich geradeaus. Nun ist auch der gelbe Balken unser Begleiter, neben dem roten Dreieck, das immer sporadischer erscheint. Wir wandern nun abwärts.

An der **Schutzhütte Franzosental** ❷ überschreiten wir geradeaus eine Wiese, weiter den Wanderzeichen folgend. Im Wald geht es erst wieder aufwärts, dann aber fast eben weiter. Unser Weg tritt ins Freie und führt an einer Baumreihe entlang, Schönburg wird geradeaus sichtbar. Am Feldweg wandern wir geradeaus weiter, nun auf breiterem Weg. Auch an der Kreuzung geht es geradeaus, nun vorläufig auf dem Geopfad (weißes G). Die Wanderzeichen rotes Dreieck und gelber Balken werden verlassen.

Wir betreten den Ort **Schönburg**. Bald bietet sich auch ein Blick auf die gleichnamige Burg. Am Abzweig »Zum Kalten Tal« geht es geradeaus (der Geopfad biegt hier ab), kurz die kleine Straße weiter, die jedoch gleich schräg links verlassen wird. Wir nutzen nun den Pfad geradeaus und erfreuen uns an wunderschönen Blicken auf die Burg. An der Straße (man beachte davor den Brunnen linker Hand) gehen wir links hinauf. Schon kurz danach halten wir nach Haus Nr. 25 rechts wieder in den grasbewachsenen Geopfad (weißes G), der nach links hinaufschwenkt. An einem von scharf rechts kommendem Abzweig geht es geradeaus auf die

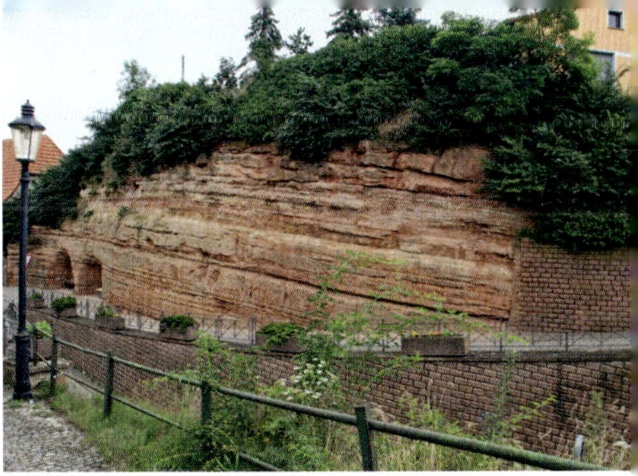

An der roten Wand in Schönburg ist der Buntsandstein gut zu sehen.

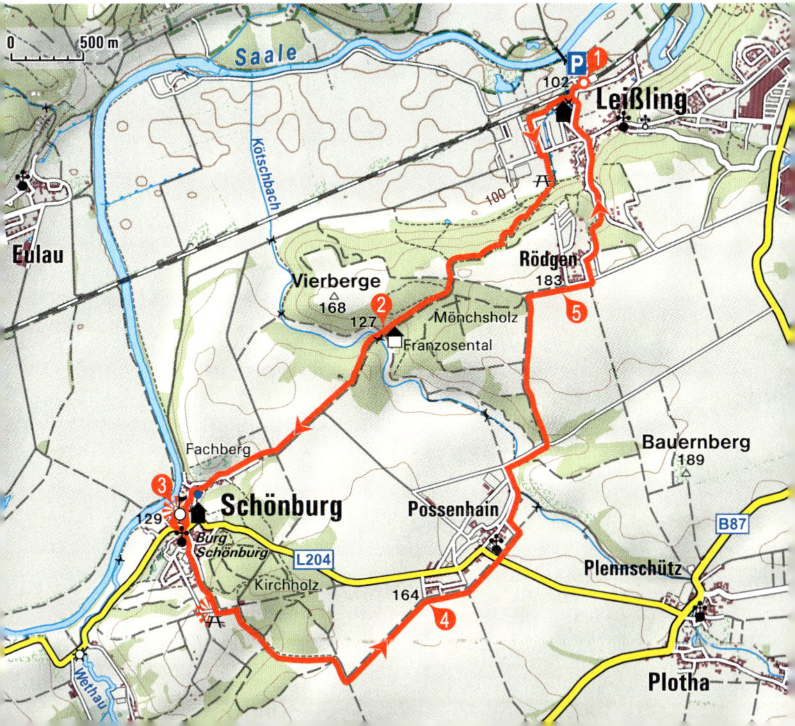

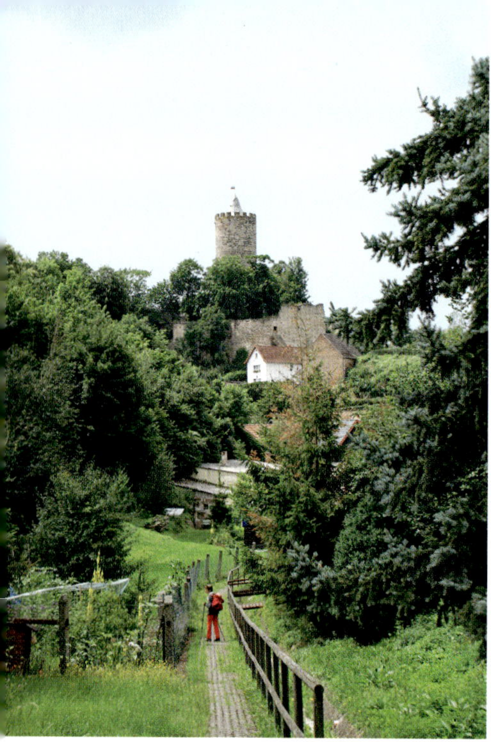

In Leißling führt der Wanderweg direkt auf die Schönburg zu.

Sandsteinwand zu. Noch vor der Straße biegen wir rechts für einen Abstecher zur **Burg Schönburg** ❸ ein. Hier bietet sich eine Rast an, sei es in der Gaststätte oder am Rastplatz. Schöne Aussichten ins Saaletal und auf Naumburg bieten sich. Eine Besteigung des Bergfrieds ist möglich.

Anschließend kehren wir wieder zur Steinwand zurück und gehen rechts über die Straße, dann mit dem gelben Balken scharf rechts hinauf. Bald lohnt sich ein Blick zurück auf die Burg. Wir wandern weiter aufwärts und oben am Platz geradeaus. Immer weiter geradeaus wird der Ort mit dem gelben Balken verlassen. An einem Abzweig geht es geradeaus. Oben bietet sich scharf rechts ein Blick bis hin zum Unstruttal (u. a. ist der Dicke Wilhelm von Schloss Neuenburg zu sehen). An der T-Kreuzung geht es nach links (schräg rechts ist ein Rastplatz, der letzte für längere Zeit). Kurz darauf biegen wir an der folgenden Kreuzung vor der wasserwirtschaftlichen Anlage rechts Richtung Possenhain ein, weiter dem gelben Balken abwärts folgend. Knorrige Eichen säumen den Weg. Unser Weg schwenkt nach links. Am Abzweig gehen wir geradeaus, der gelbe Balken wird verlassen. Gleich an der Gabelung nutzen wir den Wiesenweg nach links. Der Wald liegt nun linker Hand. Oben geht es kurz links, dann wieder rechts. Ab hier ist das Wanderzeichen gelber Balken spärlicher gesät. Wir gehen weiter, bis links ein Abzweig kommt, in den wir links einbiegen. Linker Hand ist Schloss Goseck in der Ferne sichtbar.

An der Gabelung bei **Possenhain** ❹ gehen wir rechts und verlassen vorläufig den gelben Balken, weiter am Ortsrand entlang. An zwei Kreuzungen halten wir uns geradeaus. Bei der zweiten steht eine neugotische Kirche linker Hand. Vor Elektro Ihle biegen wir links in die Tempo-30-Zone ein und

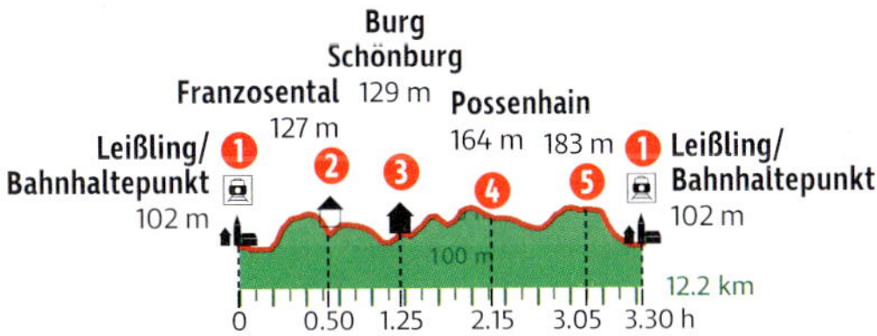

an der T-Kreuzung rechts auf die Straße durch Possenhain. Weiter vorne folgen wir geradeaus der Straße weiter, nun wieder mit dem gelben Balken. An einem Abzweig halten wir uns geradeaus. An der Kreuzung biegen wir in die Straße rechts ein. Am ersten Abzweig geht es geradeaus, aber am zweiten links in den Wald, begleitet vom gelben Balken. Bald ist er als Hohlweg ausgebildet. Wir kommen wieder aus dem Wald hinaus und halten uns an einem Abzweig weiter geradeaus in den grasbewachsenen Weg. Noch werden wir begleitet vom gelben Balken, der uns aber am nächsten Wald scharf links verlässt. Wir wandern noch kurz geradeaus und schwenken dann nach rechts.

In **Rödgen** 5 halten wir uns zunächst geradeaus, biegen jedoch kurz vor Ortsende an der Kreuzung links ein. Die kleine Straße führt zu einer Gabelung, wo wir rechts hinuntergehen (»Durchfahrt verboten, Anlieger frei«). Unser Weg führt immer weiter abwärts und ist teilweise etwas steil. Schließlich geht er in einen Pfad über. Am Wasserwerk von 1909 kommen wir wieder nach **Leißling**. Hier laufen wir erneut auf einer Straße, der wir immer weiter nach unten folgen, vorbei an Bänken. An der Gabelung an einem Spielplatz halten wir uns links. Hier stehen viele weitere Bänke. An einem Abzweig geht es geradeaus und vorne an der Kreuzung ebenso, in die Bahnhofstraße. Ihr folgen wir in einem leichten Rechtsbogen. Autofahrer gehen geradeaus über die Gleise, dann rechts zum Parkplatz, während Nutzer öffentlicher Verkehrsmittel vor den Gleisen rechts abbiegen und am **Haltepunkt Leißling** 1 auf Gleis 1 Richtung Halle, auf Gleis 2 Richtung Naumburg fahren.

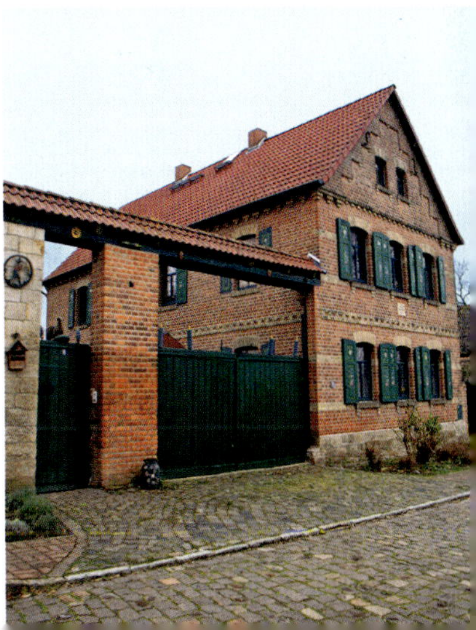

In Leißling kommt Hoftorüberdachung häufiger vor.

Der Südosten des Saale-Unstrut-Triaslandes

In der leicht hügeligen Gegend südöstlich von Naumburg, obgleich zum Naturpark Saale-Unstrut gehörend, ist es ruhig und wenig überlaufen. Denn die schönen Ecken sind hier weniger offensichtlich und haben eher Geheimtippcharakter, man muss nur wissen, wo. Unsere ausgewählten Touren sind besonders im Norden von Bergbau umgeben und fernab des militärischen Sperrgebietes im Zeitzer Forst im Südwesten. Überall, außer in der breiten Elsteraue bei Zeitz, werden weite Teile der Landschaft agrarisch genutzt, unterbrochen von kleinen und großen Naturoasen.
Doch lohnen Anreise und Wandern. Vieles ist hier ursprünglicher als im nordwestlich gelegenen Kerngebiet des Naturparks. Seien es die idyllischen Dörfer, wo die Zeit stillgestanden zu sein scheint, seien es die naturnahen Erlen-Eschen-Wäldchen, alte Kopfweidenbestände und Streuobstwiesen oder die Flüsse und Bäche, die hier überwiegend noch natürlich mäandern. Ihre Täler tragen wesentlich zur Schönheit dieses Wandergebietes bei. So

Im Tal des Walperhainer Baches lassen sich die sanften Erhebungen der Umgebung gut erkennen (Tour 47).

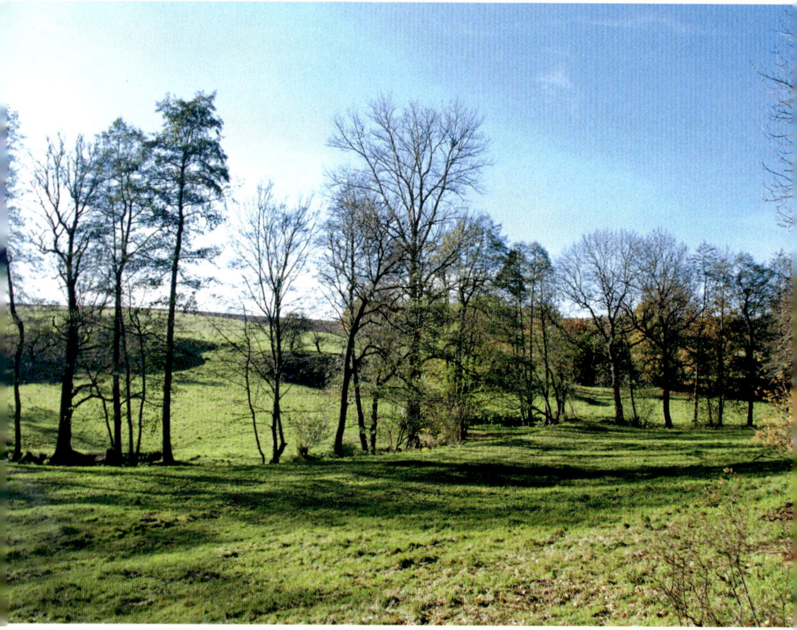

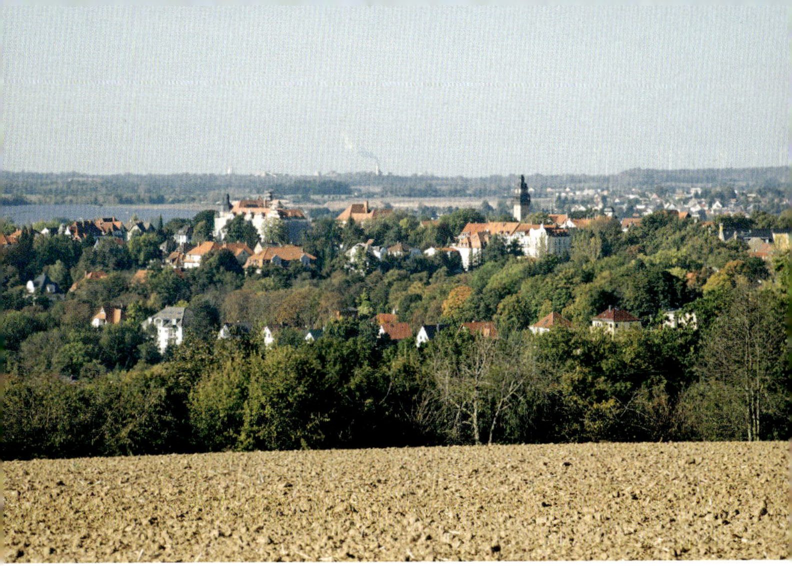

Blick auf Zeitz. Schloss Moritzburg ist vom Wanderweg aus gut zu sehen (Tour 49).

Wethau und Nautschke (Tour 45), Leinewehbach (Tour 46), Weiße Elster (Touren 47–48), Wilder Bach (Tour 49), Große und Kleine Schnauder (Tour 50). Im März übersät ein Meer von weißen Blüten das Leinewehbachtal und bildet somit eine gute und ruhigere Alternative zu weiter nördlich gelegenen Märzenbechertälern. An der Weißen Elster bei Sautzschen wird Wein angebaut. Naturräumlich liegt die Region überwiegend im Elstertal und im Altenburg-Zeitzer Lößgebiet, das im Süden bereits ins Sächsische Hügelland und Erzgebirgsvorland übergeht. Ihre größte Stadt ist die alte Residenzstadt Zeitz mit ihrem eindrucksvollen Schloss Moritzburg.

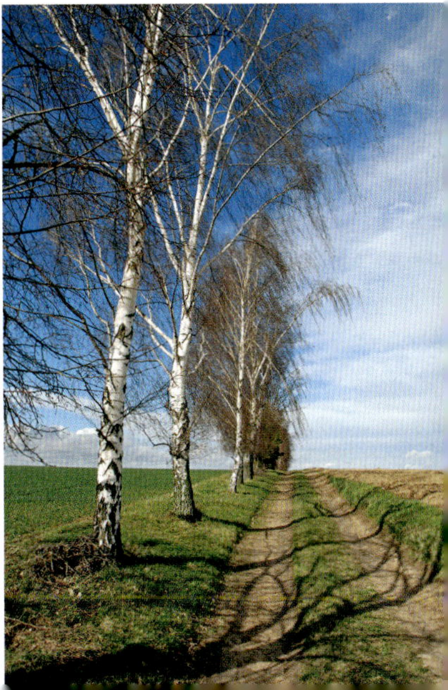

Auf dem Weg nach Haardorf kann auch ein Feldweg schön sein (Tour 46).

↗ 220 m | ↘ 220 m | 14.4 km

45 Von Mertendorf nach Gröbitz

4.00 h

Bachtäler, weite Wiesen, Ruhe, heile Welt

Diese Runde in den Tälern von Wethau und Nautschke bildet nicht nur geografisch den Übergang zwischen den Regionen Naumburg und Zeitz. Auch geht es hier schon bedeutend ruhiger und beschaulicher zu.
Den Auftakt bildet Mertendorf mit dem Vehrigsweg, benannt nach Ursula Vehrig, einer Mertendorfer Malerin (1898–1972). Vorbei an schmucken Orten mit alten Bauernhäusern, weiten Wiesen und durch kleine Wälder erreichen wir Gröbitz, dessen Herrenhaus des ehemaligen Ritterguts (im Kern 16. Jh.), das sogenannte Schloss, einen kleinen Höhepunkt dieser Wanderung bildet. Der Rückweg erfolgt durch das idyllische Nautschketal nach Gieckau, wo sich an einem schönen Rastplatz oder in der heutigen Gaststätte, einst das Wohnhaus eines Bauernhofes von 1726, eine Pause anbietet. Über das Naturschutzgebiet Halbberge kehren wir am Schoppbach zurück nach Mertendorf.

Ausgangspunkt: Mertendorf, Bushaltestelle. Vom Busbahnhof am Hauptbahnhof, Naumburg (Saale) mit dem Bus 820 Richtung Zeitz oder von Zeitz Richtung Naumburg (ca. alle 2 Std.) bis Haltestelle Mertendorf. Parkplatz anbei (Navi: Naumburger Straße 2, Mertendorf).
Anforderungen: Deutliche Wege, wechselweise unbefestigt und befestigt, überwiegend gekennzeichnet (gelber und grüner Balken). Etwas Orientierungssinn in Gröbitz und hinter Gieckau (unmarkiert). Tendenz zu »blau«. Für Kinder ist die Tour ggf. zu wenig ereignisreich.
Einkehr: Eiscafé Kühn in Mertendorf nahe Bushaltestelle (Naumburger Str. 6, nur Sa/So); Landgasthof Gieckau (Do Ruhetag) in Gieckau.

Im Schoppbachtal stehen die Kühe noch auf der Weide.

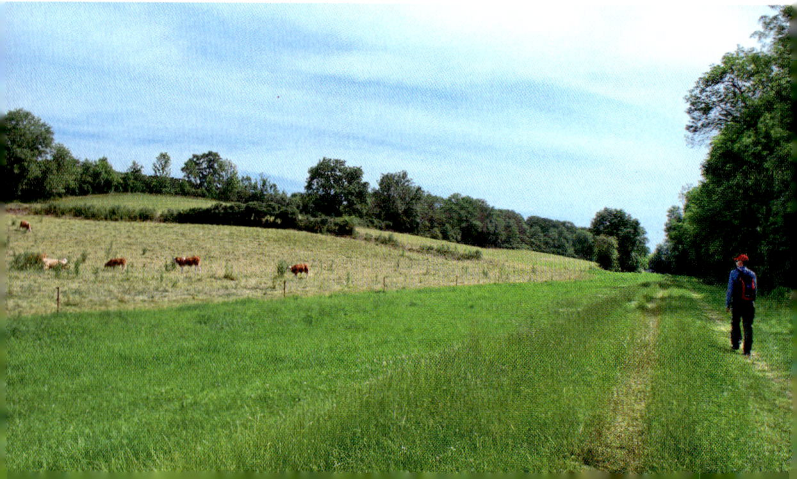

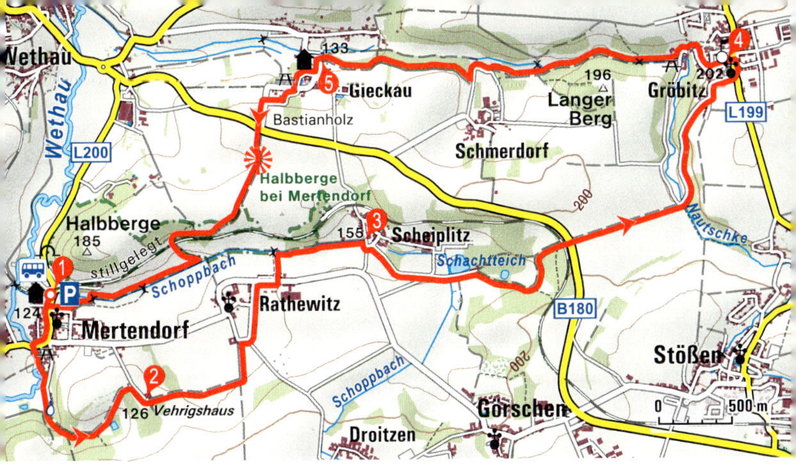

Von der **Bushaltestelle Mertendorf** ❶ bzw. dem Parkplatz wenden wir uns Richtung Ort und halten uns an mehreren Abzweigen geradeaus. Links führt ein Abstecher zur Kirche mit Glockenturm und Ursula-Vehrig-Stein. Ohne Abstecher halten wir uns an der Kreuzung rechts und folgen der Hauptstraße. Nach der (ehemaligen) Gaststätte biegen wir vor der Brücke links ein und folgen nun eine Weile dem Vehrigsweg auf dem gelben Balken. Der Bach Wethau fließt rechter Hand, linker Hand ist ein Rastplatz. An der Dreckgasse halten wir uns geradeaus in den kleinen Weg. An der Straße biegen wir rechts ein. Am Abzweig, wo der Mühlenwanderweg abbiegt, wandern wir geradeaus weiter. An der Gabelung geht es links (unmarkiert), den Hügel rechter Hand, so auch an der nächsten (mit dem gelben Balken). Wir kommen ins Freie. Dann halten wir uns an der folgenden Gabelung erneut links, obwohl man das Wanderzeichen anders interpretieren könnte. Oben laufen wir noch kurz geradeaus und an der T-Kreuzung rechts. Der gelbe Balken wird hier endgültig verlassen.

Am Abzweig biegen wir vor dem **Vehrigshaus** ❷ links ein. Bald wird der nächste Ort schräg links sichtbar. An der T-Kreuzung geht es links und in **Rathewitz** rechts und gleich wieder links in die Sackgasse. Am Friedhof laufen wir geradeaus weiter und biegen an der T-Kreuzung rechts ein. Nun heißt es aufpassen. Vor der Bushaltestelle geht es links hinunter, der Weg ist ggf. wegen parkender Autos leicht zu übersehen. Wir kommen an Gärten vorbei und biegen nach dem Schoppbach rechts ein. Nun sind wir im **Naturschutzgebiet Halbberge bei Mertendorf** sowie auf dem grünen Balken, dem für einige Zeit zu folgen ist.

Wir wandern immer weiter geradeaus bis zur T-Kreuzung in **Scheiplitz** ❸, wo wir erst rechts, dann gleich wieder links einbiegen. Dann halten wir uns geradeaus, das Kriegerdenkmal linker Hand. Nun laufen wir für ca.

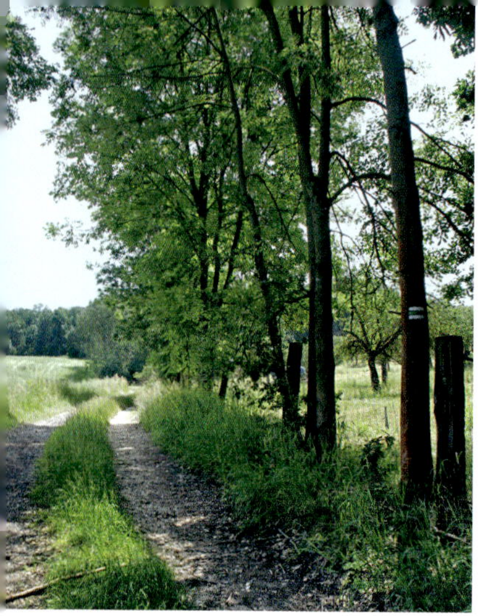

Hinter Scheiplitz ist unser Weg mit dem grünen Balken ausgeschildert.

1 km immer geradeaus weiter, bis an Gebäuden linker Hand am Haus Nr. 20 rechts eingebogen wird. Der geteerte Weg wird zugunsten eines schmaleren Fußweges verlassen. Geradeaus geht es bald in einen breiteren Weg, der später geteert ist. Wir kommen durch eine Unterführung der ehemaligen Bahnstrecke Naumburg–Teuchern. An einer Bank mit Grabstein (Jäger Blumenberg und Kamerad 1813) überschreiten wir vorsichtig die B180.

Das Landschaftsschutzgebiet Saale wird betreten. An der Kreuzung im Nautschketal halten wir uns geradeaus in den Lohweg und verlassen vorläufig den grünen Balken. Gleich geht es an einem Haus vorbei, an der ehemaligen Lohmühle, dann immer geradeaus. In **Gröbitz** halten wir uns an der T-Kreuzung links. Die Straße schwenkt nach rechts, bald liegt die Kirche linker Hand. An der Durchgangsstraße biegen wir links ein. Vor dem Kriegerdenkmal halten wir uns links in die Bergstraße. Rechter Hand liegt das kleine **Schloss Gröbitz** 4, ein Herrenhaus, wo heute Ferienwohnungen vermietet werden.

An der Gabelung geht es schräg rechts in den unteren Weg (»Bergstraße 13–25«). Wir laufen immer die Straße hinunter und nutzen an ihrem Ende links die Stufen. An der Gabelung halten wir uns links, weiter Stufen hinunter. Unten ist ebenfalls links einzubiegen. Nach dem Nautschkebach geht es rechts, nun wieder mit dem grünen Balken. Wir haben das idyllische **Nautschketal** erreicht. Unser Weg führt nun eine Weile links am Bach entlang, immer parallel. An einem Abzweig (mit altem Wegstein) wandern wir weiter geradeaus. An einer Gabelung halten wir uns rechts. Weiter vorne bleiben wir kurz auf dem befestigten Weg, dem wir bald nach links schwenkend folgen.

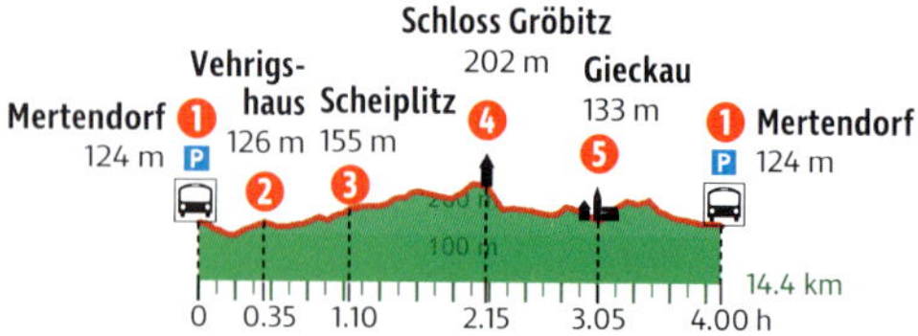

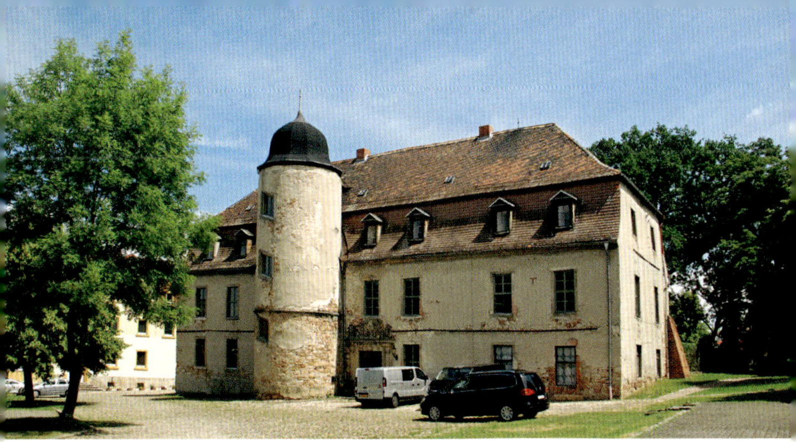

Schloss Gröbitz wird seit 2013 schrittweise saniert.

In Sichtweite der Häuser von Schmerdorf ist in den nächsten Weg rechts einzubiegen, mit Wegweisern und dem grünen Balken. Rechter Hand liegt das Klosterholz. An der Gabelung geht es links. Bald ist geradeaus **Gieckau** ❺ erreicht. An der Freiwilligen Feuerwehr biegen wir links ein. Oben geht es am Kriegerdenkmal rechts (der grüne Balken wird verlassen), bald darauf durch ein Tor zum Landgasthof Gieckau, dann schräg links und wieder durch ein Tor hinaus. Hier laufen wir geradeaus weiter (leicht links versetzt) in die Straße Am Bastianholz, der wir immer weiter folgen. Wir erreichen eine T-Kreuzung, wo wir links in die Straße einbiegen. Kurz darauf gehen wir an der Kreuzung geradeaus in den Feldweg. Bald geht es aufwärts. Oben werden wir mit einer schönen Aussicht belohnt, u.a. auf Wethau.

Bald geht es eine Art Hohlweg hinunter. Unten verläuft die ehemalige Bahnlinie nun linker Hand. Wir nutzen gleich links die Bahnunterführung. Unten halten wir uns an der Kreuzung rechts, der grüne Balken hat uns wieder. Der Schoppbach fließt nun linker Hand. Vor dem Sportplatz geht es links, dann gleich wieder rechts und wieder am Sportplatz schräg links, leicht aufwärts. Bei den ersten Häusern von **Mertendorf** halten wir uns schräg rechts in die Einbahnstraße. An der T-Kreuzung wenden wir uns rechts zurück zum Parkplatz und zur **Bushaltestelle Mertendorf** ❶.

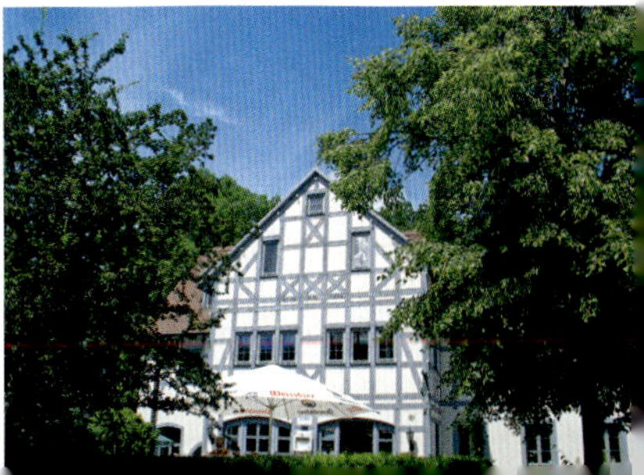

Der Landgasthof Gieckau ist in einem historischen Bauernhaus von 1726 untergebracht.

↗ 290 m | ↘ 290 m | 17.7 km

46 Von Osterfeld ins Leinewehtal

4.45 h

Schöne Aussichten und ein wunderbares Bachtal

Auf unserer Wanderung lernen wir die westliche Umgebung von Osterfeld kennen. Die kontrastreiche Landschaft aus Äckern, Wäldern und Bachtälern verleiht dem Rundweg einen besonderen Reiz.
So geht es auf idyllischen Wegen erst nach Pauscha, dann durch schönen Wald nach Löbitz. Überwiegend auf Feldwegen, die weite Blicke gestatten sowie durch den Bahntunnel der Zuckerbahn, die auf der stillgelegten Bahnstrecke von Zeitz nach Camburg fuhr und deren Zuckerrübentransporte ihr den Namen »Zuckerbahn« einbrachten, gelangen wir nach Goldschau. Hinter dem Ort erwartet uns der Höhepunkt der Tour: das idyllische Leinewehtal, das im zeitigen Frühjahr von einem Meer an Märzenbechern übersät ist. Über lauschige Feldwege kehren wir zurück nach Pauscha und wandern ggf. weiter nach Osterfeld.

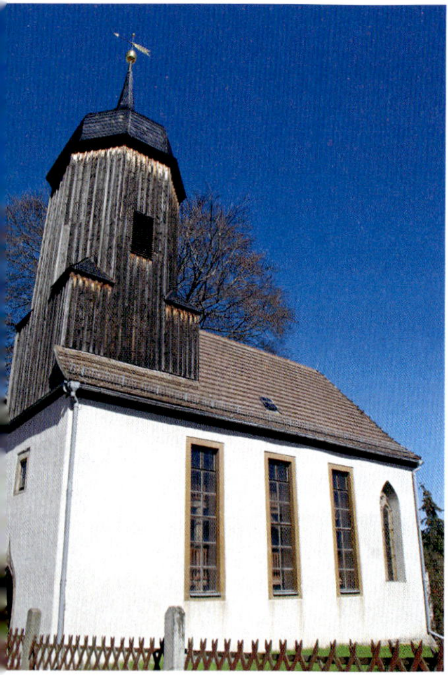

Ausgangspunkt: Osterfeld, Markt. Von Zeitz mit dem Bus 820 Richtung Naumburg zum Schleinitz Kaufland-Verteilzentrum, Meineweh, dort mit dem Bus 822 Richtung Zeitz bis Haltestelle Osterfeld, Markt (Letzterer Sa/So als Rufbus, Anm. 1 Std. vor Abfahrt unter Tel. +49 391 5363180). Autofahrer parken besser in Pauscha am Teich, die Tour verkürzt sich dann auf ca. 14,5 km (Navi: Pauscha, Dorfring oder Tümplingsgrund).
Anforderungen: Viel Auf und Ab. Ca. zur Hälfte ausgeschildert, aber auch undeutliche Wege. Bachüberquerung ohne Brücke. Stark der Sonne ausgesetzt, nichts für heiße Sonnentage.
Einkehr: Gasthof Thüringer Pforte in Goldschau (Do Ruhetag).
Hinweis: Die Burg Osterfeld ist nicht zu besichtigen.
Tipp: Diese Wanderung ist im März zur Zeit der Märzenbecherblüte am schönsten. Dann blühen auch die Buschwindröschen im Wald vor Löbitz und im Leinewehtal.

Die spätgotische Dorfkirche Goldschau weist einen mit Brettern verkleideten Dachturm auf.

Nutzer öffentlicher Verkehrsmittel beginnen die Tour an der **Bushaltestelle Osterfeld, Markt** ❶ und gehen links am Rathaus vorbei, die Straße leicht abwärts. Wir erspähen hier das erste Schild mit dem Wanderzeichen grünes Kreuz, das uns bis zum nächsten Ort begleiten wird. Zwischen Haus Nr. 11 und 12 biegen wir links ein (ohne Wanderzeichen). In den zweiten Weg geht es rechts, wieder mit dem grünen Kreuz, einem Teich linker Hand. Wir überschreiten den Bach und kommen an einem weiteren Teich links vorbei. Vor der Baumreihe ist mit dem Wanderzeichen links einzubiegen. An der T-Kreuzung geht es rechts in den geteerten Weg, an der Straße links, dann gleich schräg links in den Pauschaer Kirchweg. Bei den ersten Häusern von **Pauscha** laufen wir immer geradeaus weiter. Mit dem Wanderzeichen gelber Balken biegen wir vor dem **Teich Pauscha** ❷ rechts ein, die Autofahrer kommen von der anderen Seite hinzu, indem sie sich Richtung Ort wenden, das Gewässer rechter Hand.

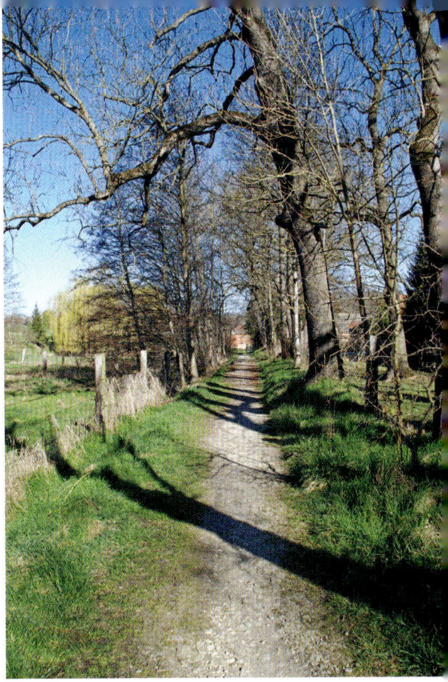

Landidylle am Steinbach in Osterfeld.

Alle biegen kurz darauf rechts ein (Am Rittergut) und folgen immer der kleinen Straße weiter, über den Bach. Am Ortsrand halten wir uns mit dem gelben Balken links in die wenig befahrene Straße. Am ersten Weg biegen wir links ein. Der Bach wird wieder überschritten und wir kommen gleich über einen zweiten, von links zufließenden. Wir folgen immer dem gelben Balken, parallel zum Bach, auch an einer Kreuzung, anschließend weiter am Bach entlang. Schließlich schwenkt der Weg vom Bach weg nach links. Wir gehen weiter geradeaus. In **Löbitz** ❸ halten wir uns schräg rechts, an der T-Kreuzung links und an der Brücke wieder links. Weiterhin folgen wir dem gelben Balken, vorbei am Mühlteich rechter Hand. Am Ortsende nutzen wir geradeaus den geteerten Weg, für Autos verboten. Der Steinbach fließt rechter Hand.

Nach knapp 1 km biegen wir ca. 100 m vor rot-weißen Warnbaken links ein. Das Wanderzeichen wird vorläufig verlassen. Nun geht es steil hinauf. Weiter oben wandern wir am linken Wiesenrand entlang. Oben biegen wir links ein, nun wieder mit den Wanderzeichen grüner und gelber Balken. Wir folgen dem Feldweg immer weiter. An einem geteerten Abzweig halten wir

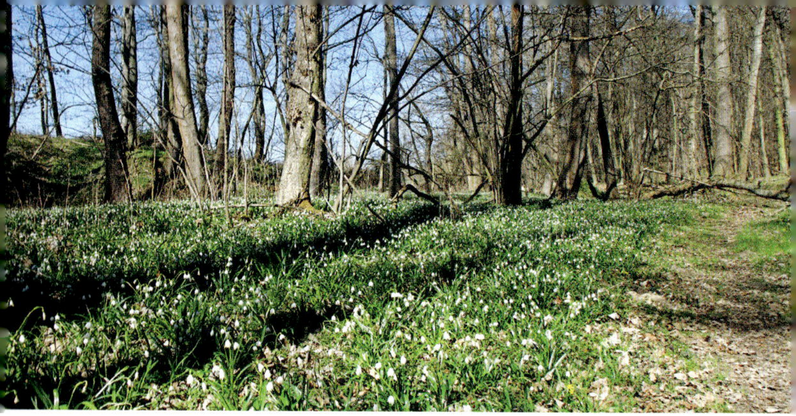

Märzenbecher machen das Leinewehtal im zeitigen Frühjahr zu einer weißen Pracht.

uns schräg links, mit dem grünen und gelben Balken. Nun heißt es aufpassen. Ca. 50 m nach einer Linkskurve und 50 m, bevor die Bäume wieder den Weg säumen, biegen wir nach rechts hinunter in einen etwas undeutlichen Feldweg ein, ggf. steht unterwegs ein Hochsitz. Dort halten wir uns schräg rechts Richtung Wald. Wir durchschreiten links einen alten Bahntunnel der Zuckerbahn und folgen ab hier wieder dem grünen Balken. Nachdem wir über einen Bach gekommen sind, wird Goldschau sichtbar. An einem Abzweig wandern wir geradeaus weiter. In **Goldschau** 4 geht es zunächst geradeaus, doch an der T-Kreuzung links (wir verlassen wieder kurz den grünen Balken), dann noch vor der Gaststätte rechts in den Leinewehweg. An einem ehemaligen Brunnen halten wir uns geradeaus (rechts würde ein Abstecher zur Kirche führen), nun wieder mit dem grünen Balken.
An der Kreuzung am Ortsende biegen wir mit dem Wanderzeichen links ein und betreten das Landschaftsschutzgebiet **Leinewehtal**. Wir überschreiten den Leinewehbach und biegen in den ersten Weg rechts ein. Der grüne Balken wird verlassen. An der Gabelung geht es rechts und an der Schranke in den Wald, wo im zeitigen Frühjahr die ersten Märzenbecher grüßen. Wir folgen dem Bachtal nach Süden, schließlich ist geradeaus der Bach ohne Brücke zu überschreiten. An einem Abzweig (rechts ginge es zu einem Häuschen der Wasserwirtschaft) halten wir uns geradeaus, den Berg hinauf. Oben biegen wir links ein, dann wandern wir immer geradeaus. Am

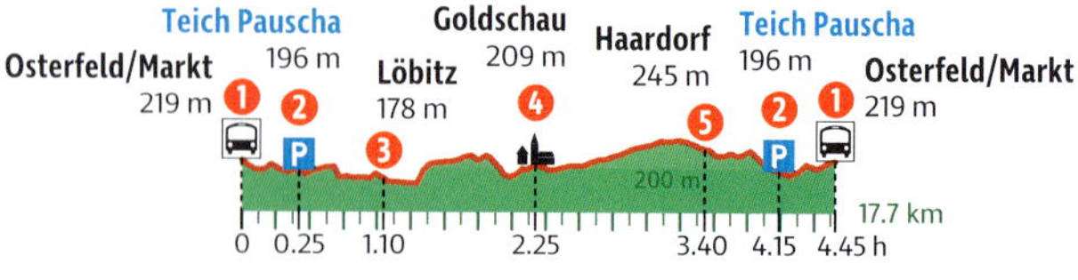

Waldrand geht es links, auf einer Fahrspur weiter.
Wir folgen nun für ca. 2 km einem Alleeweg zwischen Feldern. Bald stehen nur noch auf der linken Seite Bäume. Wir wandern immer geradeaus. Schräg rechts bietet sich ein Blick auf Osterfeld und die Burg. Kurz vor **Haardorf** **5** biegen wir links ein und gehen beim letzten Gebäude an der Gabelung rechts hinunter. Unten an der Straße halten wir uns geradeaus, wieder mit dem grünen Balken. Wir laufen durch den Ort, erst an der Kirche linker Hand, dann an der Friedenseiche linker Hand vorbei. Wir verlassen Haardorf nordwärts auf der kleinen Straße und überqueren die Landstraße geradeaus in einen Weg, weiter dem grünen Balken nach und auch hier immer geradeaus. Bald wandern wir aufwärts. Oben auf dem Silberberg halten wir uns weiterhin geradeaus, nun mit dem gelben Balken. In **Pauscha** wird wieder der **Teich** **2** erreicht, wo die Autofahrer parken. Nutzer öffentlicher Verkehrsmittel gehen hier schräg rechts (nun mit dem grünen Kreuz), dann eine Zeitlang wie auf dem Hinweg, also immer geradeaus und aus dem Ort hinaus. An der Straße biegen wir gleich rechts und in den ersten Weg links ein. Bald wird die Kirche von Osterfeld sichtbar. Unten an der T-Kreuzung in **Osterfeld** verlassen wir den Hinweg, indem wir kurz links, dann gleich rechts einbiegen und eine kleine Brücke überschreiten. Links wenden wir uns zur Straße und halten uns dort rechts. Geradeaus geht es bis zu einer Gabelung, wo wir rechts hinauf den Steinweg nutzen. Bald ist immer geradeaus wieder die Ortsmitte mit **Bushaltestelle Osterfeld, Markt** **1** erreicht.

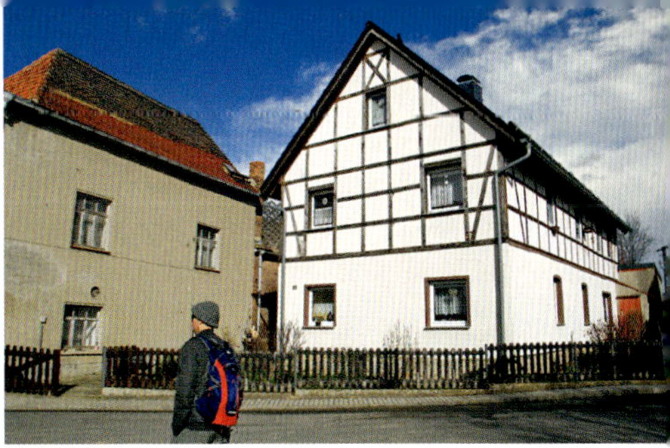

Haardorf ist seit 2010 nach Osterfeld eingemeindet.

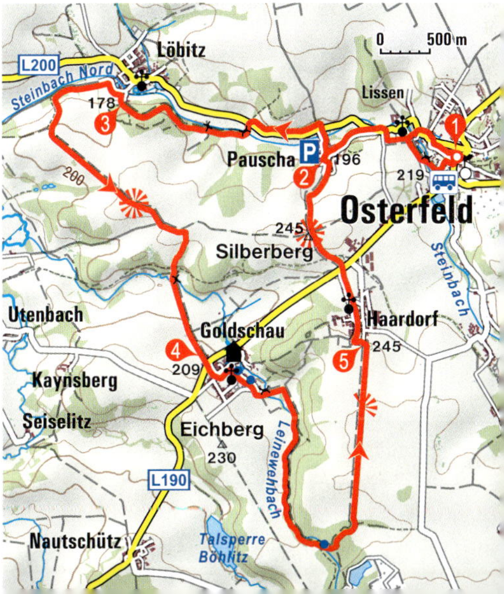

↗ 200 m | ↘ 200 m | 16.5 km

47 Von Wetterzeube nach Droyßig

4.15 h

Schöne Aussichten, Wälder und eine Burgruine

In der Ebene verlassen wir Wetterzeube zwischen Weißer Elster und Elsterfloßgraben, um später nach und nach in die Höhe zu steigen. Der Elsterfloßgraben ist heute ein Relikt der wasserbaulichen Nutzung. Das technische Kulturdenkmal wurde schon 1578–87 zur Holzversorgung nördlich gelegener Salinen gebaut, erst der Saline in Poserna bei Lützen, dann der Saline in Halle. Ab Pötewitz wandern wir im bewaldeten Tal des Walpernhainer Baches an der Grenze zu Thüringen in die Höhe. Vom Aussichtspunkt Sandgrube genießen wir einen weiten Blick in die Landschaft. Vorbei an Stolzenhain und Weißenborn, typischen Bauerndörfern der Region, ist bald der Höhepunkt der Runde erreicht. Das imposante Schloss Droyßig, ursprünglich eine Wasserburg des 12./13. Jh., wurde z. T. in der Spätrenaissance im 17. Jh. neu gestaltet (in Sanierung). Seit 1870 besteht ein Bärengehege. Der Rückweg erfolgt durch den Droyßig-Zeitzer Forst.

Ausgangspunkt: Bahnhof Wetterzeube. Von Zeitz mit der RB Richtung Saalfeld nach Wetterzeube (ca. stündlich). Mehrere Parkplätze anbei (Navi: Bahnhofsplatz, Wetterzeube).
Anforderungen: Keine Ausschilderung. Überwiegend deutliche Wege. Zwischen Stolzenhain und Weißenborn für knapp 2 km an einer ruhigen Straße entlang.
Einkehr: Landhaus Schloss Droyßig (Mo Ruhetag).
Tipp: Ortsrundgang Bärentatzenweg in Droyßig mit Audioguide per Handy und vielen Informationstafeln (1,7 km).

Blick vom Aussichtspunkt Sandgrube. Hier wartet ein liebevoll gestalteter Rastplatz auf den müden Wanderer.

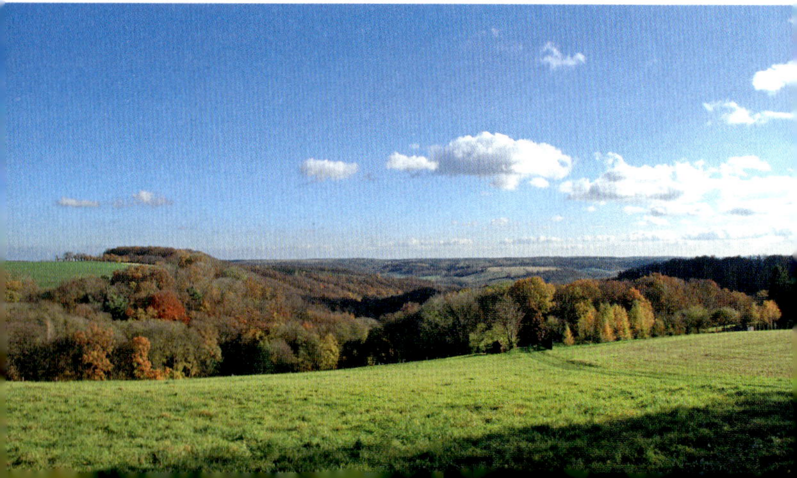

Am **Bahnhof Wetterzeube** ❶ geht es über die Gleise, am Bahnhofsgebäude vorbei, dann rechts aufwärts, Autofahrer gehen links vorbei und dahinter hinauf. Wir kommen rechts an einem Haus vorbei. An der Brücke halten wir uns geradeaus in die Bahnhofstraße (leicht links versetzt). An einer Gabelung geht es schräg rechts, dann gleich wieder schräg rechts hinunter und unten an der T-Kreuzung rechts. Weiter vorn treffen wir auf den Geopfad. Vor der Unterführung überschreiten wir links den Bach (Elsterfloßgraben), mit Informationstafel des Geopfades. Wir folgen für ca. 2 km geradeaus dem geteerten Weg, eine weite Ebene linker Hand. An einem Rastplatz (Neuntöter-Lehrpfad) geht es rechts über die Bahnlinie und über den Elsterfloßgraben, über den hier eine Tafel informiert.

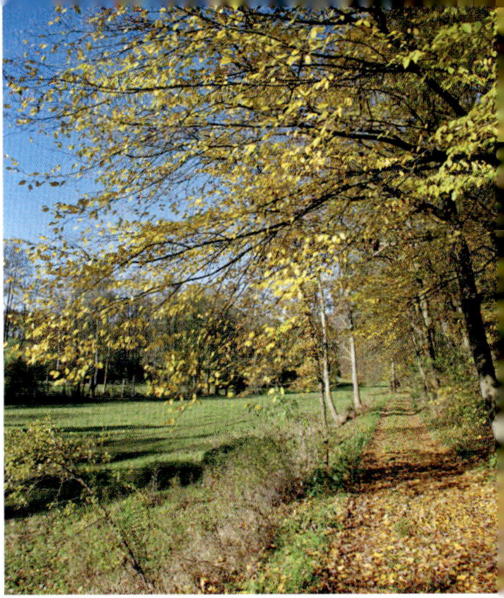

Im Tal des Walpernhainer Baches.

An der Straße in **Pötewitz** ❷ halten wir uns links. Achtung, nun heißt es aufpassen. Noch vor der Bachbrücke gehen wir rechts hinunter, für kurze Zeit am Bach entlang. Erneut wird er überquert, und die Kirche wird schräg links sichtbar. An der kleinen Querstraße geht es an der Linde rechts. Am Abzweig halten wir uns geradeaus. Der Weg ist nun ungeteert und auf der rechten Seite mit Birken bestanden, das Landschaftsschutzgebiet Aga-Elster-Tal und Zeitzer Forst wird betreten. Nach den Birken wandern wir weiter geradeaus. Wir überqueren eine Furt (die kleine Brücke linker Hand ist schwer zu sehen). Nun ist erneut gut aufzupassen. Weiter vorn geht es nach zwei kurz hintereinander folgenden Abzweigen rechter Hand geradeaus und so auch an einem Abzweig linker Hand, kurz aufwärts, dann gleich an der Gabelung links in den fast ebenen Weg.

Der schöne Talweg führt parallel des Walpernhainer Baches entlang. Wiesen grüßen linker und Wald rechter Hand. Wir wandern mal am Waldrand, mal im Wald. Bald geht es nach einem Rastplatz an einem Knick des mäandernden Baches vorbei. Am Ende einer Wiese gehen wir links über einen breiten Bachsteg (ohne Geländer). Dann wandern wir weglos schräg links über die Wiese. An deren rechtem Rand ist bald auch wieder ein Weg erkennbar. Er führt weiter nach oben. Später biegen wir nach einer Rechtskurve an der T-Kreuzung rechts in den Feldweg ein. Wir bleiben immer auf dem Hauptweg, der nach links schwenkt. Linker Hand wird der Aussichtspunkt Sandgrube mit Rastplatz erreicht.

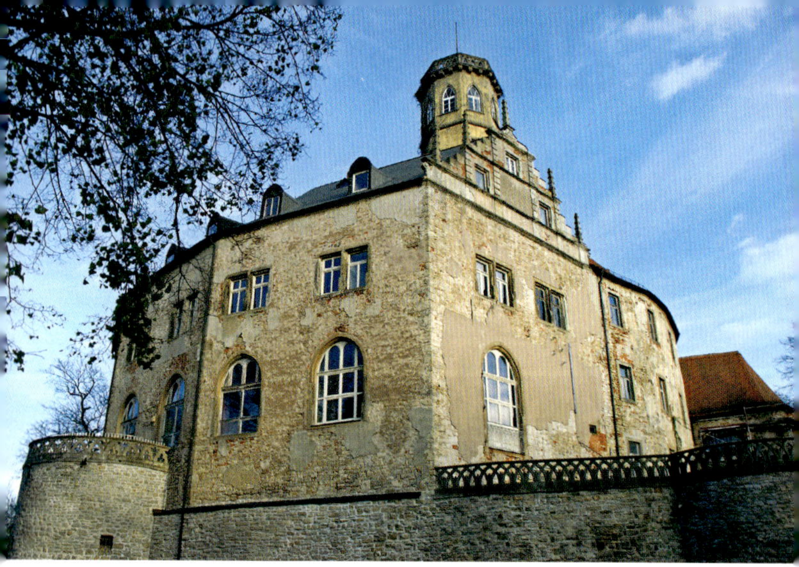

Schloss Droyßig wird in den nächsten Jahren saniert. Dann soll hier die Verbandsgemeinde Droyßiger-Zeitzer Forst ihren Sitz haben.

In **Stolzenhain** ❸ laufen wir an den Agrargebäuden vorbei, dann hinter der großen Eiche und dem Spielplatz rechts. Geradeaus wird der Ort verlassen. Nun muss an der wenig befahrenen Straße bis Weißenborn gelaufen werden, wofür weite Blicke rechter Hand entschädigen. Im Ort **Weißenborn** geht es geradeaus, auch an der Kreuzung und dann in den Weg rechts, Häuser rechter Hand. Bald ist in den ersten Weg links einzubiegen. An der Kreuzung wandern wir geradeaus und genießen den Blick auf Droyßig.
In **Droyßig** halten wir uns zunächst geradeaus (Weißenborner Weg), auch an mehreren Abzweigen und biegen erst ca. 10 m vor der breiteren Straße (Vorfahrt achten) rechts ab. Geradeaus geht es in die Gartenstraße (leicht rechts versetzt), dann in den ersten Weg links (bei Haus Nr. 14). Der nette Weg führt an Gärten vorbei. Bald liegt das Tempeltor rechter Hand, Teil des Bärentatzenweges. Wir halten uns hier aber schräg links, kommen an der

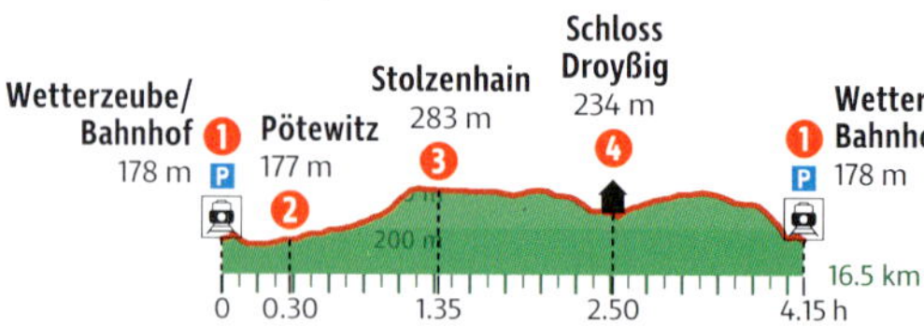

St. Bartholomäuskirche rechter Hand vorbei. Am Platz (Brunnen und Bänke) geht es noch kurz geradeaus und dann schräg links, über die Straße. Zunächst halten wir geradeaus auf **Schloss Droyßig** ❹ zu, dann gehen wir links durch das Tor. Weiter wandern wir geradeaus, das Schloss und Bärengehege rechter Hand. Wir schlagen einen weiten Rechtsbogen, und an einem Spielplatz wird der Park verlassen. Wir halten uns nun schräg rechts in Richtung Wetterzeube (Wilhelm-Kritzinger-Straße). Am Ortsende geht es am Parkplatz schräg rechts in den Wald und nach der Schranke gleich an der Gabelung links, zunächst am Zaun entlang. Immer laufen wir geradeaus weiter, später wieder an Häusern vorbei und dann geradeaus über die Straße. Wir kommen wieder in den Wald. An der Gabelung halten wir uns links und dann immer geradeaus. In der Linkskurve bleiben wir auf dem Hauptweg. An der folgenden Gabelung halten wir uns rechts und gleich an der Kreuzung geradeaus.
Schräg rechts ist in die Straße einzubiegen. Der erste Weg schräg links ist unserer (Durchfahrt verboten). Wir bleiben immer auf dem Hauptweg. An einer Kreuzung mit Rastplatz rechter Hand geht es geradeaus, an der nächsten biegen wir links ein. Auch hier bleiben wir immer auf dem Hauptweg. Es verläuft abwärts und unten an der T-Kreuzung rechts. Am Waldende gehen wir geradeaus weiter (Rastplatz und Spielplatz). Nach der KiTa linker Hand geht es rechts in den grasbewachsenen Weg. An der T-Kreuzung halten wir uns links. Geradeaus geht es über die Brücke, dann gleich links, der Hinweg ist erreicht. Wir gehen hinunter zum **Bahnhof** ❶ in **Wetterzeube**.

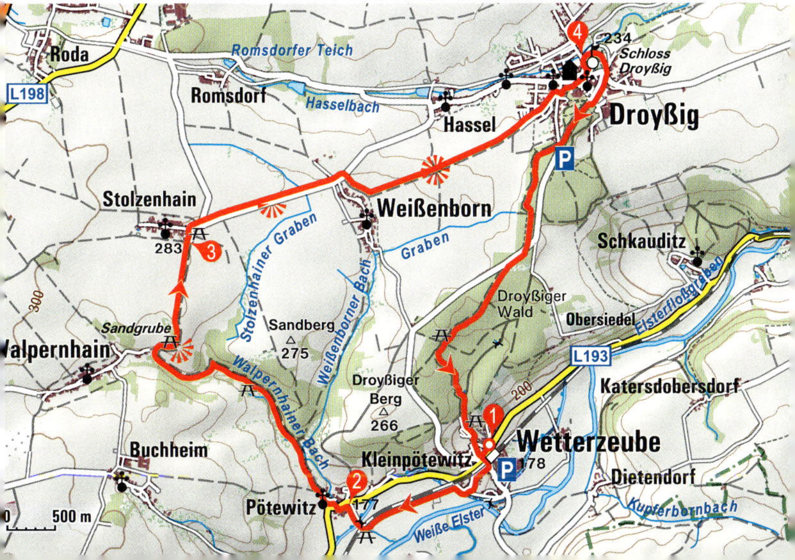

↗ 270 m | ↘ 270 m | 17.0 km

48 Zur Haynsburg

4.30 h

Schöne Wiesenwege, Aussichten und eine Burg

Auf dieser Wanderung lernen wir das Tal der Weißen Elster kennen. Vom Zeitzer Stadtrand geht es hinunter zur Flussaue und nach Großosida wieder in die Höhe. Von grasbewachsenen Wegen genießen wir weite Blicke in die Landschaft, u.a. zu den Weinbergen im Elstertal. Der Weinbau um Zeitz ist seit 1121 belegt. 1998 wurden mehrere historische Weinberge wieder aufgerebt und gehören heute zum Anbaugebiet Saale-Unstrut.
Der Höhepunkt dieser Runde, die Haynsburg, ist unterwegs immer wieder zu sehen. Vorbei an Wiesen und Wäldern sowie mehreren kleinen Dörfern, erreichen wir sie im gleichnamigen Ort. Sie wurde im 12. Jh. als Sitz der Naumburger Bischöfe errichtet. Vom originalen Bau ist der untere romanische Bergfried erhalten. Die übrigen Gebäude stammen überwiegend aus Spätgotik und Renaissance. Anschließend geleiten lauschige Wege wieder ins Tal. Parallel zur Weißen Elster wandern wir wieder zum Ausgangspunkt zurück.

Ausgangspunkt: Bushaltestelle Zeitz, Am Elsterhang, Zeitz. Vom Busbahnhof Zeitz mit dem Bus 302 wieder Richtung Busbahnhof Zeitz (ca. stündlich). Mo–Sa fährt auch der Bus 824 Richtung Breitenbach nach/von Großosida (Sa als Rufbus, Anmeldung 1 Std. vor Abfahrt unter Tel. +49 391 5363180). Parkmöglichkeiten in der Straße am Elsterhang oder in der Forststraße (Navi: Forststr. 54, Zeitz). Alternativ auf dem Parkplatz an der Haynsburg parken und die Wanderung dort beginnen. In Großosida sind kaum Parkmöglichkeiten vorhanden.
Anforderungen: Mäßige Auf- und Abstiege. Keine Ausschilderung. Deutliche Wege. Kurze Abschnitte an ruhigen Straßen entlang, hoher Anteil an befestigten Wegen. Der Rückweg erfolgt auf dem Elsterradweg, wo an manchen Tagen viele Radfahrer sein können.
Einkehr: Hofladen des Weinbaubetriebs Kämpfe (nur bis 12 Uhr, So/Mo Ruhetag) in Großosida; Burgschänke Haynsburg (Mo Ruhetag).
Tipp: In der Haynsburg sind Turmbesteigung (im Sommer tgl. geöffnet) und Besuch des Heimat- und Motorradmuseums (Mo/Mi/Sa Ruhetag) möglich.

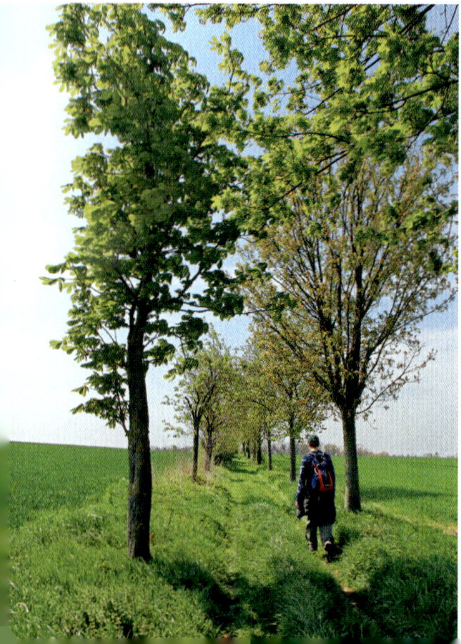

Die Allee ist wie eine Oase inmitten der Felder.

In **Zeitz-Süd** biegen wir von der **Bushaltestelle Am Elsterhang** ❶ in der Forststraße rechts in die Straße Am Elsterhang ein. In der Rechtskurve gehen wir vor dem Haus Nr. 26/28 links und dann den Wiesenweg hinunter. An der Kreuzung halten wir uns links in den Hangweg und an der folgenden rechts, nun abwärts. Nach Unterquerung der Brücke nutzen wir gleich schräg rechts den Elsterradweg (Durchfahrt für Pkw verboten). Am Rastplatz folgen wir dem Radweg weiter, über eine Brücke und dann nach links. An der Kreuzung nach ein paar Häusern geht es links und über die **Mühlgrabenbrücke** ❷ nach **Großosida**. Im Ort biegen wir rechts in die Durchgangsstraße ein und laufen immer geradeaus weiter. Am Ortsende biegen wir an einem Parkplatz links in den Geopfad ein.

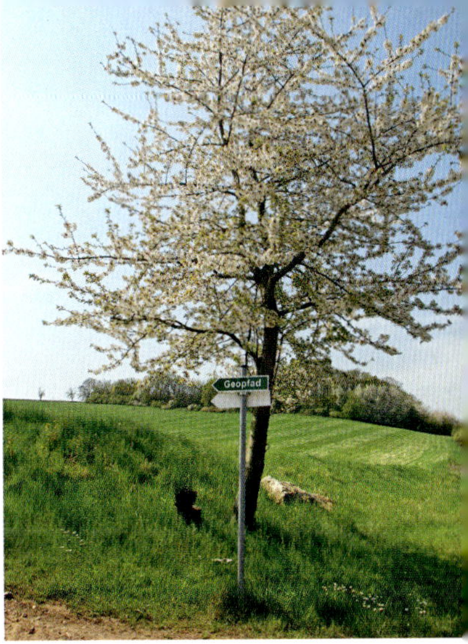

Der Geopfad führt am Ende von Großosida in die Höhe.

Nun geht es aufwärts, immer auf dem Hauptweg. Oben biegen wir an der T-Kreuzung rechts ein, vorbei an einer Bank. Am Ende eines Gartengrundstücks wird geradeaus ein erster Blick auf die Burg sichtbar, unser Tagesziel. Rechter Hand können wir zwei der Weinberge erkennen, die beide zum Salsitzer Englischen Garten gehören. Unser Weg schwenkt nach links, weiterhin ein herrlicher Hangweg. Wir bleiben nun für einige Zeit immer auf dem Hauptweg. An der T-Kreuzung biegen wir rechts ein, in Richtung einer Stromleitung, hier wird der Hauptweg verlassen. Unser Weg schwenkt weiter vorn leicht nach rechts und wird zur Allee. Vor dem Wald biegen wir links ein und an der T-Kreuzung rechts. Bald erfreuen uns weite Blicke auf der rechten Seite, so ist die Spitze des Burgturms zu sehen.

Wir kommen dann geradeaus in den Wald, wo es leicht abwärts geht. Das Waldgebiet linker Hand ist gesperrt, also ist hier unbedingt auf dem Weg

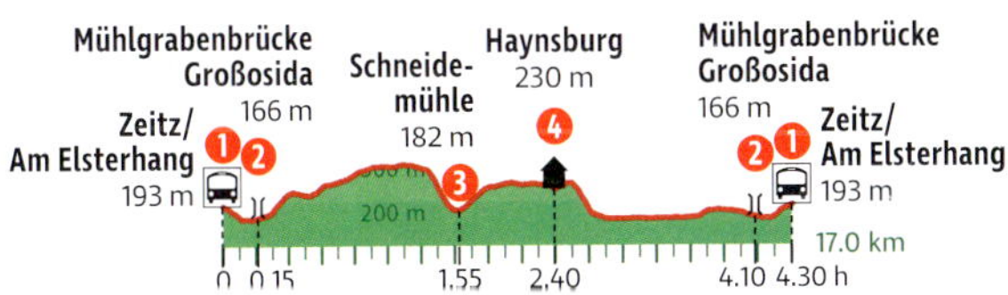

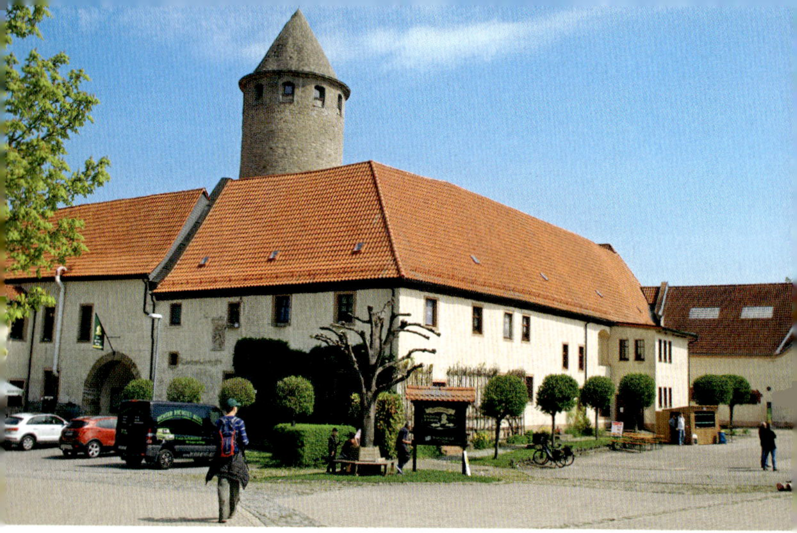

Die Haynsburg hat eine Gaststätte, Turmbesteigung und ein Heimat- und Motorrad-museum zu bieten.

zu bleiben. Wir wandern immer geradeaus auf dem Hauptweg weiter und biegen am Waldrand schräg links zur Straße ein. Dort halten wir uns an der T-Kreuzung links. Über den Bach Aga wird der Ort **Schneidemühle** 3 erreicht. An der Kreuzung (links führt ein Abstecher zu einem Rastplatz) biegen wir rechts ein. Kurz darauf erreichen wir **Schlottweh**, wo wir uns an der T-Kreuzung rechts halten (links führt ein Abstecher zu einem weiteren Rastplatz). Nach dem Gutshof gehen wir schräg links, aus Schlottweh hinaus und folgen der kleinen Straße. An der Durchgangsstraße nutzen wir den Feldweg geradeaus. In **Goßra** laufen wir geradeaus bis zur Kreuzung, dort rechts und in den ersten Weg wieder rechts (Goßraer Forststraße), der gleich in einen Pfad übergeht.
An den ersten Häusern von **Haynsburg** halten wir uns geradeaus. Der Turm der gleichnamigen Burg wird sichtbar. Unsere Straße windet sich. An der T-Kreuzung ist rechts für einen Abstecher zur **Burg Haynsburg** 4 einzubiegen (ohne Abstecher links). Nach der Besichtigung kehren wir wieder zurück und biegen in die zweite Straße rechts ein, noch vor der Bushaltestelle (Geopfad). Links geht es an einem kleinen Spielplatz vorbei. An der Gabelung halten wir uns links und am Abzweig (mit Bank) geradeaus, weiterhin auf dem Geopfad. Rechter Hand können wir bis Zeitz blicken. Unser Weg führt bald links einer Schranke hinunter (der steilere). Er schwenkt nach links und wird zeitweise zum Pfad. Dann geht es zwischen Gärten abwärts. Unten an der kleinen Straße (geradeaus wächst Hopfen) biegen wir rechts

ab. Wir nutzen den ersten Weg links und verbleiben nun bis kurz vor Zeitz auf dem Elsterradweg. Daher biegen wir dann in den ersten Weg rechts ein. Die Elster liegt nun linker Hand. Wir gehen unter der Brücke hindurch. Steuobstwiesen grüßen linker Hand. Hinter dem Damm nutzen wir am Rastplatz den geteerten Radweg, auf dem wir nun für längere Zeit verweilen. Bald wird noch einmal rechter Hand der Turm der Haynsburg sichtbar. Schließlich führt der Weg am Bach Aga entlang und rechts über die Brücke. An der Straße nutzen wir den Elsterradweg geradeaus.

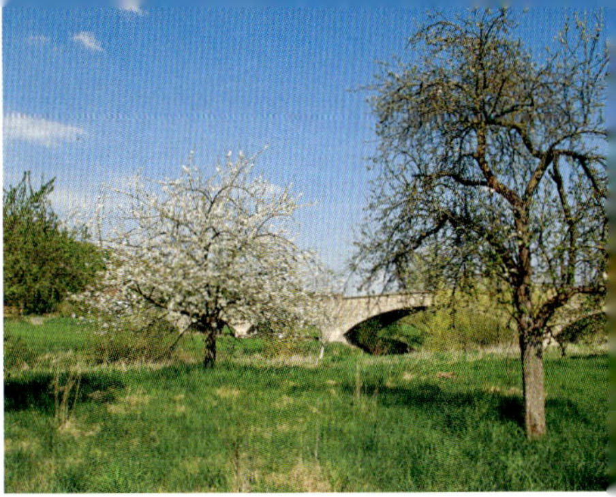

Streuobstwiesen haben im Elstertal eine lange Tradition und gehören zur Kulturlandschaft.

Am Ortseingangsschild **Großosida** laufen wir geradeaus weiter, nun wie auf dem Hinweg. Am Hofladen geht es links über die **Mühlgrabenbrücke** ❷ und auf dem Elsterradweg weiter. Dazu biegen wir an der Kreuzung rechts ein und wandern immer geradeaus. Nach der Brücke verlassen wir den Radweg, indem wir schräg rechts in den Wiesenweg einbiegen, der bald aufwärts führt. Fast oben geht es an der Kreuzung links, dann die nächste rechts. Wir laufen vor zur Straße **Am Elsterhang** in **Zeitz-Süd** und biegen dort rechts ein. An der Kreuzung geht es links zur gleichnamigen **Bushaltestelle** ❶.

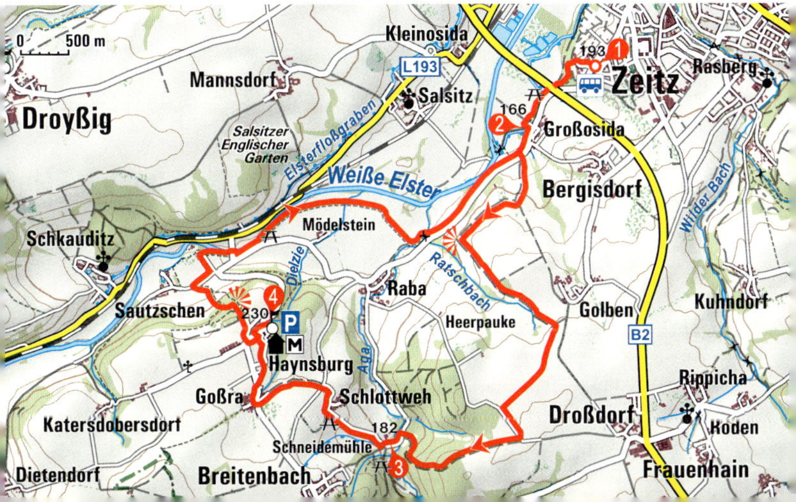

↗ 190 m | ↘ 190 m | 11.6 km

49 Rund um das Kuhndorftal

3.00 h

Wiesen und weite Ausblicke in und um ein grünes Bachtal

Schnell geleitet uns das Tal des Wilden Baches aus der Stadt hinaus ins Grüne. Die umgebende Landschaft bildet mit dem Knittelholz das Landschaftsschutzgebiet Kuhndorftal, in dem der Großteil dieser Wanderung verläuft. Auf und ab geht es durch eine idyllische Landschaft aus kühlen Bachauen mit bachbegleitenden Gehölzen, vorbei an Wiesen, z. T. mit Streuobstbeständen, Ackerflächen, durch grüne Laubwälder und durch kleine Dörfer. Weitere Höhepunkte sind die Holländerwindmühle Droßdorf-Rippicha, die Knittelholzquelle und die Aussicht über Zeitz gegen Ende der Tour.

Ausgangspunkt: Zeitz, Bushaltestelle Platanenweg/Videothek. Vom Busbahnhof Zeitz mit dem Bus 301 oder 303 wieder Richtung Busbahnhof Zeitz bis Haltestelle Zeitz, Platanenweg/Videothek (ca. alle 40 Min.). Parkmöglichkeiten im Platanenweg oder Umgebung.
Anforderungen: Leichte Runde, aber wenig Ausschilderung. Viel Auf und Ab. Lässt sich noch abkürzen. Auf der Straße zwischen Rippicha und Röden, allgemein viele befestigte Wege.
Einkehr: Wilde Taube nahe Bushaltestelle (Mo/Di Ruhetag, nur am So Mittagstisch); Gaststätte Zum Pausenidyll (Mo Ruhetag) in Droßdorf; diverse Gastronomie in Zeitz.
Tipp: Schloss und Kinderwagenmuseum (Mo Ruhetag) in Zeitz.

Gegen Ende der Tour werden wir mit einem schönen Blick auf Zeitz belohnt.

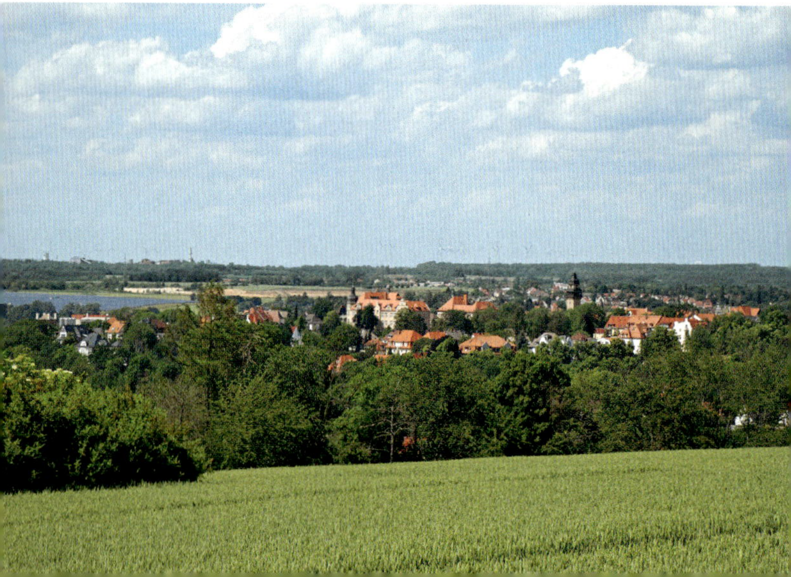

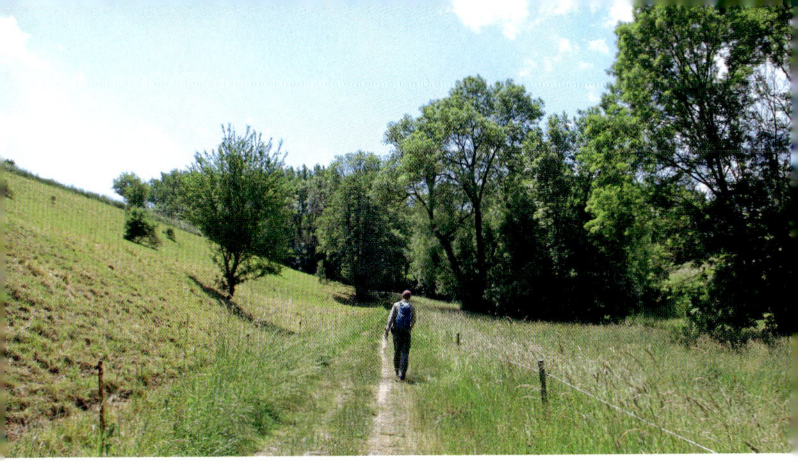

Im Kuhndorftal lässt es sich idyllisch wandern.

Von der **Bushaltestelle** ❶ in **Zeitz-Ost** laufen wir, auf die ehemalige Videothek blickend, nach rechts. Am Ende des Wohnblocks geht es links in den schmalen gepflasterten Weg und bald einige Stufen hinunter. Linker Hand ist eine Gartenanlage. Vor dem Tor einer weiteren Gartenanlage biegen wir links ein (rechts ginge es in 2 Min. zur Gaststätte Wilde Taube). Wir überschreiten eine Brücke und laufen weiter geradeaus. Wir kommen ins Freie und halten uns an der Kreuzung schräg rechts. Unten geht es kurz geradeaus, dann gleich links in die Kuhndorfer Straße und immer an ihr entlang, vorbei an einem Sportplatz rechter Hand. Dort folgen wir der Straße schräg links weiter.

Nach dem Ortsausgangsschild geht es schräg rechts in den Kuhndorfer Grund (Anlieger frei). Bald wird das **Kuhndorftal** mit dem Wilden Bach erreicht. Wir bleiben weiter auf dem Hauptweg und kommen ins Freie. An der Gabelung halten wir uns links in den oberen Weg. Hier erwartet uns eine idyllische Landschaft. Später kommen wir wieder durch Wald, den Bach weiterhin rechter Hand. Bei einem Gebäude (ehemalige Kuhndorfmühle) geht es an einer Gabelung rechts in den unteren Weg. Wir wandern immer

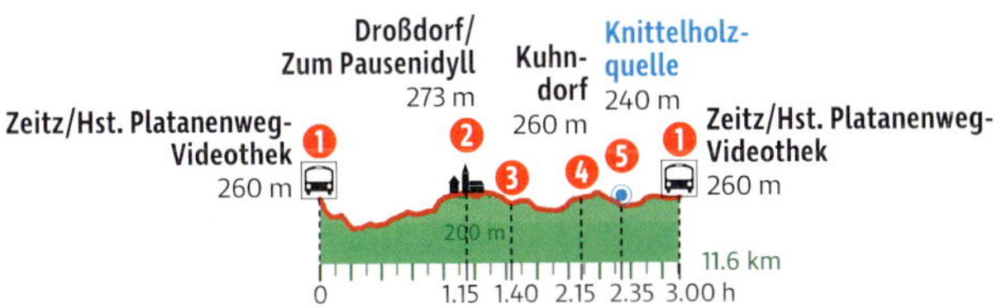

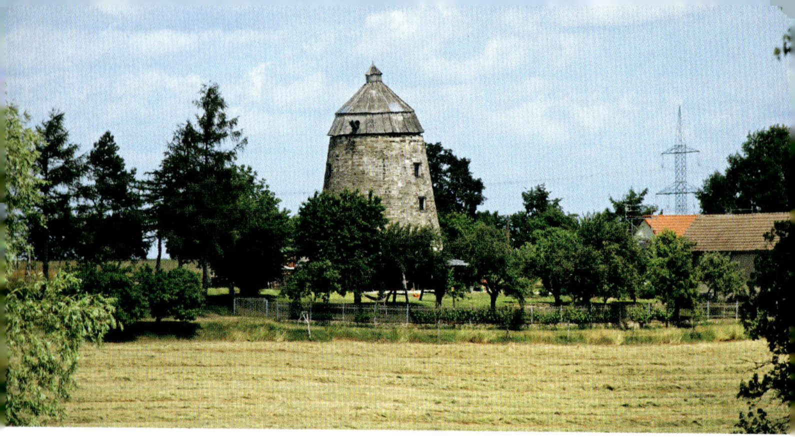

Die aus Naturstein gemauerte Holländerwindmühle stammt von 1846.

geradeaus weiter bis zu einem Abzweig mit Bank (wir merken uns die Stelle für den Rückweg; die Tour lässt sich hier abkürzen, indem man umdreht und den ersten Weg schräg rechts hochgeht). Dort geht es schräg rechts, nun aufwärts. In **Rippicha** folgen wir dem Kuhndorfer Weg geradeaus, vorbei an einem Abzweig. Auch an der Rippichaer Dorfstraße geht es geradeaus (wer abkürzen möchte und nicht zu Mühle und Gaststätte will, geht hier links hinunter zum Dorfteich, s. u.)
Bald führt ein Abstecher zur Holländermühle ohne Flügel linker Hand (mit kleinem Rastplatz auf der rechten Seite). Ohne Abstecher überschreiten wir vorsichtig geradeaus die Bundesstraße und biegen in **Droßdorf** nach der **Gaststätte Pausenidyll** ❷ in den ersten Weg links ein. Unten halten wir uns schräg rechts, zwischen zwei (Beton)barrieren hindurch. Der Straße folgen wir geradeaus und biegen weiter vorn links ein, auch an der T-Kreuzung. Geradeaus überschreiten wir wieder die Bundesstraße an der Ampel und nutzen geradeaus den Schulweg. Nochmals ist die Mühle linker Hand gut zu sehen. Wir kommen bald wieder nach **Rippicha**, wo nun die Kirche linker Hand liegt, Spielplatz und Teich rechter Hand. Am Ende des **Rippichaer Dorfteiches** ❸ geht es an der Freiwilligen Feuerwehr schräg rechts Richtung Röden. Wir folgen der Straße weiter geradeaus. Im Ort **Röden** ist linker Hand ein Fachwerk-Bauernhaus zu sehen (Pension), wir wandern auch hier weiter geradeaus. An einer alten Scheune und einem Schwalbenhaus wird der Ort Röden verlassen.
Unten ist in den ersten Weg links einzubiegen. Das **Kuhndorftal** ist wieder erreicht. An der Gabelung halten wir uns links. Wir kommen am Abzweig mit Bank von vorhin vorbei und gehen kurz darauf an der Gabelung an einem alten Wegstein rechts hinauf. Bald kommen wir wieder in den Wald und halten uns an der T-Kreuzung links aufwärts, bald an einem

Haus vorbei und oben an der T-Kreuzung links, eine große Linde linker Hand passierend. Wir folgen der Straße weiter und biegen am Spielplatz und Dorfteich von **Kuhndorf 4** rechts in den Hainicher Weg ein. In der Rechtskurve der Straße geht es geradeaus in Richtung Schießstand.

Wir biegen kurz darauf in den ersten Weg links ein, vor dem Wäldchen Knittelholz. Wir folgen dem Weg immer weiter. Unten biegen wir nach der Brücke links ein. Nach ca. 50 m führt schräg links ein Abstecher zur **Knittelholzquelle 5**, wo mehrere Bänke zur Rast einladen. Wir kehren wieder zurück und biegen nun scharf links ein, wo weitere Bänke stehen. Wir folgen dem Hauptweg immer weiter, auch an einem Abzweig. Nun heißt es aufpassen, dass wir später auf der Anhöhe bleiben. Dann gehen wir an einem Abzweig geradeaus hinauf.

Kurz nachdem der Weg ins Freie geführt hat, geht es schräg rechts in den Feldweg. Bald erfreut linker Hand ein schöner Blick auf Schloss Zeitz und die Stadt. An einem Abzweig und später der Kreuzung wandern wir geradeaus weiter. Der Weg geht in **Zeitz-Ost** in eine Straße über. Gärten sind linker, Plattenbauten rechter Hand. Wir biegen links in den Platanenweg ein, wo gleich die **Bushaltestelle 1** erreicht wird.

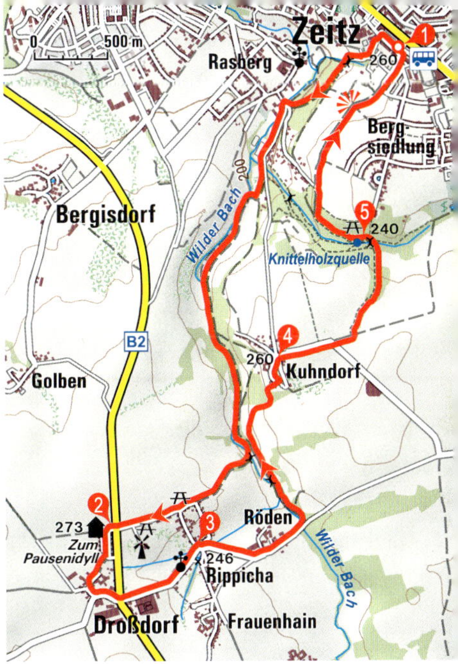

Eigentlich sind es mehrere Knittelholzquellen.

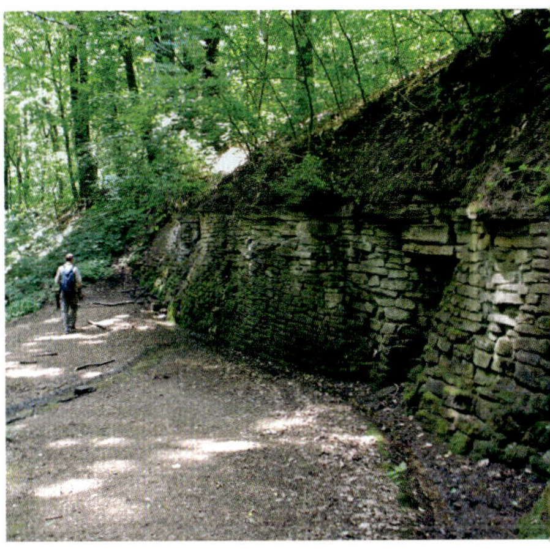

↗ 140 m | ↘ 140 m | 10.5 km

50 Von Kayna nach Würchwitz

2.45 h

Am Rande der Welt, zwischen Mystik und Kuriositäten

Unser Ausgangspunkt ist Kayna, eine Ortschaft am Südostende von Sachsen-Anhalt. Unterwegs fühlt sich hier der Wanderer wie in einer heilen Welt, zwischen kleinen Dörfern mit Fachwerkhäusern und liebevoll gepflegten Gärten, verbunden durch schöne grasbewachsene Wege, die weite Blicke in die sanft gewellte Landschaft gestatten.

In Würchwitz locken mehrere kleine Sehenswürdigkeiten: das Schubarth-Denkmal, das Milbenkäsemuseum, wo sich die handgefertigte Spezialität auch erwerben lässt, und das Weingut Triebe mit Weinen aus dem nahen Elstertal. Hinter Lobas erwarten uns die sogenannten Märchenlöcher. Die größte Quelle wird der Märchenborn genannt, wo der Wanderer »Glückswasser« schöpfen kann. Eine Wanderung wie im Märchen.

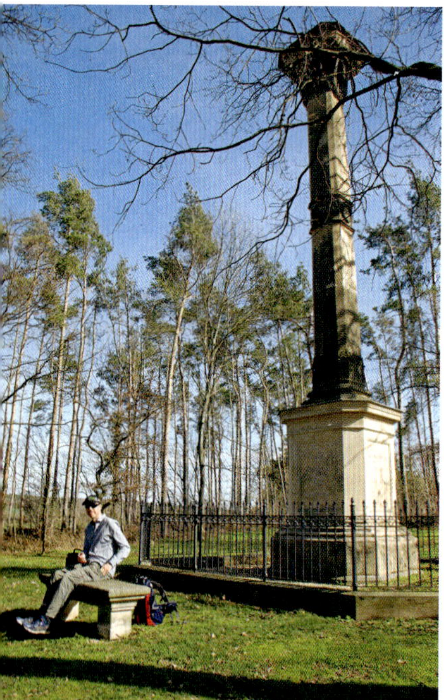

Ausgangspunkt: Bushaltestelle Kayna. Vom Busbahnhof Zeitz mit dem Bus 842 Mo–Fr Richtung Bröckau (ca. alle 3 Std.), Sa/So als Rufbus Richtung Hohenkirchen (1 Std. vor Abfahrt anmelden unter Tel. +49 391 5363180). Parkmöglichkeiten im Bereich des Marktes in Kayna (auf dem Markt selbst nur am So unbegrenzt).
Anforderungen: Im Sommer undeutlicher Wiesenweg vor Würchwitz und schwieriger Einstieg in den Pfad zum Märchenborn, ansonsten deutliche Wege. Fast keine Ausschilderung, aber geringe Anforderungen an die Orientierung.
Einkehr: Wein- & Sektgut Triebe in Würchwitz (So/Mo Ruhetag, Essen nach Voranmeldung, Tel. +49 34426 21420); Bäckerei Kunze (Mo–Fr), auch Eis, nahe der Bushaltestelle Kayna.
Tipp: Besichtigung des Milbenkäsemuseums nach Anmeldung (unter milbenkaese.de)

Am Schubarth-Denkmal. Johann Christian Schubarth wurde 1784 geadelt als Edler von dem Kleefelde, weil er nachhaltig den Kleeanbau in Deutschland förderte.

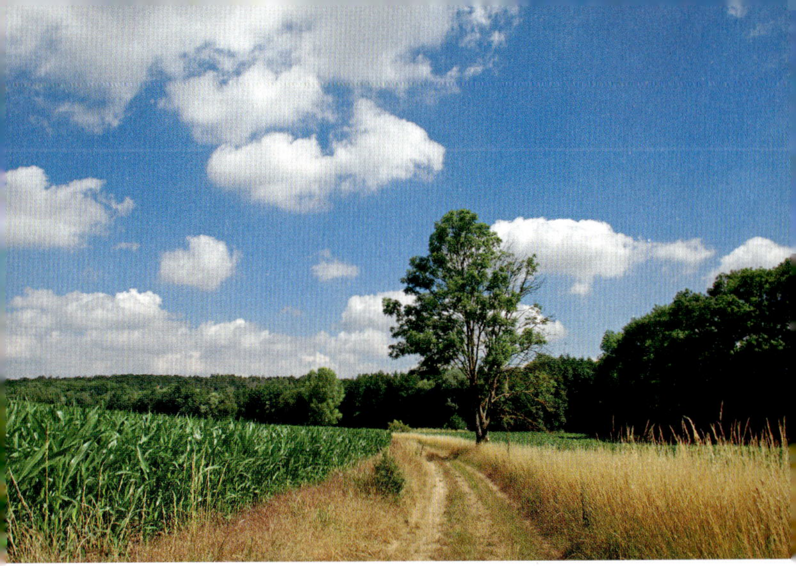

Zu Anfang der Tour begleiten uns Felder auf dem Weg nach Würchwitz.

Von der **Bushaltestelle Kayna** ❶ am Markt wenden wir uns zur Apotheke und gehen die Straße rechts des Fachwerkhauses hinauf (Bahnhofstraße). In der Linkskurve biegen wir rechts in die Tempo-30-Zone ein und laufen immer geradeaus weiter. Am Straßenende gehen wir den Feldweg geradeaus weiter und biegen nach ca. 70 m an der Kreuzung rechts ein. Diese Stelle merken wir uns für den Rückweg. Der schöne Weg führt zunächst am Ortsrand entlang. Wir folgen ihm stets, weiter vorn geradeaus über eine Straße. Auch an einer Furt rechter Hand wandern wir geradeaus weiter, bald darauf über eine Wiese, wo der Weg im Sommer etwas undeutlich sein kann. Kurz darauf gehen wir schräg links hinauf, nun wieder auf einem deutlichen Weg. Kurz nach einer Einzäunung biegen wir rechts in die Straße ein.

Ca. 50 m vor dem Ortseingangsschild in **Würchwitz** nutzen wir den Weg schräg rechts. Unser Hauptweg macht eine Rechtskurve. Bei der Tribüne des Sportplatzes geht es den Weg links hinauf. Bald darauf wird das **Schubarth-Denkmal** ❷ erreicht. Dort gehen wir links hinunter und an der Kreuzung geradeaus. Unten an der Straße biegen wir rechts ein, über den Bach. Für einen Abstecher zum Milbenkäse-Denkmal halten wir

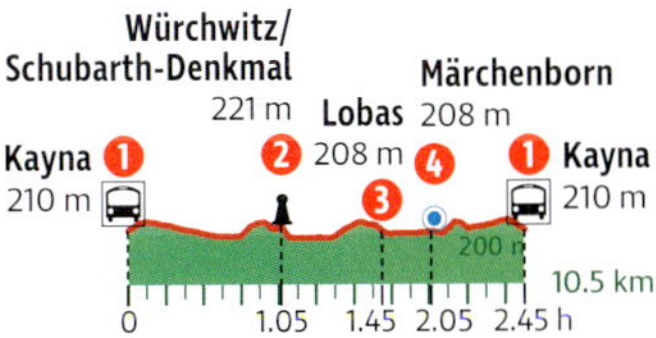

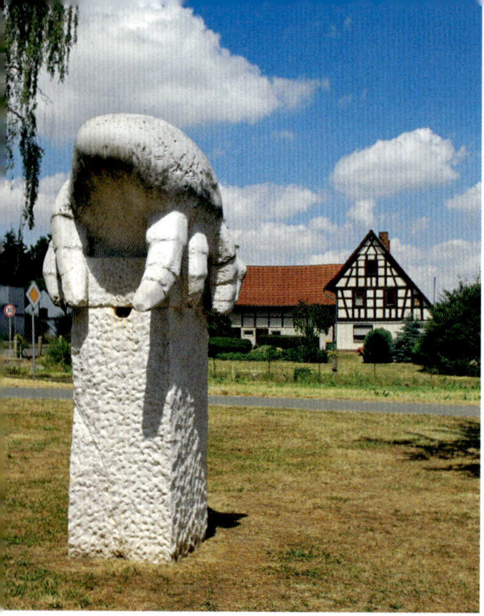

Dem Milbenkäse ist in Würchwitz ein Denkmal gewidmet.

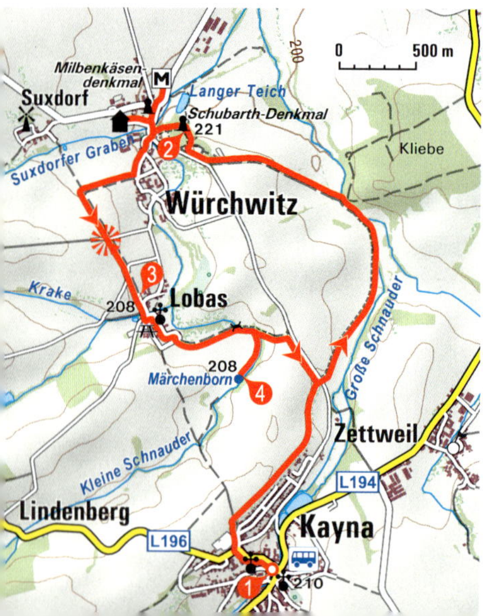

uns erneut rechts, vorbei an der Bushaltestelle. Am Denkmal gehen wir wieder schräg rechts zum Museum. Wir kehren wieder zurück und kommen links am Denkmal vorbei. Am Mittelweg führt rechts ein Abstecher zum Wein- & Sektgut Hubertus Triebe.

Danach geht es wieder zurück, rechts, und wieder vorbei an der Bushaltestelle. Nun nutzen wir geradeaus den Fußweg (für Autos Sackgasse). Ganz ohne Abstecher wäre das nach der Brücke der erste Weg links gewesen. An der Straße gehen wir geradeaus in die Straße Zum Wagner. Am Haus Nr. 36 (Fachwerk) biegen wir rechts ein. Der schöne Weg führt rechts an einer Baumreihe entlang, schräg rechts ist die Windmühle von Suxdorf zu sehen. An der T-Kreuzung halten wir uns links. Bald bieten sich wieder weite Blicke in die Landschaft. Zweimal wandern wir an einer Kreuzung geradeaus. Auch in **Lobas** ❸ laufen wir zunächst geradeaus weiter, biegen dann aber am zentralen Platz (mit Rastplatz und Bushaltestelle) links ein und folgen der kleinen Straße bis zum Ortsrand, vorbei an der Kirche. Immer bleiben wir auf dieser Straße. Am Ortsende geht es an einer Gabelung schließlich links in den unbefestigten Weg, (Schild: Märchenlöcher). Wir kommen über eine Brücke. Rechts von uns fließt die Kleine Schnauder. Nun heißt es aufpassen.

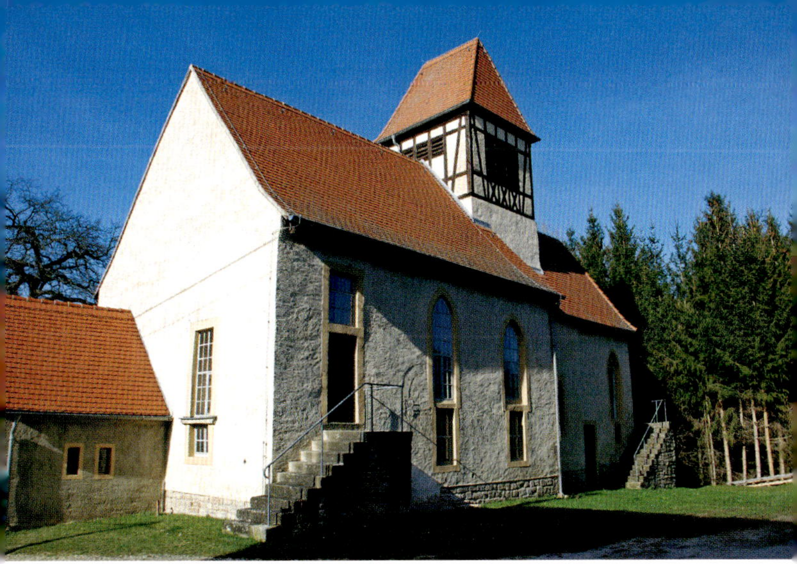

Die Kirche in Lobas wurde vom 12.–17. Jh. mehrfach umgebaut und erweitert.

Wo der Bach nach rechts schwenkt, folgen wir dem kleinen Pfad nach rechts. Im Sommer mag dieser kaum zu erkennen sein, danach biegen wir an der Streuobstwiese rechts ein und halten uns parallel des Baches. Wir folgen immer weiter dem Pfad und erreichen den **Märchenborn** 4. Anschließend kehren wir wieder zurück und halten uns an der Streuobstwiese rechts, vorbei an einem Grundstück. Oben an der Gabelung geht es rechts, dann rechts in die Straße. Nach ca. 300 m biegen wir rechts ein, den schönen Weg kennen wir bereits vom Hinweg. Wir gehen immer geradeaus bis zur Kreuzung von vorhin, biegen links ein, nutzen wie auf dem Hinweg den Feldweg und die Straße abwärts. An der großen Straße halten wir uns links, dann erreichen wir bald wieder den Markt in **Kayna** 1.

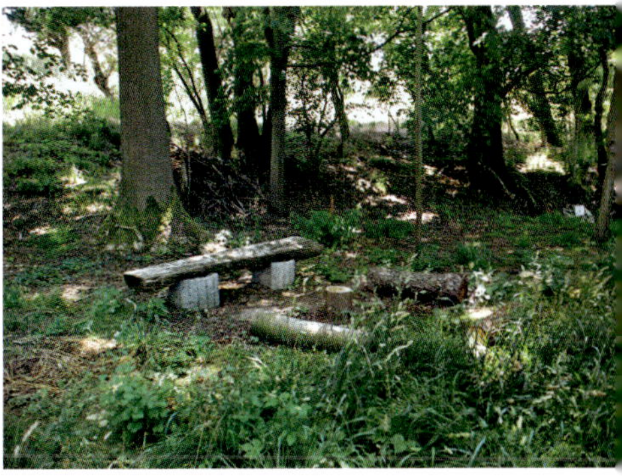

Am Märchenborn. Das Wasser soll schützende und heilende Kräfte haben, ist aber kein Trinkwasser.

STICHWORTVERZEICHNIS

Umschlagbild: Der Herzogliche Weinberg mit Schoss Neuenburg in Freyburg. Der terassenförmige Weinbau ist typisch für das Saale-Unstrut-Triasland (Tour 42).

Bild im Innentitel: An der Saale stehen stolze Burgen. Von der Rudelsburg aus ist die benachbarte Burg Saaleck gut zu sehen (Tour 38).

Bild Seite 28/29: Vom Landsberger Kapellenberg lassen sich die bewaldeten Porphyrkuppen im Westen gut erkennen (Tour 20).

Alle 273 Fotos stammen von der Autorin, ausgenommen die Fotos der Seiten 8 (unten links) und 65, von Gerald Loß.

Kartografie:
50 Wanderkärtchen im Maßstab 1:50.000 / 1:75.000
Geodaten © OpenStreetMap und Mitwirkende, kartografisches Design: Freytag & Berndt Prag, www.freytagberndt.cz
sowie zwei Übersichtskärtchen im Maßstab 1:700.000 und 1:850.000
© Freytag & Berndt, Wien

Werk-Nr.: 4625

1. Auflage 2023

ISBN 978-3-7633-4625-7

MIX
Papier aus verantwortungsvollen Quellen
FSC® C021956
www.fsc.org

Wir freuen uns über jeden Korrekturhinweis zu diesem Wanderführer!
Bitte per E-Mail an: leserzuschrift@rother.de

ROTHER BERGVERLAG · Keltenring 17 · D-82041 Oberhaching
Tel. +49 89 608669-0 · rother.de